Juridicum – Schriften zum Medien-, Informations- und Datenrecht

Reihe herausgegeben von
Matthias Cornils, Mainz, Deutschland
Louisa Specht, Bonn, Deutschland

In der Schriftenreihe erscheinen Forschungsbeiträge zum Kommunikations- und Medienrecht in seiner vollen Breite, vom Äußerungs-, Urheber- und Kunsturheberrecht über das Daten- und Informationsrecht bis zu Fragen öffentlich-rechtlicher Medien- oder Intermediärsregulierung, einschließlich ihrer theoretischen Hintergründe. Erfasst sind insbesondere innovative akademische Qualifikationsschriften, aber auch Abhandlungen und Sammelbände von herausragendem wissenschaftlichen Wert.

Weitere Bände in der Reihe http://www.springer.com/series/16165

Anna-Lena Wirz

Media-Streaming und Geoblocking

Eine urheberrechtliche Analyse der Werkverwertung durch On-Demand-Dienste

Springer

Anna-Lena Wirz
Bremen, Deutschland

Dissertation Technische Universität Darmstadt, 2019

Juridicum – Schriften zum Medien-, Informations- und Datenrecht
ISBN 978-3-658-26082-8 ISBN 978-3-658-26083-5 (eBook)
https://doi.org/10.1007/978-3-658-26083-5

Die Deutsche Nationalbibliothek verzeichnet diese Publikation in der Deutschen Nationalbibliografie; detaillierte bibliografische Daten sind im Internet über http://dnb.d-nb.de abrufbar.

Springer ist ein Imprint der eingetragenen Gesellschaft Springer Fachmedien Wiesbaden GmbH und ist ein Teil von Springer Nature
Die Anschrift der Gesellschaft ist: Abraham-Lincoln-Str. 46, 65189 Wiesbaden, Germany

Meiner Familie

Vorwort

Die vorliegende Arbeit wurde im Wintersemester 2018/2019 vom Fachbereich Rechts- und Wirtschaftswissenschaften der Technischen Universität Darmstadt als Dissertation angenommen. Literatur und Rechtsprechung befinden sich im Wesentlichen auf dem Stand von Februar 2019.

Zuvorderst danke ich meinem Doktorvater Herrn Prof. Dr. Jochen Marly für die gewährten Freiräume zum selbstständigen wissenschaftlichen Arbeiten und die überaus schnelle Erstellung des Erstgutachtens. Darüber hinaus danke ich ihm für die wunderbare Zeit, die ich als wissenschaftliche Mitarbeiterin an seinem Fachgebiet verbringen durfte. Ebenso danke ich meinen ehemaligen Kollegen. Die Zeit bleibt mir in aller bester Erinnerung. Dank gebührt auch Frau Prof. Dr. Janine Wendt für die sehr schnelle Erstellung des Zweitgutachtens und die Unterstützung während meiner Zeit an der Technischen Universität Darmstadt.

Ich danke meinen Freundinnen Linda und Kassandra für die Hilfe beim Korrekturlesen, Franzi für die kritischen Anmerkungen zu meinem Vortrag und Lisa für die allabendliche moralische Unterstützung in unserer WG. Ganz besonders danke ich auch meiner besten Freundin Lena für ihre Hilfe beim Korrekturlesen und ihre fortwährende Freundschaft.

Den größten Dank aber schulde ich meiner Familie. Insbesondere danke ich meiner großen Liebe Alex für seine starken Nerven, seinen liebevollen Zuspruch und seine fortwährende Geduld – auch für seine viele Hilfe mit LaTeX. Ebenso danke ich meinen Eltern. Ohne ihre Unterstützung, wäre diese Arbeit nicht entstanden. So danke ich meinem Vater Thomas, für die vielen, stets kritischen Diskussionen und seine ansteckende Begeisterung für mein Thema sowie meiner Mutter Birgit, für die unzähligen Gespräche, in denen sie mir Mut zugesprochen und mich seelisch gestärkt hat. Ich danke beiden für ihre bedingungslose Liebe und Akzeptanz und ihr unerschütterliches Vertrauen in mich.

Bremen, im Februar 2019
Anna-Lena Wirz

Inhaltsübersicht

Inhaltsverzeichnis

Abkürzungsverzeichnis

a. A.	andere Ansicht
a. E.	am Ende
Abk.	Abkürzung
ABl. EG	Amtsblatt der Europäischen Gemeinschaft
ABl. EU	Amtsblatt der Europäischen Union
Abs.	Absatz
abzgl.	abzüglich
AEUV	Vertrag über die Arbeitsweise der Europäischen Union
AfP	Zeitschrift für Medien- und Kommunikationsrecht
AG	Amtsgericht
AGB	Allgemeine Geschäftsbedingungen
AnwZert ITR	AnwaltZertifikatOnline IT-Recht
ASP	Application Service Providing
BDSG	Bundesdatenschutzgesetz
BeckRS	Beck-Rechtsprechung
BGB	Bürgerliches Gesetzbuch
BGBl.	Bundesgesetzblatt
BGH	Bundesgerichtshof
bspw.	beispielsweise

BT Drucks.	Bundestagsdrucksache
BVerfG	Bundesverfassungsgericht
bzgl.	bezüglich
CR	Computer und Recht
DAB	Digital Audio Broadcasting
DesignG	Gesetz über den rechtlichen Schutz von Design
DNS	Domain Name System
DSM-Strategie	Strategie für einen digitalen Binnenmarkt, engl. Digital Single Market Strategy
DuD	Datenschutz und Datensicherheit
engl.	englisch
EuCML	Journal of European Consumer and Market Law
EuGH	Europäischer Gerichtshof
EuR	Europarecht (Zeitschrift)
EUV	Vertrag über die Europäische Union
EuZW	Europäische Zeitschrift für Wirtschaftsrecht
EWR	Europäischer Wirtschaftsraum
EWS	Europäisches Wirtschafts- und Steuerrecht
FS	Festschrift
GATS	Allgemeines Abkommen über den Handel mit Dienstleistungen (engl. General Agreement on Trade in Services)
GATT	Allgemeines Zoll- und Handelsabkommen (engl. General Agreement on Tariffs and Trade)

GEMA	Gesellschaft für musikalische Aufführungs- und mechanische Vervielfältigungsrechte
GeoblockingVO	Verordnung 2018/302 über Maßnahmen gegen ungerechtfertigtes Geoblocking und andere Formen der Diskriminierung aufgrund der Staatsangehörigkeit, des Wohnsitzes oder des Ortes der Niederlassung des Kunden innerhalb des Binnenmarkts und zur Änderung der Verordnungen (EG) Nr. 2006/2004 und (EU) 2017/2394 sowie der Richtlinie 2009/22/EG
GG	Grundgesetz
GRUR	Gewerblicher Rechtsschutz und Urheberrecht
GRUR Int	Gewerblicher Rechtsschutz und Urheberrecht - Internationaler Teil
GRUR RR	Gewerblicher Rechtsschutz und Urheberrecht Rechtsprechungs-Report
GRUR RS	Gewerblicher Rechtsschutz und Urheberrecht [redaktionell bearbeitete Rechtsprechung]
GWB	Gesetz gegen Wettbewerbsbeschränkungen
HF	Hochfrequente Wellen
HFR	Humboldt Forum Recht - juristische Internet-Zeitschrift der Humboldt-Universität zu Berlin
HS	Halbsatz
i. d. R.	in der Regel
i. H. v.	in Höhe von
i. R. d.	im Rahmen des
i. R. v.	im Rahmen von
i. S. d.	im Sinne der oder im Sinne des

i. S. v.	im Sinne von
i. V. m.	in Verbindung mit
InfoSoc RL	Richtlinie 2001/29/EG zur Harmonisierung bestimmter Aspekte des Urheberrechts und verwandter Schutzrechte in der Informationsgesellschaft
insb.	insbesondere
IP	Internetprotokoll
ISP	Internet Service Provider
ITRB	IT-Rechtsberater
K&R	Kommunikation und Recht (Zeitschrift: Betriebs-Berater für Medien, Telekommunikation, Multimedia)
KG	Kammergericht
KSzW	Kölner Schrift zum Wirtschaftsrecht
LG	Landgericht
Ls	Leitsatz
m. Anm.	mit Anmerkung
m. w. N.	mit weiteren Nachweisen
MarkenG	Markengesetz
MHz	Megahertz
MMR	MultiMedia und Recht
MoD	Music-on-Demand
MPEG	Moving Pictures Expert Group
MR-Int.	Europäische Rundschau zum Medienrecht, IP- & IT-Recht

NJOZ	Neue Juristische Online Zeitschrift
NJW	Neue Juristische Wochenschrift
NZKart	Neue Zeitschrift für Kartellrecht
OGH	Oberster Gerichtshof (Österreich)
OLG	Oberlandesgericht
PatG	Patentgesetz
PortabilitätsVO	Verordnung 2017/1128 zur Gewährleistung der grenzüberschreitenden Portabilität von Online-Inhaltediensten im Binnenmarkt
RabelsZ	Rabels Zeitschrift für ausländisches und internationales Privatrecht
RBÜ	Revidierte Berner Übereinkunft
RG	Reichsgericht
RGBl.	Reichsgesetzblatt
RGSt	Entscheidungen des Reichsgerichts in Strafsachen
RGZ	Entscheidungen des Reichsgerichts in Zivilsachen
Rom Abkommen	Internationale Abkommen über den Schutz der ausübenden Künstler, der Hersteller von Tonträgern und der Sendeunternehmen
RStV	Rundfunkstaatsvertrag
SatKabVO	Vorschlag für eine Verordnung mit Vorschriften für die Wahrnehmung von Urheberrechten und verwandten Schutzrechten in Bezug auf bestimmte Online-Übertragungen von Rundfunkveranstaltern und die Weiterverbreitung von Fernseh- und Hörfunkprogrammen, COM(2016) 594 final
sog.	sogenannt

TKG	Telekommunikationsgesetz
TRIPS	Abkommen über handelsbezogene Aspekte der Rechte des geistigen Eigentums (engl. Agreement on Trade-Related Aspects of Intellectual Property Rights)
u. a.	unter anderem
ugs.	umgangssprachlich
UKW	Ultrakurzwelle
UrhG	Urheberrechtsgesetz
UWG	Gesetz gegen den unlauteren Wettbewerb
VGG	Verwertungsgesellschaftengesetz
VoD	Video-on-Demand
Wbl	Wirtschaftsrechtliche Blätter
WCT	WIPO Copyright Treaty
WIPO	Weltorganisation für geistiges Eigentum (engl. World Intellectual Property Organization)
WPPT	WIPO Performances and Phonograms Treaty
WRP	Wettbewerb in Recht und Praxis
WTO	Welthandelsorganisation (engl. World Trade Organization)
WUA	Welturheberrechtsabkommen
z. B.	zum Beispiel
ZEuP	Zeitschrift für Europäisches Privatrecht
ZRP	Zeitschrift für Rechtspolitik
ZUM	Zeitschrift für Urheber- und Medienrecht
ZVertriebsR	Zeitschrift für Vertriebsrecht

Abbildungsverzeichnis

Tabellenverzeichnis

Einführung

Der Fernseher ist zwar immer noch das in deutschen Haushalten am weitesten verbreitete Endgerät für den Medienkonsum (siehe Abbildung 1), aber der technologische Fortschritt eröffnet neue Möglichkeiten der Mediennutzung. So werden das Smartphone und Tablet zum Fernseher oder das Fernsehgerät bietet internetbasierte Mehrwertdienste an.

Einer der wichtigsten Treiber für diese Entwicklung ist der fortschreitende Ausbau breitbandiger Internetverbindungen. Dadurch stellt das Übertragen großer Datenmengen für den Endanwender keine Hürde mehr dar. Anstatt Filme oder Musik auf einem Datenträger erwerben zu müssen, kann auf Medieninhalte „on-Demand" zugegriffen werden. Sog. „On-Demand"-Dienste (Video-on-Demand (VoD), Music-on-Demand (MoD) und eBooks-on-Demand (BoD)) werden dem Oberbegriff des Media-Streamings zugeordnet, der für das Empfangen und die (fast) parallele Wiedergabe von Audio- und Videoinhalten aus einem Rechnernetz steht.[1]

On-Demand-Dienste verändern global das Konsumverhalten von Medieninhalten, vor allem im Film- und Musikbereich. Dieser Trend zeichnet sich auch in Deutschland ab, bspw. durch das Aussterben klassischer Videotheken. Immerhin streamen 82% der Deutschen zumindest gelegentlich Videos im Netz.[2] Gestreamt wird von privaten Videos bis hin zu Blockbustern und Konzerten, die ganze Bandbreite multimedialer Inhalte.

---

[1] *Galetzka/Stamer*, MMR 2014, S. 292.

[2] Vgl. Statistik zum Anteil der Personen, die zumindest selten Videos im Internet abrufen in Deutschland in den Jahren 2006 bis 2015, erhoben von GfK Media and Communication Research, abrufbar bei Statista unter http://de.statista.com/statistik/daten/studie/163165/umfrage/abruf-von-videodateien-im-internet-seit-dem-jahr-2006/ - Zugriff am 28.2.2019.

A.-L. Wirz, *Media-Streaming und Geoblocking*, Juridicum – Schriften zum Medien-, Informations- und Datenrecht, https://doi.org/10.1007/978-3-658-26083-5_1

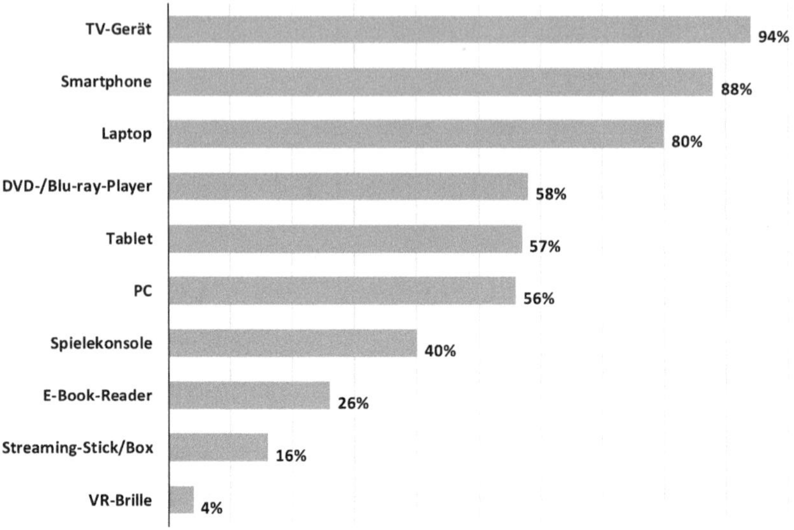

Abbildung 1: Umfrage zum Gerätebesitz für den Medienkonsum in deutschen Haushalten in 2017 [3]

Der weltweit größte Anbieter von audiovisuellem Media-Streaming ist *Netflix* mit fast 88 Millionen Kunden.[4] In Deutschland ist der beliebteste Anbieter für Videostreaming *Amazon Video*.[5] Im Audiobereich kann der schwedische Streamingdienst *Spotify* mit 170 Millionen Nutzern weltweit

[3] Daten erhoben von SevenOne Media, abrufbar über Statista unter https://de.statista.com/statistik/daten/studie/476429/umfrage/geraetebesitz-fuer-den-medienkonsum-im-haushalt-in-deutschland/ - Zugriff am 28.2.2019.

[4] Vgl. Statistik zur Anzahl der Netflix-Abonnenten weltweit im Jahr 2015 und eine Prognose für 2016 und 2021 (in Millionen), erhoben von Digital TV Research, abrufbar bei Statista unter https://de-statista-com.ub-proxy.fernuni-hagen.de/statistik/daten/studie/493089/umfrage/anzahl-der-netflix-abonnenten-weltweit/ - Zugriff am 28.2.2019.

[5] *Ballhaus/Song/Stöter*, S. 11.

die größten Nutzerzahlen verzeichnen.[6] Der VoD-Umsatz in Deutschland betrug bereits im Jahr 2016 rund 763 Millionen Euro und soll sich bis zum Jahr 2021 auf rund 1,2 Milliarden Euro erhöhen.[7] Auch der Umsatz mit Musikstreaming in Deutschland wird sich den Prognosen zufolge von rund 381 Millionen Euro in 2016 auf bis zu 932 Millionen Euro in 2021 verdreifachen.[8] Diese Zahlen zeigen das Potential von Media-Streaming auf. Der Markt für digitale Medien wächst und wird zu einer massiven Veränderung im Vertrieb urheberrechtlich geschützter Werke führen. Um nicht den Anschluss zu verlieren, folgen einige Produktionsfirmen und Fernsehsender daher endlich auch dem Trend und bieten eigene Streamingdienste an.[9] Eine Ausnahme zu dieser Entwicklung bilden lediglich die Printmedien. Abgesehen von Zeitungen, sog. „ePapers", bevorzugen die Nutzer weitestgehend das gedruckte Buch anstatt digitaler Werke in Form von „eBooks".

Für die Nutzer bietet Media-Streaming den Vorteil, dass Medieninhalte zeit- und ortsunabhängig verfügbar sind. Es besteht keine Abhängigkeit mehr von physischen Datenträgern. Außerdem bieten On-Demand-Dienste

---

[6] Vgl. Statistik zur Anzahl der aktiven Spotify-Nutzer weltweit von Juli 2012 bis März 2018 (in Millionen), erhoben von Spotify, abrufbar bei Statista unter https://de-statista-com.ub-proxy.fernuni-hagen.de/statistik/daten/studie/368928/umfrage/monatlich-aktive-nutzer-von-spotify-weltweit/ - Zugriff am 28.2.2019.

[7] Vgl. Statistik zu Umsätzen mit T-VoD und S-VoD in Deutschland in den Jahren 2012 bis 2021 (in Millionen Euro), erhoben von PwC, abrufbar bei Statista unter https://de-statista-com.ub-proxy.fernuni-hagen.de/statistik/daten/studie/770083/umfrage/umsaetze-im-vod-markt-in-deutschland-nach-segmenten/ - Zugriff am 28.2.2019.

[8] Vgl. Studie zu Umsätzen im Markt für Digitale Musik in Deutschland im Jahr 2016 sowie eine Prognose bis 2022 (in Millionen Euro), erhoben von Statista DMO, abrufbar bei Statista unter https://de-statista-com.ub-proxy.fernuni-hagen.de/statistik/daten/studie/455526/umfrage/umsaetze-im-markt-fuer-digitale-musik-in-deutschland/ - Zugriff am 28.2.2019.

[9] *Breustedt*, Attacke auf Netflix: Milliarden-Schlacht um die Streaming-Krone, Heise online, https://heise.de/-3862232 - Zugriff am 28.2.2019.

eine schier endlose und stets aktualisierte Auswahl an Inhalten. Der Nutzer hat hierbei allerdings den Nachteil, dass keine Eigentumsübertragung stattfindet, sondern ihm lediglich eine Zugriffsmöglichkeit auf den jeweiligen Inhalt verschafft wird. Anders als bei einer physischen Musik- oder Filmkopie, die beim Kauf Eigentum des Käufers wird, verliert der Käufer die Nutzungsmöglichkeit bei einem On-Demand-Dienst, sobald kein Zugang mehr zum entsprechenden Dienst besteht.

Für Künstler bietet Media-Streaming die Möglichkeit, eigene Werke schnell und unkompliziert auf den Markt zu bringen. Insbesondere für „Newcomer" eröffnet Media-Streaming die Chance, sich auf dem Markt zu etablieren, ohne von großen Produktionsfirmen unter Vertrag genommen werden zu müssen. Genauso können bereits bekannte Künstler neue Märkte erschließen. Der Nachteil liegt für Künstler in einer geringen bis keiner Vergütung für ihre angebotenen Werke. Das gilt umso mehr für Gratisangebote, die deshalb in der Kritik stehen, künstlerisches Schaffen zu entwerten. Zum Protest gegen die Entwertung der Musik hat daher die international bekannte Pop-Künstlerin *Taylor Swift*, 2014 ihre gesamte Musik bei Streamingdiensten mit werbefinanziertem (für den Nutzer kostenlosem) Angebot (z. B. *Spotify*) entfernen lassen.[10]

Dennoch lässt sich der Trend zum Media-Streaming nicht aufhalten. Für die Nutzer überwiegen die Vorteile. Künstler können sich dem nicht verschließen und auch sie profitieren von der neuen Verwertungsform. Außerdem hilft Media-Streaming Piraterie einzudämmen, denn das legale Streamingangebot ist vielfältig, in bester Qualität verfügbar und für den Nutzer erschwinglich. Dadurch wird es für den Nutzer immer unattraktiver, sich illegaler Methoden der Werknutzung zu bedienen.

---

[10] *Holland*, Musik-Streaming: Taylor Swift kehrt zu Spotify zurück, Heise online, https://heise.de/-3739340 - Zugriff am 28.2.2019.

I. Ziel der Arbeit

Media-Streaming als neue Art der Werkverwertung konnte der Gesetzgeber bei Inkrafttreten des Urheberrechtsgesetzes am 1. Januar 1966 noch nicht kennen. Mit Verlagerung der Werkverwertung ins Internet lösen sich die Werke zunehmend von ihrer Körperlichkeit. Außerdem existieren online faktisch keine geografischen Grenzen mehr. Die Wirkkraft eines nationalen Gesetzes lässt nach, wo territoriale Grenzen verschwimmen. Es stellt sich daher die Frage, ob das deutsche Urheberrecht in seiner aktuellen Form in der Lage ist, einen wirksamen Werkschutz zu gewährleisten, insbesondere unter Berücksichtigung der Entwicklung des Absatzmarktes urheberrechtlich geschützter Werke, weg von körperlicher Distribution, hin zu Media-Streaming.

Um die oft sehr hohen Investitionskosten zu amortisieren und Gewinn zu erzielen werden Nutzungsrechte für urheberrechtlich geschützte Werke regelmäßig segmentiert. Zum einen erfolgt eine inhaltliche und zeitliche Staffelung (insbesondere im Bereich Film) und zum anderen erfolgt eine territoriale Begrenzung von Nutzungsrechten. Aufgrund fehlender physischer, territorialer Grenzen bei der Werkverwertung über das Internet durch Media-Streaming, ist die bisherige Praxis der Rechtesegmentierung gefährdet. Um dieser Gefährdung entgegenzuwirken hat sich eine Technik etabliert, die es ermöglicht, Personen aus einem konkreten geografischen Bereich von der Nutzung bestimmter Internetinhalte auszuschließen, sog. Geoblocking. Der Begriff Geoblocking setzt sich zusammen aus dem Wort „Geo" als Kurzform für geografisch und englisch „blocking" für Blockieren; meint also „geografisches Blockieren" von Internetinhalten. Geoblocking ist ein Versuch, die nationale Wirkung von Urheberrechten zu gewährleisten.

Ziel der vorliegenden Arbeit ist es, Media-Streaming und Geoblocking vor dem Hintergrund territorialer Rechtevergabe urheberrechtlich einzuordnen. Es soll insbesondere festgestellt werden, ob das Urheberrecht in seiner aktuellen Form geeignet ist, den Schutz des Urhebers im Hinblick auf die neue Verwertungsform des Media-Streamings ausreichend zu gewährleisten. Darüber hinaus soll die Frage beantwortet werden, ob Geoblocking ein rechtlich zulässiges und geeignetes Mittel ist, um den Schutz des Urhebers und seiner Werke beim Media-Streaming sicher zu stellen und ob es in diesem Zusammenhang vom Urheberschutz erfasst wird.

Die Bedeutung und Aktualität dieser Fragestellungen wird bekräftigt durch die kontinuierliche Debatte über die weitere Harmonisierung des europäischen Urheberrechts[11] und der Strategie für einen digitalen Binnenmarkt (DSM-Strategie)[12]. Die Strategie für einen digitalen Binnenmarkt soll der wachsenden Digitalisierung Rechnung tragen und bestehende Schranken im Binnenmarkt abschaffen. Ein großes Anliegen der Strategie ist die Anpassung des Urheberrechts an die Herausforderungen der Digitalisierung.[13] Erster Meilenstein der DSM-Strategie ist die sog. Portabilitätsverordnung.[14] Nachdem Kommissionsvizepräsident *Ansip* verlautbarte *„Ich hasse*

[11] Z. B. *Grünberger*, ZUM 2015, 273 ff.; *Stollwerck*, in: *Ahlberg/Götting*, UrhG Europäisches Urheberrecht, Rn. 103 ff.; *Rauer/Kaase*, GRUR-Prax 2015, 364 ff.; *Stieper*, GRUR 2015, 1145 ff.

[12] Digital Single Market Strategy (DSM), von der Europäischen Kommission im Frühjahr 2015 veröffentlicht, als Antwort auf den *„Reda"*-Bericht des Rechtsausschuss des Europäischen Parlaments. Dazu ausführlicher *Europäische Kommission*, Commission Staff Working Document, Digital Single Market Strategy for Europe - Analysis and Evidence, COM(2015) 192 final und *Rauer/Kaase*, GRUR-Prax 2015, 364 ff.

[13] *Europäische Kommission*, Statement by Vice-President Andrus Ansip at the press conference on the adoption of the Digital Single Market Strategy, Statement by Vice-President Andrus Ansip at the press conference on the adoption of the Digital Single Market Strategy, http://europa.eu/rapid/press-release_SPEECH-15-4926_de.htm - Zugriff am 28.2.2019.

[14] Die Verordnung des Europäischen Parlaments und des Rates zur Gewährleistung der grenzüberschreitenden Portabilität von Online-Inhaltediensten im Binnenmarkt, VO 2017/1128 vom 14.6.2017, ABl. EU L 168 vom 30.6.2017, S. 1–11 (Abk. PortabilitätsVO).

Geoblocking aus tiefstem Herzen“[15] und *„Schaffen wir all die Zäune und Mauern ab, die uns im Internet den Weg versperren. Die Menschen müssen sich im Netz ebenso frei über Grenzen hinweg bewegen können wie in der Wirklichkeit.“*[16], ist die Verordnung die erste gesetzgeberische Auseinandersetzung mit Geoblocking. Zukünftig sollen Verbraucher digitale Inhalte, die sie in ihrem Heimatland heruntergeladen oder abonniert haben, auch in einem anderen EU-Land abrufen können.[17] Als zweiter Schritt der DSM-Strategie gilt seit 3.12.2018 die sog. Geoblockingverordnung[18] in Kraft getreten. Danach sollen Diskriminierungen aufgrund der Staatsangehörigkeit einschließlich Geoblocking im Hinblick auf die Warenverkehrs- und Dienstleistungsfreiheit in der Europäischen Union verhindert werden.

Die aktuellen gesetzgeberischen Bemühungen gegen Geoblocking waren Motivation für diese Arbeit. Es wird untersucht, welche Auswirkungen der DSM-Strategie des europäischen Gesetzgebers auf das Urheberrecht bezüglich Media-Streaming und dem Einsatz von Geoblocking zu erwarten sind. Im Zuge dessen wird sich der Frage gewidmet, ob der Urheberschutz für die On-Demand-Werkverwertung in seiner jetzigen Form angemessen ist. Das schließt insbesondere eine Untersuchung der territorialen Rechtevergabe von Urheberrechten mit ein. Es gilt zu klären, ob diese für das Media-Streaming in ihrer bisherigen Form aufrechterhalten werden kann

---

[15] *Kannenberg*, EU-Kommission will Geoblocking im Internet weitgehend abschaffen, https://www.heise.de/newsticker/meldung/EU-Kommission-will-Geoblockin g-im-Internet-weitgehend-abschaffen-2584608.html - Zugriff am 28.2.2019.

[16] *Europäische Kommission*, Strategie für den digitalen Binnenmarkt: Europäische Kommission vereinbart Tätigkeitsbereiche, http://europa.eu/rapid/press-release _IP-15-4653_de.htm - Zugriff am 28.2.2019.

[17] *Oettinger*, K & R, Nr. 9, 2015, Editorial.

[18] Verordnung des Europäischen Parlaments und des Rates über Maßnahmen gegen ungerechtfertigtes Geoblocking und andere Formen der Diskriminierung aufgrund der Staatsangehörigkeit, des Wohnsitzes oder des Ortes der Niederlassung des Kunden innerhalb des Binnenmarkts und zur Änderung der Verordnungen (EG) Nr. 2006/2004 und (EU) 2017/2394 sowie der Richtlinie 2009/22/EG, VO 2018/302 vom 28.2.2018, ABl. EU LI 60 I vom 2.3.2018, S. 1–15 (Abk. GeoblockingVO).

oder ein Tätigwerden des Gesetzgebers zum Schutz des Urhebers zu fordern ist.

II. Gang der Arbeit

Beginnend mit einer technischen Einführung zum Media-Streaming und Geoblocking, werden die technischen Besonderheiten beider Verfahren dargestellt. Dies dient unter anderem der urheberrechtsrelevanten Abgrenzung des Media-Streamings vom Rundfunk.

Das zweite Kapitel gibt einen kurzen Überblick über die entscheidenden urheberrechtlichen Grundlagen. Es wird vertieft auf den Schutz technischer Maßnahmen eingegangen, um später die Frage beantworten zu können, ob Geoblocking eine technische Maßnahme i. S. v. § 95a UrhG ist.

Im dritten Kapitel erfolgt die Einordnung der Werkverwertung durch Media-Streaming in das deutsche Urheberrecht, um im Anschluss in Kapitel vier die Rechts- und Vertragsbeziehungen der am Media-Streaming Beteiligten näher zu beleuchten. Im Zuge dessen wird der Frage nachgegangen, wie Geoblocking zwischen den Beteiligten eingesetzt wird.

Kapitel fünf widmet sich der Frage, ob der vertraglich vereinbarte Einsatz von Geoblocking beim Media-Streaming ein rechtlich zulässiges Mittel zur Durchsetzung territorialer Rechtevergabe darstellt, also mit deutschem und europäischem Recht vereinbar ist. In diesem Zusammenhang setzt sich die Arbeit auch mit der Zulässigkeit von Geoblocking im Lichte aktueller Rechtsprechungspraxis und des Schrifttums auseinander.

Das sechste Kapitel beschäftigt sich mit dem Schutz des Urhebers vor Urheberrechtsverletzungen beim Media-Streaming durch Umgehung rechtmäßiger Geoblockingmaßnahmen. Dafür muss zunächst die Frage geklärt werden, ob Geoblocking eine technische Maßnahme i. S. v. § 95a UrhG darstellt und somit unter urheberrechtlichem Schutz steht.

Daran anschließend wird in Kapitel sieben die Strategie für einen digitalen Binnenmarkt des europäischen Gesetzgebers mit Blick auf künftige Auswirkungen auf Media-Streaming und Geoblocking untersucht.

Abschließend setzt sich Kapitel acht mit dem angemessenen Urheberschutz des Rechtsinhabers beim Media-Streaming auseinander. Insbesondere wird untersucht, wie der Rechtsinhaber angemessen vor Umgehung von Geoblocking geschützt werden kann. Es wird geprüft, ob die bisherige Form der Rechtevergabe den Anforderungen an das digitale Zeitalter gewachsen ist oder ob gesetzgeberisches Handeln zum Schutz des Urhebers erforderlich wird. Als Alternative zur territorialen Rechtevergabe wird in diesem Zuge die Möglichkeit der Übertragung des Gedankens der Satellitensenderichtlinie auf das Media-Streaming diskutiert.

Das Fazit schließt mit einer Zusammenfassung und den Ergebnissen der Arbeit sowie einer Abschlussbetrachtung ab.

1. Kapitel: Technische Grundlagen

I. Media-Streaming

Anders als bei einer herkömmlichen Datenübertragung, bei welcher der Nutzer Informationen einzeln anfordert (sog. Pull-Technologie), fließen beim Media-Streaming nach einmaliger Anforderung der Information die Daten kontinuierlich (sog. Push-Technologie).[19] Dies geschieht so lange, bis die Übertragung endet, der Nutzer die Übertragung abbricht oder der Datenfluss aufgrund eines Verbindungsabbruchs zum Rechnernetz abreißt.[20] Obwohl die technische Datenübertragung eine andere ist, unterscheidet sich das Media-Streaming damit nicht grundlegend vom herkömmlichen Rundfunk. Um den Unterschied zwischen Rundfunk und Media-Streaming zu verdeutlichen, werden im Folgenden die technischen Grundlagen der jeweiligen Verbreitungsform erläutert. Nur so ist eine urheberrechtliche Einordnung des Media-Streamings möglich, denn das Urheberrecht unterscheidet zwischen verschiedenen Verbreitungsformen.

1. Verbreitung von Medieninhalten über Rundfunk

Die Verbreitung von Medieninhalten über Rundfunk meint die Übertragung von audio- oder audiovisuellen Inhalten im Radio und Fernsehen. § 2 Abs. 1 S. 1 RStV definiert den Rundfunk als *„linearen Informations- und Kommunikationsdienst, der für die Allgemeinheit und zum zeitglei-*

[19] *Sieber*, in: *Hoeren/Sieber/Holznagel*, Teil 1 Technische Grundlagen Rn. 134.
[20] *Sieber*, in: *Hoeren/Sieber/Holznagel*, Teil 1 Technische Grundlagen Rn. 134.

A.-L. Wirz, *Media-Streaming und Geoblocking*, Juridicum – Schriften zum Medien-, Informations- und Datenrecht, https://doi.org/10.1007/978-3-658-26083-5_2

chen Empfang bestimmte Veranstaltung und Verbreitung von Angeboten in Bewegtbild oder Ton entlang eines Sendeplans unter Benutzung elektromagnetischer Schwingungen" ist. Durch Satz 2 desselben Paragraphen werden auch Angebote eingeschlossen, die verschlüsselt verbreitet werden oder gegen besonderes Entgelt empfangen werden können.

Die Rundfunkanstalten senden von einem bestimmten Ort aus Informationen an eine unbestimmte Empfängerzahl.[21] Dabei hat die Anzahl der Empfänger keinen negativen Einfluss auf die Übertragungsqualität.[22] Der Rundfunksender steuert und liefert die Informationen unidirektional (in eine Richtung) an den Empfänger, sodass dieser ohne Rückkanal zum Sender keinen Einfluss auf das Programm nehmen kann.[23] Die zu übertragende Information besteht beim Fernsehen hauptsächlich aus den Bewegtbildern und den dazugehörigen lippensynchronen Tönen, beim Radio nur aus Tönen.

Die Fernsehübertragung erfolgt über hochfrequente elektromagnetische Wellen (kurz HF).[24] Die Welle in einem bestimmten Frequenzbereich ist nur das Transportmittel für die zu übertragenden Audio- und Video-Informationen,[25] vergleichbar mit einem Blatt Papier, das Transportmittel für Buchstaben ist.[26] Die eigentliche Information wird durch die Veränderung der Höhe der Wellen (Amplitude) oder der Anzahl der Schwingungen (Frequenz) übertragen, sog. Modulation.[27] Durch Kanalcodierung[28] im

[21] *Fischer*, S. 1.
[22] *Fischer*, S. 1.
[23] *Karstens*, S. 31.
[24] *Knop*, in: *Hartlieb/Schwarz*, Kapitel 242, Rn. 1. Die Frequenz ist die Anzahl an Schwingungen pro Sekunde. So entsprechen bspw. 5 MHz 5 Mio. Schwingungen pro Sekunde.
[25] *von Gerlach*, S. 30.
[26] *Knop*, in: *Hartlieb/Schwarz*, Kapitel 242, Rn. 1.
[27] *von Gerlach*, S. 30.
[28] Ein Verfahren um digitale Daten so zu transformieren, dass auftretende Fehler bei der Übertragung erkannt und bestenfalls direkt korrigiert werden.

Modulator[29] werden die Informationen auf den Übertragungskanal vorbereitet.[30]

Der standardmäßig genutzte Hörfunk und das analoge Fernsehen werden mithilfe der Frequenzmodulation über Ultrakurzwelle (UKW) empfangen (Variation der Signalfrequenz).[31] Die Amplitudenmodulation wird hingegen vornehmlich für den Lang- und Mittelwellenhörfunk verwendet (Variation der Signalamplitude).[32] Verlaufen die Frequenzen zu eng zueinander, können sich die verschiedenen Signale überlagern (sog. Interferenzen).[33] Da die zur Verfügung stehenden Frequenzen endlich sind, werden global Frequenzbereiche und Frequenzen in internationalen Funkverwaltungskonferenzen zugewiesen, um im Interesse aller Nutzer Interferenzen zu vermeiden.[34] National werden Frequenzbereiche und Frequenzen gem. §§ 52 ff. TKG zugewiesen.

Verbreitet wird Rundfunk auf verschiedenen Wegen: Terrestrisch (erdgebunden), per Satellit oder per Kabel. Die älteste Verbreitungsform ist die terrestrische.[35] Dabei strahlen auf Masten installierte Sender Funkwellen aus, die von Haushalten zum Beispiel über Dachantennen empfangen werden können.[36] Wird das Signal per Satellit übermittelt, wird es von einer Sendeanlage auf der Erde zum Satelliten im Orbit übertragen (sog. Uplink), von wo es zurück auf die Erde gestrahlt wird (sog. Downlink). Das abgestrahlte Satellitensignal kann von einer Parabolantenne (ugs. Satellitenschüssel), bspw. auf einem Hausdach, empfangen werden.[37] Neben

[29] Beeinflusst Frequenzen zur Übertragung von Informationen: Die Trägerwelle muss mit der Information moduliert werden.
[30] *Fischer*, S. 8.
[31] *Knop*, in: *Hartlieb/Schwarz*, Kapitel 242, Rn. 1.
[32] *von Gerlach*, S. 30.
[33] *Knop*, in: *Hartlieb/Schwarz*, Kapitel 242, Rn. 2.
[34] *Knop*, in: *Hartlieb/Schwarz*, Kapitel 242, Rn. 2.
[35] *Fischer*, S. 21.
[36] *Schmidt*, S. 204.
[37] *Knop*, in: *Hartlieb/Schwarz*, Kapitel 242, Rn. 4.

der Parabolantenne wird im Empfängerhaushalt eine entsprechende HF-Technik zum Empfang und zur internen Verteilung von Satellitensignalen benötigt. Dies schließt insbesondere einen dem Fernseher vorgeschalteten oder darin integrierten Receiver[38] ein. Auch der Kabelnetzbetreiber empfängt Rundfunksignale per Satellit, welche er über sog. Kopfstationen in das Kabelnetz einspeist und zum Endnutzer weiterleitet.[39] Die Verbreitung des Rundfunks über primär eingesetzte Breitbandkabel ist also im Grunde eine Verbreitung über Satellit mit zwischengeschalteter Weiterleitung durch die Nutzung von Kabelverbindungen.

Die analoge Rundfunkverbreitung weicht nach und nach der digitalen. Bereits 2009 wurde der analoge terrestrische Fernsehempfang abgeschafft und vollständig durch seinen digitalen Nachfolger DVB-T (Digital Video Broadcasting - Terrestrial) ersetzt.[40] DVB-T ist aufgrund von Versorgungslücken nicht in allen Regionen Deutschlands zu empfangen, sodass auch dieses in naher Zukunft durch DVB-T2 ersetzt wird.[41]

Die digitale Verbreitung des Rundfunks erfolgt auf demselben Wege wie die analoge Verbreitung (terrestrisch, via Satellit oder Kabel). Wie in Abbildung 2 dargestellt, muss bei der digitalen Verbreitung zunächst die Ausgangsinformation digitalisiert, komprimiert und somit übertragungsfähig gemacht werden, sofern sie nicht bereits in digitaler Form vorliegt

[38] Engl. für Empfänger (Empfangsgerät mit dem Signale empfangen werden können).
[39] *Knop*, in: *Hartlieb/Schwarz*, Kapitel 242, Rn. 11.
[40] *Fischer*, S. 21. Seit 2012 gibt es das analoge Fernsehen in Deutschland nur noch im Breitbandkabel als „re-analogiesierten" Dienst. Das soll den Teilnehmern, die noch nicht auf digitales Fernsehen umgestellt haben eine Karrenzphase geben, die aber spätestens im Laufe des Jahres 2018 in nahezu allen Bundesländern endet. Vgl. *Fischer*, S. 22.
[41] *Fischer*, S. 21; *Eustachi*, S. 1.

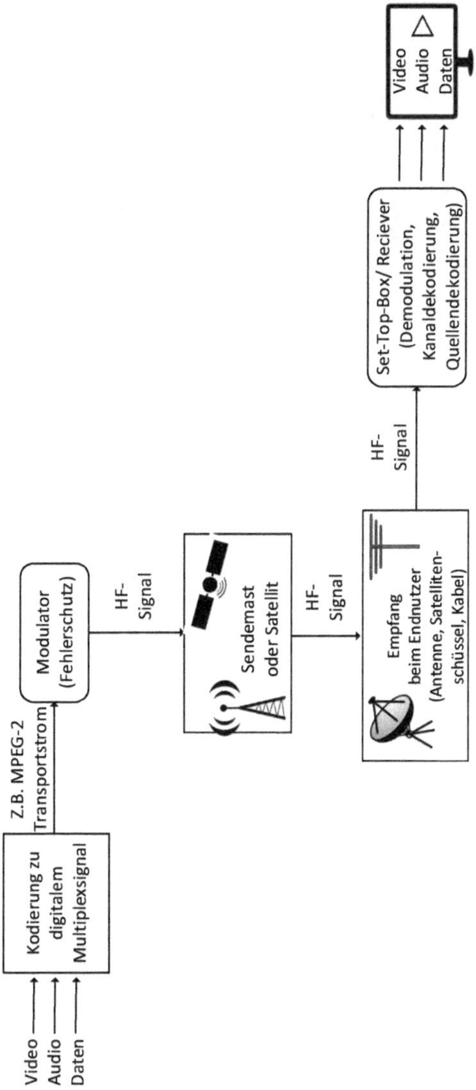

Abbildung 2: Rundfunkübertragung

(Quellencodierung).[42] Die Quellencodierung erfolgt durch standardisierte Verfahren, die von der MPEG[43] erarbeitet werden.[44]

Wie beim Satellitenempfang, ist auch beim Kabel- und terrestrischen Empfang ein Receiver erforderlich, welcher das empfangene Signal wieder zurück in Bewegtbilder und die dazugehörigen lippensynchronen Töne bzw. andere Daten umwandelt. Der Receiver ist mittlerweile in fast alle Fernsehgeräte integriert. Er enthält ein Empfangsmodul mit einem Tuner (Demodulator) und dem Kanaldecoder.[45] Letztlich wird die Quellencodierung des komprimierten Signals wieder rückgängig gemacht, um so in der ursprünglichen Form vom Empfänger gesehen oder gehört werden zu können.[46]

Durch das Verfahren der Quellencodierung kann die Menge der zu übertragenden Informationen stark reduziert werden, sodass auf demselben Frequenzbereich mehr Radio- bzw. Fernsehprogramme verbreitet werden können. Daher ist die digitale Verbreitung gegenüber der analogen, insbesondere in Anbetracht des begrenzten Frequenzbereichs, vorzugswürdig, weshalb sie auch die analoge Verbreitung mittlerweile fast vollständig verdrängt hat. Lediglich beim Hörfunk ist ein Weichen der analogen Verbreitung in Deutschland nicht in Sicht.[47]

---

[42] *Fechter*, in: *Reimers*, S. 41; *Schmidt*, S. 204.
[43] Moving Pictures Expert Group.
[44] *Fischer*, S. 37.
[45] *Schmidt*, S. 244.
[46] *Schmidt*, S. 244.
[47] Die Abschaltung des UKW-Radios ist immer wieder Gegenstand politischer Debatten. Als Nachfolger kommen DAB+ (Digitalradio) und Internetradio in Betracht. Damit soll die Digitalisierung des Rundfunks gefördert und vorangetrieben werden. Eine Umsetzung scheiterte aber bisher daran, dass die meisten deutschen Haushalte und Autos ausschließlich mit UKW-Radios ausgestattet sind.

2. Streamingbasierte Verbreitung von Medieninhalten

Streaming (engl. für strömen, fließen) steht für eine kontinuierliche Übertragung von Daten in einem Netzwerk. Werden Video- und/oder Audiodaten gleichzeitig über ein Netzwerk übertragen und wiedergegeben, spricht man vom sog. Media-Streaming oder Streaming-Media.

Der Begriff Media-Streaming meint fortlaufende Medien, d.h. Video- und/ oder Audiomedien, die während eines genau definierten Zeitraums abgespielt werden. Erste kommerzielle Versuche des Media-Streamings gab es schon in den 90er Jahren, jedoch ist erst ab 2000 eine stetige Zunahme im Echtzeit-Audio- und Echtzeit-Video-Verkehr (sog. Realtime) zu verzeichnen.[48] Der Unterschied von Echtzeitübertragungen zu anderem Webverkehr liegt darin, dass Inhalte in einer bestimmten Geschwindigkeit abgespielt werden müssen, da der Nutzer die gewünschte Information nicht im Einzelfall anfordert (sog. Pull-Technologie), sondern ein permanenter Datenzufluss (sog. Push-Technologie) erfolgt.[49]

Die Zunahme von Echtzeitübertragungen wird ermöglicht durch leistungsstärkere Computertechnik und zunehmende Internetbandbreite. Ein Großteil des Internetverkehrs entfällt schon heute auf Media-Streaming. Schätzungen zufolge wird Media-Streaming in wenigen Jahren 80% des Konsumenten-Internetverkehrs ausmachen.[50] Im Rahmen des Streamings werden Medieninhalte als Daten digital über das Internet übertragen. Die

[48] 1995 entwickelte ein Team der Technischen Universität Berlin bereits einen deutschen Streaming-Prototypen: Das Info-Radio On-Demand. Vgl. *Schmidt*, 250 f.; *Reimann/Rüffler*, in: *Butscher/Moeller/Pusch*, Radio on Demand, S. 105 f.

[49] *Sieber*, in: *Hoeren/Sieber/Holznagel*, Teil 1 Technische Grundlagen Rn. 134.

[50] Schon im Jahr 2016 entfallen ca. 73% des Internetverkehrs auf Streaming. Vgl. *Cisco*, Visual Networking Index: Forecast and Methodology, 2016-2021, https://www.cisco.com/c/en/us/solutions/collateral/service-provider/visual-networking-index-vni/complete-white-paper-c11-481360.pdf - Zugriff am 28.2.2019.

digitale Datenübertragung ist komplex und erfordert eine Reihe ineinandergreifender Prozesse. Diese werden im Folgenden genauer beleuchtet.

a) Datenübertragung

Grundsätzlich werden Daten zwischen Computern über Netzwerke ausgetauscht. Computernetzwerke können definiert werden als ein Verbund mehrerer (mindestens zweier), universell programmierbarer Hardware zum Zwecke des Datenaustauschs und der gemeinsamen Nutzung von Systemkomponenten.[51]

Bei Netzwerken kann zwischen der Übertragungstechnik und der Ausdehnung des Netzes unterschieden werden. Übertragungstechniken sind Punkt-zu-Punkt-Verbindungen oder Broadcast-Verbindungen. Bei einer Punkt-zu-Punkt Verbindung werden einzelne Paare von Rechnern vernetzt.[52] Um in einem Punkt-zu-Punkt-basierten Netzwerk von der Quelle ans Ziel zu gelangen, muss eine Nachricht (Paket) zuvor einen oder mehrere dazwischenliegende Rechner kontaktieren.[53] Die Datenübertragung zwischen den beiden Teilnehmern erfolgt exklusiv. Findet eine Übertragung zwischen Sender und Empfänger ohne Zwischenstationen statt, spricht man von Unicasting.[54] Beim Broadcasting hingegen wird an alle am Netz angeschlossenen, erreichbaren Maschinen gesendet.[55]

In der Netzwerktechnik hat sich die paketbasierte Vermittlung von Daten (Ethernet/TCP/IP) durchgesetzt und andere Vermittlungstechniken, wie zum Beispiel die Leitungsvermittlung (Datenübertragung im Telefonnetze), verdrängt. Dabei werden Daten in definierte Abschnitte unterteilt und in Pakete mit entsprechenden Zusatzinformationen (wie Adresse, Ziel

---

[51] *Peterson/Davie*, S. 3; *Larisch*, S. 34.
[52] *Tanenbaum/Wetherall/Pieper*, S. 39.
[53] *Tanenbaum/Wetherall/Pieper*, S. 39.
[54] *Riggert/Märtin/Lutz*, S. 25 f.
[55] *Riggert/Märtin/Lutz*, S. 25.

etc.) „gepackt".[56] Beim Broadcasting werden also Datenpakete von einer Maschine versendet und von allen anderen empfangen, wobei jedes Paket Aufschluss über seine Adressaten gibt, sodass jeder Empfänger zunächst seine Zuständigkeit vor einer möglichen Datenverarbeitung prüft.[57] Ist das Paket für ihn bestimmt, verarbeitet es der Empfänger; ist es nicht für ihn bestimmt, wird es ignoriert. Dies verdeutlicht *Tanenbaum* mit einem einfachen Beispiel: Befinden sich zehn Leute in einem Konferenzraum und ruft einer dieser Leute „Watson hier her!", „empfangen" (hören) zwar alle anderen neun die Nachricht (Paket), aber nur der adressierte Watson wird darauf auch reagieren; die restlichen acht Leute werden sie einfach ignorieren.[58] Unterstützt das Netz eine Übertragung an eine Teilmenge von angeschlossenen Rechnern, spricht man von Multicasting. Nachteil der Punkt-zu-Punkt Übertragung ist, dass die Datenübertragungsrate für den Server mit der Anzahl an Teilnehmern linear steigt, wohingegen durch das Broadcast-Netz die mehrfache Übertragung identischer Daten an verschiedene Rechner vermieden wird, sodass die Datenübertragungsrate für den Server nicht linear mit der Anzahl an Teilnehmern steigt.[59]

Wie schon eingangs erwähnt, können Netze auch über ihre Ausdehnung klassifiziert werden. So unterscheidet man vorrangig zwischen LAN (Local Area Network), das bspw. ein Netz innerhalb eines Gebäudes oder auf einem Campus klassifiziert, MAN (Metropolitan Area Network), welches ein Netz innerhalb einer Stadt abbildet, wie zum Beispiel das Kabelfernsehen und WAN (Wide Area Network), das ein Netz über Stadt- und Landesgrenzen und sogar über Kontinente hinweg klassifiziert.[60] Erstreckt sich ein Netz

[56] Siehe dazu näher Abbildung 3 und Seite 20.
[57] *Tanenbaum/Wetherall/Pieper*, S. 40.
[58] *Tanenbaum/Wetherall/Pieper*, S. 40.
[59] *von Gerlach*, S. 45.
[60] *Tanenbaum/Wetherall/Pieper*, S. 41 ff.

über unbegrenzte geografische Entfernungen, so spricht man auch von einem GAN (Global Area Network).[61]

Auf der ganzen Welt gibt es viele verschiedene Netze, die mit unterschiedlicher Hard- und Software arbeiten. Um mit Personen oder Computern kommunizieren zu können, die sich in einem anderen Netz befinden, müssen verschiedene Netze verknüpft oder zusammengeschlossen werden. Eine Gruppe solcher zusammengeschlossener Netze nennt man Internetwork oder Internet.[62]

Die verschiedenen Netze sind komplex. Um ein Netz besser verstehen und überblicken zu können, erfolgt eine Abstraktion dessen, mittels mehrerer übereinanderliegender Schichten oder Ebenen, bei der jede Schicht eine virtuelle Maschine darstellt, die der darüberliegenden Schicht ihre Dienste anbietet.[63] Innerhalb der jeweiligen Schichten gibt es sog. Protokolle, die die Kommunikation zwischen den Computern sicherstellen. Ein Protokoll ist also eine Vereinbarung zwischen kommunizierenden Parteien über den Ablauf der Kommunikation.[64] Eine Einheit von aufeinander aufbauenden Schichten nennt man Netzarchitektur. Im privaten und wirtschaftlichen Bereich und damit auch beim Media-Streaming kommt vornehmlich das TCP/IP-Protokoll zum Einsatz, weshalb im Folgenden auch nur auf dieses eingegangen wird. Das TCP/IP-Protokoll ist speziell auf Internetworks zugeschnitten.[65]

Anhand von Abbildung 3 lässt sich abstrakt erkennen, wie Daten basierend auf dem Schichtenmodell übertragen werden. Jede Schicht erfüllt eine Aufgabe. Möchte ein Anwender beispielsweise wissen, wie das Wetter wird,

---

61 *Baun*, S. 18.

62 *Kurose/Ross*, S. 28. Zu beachten ist, dass das Internetwork nicht mit dem im allgemeinen Sprachgebrauch verwendeten Begriff des Internet gleichzusetzen ist. Das World Wide Web (WWW) ist ein spezielles Internetwork.

63 *Baun*, S. 33.

64 *Kurose/Ross*, S. 33-35.

65 Siehe dazu *Baun*, S. 33 ff. und *Obermann/Horneffer*, S. 22.

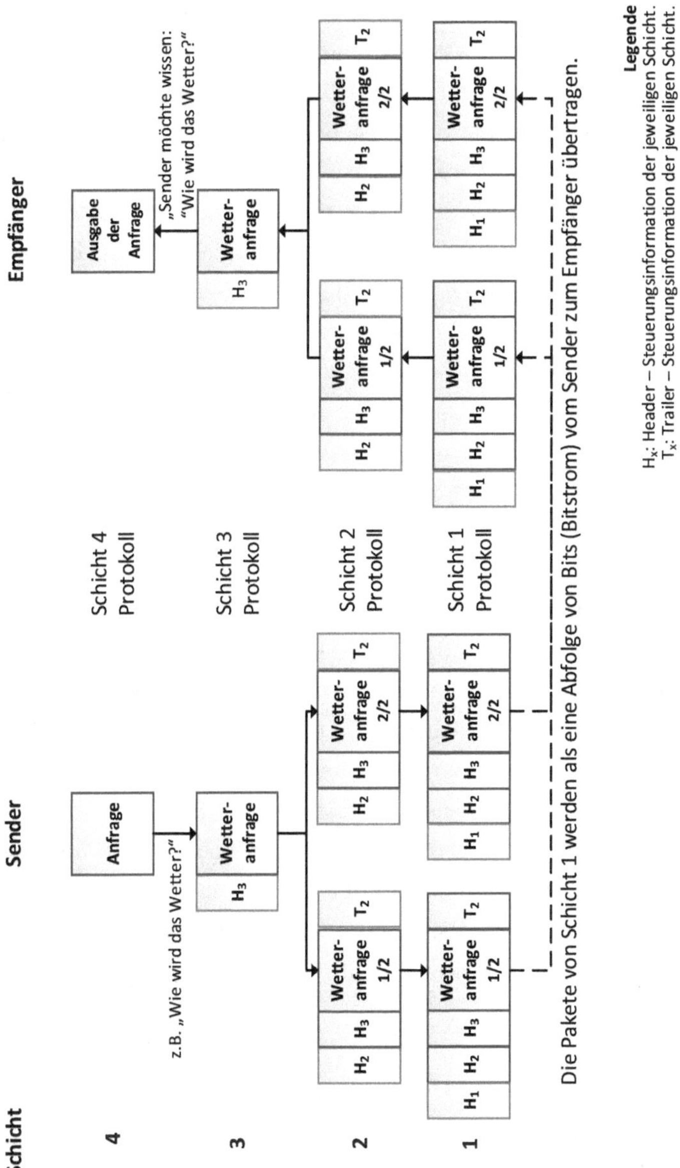

Abbildung 3: Abstrakte Darstellung eines Schichtmodels zur Datenübertragung

stellt er eine entsprechende Anfrage über einen Browser. Diese muss zum richtigen Empfänger, damit der Anwender den Wetterbericht erhält und nicht etwa die aktuellen Börsenzahlen. Die gesendete Anfrage wird an die darunterliegende Schicht (3) weitergegeben, in der die Anfrage bearbeitet und zur Weiterleitung vorbereitet wird. Dabei wird eine Kopfzeile (engl. Header) von der Schicht an die Daten angehangen. Der Header enthält alle notwendigen Informationen, die es der äquivalenten Schicht auf Empfängerseite ermöglichen, die Daten richtig zuzustellen. Jede Schicht erstellt einen solchen Header. So weiß die entsprechende Schicht beim Empfänger, wie sie die Daten verarbeiten soll. Ist am Zielort (beim Empfänger) der Header „abgearbeitet", wird er wieder entfernt, bevor die Daten an die nächste Schicht weitergegeben werden.

Der Header wird von der folgenden Schicht (2) übernommen und um einen eigenen Header ergänzt. Eventuell (abhängig vom verwendeten Protokoll) wird auch noch ein Nachspann (engl. Trailer) mit Zusatzinformationen angefügt.[66] Da das Datenpaket meist zu groß für den Transport ist, muss es verkleinert werden. Deshalb teilt diese Schicht die Daten in kleinere Teilpakete und übergibt sie der nächsten Schicht. Der Header in Schicht 2 stellt dann zum Beispiel sicher, dass die Pakete am Zielort wieder in der richtigen Reihenfolge zusammengesetzt werden. Im Anschluss daran werden die Pakete in der nächsten Schicht (1) in Form von Bits[67] übertragen,[68] bevor sie am Zielort die verschiedenen Schichten in umgekehrter Reihenfolge durchlaufen. Innerhalb der jeweiligen Schichten sichern die zuvor genannten Protokolle die Kommunikation untereinander, damit jede Schicht die gleichen Prozesse ausführt. Abbildung 3 zeigt vereinfacht,

---

66 *Baun*, S. 34.

67 Digitale Informationen werden in Binärzahlen kodiert, wobei die Binärzahlen »0«und »1«jeweils ein Bit als kleinste Dateneinheit darstellen und eine Gruppe von 8 Bit ein Byte sind. 1.000 Bytes sind 1 Kilobyte usw. Vgl. *von Gerlach*, S. 35 ff.

68 *Tanenbaum/Wetherall/Pieper*, S. 238.

wie Daten übertragen werden können. Je nach Modell gibt es mehr oder weniger Schichten und variierende Protokolle.

Abbildung 4 zeigt die im TCP/IP-Modell eingesetzten vier Schichten. In der sog. Anwendungsschicht können Benutzer Anwendungen ausführen. Die Schichten unterhalb der Anwendungsschicht stellen die grundlegenden Transportdienste bereit, führen aber keine Anwendungen aus.[69] Dies übernehmen erst die eigentlichen Netzanwendungen, wie bspw. das World Wide Web oder E-Mail. Ebenso wie die anderen Schichten, benötigt auch die Anwendungsschicht Protokolle, um korrekt mit anderen Computern kommunizieren zu können, insbesondere bei intern unterschiedlicher Datendarstellung. Die zwei bekanntesten Protokolle sind das HTTP (Hypertext Transfer Protocol)- und das DNS (Domain Name System). Ersteres ist ein einfaches, textbasiertes Anfrage-Antwort-Protokoll.[70]

Das DNS-Protokoll dient dem vereinfachten Auffinden von Webseiten, indem nummerischen Adressen ein Name zugeordnet wird.[71] Jedem Internetnutzer wird nach einem hierarchisch gegliederten System eine numerische Nutzeradresse zugeordnet, die sog. IP-Adresse.[72] An der Spitze der Adressvergabehierarchie steht die *IANA* (Internet Assigned Numbers Authority) als Unterorganisation der *ICANN* (Internet Corporation for Assigned Names and Numbers). Die *ICANN* ist ein nach kalifornischem Recht inkorporiertes privates Unternehmen ohne Gewinnabsicht,[73] das sich die Förderung der Sicherheit, Stabilität und Interoperabilität des Internets zur Aufgabe gemacht hat.[74] Es gibt weltweit fünf regionale Internetregister

69 *Tanenbaum/ Wetherall/ Pieper*, S. 694.
70 *Bormann/ Ott*, S. 433.
71 *Bormann/ Ott*, S. 295.
72 *Mitsdörffer/ Gutfleisch*, MMR 2009, 731.
73 Die *ICANN* ist eine sog. Non-Profit-Organisation mit Sitz in Kalifornien, USA - https://www.icann.org/resources/pages/what-2012-02-25-de - Zugriff am 28.2.2019.
74 https://www.icann.org/resources/pages/what-2012-02-25-de - Zugriff am 28.2.2019; *Weber*, in: *Hoeren/ Sieber/ Holznagel*, Teil 2 Internet-Governance Rn. 21.

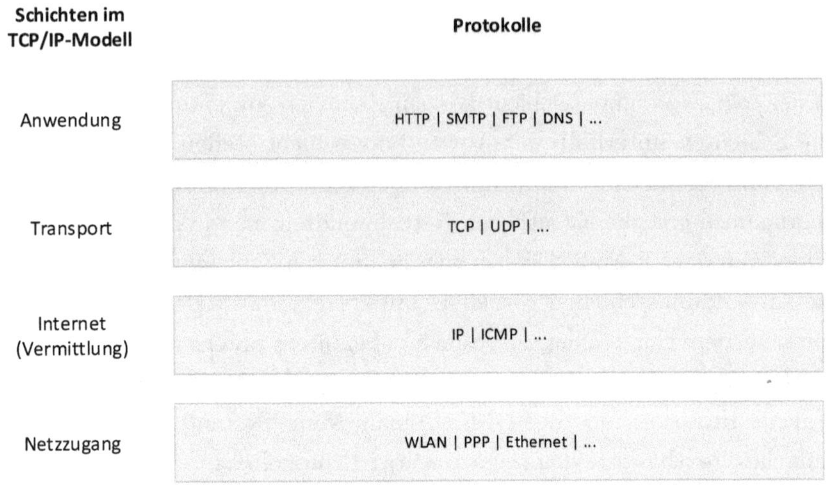

Abbildung 4: Schichten und Protokolle im TCP/IP-Modell

(engl. *Regional Internet Registries*), die von der *IANA* die IP-Adressräume zugeteilt bekommen.[75] Die IP-Adressen werden dann von den *Regional Internet Registries* in den eigenen Regionen weiterverteilt, an zum Beispiel ISPs oder öffentliche Einrichtungen.[76] Die an die verschiedenen Einrichtungen vergebenen Adressräume werden von den Registries offengelegt, sodass mithilfe dieser Information eine IP-Adresse einem ISP[77] oder einer anderen Stelle und somit auch einem konkreten Land zugeordnet werden kann.[78]

[75] http://www.iana.org/numbers - Zugriff am 28.2.2019.
[76] *Hoeren*, MMR 2007, 3 (4).
[77] Internet Service Provider (engl. für Internetdienstanbieter).
[78] *Mitsdörffer/Gutfleisch*, MMR 2009, 731.

Grundsätzlich ist es möglich, mehrere Internetdomains[79] auf einem Server unter derselben IP-Adresse zu verwalten. Für welche Domain ein konkreter Dienst angefragt wurde, wird auf der Anwendungsebene entschieden, sog. virtual hosting.[80] Der körperliche Server bekommt aber nur eine IP-Adresse zugeordnet.

Das DNS-Protokoll vereinfacht die Nutzung von Internetanwendungen enorm, da sich der Nutzer keine komplizierten numerischen oder bald alpha-numerischen IP-Adressen merken muss. Außerdem kann eine Domain unverändert bleiben, auch wenn sich die IP-Adresse ändert, da der Rechnername durch DNS von der Rechneradresse entkoppelt wird.[81]

Die darunterliegende Transportschicht stellt ihren Benutzern einen gut funktionierenden, zuverlässigen und kosteneffizienten Datenübertragungsdienst bereit, wobei „Benutzer“ in aller Regel die Prozesse der Anwendungsschicht sind.[82] Die Dienste der Internetschicht (auch Vermittlungsschicht) werden von der Transportschicht verwendet, um den Dienst auszuführen.[83] Diese Aufgabe wird in der Transportschicht von Hard- und/oder Software übernommen, welche auch Transportinstanz genannt wird.[84] Diese Transportinstanz befindet sich überwiegend im Betriebssystemkern oder in einem eigenen Benutzerprozess.[85] Obwohl die Transportschicht der

79 Domains engl. für Bereiche sind Übersetzungen von IP-Adressen in Schriftzeichen. Die Top-Level Domain ist die oberste Ebene und befindet sich am Ende der Domain („.com“). Die Second-Level Domain ist auf zweiter Ebene der kennzeichnende Teil der Domain. Die Domain ist ein einmaliger und eindeutiger Name, der bei Verfügbarkeit innerhalb einer bestimmten Top Level Domain frei gewählt werden kann. Dazu ausführlich *Heine*, in: *Schubert*, MüKo-BGB Band 1, BGB, § 12 Rn. 228.

80 Möglich z. B. mithilfe von Linux Apache: http://httpd.apache.org/docs/current/ -Zugriffam28.2.2019.

81 *Tanenbaum/ Wetherall/ Pieper*, S. 695.

82 *Tanenbaum/ Wetherall/ Pieper*, S. 567.

83 *Kurose/Ross*, S. 212.

84 *Tanenbaum/ Wetherall/ Pieper*, S. 567.

85 *Kurose/Ross*, S. 212.

Vermittlungsschicht sehr ähnlich ist, ist sie unablässig für das Konzept der Schichtprotokolle, da der Transportcode vollständig auf dem Rechner des Benutzers ausgeführt wird.[86] Die Vermittlungsschicht hingegen läuft in der Regel auf Routern, die von einem Betreiber bereitgestellt werden (zumindest für Fernnetze), was bedeutet, dass der Benutzer keinerlei Kontrolle über diese Schicht hat.[87] Gehen in einem verbindungslosen Netz [88] Pakete verloren oder sind Pakete beschädigt, kann die Transportinstanz dieses Problem nach seiner Entdeckung durch erneutes Übertragen ausgleichen.[89] Bricht die Verbindung abrupt ab, kann die Transportinstanz ebenso, ohne Hinweis auf den Verbleib der gerade gesendeten Daten, eine neue Netzverbindung zur Zieltransportinstanz aufbauen.[90] Folglich stellt die Transportschicht sicher, dass ihr Dienst zuverlässiger ist, als das zugrunde liegende Netzwerk.[91]

Zusammen mit der Transportschicht bildet die Internetschicht (auch Vermittlungsschicht) den Kern der Protokollhierarchie, die es Hosts[92] ermöglicht, Pakete in jedes beliebige Netz einzuspeisen und unabhängig voneinander ans Ziel zu befördern.[93] Die Internetschicht definiert das offizi-

86 *Tanenbaum/ Wetherall/ Pieper*, S. 568.

87 *Baun*, S. 37.

88 Die Transportschicht legt die Art der Verbindung fest. Eine Kommunikation kann verbindungsorientiert (TCP) oder verbindungslos (UDP) sein (siehe Abbildung 4). Bei der verbindungslosen Kommunikation weiß der Absender nicht, ob seine verschickten Datenpakte angekommen sind, da anders als beim TCP keine Bestätigung des Datenempfangs gesendet wird. Dadurch lässt sich die Größe der Paket-Header deutlich reduzieren, sodass die Kommunikation schneller ist, dafür aber auch unzuverlässiger. Die verbindungslose Kommunikation wird daher typischerweise für DNS-Anfragen, VPN-Verbindungen oder Audio- und Videostreaming verwendet. Ausführlicher dazu *Küveler/ Schwoch*, S. 225 f.

89 *Kurose/ Ross*, S. 214 ff.

90 *Kurose/ Ross*, S. 214 ff.

91 *Tanenbaum/ Wetherall/ Pieper*, S. 568.

92 Vereinfacht nach *Tanenbaum/ Wetherall/ Pieper*, S. 47: Computer auf denen Benutzerprogramme (Anwendungen) ausgeführt werden.

93 *Tanenbaum/ Wetherall/ Pieper*, S. 566.

elle Paketformat und Protokoll. Ihre Hauptaufgabe liegt darin, Datenpakete in korrekter Reihenfolge richtig zuzustellen.[94]

Die Netzzugangsschicht trifft letztendlich die Wahl des paketvermittelnden Netzes und beschreibt, was die Verbindungen, wie bspw. das Ethernet, tun müssen, um die Anforderungen dieser verbindungslosen Schicht zu erfüllen.[95] Sie stellen eine Schnittstelle zwischen Host und Übertragungsleitungen dar.[96] Die Vermittlungsschicht hat also die Aufgabe, Pakete von der Quelle ans Ziel zu befördern. Das bedeutet, dass sie über die Topologie des Netzes (über alle Router und Verbindungen) Bescheid wissen muss und die geeigneten Pfade wählt. Auf dieser Schicht kann das Internet als eine miteinander verbundene Sammlung von Teilnetzen gesehen werden.[97] Anstatt einer konkreten Struktur, gibt es mehrere Backbones,[98] die aus Leitungen mit hoher Bandbreite und schnellen Routern gebildet werden.[99] An die Backbones sind dann ISPs angeschlossen, die einen Internetzugang zum Beispiel für private Anwendungen bereit stellen.

Zusammenfassend funktioniert Kommunikation im Internet wie folgt: Die Transportschicht nimmt Datenströme von der Anwendungsschicht entgegen und teilt sie so auf, dass sie als IP-Pakete von der Internetschicht gesendet werden können. Im Anschluss leiten IP-Router jedes Paket entlang eines Pfads von einem Router zum nächsten, bis ans Ziel.[100] Haben

94 *Sieber*, in: *Hoeren/Sieber/Holznagel*, Teil 1 Technische Grundlagen Rn. 50 ff.; *Tanenbaum/Wetherall/Pieper*, S. 72.

95 *Kurose/Ross*, S. 460 ff.

96 *Kurose/Ross*, S. 460 ff.

97 *Tanenbaum/Wetherall/Pieper*, S. 501.

98 Nach *Tanenbaum/Wetherall/Pieper*, S. 89: Backbone (engl. für Basisnetz, Hauptstrang) umschreibt den verbindenden Kernbereich eines Telekommunikationsnetzes, welches aus Fernübertragungsleitungen aufgebaut ist, die Router und Übergabepunkte (Ort an dem Pakete des Kunden an das Netz des Internetdienstanbieters (ISP übergeben werden) in den verschiedenen Städten die der ISP bedient, miteinander verbinden.

99 *Tanenbaum/Wetherall/Pieper*, S. 501.

100 *Ernst/Schmidt/Beneken*, S. 290.

alle Pakete das Ziel erreicht, setzt die Vermittlungsschicht diese wieder zusammen und übergibt sie der Transportschicht.[101] Das IP-Protokoll der Vermittlungsschicht ist dabei der Klebstoff, der die Backbones und ISPs zusammenhält.[102]

b) Technische Besonderheiten des Media-Streamings

Beim Streaming unterscheidet man zwischen linearem-, Near-on-Demand- und dem nicht-linearen-Streaming. Beim linearen Streaming hat der Anwender, genauso wie bei der herkömmlichen Verbreitung von Medieninhalten, keine Möglichkeit, Einfluss auf die Übertragung zu nehmen.[103] Er kann lediglich das Programm in Echtzeit starten oder abbrechen.[104] Near-on-Demand-Streaming umfasst das Streaming von Medieninhalten zu bestimmten Intervallen, die vom Anbieter festgelegt werden.[105] Der Nutzer kann bspw. zu jeder halben Stunde einen bestimmten Film abrufen, diesen jedoch nicht pausieren oder spulen. Dieses Sendekonzept ist allerdings weitestgehend überholt und durch Video-on-Demand verdrängt worden. Grundsätzlich ist das Near-on-Demand-Streaming dem linearen-Streaming sehr ähnlich. Der Nutzer hat allerdings insoweit interaktive Einflussmöglichkeit, als er frei bestimmen kann, zu welchem Intervall er die Inhalte abruft. Das ist beim linearen Streaming nicht möglich.[106] Aufgrund von festen Sendeplänen zählen sowohl das lineare- als auch das Near-on-Demand-Streaming zum Rundfunk.[107] Nur beim nicht-linearen-Streaming ist es

---

101 *Baun*, S. 37.
102 *Tanenbaum/ Wetherall/ Pieper*, S. 501 f.
103 Vgl. *von Gerlach*, S. 50.
104 Beispielsweise Webradio.
105 *von Gerlach*, S. 52.
106 *Castendyk*, in: *Hartlieb/ Schwarz*, Kapitel 247, Rn. 4.
107 Vgl. *EuGH*, 2.6.2005, C-89/04, MMR 2005, 517 (518) m. Anm. *Schreier* - Mediakabel BV/ Commissariaat voor de Media; *von Duisburg*, ZUM 2011, S. 141 (143). Zur Frage ob es sich auch bei Streamingangeboten um zulassungspflichtigen Rundfunk handelt: *Scheuch*, ITRB 2018.

dem Anwender möglich, Einfluss auf die abzurufenden Medieninhalte zu nehmen. Dabei kann er bestimmen, wann er auf einen Audio- und/oder Videoinhalt zugreift, kann diesen vor- bzw. zurückspulen, pausieren oder abbrechen.[108]

Wie oben erläutert, erfolgt die Datenübertragung beim Media-Streaming paketbasiert über das Internet.[109] Um Medieninhalte übertragen zu können, ist es allerdings meist erforderlich, diese stark zu komprimieren. Zum Vergleich: ein Film in HD-Qualität ist nicht selten 15 Gigabyte groß und größer.[110] Zur Komprimierung der Daten werden meist die Verfahren der MPEG eingesetzt (z. B. MP4).[111] Damit können sowohl Audio- als auch Videodaten gleichzeitig komprimiert werden. Bei MPEG-Verfahren arbeiten die Kodierer unabhängig.[112] Der aktuelle Zeitwert wird an beide Kodierer ausgegeben, in die codierten Audio- und Videodateien eingebunden und bis zum Empfänger mit übertragen, der dann die Audio- und Videoströme passend synchronisieren kann.[113] So wird eine parallele Komprimierung von Audio- und Videodateien ermöglicht. Auch für die Komprimierung reiner Audiodateien werden in aller Regel MPEG-Standards verwendet (z. B. MP3).

---

[108] Im Folgenden beziehen sich die Begriffe „Streaming“ und „Media-Streaming“ auf das nicht-lineare Streaming.

[109] Siehe Seite 17.

[110] Die Übertragungsdauer von 15 GB Daten beträgt bei einem durchschnittlichen Heiminternetanschluss von 15,3 Mbit/s: 2 Stunden, 10 Minuten und 43 Sekunden. Vgl. Statistik zur durchschnittlichen Verbindungsgeschwindigkeit der Internetanschlüsse in den führenden Ländern weltweit im 1. Quartal 2017 (in Mbit/s), erhoben von Akamai Technologies, abrufbar bei Statista unter https://de.statista.com/statistik/daten/studie/224924/umfrage/internet-verbindungsgeschwindigkeit-in-ausgewaehlten-weltweiten-laendern/ - Zugriff am 28.2.2019.

[111] *Sieber*, in: *Hoeren/Sieber/Holznagel*, Teil 1 Technische Grundlagen Rn. 137.

[112] *Tanenbaum/Wetherall/Pieper*, S. 805.

[113] *Tanenbaum/Wetherall/Pieper*, S. 805.

Beim klassischen Download wird im Browser oder einer anderen Benutzeroberfläche die Online-Videothek aufgerufen. Hat sich der Kunde einen Film ausgesucht, sendet dessen Browser eine HTTP-Anfrage für diesen Film an den Server der Online-Videothek. Daraufhin sendet der Server den Film als Antwort zurück an den Browser (z. B. im MP4-Format). Der Browser entscheidet, wie die Datei angezeigt bzw. wiedergegeben werden soll und speichert den Film in einer Arbeitsdatei auf der Computerfestplatte ab. Wird nun ein Mediaplayer[114] aufgerufen oder öffnet der Browser ein eigenes Mediaplayer-Plugin, übergibt der Browser diesem den Namen und Pfad der Arbeitsdatei.[115] Das bedeutet, dass der gesamte Film in der Regel erst abgespielt werden kann, wenn er komplett über das Netz übertragen wurde. Außerdem wird der Film insgesamt als Datei auf dem Empfängercomputer dauerhaft abgespeichert.

Beim Video-on-Demand oder Musikstreaming bleibt die Arbeitsweise des Browsers gleich. Allerdings verlinkt die Online-Videothek einen Film dann nicht direkt mit der vorliegenden Filmdatei, sondern mit der Metadatei[116]. Mithilfe der Metadatei kann der Mediaplayer die Internetadresse, unter der der Film zu finden ist, auslesen und im Anschluss den Server mit der Filmanfrage kontaktieren. Der Film wird an den Mediaplayer zurückgestreamt und kann direkt abgespielt werden. Ein kompletter Download der Datei findet nicht statt.[117] Der Vorteil vom Media-Streaming ist, dass der Mediaplayer nahezu sofort das Abspielen der Datei beginnen kann, da nur

[114] Engl. für Mediaplayer bedeutet Medienabspieler und ist ein Computerprogramm zum Wiedergeben von Audio- und Videodateien.

[115] *Tanenbaum/ Wetherall/ Pieper*, S. 809.

[116] Kurze Datei, die nur den Film angibt aber nicht direkt die ganze Filmdatei enthält.

[117] *Tanenbaum/ Wetherall/ Pieper*, S. 809.

eine sehr kurze Metadatei geringer Datengröße heruntergeladen wird.[118] Damit kommen dem Mediaplayer[119] beim Endnutzer vier Aufgaben zu:

- Verwaltung der Benutzerschnittstelle (Benutzeroberfläche, Grafik etc.)
- Handhabung von Übertragungsfehlern[120]
- Dekomprimierung (zur Sicherstellung der Wiedergabe in gewünschter Qualität)
- Eliminierung des Jitter[121]

Dank Smart-TVs[122] können mittlerweile auch Mediaplayer auf dem heimischen Fernseher genutzt werden. Über Apps der großen Streamingdienste wie *Netflix* und *Amazon* kann direkt auf die gewünschten Medieninhalte mit der Fernbedienung zugegriffen werden. Ein Computer ist also nicht mehr erforderlich, um Medien zu streamen. Da aber auch dann die Datenübertragung über das Internet erfolgt, ergeben sich diesbezüglich keine Änderungen.

Schwierigkeiten bestehen beim Media-Streaming im reibungslosen Ablauf des Streams, aufgrund der paketbasierten Datenübertragung[123]. Als Jitter (engl. für Schwankung) wird in der Netzwerktechnik die Laufzeitvarianz von Datenpaketen bezeichnet.[124] Dies bedeutet, dass Datenpakete zu spät oder zu früh eintreffen, um noch rechtzeitig mit ausgegeben werden zu

[118] *Tanenbaum/ Wetherall/ Pieper*, S. 809.

[119] Z. B. Adobe Flash Player (Adobe), Windows Media Player (Microsoft) oder VLC Media Player (Videolan.org).

[120] Entweder Neuübertragung bei TCP-Transport oder Reparatur bei UDP-Transport. Siehe zur Veranschaulichung unten Abbildung 4.

[121] Jitter meint Schwankungen in der Datenübertragung. Siehe dazu unten Seite 31.

[122] Fernseher, die mit zusätzlichen Computerfunktionen ausgestattet sind. Sie sind Internetfähig und bieten zusätzliche Applikationen.

[123] Verfahren zur Datenvermittlung in der Netzwerktechnik. Siehe dazu ausführlich Seite 18.

[124] *Kurose/ Ross*, S. 640.

können.[125] Dieser Effekt ist für den Empfänger störend, da keine unterbrechungsfreie Audio- oder Videowiedergabe möglich ist. Aus diesem Grund ist der Jitter auch die Krux aller Echtzeitsysteme.[126] Gelöst wird dieses Problem mit einem sog. Abspielpuffer. Alle Streaming-Systeme puffern ca. 5 bis 10 Sekunden vor Beginn der Wiedergabe die Mediendaten.[127] Nach Abspielen bzw. Verarbeiten der gepufferten Datenpakete, werden diese wieder entfernt.[128] Normalerweise bleibt eine dauerhafte Werkkopie nicht zurück und das Werk wird auch während des Abspielvorgangs nicht vollständig auf dem Computer des Empfängers zwischengespeichert. Dank der geringen Anfangsverzögerung beim Puffern besteht die Möglichkeit, den Puffer bis mindestens zur Untergrenze (sog. Low-water-mark) zu füllen, sodass dieser nicht leer läuft und die Daten kontinuierlich bis zum Ende der Wiedergabe gesendet werden können.[129] Zwar bedeutet das eine geringe Anfangsverzögerung, dafür aber eine nahezu unterbrechungsfreie Wiedergabe des gesamten Inhalts, sogar dann, wenn die Internetverbindung ganz kurz unterbrochen wird oder es ein hohes Internetverkehrsaufkommen (sog. Traffic) gibt.

Eine weitere Herausforderung besteht beim Media-Streaming darin, dass viele Nutzer parallel auf denselben Stream zugreifen.[130] Technisch ist die Lösung dieses Problems nur durch Aufteilung des Netzwerk-Traffics

[125] *Kurose/Ross*, S. 640.

[126] *Tanenbaum/Wetherall/Pieper*, S. 813.

[127] Vgl. *Tanenbaum/Wetherall/Pieper*, S. 813. Puffer erzeugen einen „Datenstau“ oder eine Warteschlange um eine reibungslose Datenverarbeitung zu gewährleisten. Ein anderer Anwendungsbereich ist zum Beispiel die Warteschlange von Druckaufträgen. Die eingehenden Daten werden vorübergehend im Arbeitsspeicher eines Computers gespeichert und nach Verarbeitung wieder von diesem gelöscht.

[128] *Weinstein*, S.340.

[129] *Tanenbaum/Wetherall/Pieper*, S. 813.

[130] Müssen Millionen Nutzeranfragen gleichzeitig beantwortet werden, kann ein Datenstrom im Bereich von Terabit pro Sekunde entstehen. *Kammenhuber/Fessi/Carle*, Informatik Spektrum, Nr. 2, Vol. 33, 2010, 131 (133 f.); *Karstens*, S. 91.

möglich, sei es durch definierte Zugangsbeschränkungen, durch den teuren Aufbau einer Multicast-Struktur[131] oder durch Peer-to-Peer-Netzwerke.[132]

Mit Peer-to-Peer-Netzwerken (kurz P2P) wird jeder Nutzer (engl. Client) automatisch auch zum „Anbieter“ (engl. Peer) und fungiert also als Client und als Server.[133] Die Peers[134] kommunizieren, ohne den konkreten Ausgangsserver zu durchlaufen.[135] Die Anfrage eines Peers kann daher verarbeitet werden, ohne auf den Adressatenserver zugreifen zu müssen. Dieses Verfahren entlastet die Server des jeweiligen Anbieters und verhindert eine Überlastung des Datennetzes, die zu einer Nichtverfügbarkeit des angebotenen Dienstes[136] führt. Weltbekannt wurde P2P mit dem wohl größten Gerichtsverfahren zu Urheberrechtsverletzungen im Jahr 2001 gegen den von *Shawn Fanning* entwickelten Filesharing-Dienst *Napster.*[137] Viele der heute bekannten traffic-intensiven Anwendungen (wie z. B. *BitTorrent* (Filesharing), *Skype* (Internettelefonie) oder *Zattoo* (Streaming)) nutzen nach wie vor P2P.[138]

Mit Beginn des Abspiel- bzw. Übertragungsvorgangs werden die vom Server an den Nutzer gesendeten Datenpakete auf dem PC des Nutzers zwischengespeichert (caching).[139] Allerdings werden diese Daten in spezieller und komprimierter Form abgespeichert.[140] Dadurch ist es dem Nutzer nicht möglich, durch „simples“ Anklicken die Wiedergabe der gesendeten

---

[131] Zur Definition des Begriffs „Multicasting“ siehe Seite 19.
[132] *Karstens*, S. 91.
[133] *Sieber*, in: *Hoeren/Sieber/Holznagel*, Teil 1 Technische Grundlagen Rn.20.
[134] Engl. für Gleichgestellter. Bezeichnet in der Informatik einen Kommunikationsendpunkt in einem Netzwerk, wobei jeder Peer seine eigenen Dienste anbietet und die Dienste anderer Peers nutzt.
[135] *Kurose/Ross*, S. 112.
[136] Sog. Denial of Service (DoS), engl. für Verweigerung des Dienstes.
[137] *Talab*, TechTrends 2002, S. 3; *A&M Records, Inc. v. Napster, Inc.*, 239 F.3d 1004 (9th Cir. 2001).
[138] *Kurose/Ross*, S. 112 ff.
[139] *Ensthaler*, NJW 2014, 1553.
[140] Siehe Seite 31.

Dateien zu starten.[141] Das ist ein wesentlicher Unterschied zum Download, bei dem Datenpakete in einem für den Nutzer kompatiblen Format dauerhaft auf dem Computer gespeichert werden. Beim Streaming hingegen werden zwar die Daten der Mediendateien im Zwischenspeicher (Cache) gespeichert, allerdings kann der Browser Datensätze auch direkt wieder löschen, je nach Speicherkapazität des Zwischenspeichers.[142] Damit werden beim Streaming Mediendateien nur temporär gespeichert. Mit einigem technischen Aufwand und Fachwissen wäre es möglich, aus der flüchtigen Speicherung eine dauerhafte Speicherung zu machen, wenn sich die Mediendatei zu einem Zeitpunkt vollständig im Zwischenspeicher befindet. Dazu ist es allerdings notwendig, die Daten durch ein spezielles Programm (z. B. *VideoCacheView*) aus dem Cache herauszusuchen und in ein anderes Verzeichnis zu kopieren, um sie öffnen zu können.[143]

Werden vom Browser während des Abspielvorgangs bereits einzelne Datensätze aus dem Cache gelöscht, spricht man vom True-Streaming.[144] Werden alle ankommenden Datenpakete so gespeichert, dass nach Ende der Übertragung eine komplette Mediendatei vorhanden ist, die auch nach Beendigung des Abspielprogramms auf der Festplatte des Computers verbleibt, spricht man vom progressiven Download.[145] Ob nur einzelne Datenpakete (True-Streaming) oder letztendlich gesamte Mediendateien (progressiver Download) gepuffert werden, hängt davon ab, wie der Anbieter den Streamingvorgang in technischer Hinsicht ausgestaltet.[146] Auch wo die Pakete zwischengespeichert werden ist abhängig vom Anbieter.[147]

[141] *Ensthaler*, NJW 2014, 1553.
[142] *Wiebe*, in: *Spindler/Schuster*, § 44 a UrhG, Rn. 8.
[143] *Ensthaler*, NJW 2014, 1553.
[144] *Wiebe*, in: *Spindler/Schuster*, § 44 a UrhG, Rn. 8.
[145] *Wiebe*, in: *Spindler/Schuster*, § 44 a UrhG, Rn. 8.
[146] *Radmann*, ZUM 2010, 387 (388); a. A. *Wiebe*, in: *Spindler/Schuster*, § 44 a UrhG, Rn. 8.
[147] *Radmann*, ZUM 2010, 387 (388).

Letztendlich unterscheidet sich das True-Streaming nicht grundlegend von der herkömmlichen Verbreitung von Medieninhalten über Rundfunk und Fernsehen. Es wird lediglich eine internet-äquivalente Technik eingesetzt.[148]

3. Akteure

Die beim Media-Streaming Beteiligten lassen sich in drei Gruppen kategorisieren: Urheber, Provider und Nutzer.

- **Urheber:** Gem. § 7 UrhG ist Urheber der Schöpfer eines Werkes. Ein Werk ist gem. § 2 Abs. 2 UrhG eine persönliche geistige Schöpfung. Urheber ist also derjenige, der ein Werk tatsächlich geschaffen hat. Der Urheber steht damit beim Media-Streaming am Anfang der Lieferkette. Er kann folglich auch als Content- oder Inhaltelieferant bezeichnet werden.[149] In der Regel bietet der Urheber seine Werke aber nicht selbst an, sondern übeträgt Nutzungsrechte auf einen oder mehrere Rechtsinhaber. Diese bieten das Werk des Urhebers an (Provider). In den meisten Fällen ist damit der Begriff des Anbieters (Providers) vom Begriff des Urhebers, der Inhalte schafft und liefert, abzugrenzen.[150]
- **Provider:** Je nach Sachzusammenhang hat der Providerbegriff verschiedene Bedeutungen.[151] Aus dem Englischen übersetzt bedeutet „to provide“ anbieten oder bereitstellen. Dementsprechend ist ein Provider jemand, der einen Dienst im Internet anbietet. Der Dienstanbieter kann dabei Informationen zur Verfügung stellen oder eine Internet-Infrastruktur (sog. Internet-Service-Provider).[152] Je nach an-

[148] Vgl. *Ensthaler*, NJW 2014, 1553.
[149] Vgl. zu Apps: *Marly*, Praxishandbuch Softwarerecht, Rechtsschutz und Vertragsgestaltung, Rn. 1152.
[150] Vgl. Begriff des Content-Providers auf Seite 36.
[151] Siehe "Provider" in *Schmidl*, S. 205.
[152] *Sieber*, in: *Hoeren/Sieber/Holznagel*, Teil 1 Technische Grundlagen Rn.17.

gebotenem Dienst erscheint der Provider als Access-, Network-, Host-, Proxy-Cache- oder Content-Provider.[153]

- **Access-Provider:** Dem Nutzer wird mittelbar oder unmittelbar der Zugang zu Computernetzen, insbesondere zum Internet ermöglicht. Gängig ist auch die Bezeichnung Internet Service Provider (kurz ISP). Das bekannteste Beispiel für einen Access-Provider ist in Deutschland die Deutsche Telekom.
- **Network-Provider:** Der Network-Provider betreibt Leitungen, die er anderen Personen und Maschinen zur Verfügung stellt. Er verschafft keinen Zugang zu Computernetzen, sondern bietet nur die physische Infrastruktur.
- **Host-Provider:** Der Host-Provider speichert fremde Informationen auf eigenen Servern, wie bspw. YouTube oder das pornografische Pendant RedTube. Bezeichnend für den Host-Provider ist, dass er sich die bei ihm gespeicherten Inhalte nicht zu-eigenmachen will, für den Nutzer also der Eindruck entsteht, dass es sich nicht um ein eigenes Angebot des Anbieters handelt.[154] So fällt auch die Online- Enzyklopädie Wikipedia unter den Begriff des Host-Providers.[155]
- **Content-Provider:** Der Content- (engl. für Inhalt) Provider stellt Informationen wie Texte, Bilder, Musik etc. zur Verfügung, entweder auf eigenen Servern oder auf Servern Dritter. Der Content-Provider muss nicht zugleich auch Urheber der

[153] *Sieber*, in: *Hoeren/Sieber/Holznagel*, Teil 1 Technische Grundlagen Rn.17.
[154] *BGH*, 27.3.2012, VI ZR 144/11, GRUR 2012, 751 (752) Tz. 11 - RSS-Feeds; *BGH*, 25.10.2011, VI ZR 93/10, GRUR 2012, 311 (312) Tz. 20 ff. - Blog-Eintrag; *OLG Stuttgart*, 2.10.2013, 4 U 78/13, NJW-RR 2014, 423 (430).
[155] OLG Stuttgart, 2.10.2013, 4 U 78/13, NJW-RR 2014, 423 (429 f.); *LG Hamburg*, 16.5.2008, 324 O 847/07, MMR 2008, 550 (551); *LG Köln*, 14.5.2008, 28 O 334/07, MMR 2008, 768 (769).

angebotenen Inhalte sein. Der Begriff umfasst ebenso von fremden Urhebern geschaffene Inhalte, welche der Anbieter in sein Angebot einbindet.[156] Damit ist ein Content-Provider auch derjenige, der sich fremde Inhalte zu eigen macht, wenn er sich mit den Inhalten identifiziert, sodass sie als seine eigenen erscheinen.[157] Dies ist aus Sicht des Nutzers zu entscheiden und bedarf einer Einzelfallbetrachtung.[158] Maßstab ist der objektive Empfängerhorizont eines verständigen (Durchschnitts-) Nutzers.[159] Ein Zueigenmachen liegt auch dann vor, wenn der Betreiber eines Internetportals fremde Inhalte vor Freischaltung auf Vollständigkeit und Richtigkeit überprüft.[160] Das gilt selbst dann, wenn für die Nutzer des Internetportals erkennbar ist, dass die angebotenen Inhalte (ursprünglich) nicht vom Betreiber stammen.[161] Beispiele für Content-Provider sind *Amazon Video* und *Netflix*, die zeitgleich auch Plattformbetreiber sind. *Amazon Video* bietet Medieninhalte auf eigenen Servern an, wohingegen *Netflix* die Server von *Amazon Web Services* für seinen Streamingdienst

[156] Vgl. *Krüger/Peintinger*, in: *Martinek/Semler/Flohr*, § 36 Internetvertrieb – Teleshopping, Rn. 289.

[157] Vgl. Begr. des RegE zum Elektronischen Geschäftsverkehr-Gesetz (EGG) vom 17.5.2001, BT-Drucks. 14/6098 vom 17.5.2001, S. 23; *BGH*, 12.11.2009, I ZR 166/07, GRUR 2010, 616 (618) Tz. 23 - marions-kochbuch.de; *BGH*, 30.6.2009, VI ZR 210/08, NJW-RR 2009, 1413 (1415) Tz. 19 - Focus Online; *BGH*, 11.3.2004, I ZR 304/01, MMR 2004, 668 (669 f.) m. Anm. *Hoeren* - Rolex.

[158] Vgl. Begr. des RegE zum Informations- und Kommunikationsdienste-Gesetz (IuKDG) vom 9.4.1997, BT-Drucks. 13/7385 vom 9.4.1997 S. 19 f.; *BGH*, 12.11.2009, I ZR 166/07, GRUR 2010, 616 (618) Tz. 23 - marions-kochbuch.de.

[159] *OLG Brandenburg*, 16.12.2003, 6 U 161/02, MMR 2004, 330 m. Anm. *Spindler*.

[160] *BGH*, 12.11.2009, I ZR 166/07, GRUR 2010, 616 (618 f.) Tz. 24 ff. - marions-kochbuch.de.

[161] *BGH*, 12.11.2009, I ZR 166/07, GRUR 2010, 616 (618 f.) Tz. 27 - marions-kochbuch.de; *v. Wolff*, in: *Wandtke/Bullinger*, UrhG, § 97 Rn. 24.

verwendet.[162] Content Provider ist aber auch in diesem Fall *Netflix*, da der Dienst die Inhalte selbst bereitstellt und sich dazu lediglich der Server eines Dritten bedient. Weniger eindeutig ist der Streaming-Dienst *YouTube*. Die dort veröffentlichten Videos stammen nicht von *YouTube* selbst, sondern von Dritten. Dies wird einem verständigen (Durchschnitts-) Nutzer regelmäßig bewusst sein, da ähnlich wie bei anderen sozialen Netzwerken wie *Facebook* oder *SnapChat* der Inhalt unter dem entsprechenden Namen oder Pseudonym des Einstellenden erscheint und der Inhalt der eingestellten Videos in keinem Verhältnis zum Plattformbetreiber steht.[163] Dementsprechend ist der Anbieter von Streamingdiensten entweder Host- oder Content-Provider, je nachdem wie die entsprechenden Inhalte angeboten werden.

- **Nutzer** Nutzer, User oder auch Rezipient ist diejenige Person, die Streamingdienste und ihre Inhalte nachfragt. Der Nutzer ist der Konsument des vom Urheber geschaffenen Werkes.

4. Zusammenfassung

Entgegen der herkömmlichen unidirektionalen Audio- und Videoübertragung findet die streamingbasierte Verbreitung von Medieninhalten bidirektional statt. D.h. die Daten werden in beide Richtungen ausgetauscht und der Anwender kann den Abruf von Medieninhalten selbst steuern. Dadurch

---

162 *Amazon Web Services*, AWS-Fallbeispiel: Netflix, https://aws.amazon.com/de/solutions/case-studies/netflix/ - Zugriff am 28.2.2019.

163 Vgl. *OLG München*, 28.1.2016, 29 U 2798/15, GRUR 2016, 612 (614) Tz. 30 ff. – Allegro barbaro; *OLG Hamburg*, 1.7.2015, 5 U 87/12, MMR 2016, 269 (270) Tz. 127, 155 ff. Beide Gericht stellen leider ohne ausführliche Begründung fest, dass es für den Nutzer „klar“ sei, dass es sich um Fremdinhalte handele. Anderer Ansicht ist *Hannes*, ZUM 2016, 1013 (1018). Siehe dazu auch *Sobola*, in: *Auer-Reinsdorff/Conrad*, § 42 Rn. 67 f. und *Degmair*, K&R 2013, 213 (214).

unterscheidet sich Media-Streaming vom Rundfunk. Die Datenübertragung erfolgt paketbasiert über das Internet. Ebenfalls abzugrenzen ist das Media-Streaming vom Download. Anstatt eine dauerhafte Kopie des Werkes auf dem Computer des Nutzers zu speichern, wird beim Media-Streaming die Audio- oder Videodatei unmittelbar an den Media-Player gesendet und ohne Verzögerung abgespielt. Ein reibungsloser Ablauf der Musik- oder Filmdatei kann aufgrund der paketbasierten Datenübertragung nur gewährleistet werden, wenn einzelne Datenpakete gepuffert werden. Dabei werden eingehende Daten vorübergehend im Arbeitsspeicher des Computers gespeichert und nach Verarbeitung wieder automatisch gelöscht. In der Regel bleibt keine dauerhafte Werkkopie, anders als beim Download, zurück. Neben dem Access-, Network, Host- und Proxy-Cache-Provider sind vor allem der Nutzer, der Streaminganbieter bzw. Content-Provider und der Urheber an einem Streamingvorgang beteiligt.

II. Geoblocking

1. Begriffsbestimmung

Im Rahmen der urheberrechtlichen Verwertungskaskade räumt die Film- und Musikindustrie Nutzungsrechte in der Regel zeitlich und territorial gestaffelt als Lizenz ein.[164] So kann auch innerhalb Europas ein Filmwerk in einem Land bereits verfügbar sein, während sich im Nachbarland die Nutzer noch gedulden müssen. Die Beschränkung urheberrechtlicher Nutzungsrechte auf ein bestimmtes Territorium wird bei der Werkverwertung über das Internet in technischer Hinsicht durch das sog. Geoblocking gewährleistet. Dabei werden technische Merkmale des Nutzers ausgelesen.

[164] Ausführlich dazu siehe Seite 106 ff. und Seite 127 ff.

In aller Regel dient die IP-Adresse als technisches Merkmal. Das funktioniert allerdings nur dann zuverlässig, wenn die von den ISPs an die Rezipienten vergebenen IP-Adressen einem konkreten geografischen Gebiet zugeordnet werden können.[165]

Die Zuordnung von IP-Adressen erfolgt über sog. Geo-IP-Datenbanken.[166] Diese Datenbanken können für eine große Anzahl an IP-Adressen Auskunft über die geografische Position des Zugreifenden geben.[167] Sie werden für verschiedene Zwecke eingesetzt, zum Beispiel für gebietsabhängige Dienste, sog. location based services, die ortsabhängige Empfehlungen für Restaurants bieten oder zielgerichtete Werbung anzeigen.[168] Der Begriff Geoblocking umschreibt also ein technisches Verfahren, welches den Zugriff auf Netzinhalte ortsabhängig einschränkt. Durch den Einsatz von Geoblocking kann ein Provider den Zugriff auf sein Netz oder seine Inhalte geografisch steuern.

2. Funktionsweise

In technischer Hinsicht kann Geoblocking auf verschiedene Art und Weise eingesetzt werden. Man unterscheidet zwischen dem sog. Client-Server-Modell und Content-Delivery-Networks sowie zwischen Beteiligung und Nichtbeteiligung des ISPs.[169]

Eine Filterung des Internetzugangs kann auf zwei Ebenen erfolgen: im Inland bei den ISPs oder international im Internet-Backbone. Dazu werden

---

165 *Federrath*, ZUM 2015, 929.

166 Bspw. Betrieben von *Maxmind* - https://www.maxmind.com/de/home oder *IP2LOCATION* - http://lite.ip2location.com/ - Zugriff am 28.2.2019.

167 *Federrath*, ZUM 2015, 929; *Heidrich/Wegener*, DuD 2010, 172 (173).

168 Mit weiteren Beispielen: *Koch/Golling/Rodosek*, Geolocation and Verification of IP-Addresses with Specific Focus on IPv6, 151 (152 f.); *Bobo*, Clientside News, Nr. 6, November/Dezember 2010, 6 (7 f.).

169 *Federrath*, ZUM 2015, 929.

im Wesentlichen drei Verfahren eingesetzt: DNS-Sperren, IP-Sperren und proxybasierte Sperren.[170]

IP-Sperren machen sich die Länderzuordnung der IP-Adressen zunutze. DNS-Sperren verwenden die Namensbezeichnungen (nicht die IP) der zu blockierenden Webseiten im Inland. Bei proxybasierten[171] Sperren wird dagegen die Anfrage des Nutzers nicht direkt an den Empfänger gesendet, sondern muss zunächst einen zwischengeschalteten Proxy-Server passieren, der die Anfrage überprüft. Je nach Anwendungsbereich wird das Geoblocking von unterschiedlichen Parteien veranlasst. So kann zum Beispiel der Staat den Zugriff auf staatsgefährdende Inhalte sperren. Solche Sperren erfolgen über die ISPs.

In Europa und den USA wird Geoblocking aber hauptsächlich von den Inhalteanbietern eingesetzt, um ihre bereitgestellten Inhalte zu schützen. Hierbei erfolgen die Sperren durch die Content-Provider selbst.

a) Geoblocking durch den Content-Provider

aa) Client-Server-Modell

Im Rahmen dieses Modells vergibt der ISP eine IP-Adresse an den Nutzer, welche ihm zuvor mithilfe eines hierarchisch gegliederten Systems zugeordnet wurde.[172] Möchte der Nutzer von seinem Endgerät (Client) auf einen Inhalt zugreifen, der auf einem fremden Server (außerhalb des Heimnetzwerks) liegt, wird die vom Nutzer gestellte Anfrage[173] vom Heimrouter an den ISP weitergereicht. Dort wird die Adressierung des Servers (bspw. *www.film.de*) dank des DNS in die zugehörige IP-Adresse aufgelöst

[170] *Ashraf/Alvarez León*, in: *Meese/Lobato*, S. 44; *Faris/Villeneuve*, in: *Deibert/Palfrey/Rohozinski*, S. 12 f.
[171] Zur Definition eines Proxys siehe Seite 48.
[172] Siehe Seite 23.
[173] Siehe Seite 21.

und an die Anwendung auf dem Client, von dem der Nutzer die Anfrage gestellt hat, zurückgeschickt. Mithilfe der IP-Adresse kann die Anwendung (bspw. Browser) den Server direkt adressieren und die gewünschten Inhalte abrufen. Alle Anfragen, die der Nutzer stellt, erhalten die vom ISP an den Nutzer konkret zugeordnete IP-Adresse als Absendeadresse.[174] In der Regel prüft der Content-Provider[175] im Anschluss unter Zuhilfenahme einer Geo-IP-Datenbank, welchem Territorium die Absendeadresse zuzuordnen ist.[176] Auf dem Server des Content-Providers wird nach erfolgter Zuordnung entschieden, ob der Zugriffswunsch des Absenders bedient wird.[177] Wie Abbildung 5 verdeutlicht, bestimmt beim Client-Server-Modell allein der Content-Provider über die Zugriffsrechte.

174 *Federrath*, ZUM 2015, 929.

175 Siehe Seite 35 f.

176 Grundsätzlich kann jeder, der an der Kommunikation beteiligt ist, die territoriale Zuordnung der IP-Adresse vornehmen. In aller Regel übernimmt das direkt der Content-Provider. Alternativ bieten auch externe Unternehmen Geo-IP-Datenbanken an, wie z. B. *Maxmind* (https://www.maxmind.com/de/geoip2-isp-database - Zugriff am 28.2.2019); *Hoeren*, MMR 2007, 3 (5); *Goldsmith/Sykes*, Yale L.J., Nr. 5, Bd. 110, 2001, 785 (810 f.).

177 *Federrath*, ZUM 2015, 929; *Goldsmith/Sykes*, Yale L.J., Nr. 5, Bd. 110, 2001, 785 (810 f.).

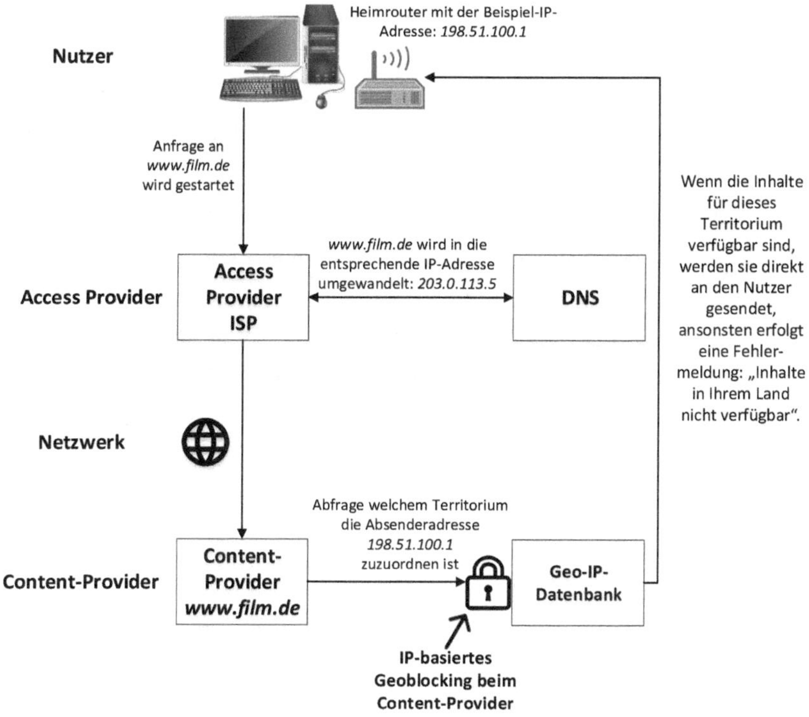

Abbildung 5: Client-Server-Modell[178]

bb) Content-Delivery-Networks

Abbildung 6 zeigt, dass wie beim Client-Server-Modell auch, beim Content-Delivery-Network (CDN) zunächst der angefragte Domainname mithilfe

[178] Angelehnt an *Federrath*, ZUM 2015, 929.

eines DNS-Servers[179] in eine IP-Adresse aufgelöst wird. Der Content-Provider stellt nicht direkt den Inhalt bereit, sondern sendet nur die IP-Adresse eines Servers zurück, auf dem der Inhalt vom Absender abgerufen werden kann.[180] Dieses Modell dient der Lastverteilung und der zuverlässigen Inhaltsbereitstellung.[181] Die angefragten Inhalte befinden sich nicht auf einem einzigen Server, sondern sind auf mehrere Standorte verteilt. Welcher Server den angefragten Inhalt liefert, ist dann abhängig vom Standort des Anfragenden. Geoblocking kann auch hier auf dem Server des Content-Providers erfolgen.[182] Daneben kann eine geografische Zuordnung der IP-Adresse auf dem jeweiligen CDN-Server vorgenommen werden.[183] Die Zuordnung der IP-Adresse beim Content-Provider bzw. beim CDN-Server erfolgt aber auch hier mithilfe einer Geo-IP-Datenbank.

[179] In der Regel wird der DNS-Server automatisch über den Router vom Provider bezogen. Alternativ dazu gibt es aber auch andere DNS-Server wie bspw. den öffentlichen DNS-Server von Google der unter den Adressen 8.8.8.8 und 8.8.4.4. zu finden ist.
[180] *Federrath*, ZUM 2015, 929 (930).
[181] *Buyya/Pathan/Vakali*, in: *Buyya/Pathan/Vakali*, State of the Art, Insights, and Imperatives, S. 3 f.
[182] Siehe Abbildung 5.
[183] *Federrath*, ZUM 2015, 929 (930).

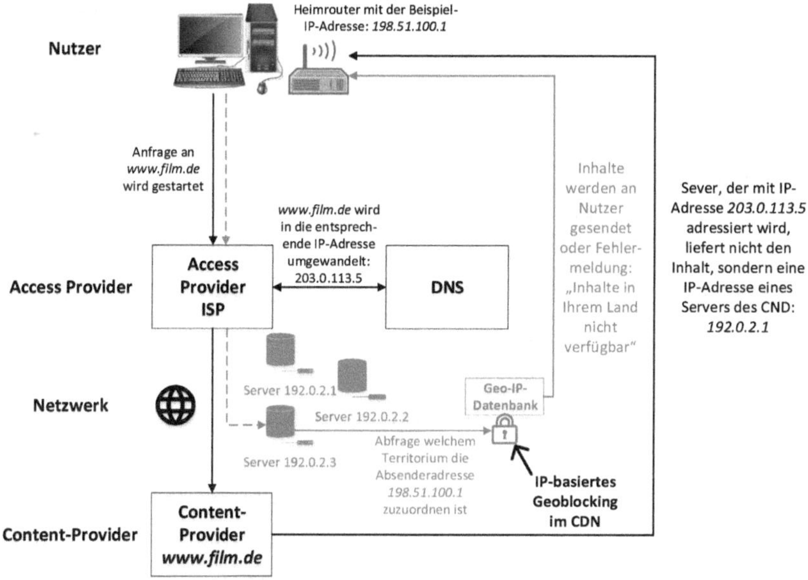

Abbildung 6: Content-Delivery-Networks-Modell[184]

b) Geoblocking durch den ISP

Neben den zuvor genannten Modellen ist das Errichten einer Geo-Blockade auch beim ISP möglich. Einerseits kann der ISP, nach erfolgter Zuordnung der IP-Adresse durch das DNS, die Verfügbarkeit der angefragten Inhalte für das Territorium des Absenders überprüfen und ggf. blockieren. Andererseits kann der Zugriff auf Inhalte bei der DNS-Anfrage geblockt werden, sog. DNS-Sperre. Wie Abbildung 7 zeigt, erreicht die Anfrage in beiden Fällen gar nicht erst den Server, sodass Geoblocking unter Beteiligung des ISP unabhängig vom Content-Provider ist.[185]

[184] Angelehnt an *Federrath*, ZUM 2015, 929 (930).
[185] *Federrath*, ZUM 2015, 929 (931).

Das führt zu folgendem Problem: Der Content-Provider hat nahezu keinen Einfluss mehr auf den konkreten Geoblockingvorgang. Ein solches Modell unterscheidet sich nicht signifikant von bekannten Zensurinfrastrukturen.[186]

Für den ISP ist eine Beteiligung nicht wünschenswert, da eine Zugriffssperre nur dann effektiv funktioniert, wenn alle ISPs beteiligt sind und eine Gesamtdatenbank existiert, die alle Informationen zur territorialen Zugänglichkeit aller Inhalte enthält.[187] Die Pflege einer solchen Datenbank ist nur mit hohem finanziellen und zeitlichen Aufwand zu bewerkstelligen und die ISPs haben davon keinen Vorteil. Zudem sind DNS-Sperren einfach zu umgehen[188] und im Zweifel den Aufwand für den ISP nicht wert. Grundsätzlich wird also der ISP beim Geoblocking nicht beteiligt.

Eine Ausnahme davon bildet die Störerhaftung des ISPs. Wird der ISP vom Anspruchsberechtigten auf eine Urheberrechtsverletzung ausdrücklich hingewiesen und hat der verletzte Urheber oder Rechtsinhaber zumutbare Anstrengungen unternommen, um gegen den Verletzer (Content- oder im Zweifel Host-Provider) vorzugehen, so kann der ISP unter Umständen im Rahmen der Störerhaftung verpflichtet sein, die Störung zu beseitigen.[189]

---

[186] *Rudl*, Türkei baut Google-Alternative mit nationalen Werten, https://netzpolitik.org/2017/tuerkei-baut-google-alternative-mit-nationalen-werten/ - Zugriff am 28.2.2019; *Wilkens*, China verschärft Zensur im Internet, China verschärft Zensur im Internet, https://heise.de/-2528512 - Zugriff am 28.2.2019; *Federrath*, ZUM 2015, 929 (930); Seite 48.

[187] *Federrath*, ZUM 2015, 929 (930).

[188] Die DNS-Anfrage bezieht sich nur auf den Domainnamen, sodass der gewünschte Inhalt durch Kenntnis der numerischen IP-Adresse dennoch abrufbar ist. Erst wenn auch die IP-Adresse beim ISP auf der „schwarzen Liste“ steht, ist der Inhalt nicht mehr erreichbar.

[189] Vgl. *EuGH*, 27.3.2014, C-314/12, GRUR 2014, 468 (470 ff.) Tz. 42 ff. - UPC Telekabel/Constantin Film (kino.to); *BGH*, 26.11.2015, I ZR 3/14, MMR 2016, 188 (189) Tz. 73; *BGH*, 26.11.2015, I ZR 174/14, GRUR 2016, 268 (270) Tz. 9; *Wirz*, AnwZert ITR, Nr. 2, 2016.

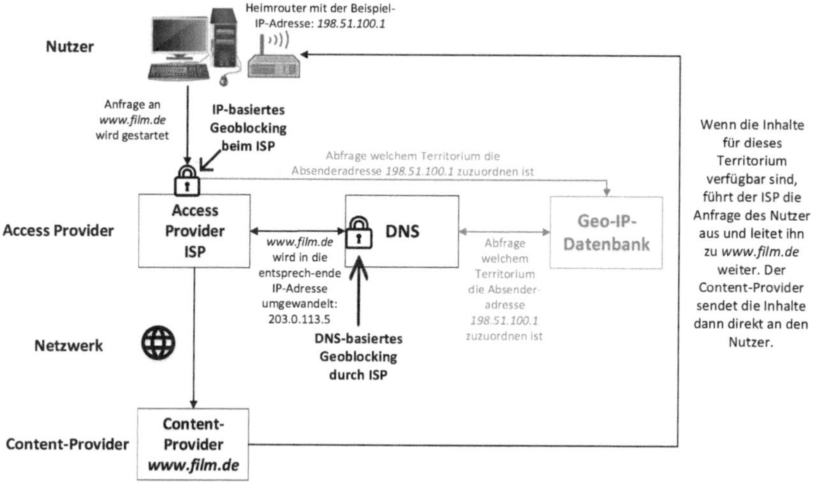

Abbildung 7: Geoblocking mit Beteiligung des ISPs[190]

3. Einsatzgebiet

Schwerpunktmäßig wird Geoblocking im Bereich der Video- und Musikindustrie eingesetzt, um Online-Inhalte vor unbefugten Zugriffen aus dem Ausland zu schützen.[191] Aber auch in anderen Onlinebereichen kommt Geoblocking zum Einsatz. So nutzen Internetshopbetreiber die technische Maßnahme, um ausländische Kunden davon abzuhalten, in ihrem Shop zu bestellen. Manche Betreiber möchten ihre Waren nicht über Landesgrenzen hinaus versenden. Insbesondere in Europa fürchten manche Shopbetreiber den europäischen Verbraucherschutz und die Kosten, die beim Versand und Rückversand der Ware ins Ausland, auf sie zukommen. Um dem zu

[190] Angelehnt an *Federrath*, ZUM 2015, 929 (930).

[191] Im Folgenden bezieht sich der Begriff „Geoblocking“ daher ausschließlich auf den Sachverhalt des Media-Streamings. Vgl. Seite 106.

entgehen, sperren sie von vornherein den Zugriff auf ihren Shop aus dem Ausland mithilfe von Geoblocking.

Letztendlich wird Geoblocking auch für staatliche Internetzensur verwendet. Staaten wie bspw. China, die Türkei oder Saudi-Arabien sperren bestimmte Seiten aus dem Ausland meist aus politischen Interessen heraus, mit der Begründung des Religionsschutzes, der nationalen Sicherheit oder des Kulturschutzes.

4. Umgehungsmöglichkeiten

Dort wo technische Maßnahmen zum Nachteil von Nutzern eingesetzt werden, sind auch immer einige Nutzer auf der Suche nach Möglichkeiten zur Umgehung derselbigen. Geografische Zugangssperren können sogar von technischen Laien relativ einfach umgangen werden. Möglichkeiten zur Umgehung bieten sog. Proxys und Anonymisierungsdienste basierend auf der VPN-Technologie.

- **Proxy:** Ein Proxy (engl. für Vertreter) nimmt eine Anfrage vom Nutzer entgegen und stellt dann über seine eigene Adresse eine Verbindung zur angefragten Seite her. Er ist damit eine Kommunikationsschnittstelle in einem Netzwerk.[192] Wird eine Anfrage über einen Proxy geschickt, bleibt die IP-Adresse des Anfragenden verborgen. Der Content-Provider erhält die Anfrage dann ausschließlich vom Proxy.

- **VPN:** Das VPN (virtuelles privates Netzwerk) ist ein in sich geschlossenes Kommunikationsnetz. Es besteht aber keine eigene physische Verbindung, sondern es wird auf ein bestehendes Kommunikations-

[192] *Dockins*, S. 103; *Nazari-Khanachayi*, GRUR 2015, 115 (117); *Pfitzmann/Köpsell/Kriegelstein*, S. 20.

netz zurückgegriffen, welches als Transportmedium dient.[193] Ein VPN bindet Teilnehmer des bestehenden Kommunikationsnetzes mithilfe spezieller Softwareprodukte an ein anderes, davon unabhängiges Kommunikationsnetz.[194] Die Verbindung zu einem VPN kann unabhängig von der physischen Topologie der Netze und der verwendeten Netzwerkprotokolle hergestellt werden.[195] Der Teilnehmer eines VPN stellt eine Anfrage mit einer IP-Adresse aus dem VPN.

Wie bereits festgestellt, findet Geoblocking regelmäßig beim Content-Provider statt, sodass ein eigener DNS-Server nichts gegen die Geoblockade auszurichten vermag. Um eine solche gezielt zu umgehen, können aber Proxy- und VPN-Server genutzt werden, deren Adresse vom Content-Provider nicht geblockt wird. Damit kann der Nutzer seine Absendeadresse hinter der IP-Adresse des Proxys oder VPNs verstecken.

Geo-IP-Datenbanken erfassen aber auch IPs der Proxys oder VPNs. Befürchtet der Content-Provider, dass der Zugriff über den Proxy oder den Anonymisierungsdienst ausschließlich zum Zwecke der Umgehung der Geosperre erfolgt, wird auch diesen der Zugriff auf die eigenen Inhalte verwehrt. Viele Dienste zur Anonymisierung des Nutzers werben deshalb damit, dass sie eine Vielzahl von IP-Adressen verschiedenster geografischer Herkunft besitzen.[196] Es kommt immer wieder zu einem Wettlauf zwischen Anonymisierungsdiensten und Geo-IP-Datenbanken.[197]

VPN-Dienste sind in der Regel kostenpflichtig und erfordern eine Registrierung, Proxys gibt es auch kostenlos.[198] Während ein VPN-Dienst

[193] *Schuster*, in: *Auer-Reinsdorff/Conrad*, § 32 Rn. 10.
[194] *Schmidl*, Virtual Private Network, S. 280.
[195] *Schuster*, in: *Auer-Reinsdorff/Conrad*, § 32 Rn. 10.
[196] *Federrath*, ZUM 2015, 929 (931).
[197] *Martiny*, MMR 2016, 579 (581).
[198] Z. B. Hide Me - https://hide.me/de/proxy oder Mr. Whoer - https://whoer.net/de/webproxy - Zugriff am 28.2.2019.

monatlich bereits ab knapp 1,60 € zu bekommen ist,[199] liegt der Preis für einen kostenpflichtigen Proxy-Dienst etwas höher.[200] Da ein Proxy als Stellvertreter fungiert, muss der Nutzer bei sensiblen Daten dem Proxy vertrauen können. Der Proxy verhält sich gegenüber dem Nutzer (Client) wie ein Server und gegenüber dem Server wie ein Client, d.h. er kann verschlüsselte Daten unbemerkt entschlüsseln, einsehen oder abändern.[201]

VPNs hingegen stellen nur einen Tunnel dar, sie können übertragene Daten nicht einsehen oder speichern.[202] Proxys haben den Vorteil, dass sie nicht an eine Software gebunden sind, anders als ein VPN. Proxy-Server ermöglichen nicht das vollständige Anonymisieren des Nutzers. Zwar wird die Anfrage an den Content-Provider von der IP des Proxys gestellt, allerdings kann auf die Nutzerdaten zurückgegriffen werden. Von kostenlosen Proxyservern ist daher grundsätzlich Abstand zu nehmen, da sie äußerst unsicher und nicht vertrauenswürdig sind.

Des Weiteren ermöglichen Proxys unzähligen Benutzern zeitgleich den Zugriff, sodass insbesondere kostenlose Dienste teilweise extremen Auslastungen unterliegen und sich zumindest für den Zugriff auf Medieninhalte, insb. dem bandbreitenintensiven Media-Streaming nicht eignen. Auch wenn die Nutzung eines VPNs entsprechende Software erfordert, ist nicht notwendigerweise die Neuinstallation einer externen Software erforderlich. Die meisten Betriebssysteme und auch Tablets und Smartphones verfügen mittlerweile über entsprechende Basisfunktionen.[203] Es ist daher auch

[199] Z. B. der Anbieter Ivacy, bei Abschluss eines 24 Monate Abos - https://www.ivacy.com/buy-vpn/ - Zugriff am 28.2.2019.

[200] Bspw. bietet fineProxy 3000 IPs für 100 $ für 30 Tage an - http://fineproxy.de/; Best Proxy bietet für registrierte und zahlende Mitglieder den Zugriff auf 21588 Proxys für 19,99 € für 30 Tage an - https://best-proxy.com/german/index.php - Zugriff am 28.2.2019.

[201] *OLG Köln*, 18.7.2014, 6 U 192/11, GRUR 2014, 1081 (1088) - Goldesel; *Leistner/Grisse*, GRUR 2015, 19 (24).

[202] *Pfitzmann/Köpsell/Kriegelstein*, S. 20.

[203] *Federrath*, ZUM 2015, 929 (931).

für Laien ein Leichtes, Geosperren zu umgehen. Die Kosten für Dienste zur Umgehung von Geoblocking sind gering und ihre Nutzung ist einfach. Geoblocking vermag es daher nicht, den Zugriff aus „gesperrten" Gebieten effektiv zu verhindern.

5. Kritik am Einsatz von Geoblocking und Portabilität

Geoblocking wird in Europa vorrangig zur Einhaltung von Lizenzbestimmungen eingesetzt. Das führt aber dazu, dass lizenzierte Inhalte im Ausland nicht mehr verfügbar sind - auch dann nicht, wenn der Nutzer für den Zugriff auf diese Inhalte bezahlt. Mit Blick auf das europäische Binnenmarktziel stellt sich daher die Frage, ob der Einsatz von Geoblocking mit den europäischen Grundfreiheiten vereinbar ist.[204]

Aus diesem Grund steht im Mittelpunkt der Diskussion um das Geoblocking der Begriff der Portabilität (engl. portability). Gemeint ist damit, dass der Endnutzer ortsunabhängig Zugriff auf lizenzierte digitale Inhalte erhalten soll, für die er in seinem Heimatland Nutzungsrechte hat. Dass die Portabilität insbesondere im innereuropäischen Raum nicht unumstritten ist, hat auch die Europäische Kommission erkannt.[205] Im Rahmen der Digital Single Market Strategie (kurz DSMS) verfolgt die Europäische Kommission das Ziel, digitale Inhalte auf Reisen durch die EU mitnehmen zu können. Digitale Inhalte sollen portabel werden.[206] Darüber hinaus hat die Europäische Kommission ungerechtfertigtes Geoblocking und andere Formen der Diskriminierung aufgrund der Staatsangehörigkeit, des

---

[204] Vgl. *Wiebe*, ZUM 2015, 932 (933). Zur Auslegung von Art. 56 AEUV und Art. 101 AEUV *EuGH*, 4.10.2011, C-403/08 und C-429/08, EuZW 2012, 466 m. Anm. *Weck* – FAPL und Murphy.

[205] *Europäische Kommission*, Schaffung eines digitalen Binnenmarkts, Abbau von Schranken, um das Online-Potenzial auszuschöpfen, Schaffung eines digitalen Binnenmarkts, http://ec.europa.eu/newsroom/dae/document.cfm?doc_id=17225 - Zugriff am 28.2.2019.

[206] Siehe dazu ausführlich Seite 225.

Wohnsitzes oder des Ortes der Niederlassung innerhalb des Binnenmarkts verboten.[207]

[207] Siehe dazu ausführlicher 234.

2. Kapitel: Urheberrechtliche Grundlagen

Geoblocking dient der Durchsetzung urheberrechtlicher territorialer Nutzungsrechtsbeschränkungen beim Media-Streaming. Anders als bei körperlichen Gegenständen oder Freiheitsrechten, fällt die Zuordnung von Immaterialgüterrechten[208] schwer, denn der Staat kann über diese keine Macht ausüben - im Gegensatz zu den Personen und Sachen, die sich geografisch auf seinem Staatsgebiet befinden.[209] Gelangt ein Immaterialgut in die Öffentlichkeit, verliert der Inhaber die natürliche Herrschaft über das Gut.[210] Im digitalen Zeitalter ist es leichter denn je, über Landesgrenzen hinweg auf Immaterialgüter zuzugreifen und sprachliche Barrieren werden vor allem in Europa und Nordamerika immer weiter abgebaut. Der Nutzer beschränkt sich daher keineswegs mehr ausschließlich auf das lokale Angebot von Film- und Musikwerken, sondern interessiert sich zunehmend auch für Immaterialgüter aus dem Ausland. Deswegen ist das Urheberrecht nicht ausschließlich Angelegenheit nur eines Staates.

Media-Streaming als digitaler Dienst ermöglicht den Zugriff auf urheberrechtlich geschützte Inhalte ohne Rücksicht auf Landesgrenzen. Auch wenn Geoblocking versucht, diese Landesgrenzen künstlich in einem Netzwerk herzustellen, fällt die urheberrechtliche Zuordnung schwer. Eine konkrete

[208] Die Rechte des Urhebers an seinem Werk zählen zu den sog. Immaterialgüterrechten. Beeinflusst vom internationalen Sprachgebrauch setzt sich in Deutschland zunehmend der Alternativbegriff des geistigen Eigentums durch. Vgl. *Drexl*, in: *Hein/Limperg/Oetker*, MüKo-BGB Band 12, Teil 8 Internationales Immaterialgüterrecht Rn. 1.

[209] *Schack*, Urheber- und Urhebervertragsrecht, Rn. 905.

[210] Vgl. *Schack*, Urheber- und Urhebervertragsrecht, Rn. 906.

A.-L. Wirz, *Media-Streaming und Geoblocking*, Juridicum – Schriften zum Medien-, Informations- und Datenrecht, https://doi.org/10.1007/978-3-658-26083-5_3

gesetzliche Regelung besteht nicht, weshalb eine Einordnung von Media-Streaming und Geoblocking in das urheberrechtliche Gefüge zu erfolgen hat. Um dies im Laufe der Ausarbeitung vornehmen zu können, soll vorab geklärt werden, welche Rechtsquellen bei der rechtlichen Auseinandersetzung mit Media-Streaming und Geoblocking zu berücksichtigen sind.

I. Deutsches Urheberrecht

Bereits am 19.6.1901 trat in Deutschland das Gesetz betreffend das Urheberrecht an Werken der Literatur und der Tonkunst (LUG) in Kraft.[211] Das LUG wurde am 9.9.1965 durch das bis heute geltende Gesetz über Urheberrecht und verwandte Schutzrechte abgelöst.[212]

Aufgrund der voranschreitenden technischen Entwicklung bedarf das Urheberrecht ständiger Anpassung, weshalb das UrhG bereits vielen Gesetzesänderungen unterlag. Besondere Erwähnung finden soll an dieser Stelle das Gesetz zur Regelung des Urheberrechts in der Informationsgesellschaft von 2003 (BGBl I S. 1774), das der Umsetzung der InfoSoc-RL[213] diente und unter anderem § 19a (Recht der öffentlichen Zugänglichmachung), § 44a (vorübergehende Vervielfältigungshandlungen) sowie § 95a (Schutz technischer Maßnahmen) in das deutsche UrhG einführte.[214]

Deutschland ist eigenständiges Mitglied der Weltorganisation für geistiges Eigentum (WIPO) und der Welthandelsorganisation (WTO) und ist im Zuge dessen Vertragspartner mehrerer Völkerrechtsabkommen zum

[211] RGBl 1901, 227. Am 19.6.1901 trat dazu das Gesetz über das Verlagsrecht und am 9.1.1907 das Gesetz betr. das Urheberrecht an Werken der bildenden Künste und der Photographie (KUG) in Kraft (RGBl. 1901, 217 und RGBl. 1907, 7), beide bestehen bis heute.

[212] BGBl I 1965, 1273.

[213] Seite 60 ff.

[214] Weiterführend zur Entwicklung des deutschen Urheberrechts seit 1965 *Ahlberg*, in: *Ahlberg/Götting*, UrhG, Einführung zum UrhG Rn. 4.

Urheberrecht.[215] Unter anderem ist die Bundesrepublik seit 1973 Vertragspartner der Revidierten Berner Übereinkunft (RBÜ)[216], seit 1996 des WIPO-Urheberrechtsabkommens (WCT[217]) und ebenfalls seit 1996 des WIPO-Abkommens über Darbietungen und Tonträger (WPPT[218]).

Als Völkerrechtsverträge genießen diese Abkommen entsprechend ihren Transformationsgesetzen den Rang eines Bundesgesetzes.[219] Anders ist das Rangverhältnis zu beurteilen, wenn die EU Vertragspartner von Völkerrechtsverträgen ist. Im Rang zwischen primärem und sekundärem Unionsrecht sind die Mitgliedstaaten über Art. 216 Abs. 2 AEUV an die völkerrechtlichen Regelungen gebunden und diese gehen späterem nationalen Recht vor.[220] Bei gemischten Abkommen wie bspw. dem WCT ist sowohl die Bundesrepublik Deutschland als auch die Europäische Union Vertragspartner. Dann entsteht für den Mitgliedstaat eine Verpflichtung auf zwei Ebenen: als direkter Vertragspartner die Verpflichtung zur Transformation in innerstaatliches Recht und als Mitglied der EU nach Art. 216 Abs. 2 AEUV.[221]

Als Mitglied der Europäischen Union erkennt die Bundesrepublik Deutschland die Gesetzgebungskompetenz des Unionsgesetzgebers an und

---

215 Siehe Seite 66 ff.

216 Auch schon zuvor der Berner Übereinkunft seit 1887.

217 WIPO Copyright Treaty (engl. für WIPO Urheberrechtsabkommen).

218 WIPO Performances and Phonograms Treaty (engl. für WIPO Abkommen über Darbietung und Tonträger).

219 Normative Vertragsregelungen des Völkerrechts werden durch Vertragsgesetz in nationales Recht transformiert und haben den Rang eines Bundesgesetzes. In dem Umfang in dem der Vertrag transformierbares Recht enthält, erlangt es die Qualität innerstaatlichen Rechts durch ein Zustimmungsgesetz. Das Vertragsgesetz unterliegt aber der aufschiebenden Bedingung, ob und wann der Vertrag selbst verbindlich wird. Vgl. *BVerfG*, 22.3.1983, 2 BvR 475/78, NJW 1983, 2757 (2758); *BVerfG*, 8.7.1976, 1 BvL 19, 20/75, 1 BvR 148/75, NJW 1976, 1783 (1784); BVerwG, 2.3.2000, 2 C 1/99, NJW 2000, 2521. Siehe dazu auch *Nettesheim*, in: *Maunz/Dürig*, GG, Art. 59 Rn. 184; *Pieper*, in: *Epping/Hillgruber*, GG, Art. 59 Rn. 41.

220 *Lachmayer/ von Förster*, in: *Groeben/Schwarze/Hatje*, AEUV, Art 216 Rn. 23.

221 Siehe Seite 59.

räumt dem Gemeinschaftsrecht im zugewiesenen Rahmen den Vorrang vor nationalem Recht ein (vgl. Art. 2 bis 4 AEUV).

Das Urheberrecht ist weder Gegenstand der ausschließlichen Zuständigkeit der Union nach Art. 3 AEUV, noch Gegenstand der geteilten Zuständigkeit nach Art. 4 AEUV. Allerdings ist unmittelbarer Vertragsgegenstand der EU ein einheitlicher und funktionierender Binnenmarkt (siehe Art. 4 Abs. 2a und Art. 26 AEUV). Außerdem ist Vertragsgegenstand die Leistung eines Beitrags der Union zur Wahrung und Förderung der Kulturvielfalt (siehe Art. 167 AEUV). Das Urheberrecht und die verwandten Schutzrechte unterliegen daher dem Regelungsvorbehalt der Union, soweit sie Gegenstand eines Waren- und Leistungsaustausches sind.[222] Der EU stehen die in Art. 288 Abs. 1 AEUV genannten Regelungsinstrumente zur Verfügung.

Das deutsche Urheberrecht wurde durch zahlreiche europäische Richtlinien stark beeinflusst und mehrfach geändert.[223] Neben Gesetzgebungsakten beeinflusst auch die europäische Rechtsprechung das deutsche UrhG maßgeblich. Die Entscheidungen des *EuGH* binden die nationalen Gerichte (vgl. Art. 267 AEUV). Der Rechtsprechung des *EuGH* zufolge müssen die Begriffe einer Unionsvorschrift in der gesamten EU eine autonome und einheitliche Auslegung erhalten, entsprechend den Erfordernissen der einheitlichen Anwendung des Unionsrechts und des Gleichheitssatzes.[224]

In der Bundesrepublik Deutschland beurteilt sich der Schutz des Urhebers weit überwiegend nach dem Urheberrechtsgesetz. Daneben schützt das Verlagsgesetz (VerlG) die eigenständige Leistung des Verlegers und das

---

[222] *Ahlberg*, in: *Ahlberg/Götting*, UrhG, Einführung zum UrhG Rn. 140.

[223] Siehe Seite 60.

[224] *EuGH*, 21.10.2010, C-467/08, GRUR 2011, 50 (53) - Padawan/SGAE; *EuGH*, 11.1.2000, C-287/98, NVwZ 2001, 421 (422), Rn. 43 - Linster; *EuGH*, 18.1.1984, 327/82, BeckRS 2004, 70817, Rn. 11 – Ekro.

Urheberrechtswahrnehmungsgesetz (UrhWG) regelt die kollektive Wahrnehmung von Urheberrechten durch Verwertungsgesellschaften.

Das UrhG schützt nicht allein den Urheber, sondern auch den Inhaber sog. verwandter Schutzrechte (Leistungsschutz). Schutzsubjekt ist dabei nicht der Urheber als Person, sondern der Urheber in Bezug auf sein Werk (vgl. § 1 UrhG). Das Werk ist nur dann als solches zu qualifizieren, wenn es sich um eine persönliche geistige Schöpfung i. S. v. § 2 Abs. 2 UrhG handelt. Liegt eine solche vor, umfasst der urheberrechtliche Schutz aber sowohl die persönlichkeitsrechtlichen- als auch die Verwertungsinteressen des Urhebers (vgl. § 11 UrhG).[225]

II. Europäisches Urheberrecht

Das Urheberrecht unterliegt im Inland nicht allein deutscher Reglementierung, sondern erfährt auch eine supranationale Regelung durch das Recht der Europäischen Union.[226] Letzteres setzt sich aus dem sog. primären Gemeinschaftsrecht und aus diesem folgenden sekundären Rechtsakten zusammen. Gegenüber nationalem Recht hat das Recht der Europäischen Union Vorrang. Allerdings führt die Unvereinbarkeit von nationalem Recht mit europäischen Vorgaben nicht zur Nichtigkeit der entsprechenden nationalen Norm, sondern nur zu dessen Unanwendbarkeit. Es gilt also, anders als in der Bundesrepublik, zwischen Bundes- und Landesrecht (Art. 31 GG) kein Geltungsvorrang, sondern ein sog. Anwendungsvorrang.[227] Gem. Art. 47 des Vertrages über die Europäische Union (EUV) verfügt die EU als Rechtsnachfolgerin ausdrücklich über eine eigene Rechtspersönlichkeit.[228] Innerhalb der EU gilt das Prinzip der begrenzten Einzelermächtigung, vgl.

[225] *Dreier*, in: *Dreier/Schulze*, UrhG, Einleitung Rn. 1.
[226] *Stollwerck*, in: *Ahlberg/Götting*, UrhG, Euorpäisches Urheberrecht Rn. 2.
[227] *Ruffert*, in: *Calliess/Ruffert*, AEUV, Art. 1 Rn. 18; *Beljin*, EuR 2002, 351 (353).
[228] Siehe dazu *Pache/Rösch*, NVwZ 2008, 473 (474).

Art. 5 Abs. 1 EUV. Danach kann die EU nur dann von ihrer Regelungskompetenz Gebrauch machen, wenn ihr die zu regelnde Materie von den Mitgliedstaaten übertragen worden ist, vgl. Art. 5 Abs. 2 EUV.

1. Unionsrecht und Völkerrecht

Die europäischen urheberrechtlichen Regelungen sind stark von völkerrechtlichen Verträgen beeinflusst. Erwähnenswert ist an dieser Stelle die Mitgliedschaft der Europäischen Union im WCT und WPPT sowie im Abkommen über handelsbezogene Aspekte der Rechte des geistigen Eigentums (TRIPS).[229] Gem. Art. 216 Abs. 2 des Vertrages über die Arbeitsweise der Europäischen Union (AEUV) sind die Unionsorgane und die Mitgliedstaaten an völkerrechtliche Verträge gebunden. Abs. 1 desselben Artikels ermächtigt die EU zum Abschluss internationaler Übereinkünfte. Damit ist die Europäische Union als supranationale Organisation auch Völkerrechtssubjekt und sie kann selbstständiger Vertragspartner völkerrechtlicher Verträge sein. Allerdings gilt das nur im Rahmen von Art. 216 AEUV. Danach hat die EU die ausschließliche Vertragsschlusskompetenz dann, *„wenn der Abschluss einer Übereinkunft in den Verträgen vorgesehen ist oder im Rahmen der Politik der Union entweder zur Verwirklichung eines der in den Verträgen festgesetzten Ziele erforderlich oder in einem verbindlichen Rechtsakt der Union vorgesehen ist oder aber gemeinsame Vorschriften beeinträchtigen oder deren Anwendungsbereich ändern könnte“* (siehe Art. 216 Abs. 1 AEUV). In allen anderen Fällen kann die EU nur gemeinsam mit allen Mitgliedstaaten Völkerrechtsverträge schließen.[230] Damit können Vertragspartner völkerrechtlicher Abkommen nicht nur die Union und Drittstaaten sein, sondern auch die Mitgliedstaaten der EU (sog.

[229] Näher dazu Seite 66 ff.

[230] *Mayer/Ermes*, ZRP 2014, 237; *Lachmayer/von Förster*, in: *Groeben/Schwarze/Hatje*, AEUV, Art. 216 Rn. 4; *Jaag*, EuR 2012, 309 (317).

gemischte Abkommen). Unionsrechtlich sind solche Abkommen zulässig, sofern ihr Inhalt die Kompetenzen sowohl der EU als auch der Mitgliedstaaten betrifft.[231] Ein gemischtes Abkommen ist dann sogar notwendig, wenn die internationale Umsetzung des Abkommens die Beteiligung der Mitgliedstaaten erfordert oder sich Union und Mitgliedstaaten die Zuständigkeit bezüglich des materiellen Rechts des Abkommens teilen.[232] Formal gesehen sind internationale Abkommen Rechtsakte des Sekundärrechts, was bedeutet, sie dürfen mit den Gründungsverträgen nicht im Widerspruch stehen.[233] Normhierarchisch stehen internationale Abkommen allerdings über den Sekundärrechtsakten des Art. 288 AEUV.[234] Sie haben folglich einen Zwischenrang zwischen europäischem Primärrecht und Sekundärrecht. Besitzen Normen des Völkervertrags- und -gewohnheitsrechts zwingenden Charakter, haben sie sogar Vorrang vor primärem Unionsrecht.[235] Art. 216 Abs. 2 AEUV bindet die Unionsorgane, sodass diese beim Erlass von Sekundärrechtsakten das Völkerrecht unbedingt berücksichtigen müssen. Von der EU geschlossene internationale Übereinkünfte sind integrierender Bestandteil des Unionsrechts; es bedarf keines weiteren Transformationsaktes.[236]

[231] *Vöneky/Beylage-Haarmann*, in: *Grabitz/Hilf/Nettesheim*, AEUV, Art. 216 Rn. 33; *Rosas*, in: *Koskenniemi*, Mixed Union - Mixed Agreements, 125 (131).

[232] *Schmalenbach*, in: *Calliess/Ruffert*, AEUV, Art. 216 Rn. 5.

[233] *Lachmayer/von Förster*, in: *Groeben/Schwarze/Hatje*, AEUV, Art. 216 Rn. 1.

[234] *EuGH*, 19.2.2009, C-228/06, EuZW 2009, 257 (260), Tz. 59 - Soysal; *EuGH*, 3.6.2008, C-308/06, EuZW 2008, 439 (441), Tz. 42 - Intertanko; *EuGH*, 10.9.1996, C-61/94, BeckEuRS 1996, 212239, Tz. 52 - Kommission/Deutschland.

[235] *Lachmayer/von Förster*, in: *Groeben/Schwarze/Hatje*, AEUV, Art. 216 Rn. 24.

[236] *EuGH*, 15.3.2012, C-135/10, EuZW 2012, 715 (716) Tz. 37 ff. - SCF; *EuGH*, 26.10.1982, 104/81, BeckRS 2004, 70651, Tz. 13 - Kupferberg; *EuGH*, 30.4.1974, 181/73, BeckRS 2004, 72053, Tz. 2/6. Siehe dazu auch Seite 55.

2. Sekundäres Gemeinschaftsrecht

Gem. Art. 288 Abs. 1 AEUV nehmen die Organe für die Ausübung der Zuständigkeiten der Union Verordnungen, Richtlinien, Beschlüsse, Empfehlungen und Stellungnahmen an, die das sog. sekundäre Gemeinschaftsrecht bilden. Art. 288 Abs. 2 bis 5 AEUV legt den jeweiligen Rang und die Bedeutung des Rechtsakts für nationales Recht fest.

Auch wenn Richtlinien in der Regel keine unmittelbare Geltung entfalten, sondern einer Transformation in nationales Recht bedürfen, beeinflussen sie die Auslegung und Anwendung nationalen Rechts, sofern dieses einen entsprechenden Anwendungsspielraum lässt.[237] Diese Pflicht zur richtlinienkonformen Auslegung wird normativ mit Art. 288 Abs. 3 AEUV bzw. Art. 4 Abs. 3 EUV begründet.[238]

[237] *Stollwerck*, in: *Ahlberg/Götting*, UrhG, Europäisches Urheberrecht, Rn. 3.

[238] *EuGH*, 15.1.2014, C-176/12, NZA 2014, 193 (195), Tz. 38 m. w. N. - Association de médiation sociale; *EuGH*, 23.10.2003, C-408/01; EuZW 2004, 54 (55), Tz. 21 - Adidas-Salomon u. Adidas Benelux; *EuGH*, 25.2.1999, C-131/97, BeckRS 2004, 74320, Rn. 48 - Carbonari; *EuGH*, 13.11.1990, C-106/89, BeckRS 2004, 74075, Tz. 8 - Marleasing; *EuGH*, 20.9.1988, 31/87; NVwZ 1990, 353 (355), Tz. 39; *EuGH*, 10.4.1984, 14/83, NZA 1984, 157 (158) - von Colson und Kamann; *BGH*, 28.10.2015, VIII ZR 158/11, NJW 2016, 1718 (1721), Tz. 36 m. w. N.; *BGH*, 12.10.2016, VIII ZR 103/15, DNotZ 2017, 108 (114), Tz. 37.

Im Rahmen des Urheberrechts hat der Unionsgesetzgeber bislang insgesamt 10 Richtlinien und eine Verordnung verabschiedet.[239] Es gibt aber kein einheitliches europäisches Urheberrecht. Zwar besteht mit Art. 118 AEUV eine konkrete Kompetenzgrundlage zur Schaffung europäischer Rechtstitel über einen einheitlichen Schutz der Rechte des geistigen Eigentums in der Union, jedoch hat der europäische Gesetzgeber hiervon bisher keinen Gebrauch gemacht. Dennoch ist durch die umgesetzten Richtlinien im Bereich des Urheberrechts sowie durch die Rechtsprechung des *EuGH* dazu und zu den Grundfreiheiten eine teilweise Harmonisierung erfolgt.[240]

3. Gemeinschaftsweite Erschöpfung

Eine große Rolle beim Harmonisierungsprozess nimmt die sog. europaweite Erschöpfung des Urheberrechts ein. Der Urheber hat das ausschließliche Recht der Verbreitung seines Werkes (§ 15 Abs. 1 Nr. 2 i. V. m. § 17 Abs. 1 UrhG, Art. 4 Abs. 2 InfoSoc-RL, Art. 6 Abs. 1 WCT-Vertrag, Art. 8 und 12 WPPT-Vertrag).

---

[239] RL 91/250/EWG des Rates vom 14.5.1991 über den Rechtsschutz von Computerprogrammen (sog. Computerprogramme-RL, kodifiziert durch die RL 2009/24/EG), RL 92/100/EWG vom 19.11.1992 zum Vermietrecht und Verleihrecht (Vermiet- und Verleih-RL), RL 93/83/EWG vom 27.9.1993 zur Satellitenrundfunk und Kabelweiterverbreitung, RL 93/98/EWG vom 29.10.1993 zur Harmonisierung der Schutzdauer des Urheberrechts und verwandter Schutzrechte, RL 96/9/EG vom 11.3.1996 über den rechtlichen Schutz von Datenbanken, RL 2001/29/EG vom 22.5.2001 zur Harmonisierung bestimmter Aspekte des Urheberrechts und verwandter Schutzrechte in der Informationsgesellschaft (InfoSoc-RL), RL 2001/84/EG vom 27.9.2001 über das Folgerecht des Urhebers des Originals eines Kunstwerks, RL 2004/48/EG vom 29.4.2004 zur Durchsetzung der Rechte am geistigen Eigentum, RL 2012/28/EU vom 25.10.2012 über bestimmte zulässige Formen der Nutzung verwaister Werke, RL 2014/26/EU vom 26.2.2014 über die kollektive Wahrnehmung von Urheber- und verwandten Schutzrechten, VO 2017/1128 vom 20.7.2017 zur Gewährleistung der grenzüberschreitenden Portabilität von Online-Inhaltediensten im Binnenmarkt.

[240] *Dreier*, in: *Dreier/Schulze*, UrhG, Einleitung Rn. 48; *Flechsig*, MMR 2015, 485. Siehe auch *Grünberger*, ZUM 2015, 273 f. und *Kübler*, in: *Ulmer-Eilfort/Obergfell*, 1. Teil, Kapitel L. Rn. 5.

Ist allerdings bereits ein Werkexemplar mit dem Wissen und der Zustimmung des Rechtsinhabers in den Verkehr gebracht worden, soll dieser die Weiterverbreitung der konkreten Werkkopie nicht mehr verhindern können. Entsprechend Art. 4 Abs. 2 InfoSoc-RL erschöpft sich daher das Verbreitungsrecht in der Gemeinschaft in Bezug auf das Original oder auf Vervielfältigungsstücke eines Werks, wenn der Erstverkauf dieses Gegenstands oder eine andere erstmalige Eigentumsübertragung in der Gemeinschaft durch den Rechtsinhaber oder mit dessen Zustimmung erfolgt. Das deutsche UrhG kennt diesen sog. Erschöpfungsgrundsatz bereits seit Inkrafttreten 1966 und normiert ihn in § 17 Abs. 2 UrhG. Mit Inkrafttreten der InfoSoc-RL ist er im Lichte von Art. 4 Abs. 2 InfoSoc-RL und dieser wiederum im Lichte von Art. 6 Abs. 1 des WCT-Vertrages und Art. 8 und 12 des WPPT-Vertrages auszulegen.[241] Ausgangspunkt der Erschöpfungslehre bildet die Kollision der räumlichen Beschränkbarkeit des Verbreitungsrechts mit dem freien Warenverkehr.

Art. 34 AEUV verbietet mengenmäßige Einfuhrbeschränkungen sowie alle Maßnahmen gleicher Wirkung zwischen den Mitgliedstaaten. Aus diesem Grund gilt die Zustimmung zur Werkverbreitung in einem Mitgliedstaat der EU und des EWR zugleich auch für alle anderen Mitgliedstaaten.[242] Es gilt eine europaweite Erschöpfung. Damit dient der Erschöpfungsgrundsatz dem Interesse der Allgemeinheit an einem grundsätzlich unbeschränkten Verkehr mit Wirtschaftsgütern.

Gegenüber dem Rechtsinhaber begründet sich die Lehre von der Erschöpfung damit, dass er bereits bei der Erstveräußerung die Möglichkeit

---

241 *Heerma*, in: *Wandtke/Bullinger*, UrhG, § 17 Rn. 4.
242 *Schulze*, in: *Dreier/Schulze*, UrhG, § 17 Rn. 35.

hatte, seine Verwertungsinteressen zu befriedigen.[243] Hatte der Berechtigte die Möglichkeit, seine Verwertungsinteressen durch die Erstverbreitung angemessen zu befriedigen, soll er zum Schutz des freien Warenverkehrs die Weiterverbreitung des Werkexemplares nicht verhindern können. Der Erschöpfungsgrundsatz ist auf das Gebiet der Europäischen Union beschränkt; eine internationale Erschöpfung findet nicht statt.[244] Das Interesse der Allgemeinheit erfordert eine vollständige Erschöpfung, um einen freien Güterverkehr gewährleisten zu können. Deshalb erfasst der Erschöpfungsgrundsatz das gesamte Verbreitungsrecht, mit Ausnahme des Vermietrechts (vgl. § 17 Abs. 2, 2. HS UrhG; Art. 1 Abs. 2 Vermiet- und Verleih-RL).

Der Erschöpfungsgrundsatz gilt ausschließlich im Rahmen des Verbreitungsrechts (§ 17 Abs. 2 UrhG, Art. 4 Abs. 2 InfoSoc-RL) und berührt daher nicht das Recht der öffentlichen Wiedergabe (vgl. § 19a UrhG, Art. 3 Abs. 3 InfoSoc-RL).[245]

Im Rahmen des Erschöpfungsgrundsatzes wird immer wieder die Frage nach der Weiterverbreitung digitaler Güter diskutiert. Nach der Systematik der urheberrechtlich relevanten Regelungen beschränkt sich das Weiterverbreitungsrecht grundsätzlich auf die Verwertung in körperlicher Form (vgl. Art. 4 II InfoSoc-RL, § 17 II UrhG, Art. 6 WCT), weshalb die Über-

---

[243] Vgl. *EuGH*, 3.7.2012, C-128/11, EuZW 2012, 658 (660) Tz. 63 - UsedSoft/Oracle; *KG*, 26.1.2001, 5 U 4102/99, GRUR-RR 2002, 125 (126) - Gruß aus Potsdam; Anm. *Wimmers/Schulz* zu *LG Hamburg*, 29.6.2006, 315 O 343/06, ZUM 2007, 159 (162); *Loewenheim*, in: *Schricker/Loewenheim*, UrhG, § 17 Rn. 36; *Wiebe*, in: *Spindler/Schuster*, UrhG, § 17 Rn. 7; *Heerma*, in: *Wandtke/Bullinger*, UrhG, § 17 Rn. 23.

[244] *EuGH*, 12.9.2006, C-479/04, GRUR-Int 2007, 237 (238), Tz. 23 f. - Laserdisken; *Sack*, GRUR Int 2000, 610 (616). Ausführlicher zur internationalen Erschöpfung *Gaster*, GRUR Int 2000, 571 ff.

[245] *EuGH*, 3.7.2012, C-128/11, EuZW 2012, 658 (660) Tz. 50 - UsedSoft/Oracle. Der *BGH*, 17.2.2000, I ZR 194/97, GRUR 2000, 699 (701) - Kabelweitersendung hat das in seiner Entscheidung offen gelassen, tendiert aber zu der Ansicht des *EuGH*. Vgl. auch *Marly*, Praxishandbuch Softwarerecht, Rechtsschutz und Vertragsgestaltung, Rn. 203.

tragbarkeit des Erschöpfungsgrundsatzes auf digitale Güter umstritten ist. Für Computerprogramme hat der *EuGH* in der Oracle-Entscheidung 2012 die Erschöpfungswirkung für digitale Programmkopien bejaht.[246] Im Mittelpunkt der Diskussion um digitale Güter steht die Frage, ob bei der Onlinevermittlung von urheberrechtlich geschützten Werken lediglich ein Nutzungsrecht an dem Werk übertragen wird, oder ob der Nutzer Eigentum an der Werkkopie erlangt. In der angeführten Entscheidung hat der *EuGH* für Computerprogramme eine Eigentumsübertragung bejaht, wenn der Erstanwender dem Softwarehersteller ein Entgelt zahlt, welches einer angemessenen Vergütung für die dauerhafte Nutzbarmachung des Programms entspricht.[247] Laut *EuGH* spiele es keine Rolle, ob die Programmkopie auf einem Datenträger verkörpert oder mittels Download verbreitet würde, denn wirtschaftlich gesehen seien beide Vorgänge vergleichbar.[248] Dem Gleichbehandlungsgrundsatz entsprechend, müssten daher beide Vorgänge gleich behandelt werden.[249] Seine Begründung stützte der *EuGH* auf die Sondervorschriften der Computerprogramme-RL die gegenüber der InfoSoc-RL lex specialis ist. Es ist also nach wie vor fraglich, ob die *EuGH*-Rechtsprechung zur Erschöpfung des Verbreitungsrechts bei Computerprogrammen auf die Weiterverbreitung anderer digitaler Güter übertragen werden kann.

2016 hatte der *EuGH* die Chance, auf die Erschöpfungswirkung bei der Weiterverbreitung anderer digitaler Güter (im konkreten Fall eBooks) einzugehen, wich aber enttäuschenderweise einer Klärung aus.[250] Art. 4 Abs. 2InfoSoc-RL und Art. 4 Abs. 2 der Computerprogramme-RL

---

246 *EuGH*, 3.7.2012, C-128/11, EuZW 2012, 658 - UsedSoft/Oracle.
247 *EuGH*, 3.7.2012, C-128/11, EuZW 2012, 658 (659), Rn. 45 - UsedSoft/Oracle.
248 *EuGH*, 3.7.2012, C-128/11, EuZW 2012, 658 (660), Rn. 61 - UsedSoft/Oracle.
249 *EuGH*, 3.7.2012, C-128/11, EuZW 2012, 658 (660), Rn. 61 - UsedSoft/Oracle.
250 *EuGH*, 10.11.2016, C-174/15, EuZW 2017, 20 – Vereniging Openbare Bibliotheken. Dazu ausführlich *Marly/ Wirz*, EuZW 2017, 16.

wählen mit „Erstverkauf“ dieselbe Formulierung, sodass sich der Wortlaut der Bestimmungen im Kern entspricht. Durch das Herunterladen wird eine Werkkopie erstellt. Das Herunterladen verbunden mit der Einräumung einer Lizenz zur unbefristeten Nutzung ist als Verkauf zu werten.[251] Das führt zur Erschöpfung des Verbreitungsrechts der entsprechenden Kopie.[252]

Angesichts der Wortlautähnlichkeit kann daher die Rechtsprechung des *EuGH* zu Computerprogrammen in gleichem Maße auf andere digitale Güter übertragen werden. Insbesondere im Hinblick auf die Einheit und Kohärenz der Unionsrechtsordnung müssen Begriffe für ähnlich gelagerte Sachverhalte eine einheitliche Bedeutung haben, es sei denn, der Unionsgesetzgeber hat ausdrücklich einen anderen Willen zum Ausdruck gebracht.[253]

Der *EuGH* hat diese Ansicht bisher zwar noch nicht abgelehnt, aber er hat eine analoge Anwendung des Erschöpfungsgrundsatzes auf digitale Güter auch nicht bestätigt.[254] Jedenfalls lässt sich die auf Computerprogramme bezogene Argumentation der Oracle-Entscheidung eins zu eins auf Art. 4 Abs. 2 InfoSoc-RL übertragen.[255] Das Werk ist nach der Onlineübertragung ebenso dauerhaft verfügbar wie bei einer körperlichen Verbreitung, sodass es aus Sicht des Empfängers unerheblich ist, ob ein Werk in verkörperter Form übergeben wird oder durch den Übertragungsvorgang bei ihm ein neues Vervielfältigungsstück entsteht. Es spielt wie

---

[251] Siehe *EuGH*, 3.7.2012, C-128/11, EuZW 2012, 658 (659), Rn. 44 ff. - UsedSoft/Oracle.

[252] Vgl. dazu auch die Schlussanträge des Generalanwalts *Szpunar* vom 16.6.2016, C-174/15, BeckRS 2016, 81362 Rn. 51 - Vereniging Openbare Bibliotheken.

[253] *Marly/ Wirz*, EuZW 2017, 16 (19); Szpunar, BeckRS 2016, 81362 Rn. 52. *Stieper*, Von der Verbreitung “unkörperlicher” Vervielfältigungsstücke zum Recht auf Weitergabe in elektronischer Form, FS-Schulze, 107 (113) hält es für konsequent den Verbreitungsbegriff de lege ferenda generell auf die körperliche wie unkörperliche Verschaffung eines Vervielfältigungsstückes, auch zum individuellen Abruf, zu erstrecken.

[254] Ausführlicher dazu *Marly/ Wirz*, EuZW 2017, 16.

[255] *Marly*, EuZW 2012, 654 (657).

auch bei Computerprogrammen keine Rolle, ob die Werkkopie auf einem Datenträger (Musik-CD, gedrucktes Buch, etc.) verkörpert ist oder mittels Download verbreitet wird, denn wirtschaftlich gesehen sind beide Vorgänge vergleichbar.[256] Der Erschöpfungsgrundsatz gilt daher auch für digitale Werke.[257]

Für das Media-Streaming gilt dieses Ergebnis gleichwohl nicht. Voraussetzung für die Erschöpfung ist gem. Art. 4 Abs. 2 InfoSoc-RL ein „Erstverkauf". Das bedeutet, dass eine Eigentumsübertragung stattgefunden haben muss, die zumindest vergleichbar mit der Übergabe des körperlich fixierten Werkes ist (z. B. einer CD). Beim Streaming findet eine solche Eigentumsübertragung nicht statt. Der Anbieter von Streamingdiensten räumt dem Nutzer gerade keine Lizenz zur unbefristeten Nutzung ein, sondern stellt das Werk nur zur vorübergehenden Nutzung bereit. Darüber hinaus ist in Anlehnung an die *BGH*-Entscheidung zum Application Service Providing die nichtkörperliche Gebrauchsüberlassung auf Zeit, wie sie beim Media-Streaming erfolgt, eine Vermietung.[258] Das Vermietrecht unterliegt aber ausdrücklich nicht der Erschöpfung (§ 17 Abs. 2 2. HS. UrhG).

III. Internationales Urheberrecht

1. Rechtsquellen

Schon früh haben sich Staaten für zweiseitige oder mehrseitige internationale Abkommen zusammengeschlossen, um einen ausreichenden Schutz

---

[256] Vgl. *Marly/Wirz*, EuZW 2017, 16 (19).

[257] Zustimmend *Druschel*, GRUR Int 2015, 125 (131); *Hoeren/Jakopp*, MMR 2014, 646 (648); *Hartmann*, GRUR Int 2012, 980 (982 ff.); *Marly*, EuZW 2012, 654; *Schneider/Spindler*, CR 2012, 489 (497). A. A. *Ohly*, NJW-Beil. 2014, 47 (48); *Krüger/Biehler/Apel*, MMR 2013, 760; *Stieper*, ZUM 2012, 668 (670).

[258] Vgl. *BGH*, 15.11.2006, XII ZR 120/04, NJW 2007, 2394 f. Siehe dazu ausführlich Seite 140 ff.

des Urheberrechts sicherzustellen. Die Berner Übereinkunft von 1886 bzw. die Revidierte Berner Übereinkunft (RBÜ) von 1908 bildet auch heute noch die zentrale Rechtsquelle des internationalen Urheberrechts.[259] Die RBÜ gilt für Deutschland in ihrer Pariser Fassung vom 24.7.1974.[260] Ergänzt wird die RBÜ durch diverse Nebenabkommen.[261] 1967 wurde im Rahmen der Stockholmer Revisionskonferenz die Weltorganisation für geistiges Eigentum (WIPO) gegründet.[262] Derzeit beläuft sich die Zahl der Mitgliedstaaten der RBÜ auf 176 und der WIPO auf 191 Staaten.[263] Das Aufgabenspektrum der WIPO umfasst einerseits die Verwaltung unter anderem der Berner Union und andererseits die Fortentwicklung des Konventionssystems.[264]

Neben der RBÜ ist von großer Bedeutung das sog. TRIPS-Abkommen. Mit der Gründung der Welthandelsorganisation (WTO) im Jahr 1994 wurde das sog. WTO-Abkommen als multilaterales Abkommen und damit für alle WTO-Mitglieder verbindlich beschlossen. Das WTO-Abkommen enthält verschiedene Annexe mit eigenem Abkommencharakter.[265] Eines dieser zusätzlichen Abkommen ist das Abkommen über handelsbezogene Aspekte der Rechte des geistigen Eigentums (TRIPS). TRIPS stellt eine Ergänzung zur RBÜ dar, indem es die Aspekte des Immaterialgüterrechts

---

259 *Petry*, GRUR 2014, 536 (537).

260 BGBl. 1973 II S. 1071; http://www.wipo.int/export/sites/www/treaties/en/documents/pdf/berne.pdf-Zugriffam28.2.2019.

261 *Drexl*, in: *Hein/Limperg/Oetker*, MüKo-BGB Band 12, Teil 8. Internationales Immaterialgüterrecht Rn. 30.

262 BGBl. 1970 II S. 293. Siehe auch http://www.wipo.int/about-wipo/en/ - Zugriff am 28.2.2019.

263 Stand 28.02.2019. Übersicht und aktueller Stand der Mitgliedstaaten abrufbar unter: http://www.wipo.int/treaties/en/ShowResults.jsp?lang=en&treaty_id=15 und http://www.wipo.int/members/en/.

264 *Drexl*, in: *Hein/Limperg/Oetker*, MüKo-BGB Band 12, Teil 8. Internationales Immaterialgüterrecht Rn. 30.

265 Vgl. *Weiß*, in: *Grabitz/Hilf/Nettesheim*, AEUV, Art. 207 Rn. 216.

regelt, die durch die WIPO nicht geregelt sind.[266] Daneben sorgt TRIPS dafür, dass die WTO-Mitglieder ihrer Verpflichtung nachkommen, die Standards der RBÜ in ihrer aktuellen Fassung einzuhalten (sog. Bern-Plus-Effekt).[267] Als Mitglied der WTO erlangt die RBÜ auch Geltung für Staaten, die selbst nicht Mitglied der Berner oder Pariser Union sind.[268] Eine Verletzung des Rechts der RBÜ begründet damit einen Verstoß gegen WTO-Recht mit der Konsequenz, dass das internationale Streitbeilegungsverfahren der WTO Anwendung findet.[269]

Die WIPO konnte mit dem WCT und dem WPPT von 1996 den internationalen Urheberrechtsschutz stärken.[270] Insbesondere versucht sie den Erfordernissen der Verwertung von Urheberrechten im Informationszeitalter gerecht zu werden.[271] Das WCT und das WPPT sowie zukünftige noch in Kraft tretende WIPO-Abkommen gehören aber nicht zum Pflichtenkreis des WTO- bzw. TRIPS-Rechts, sodass ein Verstoß gegen diese Abkommen keinen zwingenden Verstoß gegen WTO-Recht darstellt.[272]

Daneben ist die Liste weiterer multilateraler Völkerrechtsabkommen lang. Erwähnung finden sollte an dieser Stelle das Internationale Abkommen über den Schutz der ausübenden Künstler, der Hersteller von Tonträgern und der Sendeunternehmen von 1961 (Rom-Abkommen). Es dient den an das Urheberrecht angrenzenden Leistungsschutzrechten. Als Mitglied des

266 Vgl. *Mestmäcker/Schweitzer*, in: *Mestmäcker/Schweitzer*, § 28, Rn. 22.

267 Vgl. *Drexl*, in: *Hein/Limperg/Oetker*, MüKo-BGB Band 12, Teil 8. Internationales Immaterialgüterrecht Rn. 30; *Reinbothe*, GRUR Int 1992, 707 (709); ähnlich *Katzenberger*, GRUR Int 1995, 447 (456).

268 Report of the Appellate Body, United States – Section 211 Omnibus Appropriations Act of 1998, AB-2001-7, 2.1.2002, WTO-Doc. WT/DS176/AB/R, Rn. 125.

269 *Mestmäcker/Schweitzer*, in: *Mestmäcker/Schweitzer*, § 28, Rn. 25.

270 Siehe bereits zuvor Seite 54.

271 *von Lewinski*, GRUR Int 1997, 667 (681).

272 *Drexl*, in: *Hein/Limperg/Oetker*, MüKo-BGB Band 12, Teil 8. Internationales Immaterialgüterrecht Rn. 33.

Rom-Abkommens fehlen allerdings unter anderem die USA, da diese keine verwandten Schutzrechte kennen.[273]

2. Territorialitätsprinzip

Im Grundsatz ist das Urheberrecht nationales Recht, d.h. staatliche Gesetzgebung kann nur für das eigene Staatsgebiet Wirkung erzeugen.[274] Dementsprechend gilt nach herrschender Meinung beim Aufeinandertreffen von Urheberrechten verschiedener Staaten das Territorialitätsprinzip.[275] Danach wirken Immaterialgüterrechte ausschließlich räumlich beschränkt auf das Territorium desjenigen Staates, der sie kraft Hoheitsakt verleiht oder ipso iure anerkennt.[276] Die Schutzrechte gelten demzufolge lediglich territorial begrenzt, entsprechend des jeweiligen nationalen Urheberrechts.[277] Der Rechtsinhaber hat ein „Bündel" an nationalen Urheberrechten, die in ihrem Zusammenspiel Urheberrechtsschutz grenzüberschreitend gewährleisten.[278] Die Vertreter des Territorialitätsprinzips führen zu dessen Begründung an,

---

273 *Dreier*, in: *Dreier/Schulze*, UrhG, Einleitung Rn. 45.

274 *Dreier*, in: *Dreier/Schulze*, UrhG, Einl. Rn. 42.

275 *EuGH*, 14.7.2005, C-192/04, GRUR 2006, 50 (53) - Lagardère/SPRE und GVL; *BGH*, 8.12.2010, 1 StR 213/10, GRUR 2011, 227 (228) Rn. 20 - Italienische Bauhausmöbel; *BGH*, 24.5.2007, I ZR 42/04, GRUR 2007, 691 (692 f.) Tz. 31 - Staatsgeschenk; *BGH*, 16.4.1975, I ZR 40/73, NJW 1975, 1220 (1222) - August Vierzehn; *OLG Stuttgart*, 31.5.2017, 4 U 204/16, GRUR 2017, 905 (906) Tz. 59; *Lauber-Rönsberg*, in: *Ahlberg/Götting*, UrhG, Kollisionsrecht und internationale Zuständigkeit Rn. 4; *Nordemann-Schiffel*, in: *Fromm/Nordemann*, UrhG, vor §§ 120 ff. Rn. 59; *Katzenberger/Metzger*, in: *Schricker/Loewenheim*, UrhG, vor §§ 120 ff. Rn. 109; a. A. noch *Schack*, Urheber- und Urhebervertragsrecht, Rn. 913 a. E.

276 *Lauber-Rönsberg*, in: *Ahlberg/Götting*, UrhG, Kollisionsrecht und internationale Zuständigkeit Rn. 4.

277 *BGH*, 8.12.2010, 1 StR 213/10, GRUR 2011, 227 (228) Rn. 20 - Italienische Bauhausmöbel; *BVerfG*, 23.1.1990, 1 BvR 306/86, GRUR 1990, 438 (441) - Bob Dylan m. w. N.

278 *BVerfG*, 23.1.1990, 1 BvR 306/86, GRUR 1990, 438 (441) - Bob Dylan; *BGH*, 24.5.2007, I ZR 42/04, GRUR 2007, 691 - Staatsgeschenk; *BGH*, 7.11.2002, I ZR 175/00, GRUR 2003, 328 (329) - Sender Felsberg; *BGH*, 2.10.1997, I ZR 88/95, MMR 1998, 35 (37) - Spielbankaffaire m. Anm. *Schricker*; *Katzenberger/Metzger*, in: *Schricker/Loewenheim*, UrhG, vor §§ 120 ff. Rn. 109.

dass das Entstehen von Immaterialgüterrechten von einem hoheitlichen Verleihungsakt abhängig sei, ein staatlicher Verleihungsakt aber gezwungenermaßen nur territorial begrenzte Wirkung entfalte.[279] Daneben wird im Hinblick auf die staatliche Souveränität und den Verkehrsschutz angeführt, ein Staat müsse autonom bestimmen können, in welchem Umfang er urheberrechtlichen Schutz gewähre.[280]

a) Schutzlandprinzip

Aus Art. 5 Abs. 2 S. 2 RBÜ und dem Territorialitätsprinzip wird als sachrechtliche[281] Folge weit überwiegend von Rechtsprechung und Lehre

279 *Lauber-Rönsberg*, in: *Ahlberg/Götting*, UrhG, Kollisionsrecht und internationale Zuständigkeit Rn. 6; *Klass*, GRUR Int 2007, 373 (379).

280 *BGH*, 16.6.1994, I ZR 24/92, GRUR 1994, 798 (799) - Folgerecht bei Auslandsbezug; *Katzenberger/Metzger*, in: *Schricker/Loewenheim*, UrhG, vor §§ 120 ff. Rn. 109; *Klass*, GRUR Int 2007, 373 (382); *Katzenberger*, GRUR Int 1992, 567 (571).

281 Es besteht Uneinigkeit darüber, ob das Territorialitätsprinzip ausschließlich als sachrechtliche oder auch als kollisionsrechtliche Regel zu verstehen ist. Für eine Regel des Sachrechts *BGH*, 7.11.2002, I ZR 175/00, GRUR 2003, 328 (330 a. E.) - Sender Felsberg; *Katzenberger/Metzger*, in: *Schricker/Loewenheim*, UrhG, Vor §§ 120 ff. Rn. 112; *Drexl*, in: *Hein/Limperg/Oetker*, MüKo-BGB Band 12, Teil 8. Internationales Immaterialgüterrecht Rn. 14; *Grünberger*, in: *Hüßtege/Mansel/Dauner-Lieb*, Rom II, Art. 8 Rn. 3; *Sack*, WRP 2000, 269 (271); *Weller/Nordmeier*, in: *Spindler/Schuster*, Rom II Art. 8 Verletzung von Rechten des geistigen Eigentums, Rn. 5. Das Territorialitätsprinzip auch als kollisionsrechtliche Regel anerkennend: *Walter*, in: *Loewenheim*, Handbuch des Urheberrechts, § 58 Rn. 16 ff.; *Ullrich*, Urheberrecht und Satellitenrundfunk, Kollisionsrecht und Materielles Recht, S. 152 f. Siehe dazu auch *Obergfell*, in: *Büscher/Dittmer/Schiwy*, Teil 1, Kapitel 10 UrhG, Vorbem. zu §§ 120 ff. Rn. 4; *Gaster*, ZUM 2006, 8 (9).

das sog. Schutzlandprinzip abgeleitet (lex loci protectionis).[282] Danach beurteilt sich das Bestehen von Ansprüchen aus Urheber- oder Leistungsschutzrechten nach dem Recht desjenigen Staates, für dessen Territorium Schutz in Anspruch genommen wird.[283] Entgegen des allgemeinen Deliktstatuts kommt es im Rahmen des Schutzlandprinzips eben nicht auf den Handlungs- oder Erfolgsort an.[284]

b) Universalitätsprinzip

Dem überwiegend befürworteten Territorialitätsprinzip gegenüber steht das Universalitätsprinzip (lex originis). Danach beansprucht das Urheberrecht universelle Wirkung und ist unbeschadet seiner unterschiedlichen

[282] *EuGH*, 3.10.2013, C-170/12, NJW 2013, 3627 (3628) Rn. 33 m.Anm. *Schack* - Pinckney/KDG Mediatech; *BGH*, 24.9.2014, I ZR 35/11, GRUR 2015, 264 (265) - Hi Hotel II; *BGH*, 15.2.2007, I ZR 114/04, GRUR 2007, 871 (873) - Wagenfeld-Leuchte; *BGH*, 16.6.1994, I ZR 24/92, NJW 1994, 2888 (2889 f.) - Folgerecht bei Auslandsbezug; *OGH*, 12.2.2013, 4 Ob 190/12p, BeckRS 2013, 81395 - Reproduktion des „Hundertwasser-Hauses“ auf Seidentücher; *Lauber-Rönsberg*, in: *Ahlberg/Götting*, UrhG Kollisionsrecht und internationale Zuständigkeit, Rn. 7.; *Thorn*, in: *Palandt*, (IPR) ROM II, Art. 8 Rn. 7; *Grünberger*, in: *Hüßtege/Mansel/Dauner-Lieb*, ROM II, Art. 8 Rn. 5b; *Ahrens/McGuire*, § 24 Schutzlandprinzip, S. 86 f.; wohl auch *Petry*, GRUR 2014, 536 (538 f.). A. A. *Drexl*, in: *Hein/Limperg/Oetker*, MüKo-BGB Band 12, Teil 8. Internationales Immaterialgüterrecht Rn. 14; *Klass*, GRUR Int 2007, 373 (385).

[283] *Ahrens/McGuire*, § 24 Schutzlandprinzip, S. 86; *BGH*, 24.9.2014, I ZR 35/11, GRUR 2015, 264 (265) - Hi Hotel II; *BGH*, 15.2.2007, I ZR 114/04, GRUR 2007, 871 (873) - Wagenfeld-Leuchte.

[284] *EuGH*, 18.10.2012, C-173/11, GRUR 2012, 1245 (1247) - Football Dataco/Sportradar; *BGH*, 24.5.2007, I ZR 42/04, GRUR 2007, 691 (692 f.) Rn. 31 - Staatsgeschenk; *Lauber-Rönsberg*, in: *Ahlberg/Götting*, UrhG Kollisionsrecht und internationale Zuständigkeit, Rn. 7; *Grünberger*, in: *Hüßtege/Mansel/Dauner-Lieb*, ROM II, Art. 8 Rn. 2; *Weller/Nordmeier*, in: *Spindler/Schuster*, ROM II, Art. 8 Rn. 5.

nationalen Ausgestaltung als einheitliches Ganzes anzuerkennen.[285] Der Urheber erwirbt ein einziges Urheberrecht, dessen Wirkung weltweit einheitlich anzuerkennen ist.[286] Danach ist das Urheberrecht nach dem Recht des Ursprungslandes zu bestimmen, welches das Land des erstmaligen Erscheinens ist, bzw. bei noch nicht erschienenen Werken, dasjenige Land, dem der Urheber angehört.[287]

Kern der Frage nach der Anwendung des Schutzland- oder Universalitätsprinzips ist letztendlich, ob eine urheberrechtliche Beurteilung einheitlich im Schutzland für alle dort genutzten Werke oder im Ursprungsland für alle dort erstveröffentlichten Werke erfolgen soll.[288]

Zur Begründung des Universalitätsprinzips führen seine Befürworter an, dass mittlerweile nahezu weltweit Urheberrechte unmittelbar durch den Schöpfungsakt ipso iure entstünden, ein hoheitlicher Verleihungsakt sei nicht mehr nötig.[289] Des Weiteren sei in Zeiten globaler Verwertung die Idee territorial agierender Staaten und Unternehmen überholt, denn nicht nur Urheber agieren weltweit, sondern auch die Nutzer urheberrechtlich geschützter Werke.[290]

---

285 *Schack*, Urheber- und Urhebervertragsrecht, Rn. 919; *Neuhaus*, RabelsZ, Nr. 40, 1976, 191 (192 ff.) und *Drobnig*, RabelsZ, Nr. 40, 1976, 195 (197 ff.); unter den Vertretern des Universalitätsprinzips herrscht allerdings Uneinigkeit darüber, inwieweit urheberrechtliche Wirkungen universell anzuerkennen sind. *Schack* und *Neuhaus* erkennen am weitestgehenden sowohl Entstehung und erste Inhaberschaft, als auch Übertragbarkeit und Inhalt weltweit einheitlich an (*Schack*, Urheber- und Urhebervertragsrecht, Rn. 919; *Schack*, MMR 2000, 59 (63 ff.); *Neuhaus*, RabelsZ, Nr. 40, 1976, 191 (192 ff.). Befürworter einer gespaltenen Anknüpfung bejahen Universalität nur bezüglich ausgewählter Wirkungen. Statt vieler *Drobnig*, RabelsZ, Nr. 40, 1976, 195 (197 ff.) m. w. N., der ausschließlich für das Recht der ersten Inhaberschaft ist. Siehe dazu auch *Dreier*, in: *Dreier/Schulze*, UrhG, vor §§ 120 ff. Rn. 29 m. w. N.

286 *Klass*, GRUR Int 2007, 373 (377).

287 *Stollwerck*, in: *Ahlberg/Götting*, UrhG, Internationales Urheberrecht Rn. 10.

288 *Schack*, MMR 2000, 59 (63 a. E.); *Dreier*, in: *Dreier/Schulze*, UrhG, vor §§ 120 ff. Rn. 29.

289 *Schack*, Urheber- und Urhebervertragsrecht, Rn. 913.

290 *Klass*, GRUR Int 2007, 373 (381 f.).

Die Befürworter des Universalitätsprinzips bleiben eine Beantwortung der Frage schuldig, wie das Universalitätsprinzip weltweit Anwendung finden soll. Es ist nur dann praktikabel, wenn es länderübergreifend Zustimmung findet, zum Beispiel im Rahmen einer internationalen Vereinbarung. Diesbezüglich ist aber zweifelhaft, ob eine Einigung über ein einheitliches Anknüpfungskriterium der Konventionsstaaten möglich wäre. Aus Urhebersicht erscheint ein einziges weltweit anerkanntes Urheberrecht im Hinblick auf Praktikabilität und Durchsetzbarkeit jedenfalls vorteilhaft. Allerdings muss gegen das Universalitätsprinzip vorgebracht werden, dass derzeit praktische Anwendungsprobleme im Online-Bereich im Hinblick auf das Land der Erstveröffentlichung bestehen.[291] Eine Zuordnung fällt mitunter schwer, denn zum einen sind Inhalte von überall auf der Welt abrufbar und zum anderen sind Upload-, Speicher- und Veröffentlichungsort nicht unbedingt identisch.[292] Der europäische Gesetzgeber hat sich mit Art. 8 Abs. 1 Rom II-VO für die Normierung des Schutzlandprinzips für das europäische Kollisionsrecht entschieden.[293]

IV. Schutz technischer Maßnahmen

Urheberrechtlich geschützte Werke und Leistungen können insbesondere im digitalen Zeitalter ohne Einverständnis oder Wissen des Urhebers unkontrolliert verwendet werden. Verletzungen des Urheberrechts können teilweise durch technische Schutzmaßnahmen, die den Zugang und die Nutzung kontrollieren, verhindert werden. Beispiele solcher Maßnahmen

291 *Drexl*, in: *Hein/Limperg/Oetker*, MüKo-BGB Band 12, Teil 8. Internationales Immaterialgüterrecht Rn. 24.

292 Vgl. insoweit auch Seite 279.

293 *Spickhoff*, in: *Bamberger/Roth/Hau*, VO (EG) 864/2007, Art. 8 Rn. 4; *Grünberger*, in: *Hüßtege/Mansel/Dauner-Lieb*, ROM II, Artikel 8 Rn. 2.

sind unter anderem elektronische Zertifikate, Produktaktivierungskeys oder die Online-Identifizierung.[294]

Beim Media-Streaming werden Lizenzen für urheberrechtlich geschützte Werke regelmäßig territorial beschränkt.[295] Zur Durchsetzung der territorialen Beschränkung wird im Internet Geoblocking[296] als technische Maßnahme eingesetzt. Die Verwendung technischer Maßnahmen ist durch § 95a Abs. 2 UrhG beziehungsweise Art. 6 Abs. 3 InfoSoc-RL nicht nur gestattet, sondern gem. § 95a Abs. 1 UrhG beziehungsweise Art. 6 Abs. 1 InfoSoc-RL auch vor Umgehung geschützt.

Ob Geoblocking als eine technische Maßnahme i. S. v. § 95a Abs. 2 UrhG oder Art. 6 Abs. 3 InfoSoc-RL zu qualifizieren ist, ist allerdings umstritten.[297]

1. Nach deutschem Recht

Die §§ 95a ff. UrhG bieten dem Rechtsinhaber einen erweiterten Schutz für schutzfähige Werke und Leistungen. Es handelt sich damit um das Urheberrecht flankierende Rechte bzw. um urheberrechtliche Hilfsnormen und nicht um ein neues Leistungsschutzrecht.[298]

---

[294] Vgl. z. B. Abschnitt 2.1.1.1 des Vertrags zum Nintendo Network Version 05.2018, http://ms.nintendo-europe.com/terms/wiiu/Wii-U-Network-EULA-Germany_DE-2018-05.html oder Abschnitt 5 „Autorisierte Software und Aktivierung" der Microsoft-Software-Lizenzbestimmungen für das Windows-Betriebssystem vom Februar 2018, https://www.microsoft.com/en-us/Useterms/Retail/Windows/10/UseTerms_Retail_Windows_10_German.htm - Zugriff am 28.2.2019; *Grützmacher*, ITRB 2015, 120 (121).

[295] Siehe Seite 134.

[296] Siehe Seite 39 ff.

[297] Siehe zum Meinungsstreit Seite 191 ff.

[298] *Arlt*, MMR 2005, 148 (149).

a) Begriffsbestimmung

Der Begriff der technischen Maßnahme ist in § 95a Abs. 2 UrhG legal definiert. Danach sind technische Maßnahmen „*Technologien, Vorrichtungen und Bestandteile, die im normalen Betrieb dazu bestimmt sind, geschützte Werke oder andere nach dem UrhG geschützte Schutzgegenstände betreffende Handlungen, die vom Rechtsinhaber nicht genehmigt sind, zu verhindern oder einzuschränken.*“ Der Begriff der Maßnahme umfasst sowohl hard- als auch softwarebasierte Technologien sowie Mittel, die selbst Bestandteil des eigentlichen Schutzgegenstandes sind.[299] Der Begriff „technisch“ verdeutlicht lediglich den Schutzgegenstand, denn vertragliche Verbote sind nicht erfasst.[300] Unter den Begriff der technischen Maßnahme fallen jegliche Mittel, die geeignet und dazu bestimmt sind, die Nutzungs- oder Zugangsmöglichkeiten einzuschränken.[301] Als technische Schutzmaßnahmen eignen sich Verfahren der Zugangskontrolle, Nutzungskontrolle und Integritätskontrolle.[302]

aa) Technische Schutzmaßnahmen

Ist der Zugang zu einem Werk oder einer Leistung bereits von der individuellen Erlaubnis des Rechtsinhabers abhängig, handelt es sich um eine Zugangskontrolle.[303] Diese Maßnahme i. S. v. § 95a Abs. 2 UrhG ist zu anderen Maßnahmen im Sinne der Zugangskontrollrichtlinie abzugrenzen.[304]

[299] BT-Drucks. 15/38 vom 6.11.2002, S. 26.
[300] *Wandtke/Ohst*, in: *Wandtke/Bullinger*, UrhG, § 95a Rn. 12.
[301] *Peukert*, in: *Loewenheim*, Handbuch des Urheberrechts, § 34 Rn. 1.
[302] *Götting*, in: *Schricker/Loewenheim*, UrhG, §95a Rn. 17.
[303] *Czychowski*, in: *Fromm/Nordemann*, UrhG, § 95a Rn. 23.
[304] *Lindhorst*, in: *Ahlberg/Götting*, UrhG, § 95a Rn. 10 f.

Technologien, die die Nutzung von Werken oder Leistungen von der individuellen Erlaubnis des Rechtsinhabers abhängig machen, stellen Nutzungskontrollen dar.[305]

Integritätskontrollen sind Technologien, die nicht bereits Zugangs- und Nutzungskontrollen sind und die Eingriffe in persönlichkeitsrechtliche Befugnisse des Urhebers auf Anerkennung der Urheberschaft ohne Erlaubnis des Rechtsinhabers verhindern.[306]

Integritätskontrollen bezwecken folglich keinen Zugangs- oder Nutzungsschutz, weshalb sie nicht von § 95a Abs. 2 UrhG umfasst sind. Allerdings schützen sie Informationen zur Rechtewahrnehmung, sodass sie im Rahmen des § 95c UrhG relevant werden.[307]

bb) Wirksamkeit

§ 95a Abs. 1 UrhG setzt dem Wortlaut nach die Wirksamkeit technischer Maßnahmen voraus. Der Begriff der Wirksamkeit wird durch § 95a Abs. 2 S. 2 UrhG definiert. Es ist allgemeiner Konsens, dass der Begriff der Wirksamkeit in § 95a UrhG einzuschränken ist.[308] Denn angesichts stetig neuer Möglichkeiten zur Umgehung, ist keine technische Maßnahme unangreifbar. Es besteht immer das Risiko eines Schlupflochs. In der Gesetzesbegründung ist dazu ausgeführt, dass auch solche technischen Maßnahmen wirksam sein können, deren Umgehung möglich ist, da andernfalls mit Umgehung sol-

305 *Wandtke/Ohst*, in: *Wandtke/Bullinger*, UrhG, § 95a Rn. 16.
306 *Enders*, ZUM 2004, 593 (597).
307 *Wandtke/Ohst*, in: *Wandtke/Bullinger*, UrhG, § 95a Rn. 17.
308 *OLG München*, 9.6.2011, 6 U 5037/09, ZUM 2013, 806 (812); *OLG Hamburg*, 24.6.2009, 5 U 165/08, MMR 2009, 851 (852); *LG München I*, 26.7.2012, 7 O 10502/12, CR 2013, 56 f.; *LG Frankfurt a. M.*, 31.5.2006, 2-06 O 288/06, MMR 2006, 766 (767); *Schack*, Urheber- und Urhebervertragsrecht, Rn. 832; *Wandtke/Ohst*, in: *Wandtke/Bullinger*, UrhG, § 95a Rn. 50; *Dreyer*, in: *Dreyer/Kotthoff/Meckel*, UrhG, § 95a Rn. 21; *Klickermann*, MMR 2007, 7 (11); *Schippan*, ZUM 2006, 853 (854 f.); *Stickelbrock*, GRUR 2004, 736 (738); *Mayer*, EuZW 2002, 325 (328) *Hoeren*, MMR 2000, 515 (520).

cher Maßnahmen und ihrer daraus folgenden Unwirksamkeit die Regelung obsolet würde.[309]

Ursprünglich wurde das Kriterium der Wirksamkeit in die Richtlinie aufgenommen, um den Mitgliedstaaten eine selbstständige Anpassung des unbestimmten Rechtsbegriffs an ihre nationale Rechtsordnung zu ermöglichen. Der deutsche Gesetzgeber hat allerdings den Wortlaut von § 95a Abs. 2 UrhG sehr eng an die InfoSoc-Richtlinie angelehnt und auf die Möglichkeit der Anpassung weitestgehend verzichtet. Dies begründete er mit dem Harmonisierungsziel der Richtlinie.[310] Damit hat der Gesetzgeber die Auslegung des Begriffs der „Wirksamkeit" der Rechtsprechung überlassen, was angesichts der rasanten technologischen Entwicklung zu begrüßen ist. Dabei unterliegt die Rechtsprechung allerdings einem permanenten Wandel, sodass sich nur einige abstrakte Kriterien für die Wirksamkeit herausstellen lassen, nicht jedoch ein einheitlicher Maßstab festlegen lässt.[311] Zum Verständnis des Begriffes der „Wirksamkeit" ist dabei auf zweierlei abzustellen: zum einen auf den relevanten Personenkreis der Nutzer und zum anderen auf den relevanten Zeitpunkt der Nutzung.[312] Bezüglich des Nutzers darf nur vom durchschnittlichen Anwender ausgegangen werden.[313] Bei den dadurch auftretenden Unsicherheiten, obliegt es letztendlich dem Rechtsinhaber, die Wirksamkeit der eingesetzten technischen Maßnahme aufzuzeigen.

Der relevante Zeitpunkt der Nutzung bestimmt sich nach einer ex-ante Betrachtung.[314] Fraglich ist, ob eine Maßnahme noch als wirksam zu

---

[309] BT-Drucks. 15/38 vom 6.11.2002, S. 26.

[310] BT-Drucks. 15/38 vom 6.11.2002, S. 26.

[311] *Wandtke/Ohst*, in: *Wandtke/Bullinger*, UrhG, § 95a Rn. 51.

[312] *Götting*, in: *Schricker/Loewenheim*, UrhG, § 95a Rn. 22.

[313] *OLG Hamburg*, 24.6.2009, 5 U 165/08, GRUR-RR 2010, 153 (154) - FTA-Receiver; *LG München I*, 14.11.2007, 21 O 6742/07, MMR 2008, 192 (194); *Wiebe*, in: *Leupold/Glossner*, Teil 3, Rn. 268; *Schippan*, ZUM 2006, 853 (860).

[314] Aus einer ex-post Sicht ist im Zweifel keine Maßnahme als wirksam zu qualifizieren. Vgl. *Schmid/Wirth*, in: *Schmid/Wirth/Seifert*, UrhG, § 95a Rn. 7.

qualifizieren ist, wenn sie durch Ausnutzen der „analogen Lücke“ umgangen wird.[315]

Von einer „analogen Lücke“ ist die Rede, wenn ein Werk vor einer digitalen Werkverwertung durch technische Maßnahmen geschützt ist, nicht aber vor einer analogen.[316] Insoweit ist nach dem Schutzziel der technischen Maßnahme zu fragen, denn Schutzmechanismen zur Verhinderung digitaler Kopien sind gerade nicht geeignet, auch analoge Vervielfältigungen zu schützen.[317] Bspw. stellt ein durch einen Audiokassettenrekorder analog aufgenommenes digitales Audiosignal keine Umgehung einer wirksamen technischen Maßnahme i. S. v. § 95a UrhG dar.[318]

Im Ergebnis ist eine technische Maßnahme immer nur dann wirksam, wenn der Rechtsinhaber diese mit dem Ziel der Nutzungsbeschränkung einsetzt und die Maßnahme rückblickend geeignet war, eine solche durchzusetzen. Sie muss einen gewissen Mindeststandard aufweisen, aber nicht unangreifbar sein.

cc) Rechtsinhaber

Rechtsinhaber im Sinne des § 95a UrhG ist derjenige, dessen Urheber- oder Leistungsschutzrechte durch die eingesetzten technischen Maßnahmen abgesichert werden.[319] Die Ansprüche bei Verletzung von Urheberrechten be-

---

315 *LG Frankfurt a.M.*, 31.5.2006, 2-06 O 288/06, MMR 2006, 766 (768); *Klickermann*, MMR 2007, 7 (11); *Schippan*, ZUM 2006, 853 (860); *Pleister/Ruttig*, MMR 2003, 763 (765).

316 *LG Frankfurt a.M.*, 31.5.2006, 2-06 O 288/06, MMR 2006, 766 (768); *Wandtke/Ohst*, in: *Wandtke/Bullinger*, UrhG, § 95a Rn. 51; *Schippan*, ZUM 2006, 853 (860); *Pleister/Ruttig*, MMR 2003, 763 (765); *Klickermann*, MMR 2007, 7 (11).

317 *Wandtke/ Ohst*, in: *Wandtke/Bullinger*, UrhG, § 95a Rn. 51; *Pleister/Ruttig*, MMR 2003, 763 (765).

318 Vgl. *LG Frankfurt a.M.*, 31.5.2006, 2-06 O 288/06, MMR 2006, 766 (767).

319 *BGH*, 17.7.2008, I ZR 219/05, GRUR 2008, 996 (997) Tz. 16 - Clone-CD; *Wandtke/Ohst*, in: *Wandtke/Bullinger*, UrhG, § 95a Rn. 42 und *Peukert*, in: *Loewenheim*, Handbuch des Urheberrechts, § 82 Rn. 29; § 34 Rn. 13 f.

stehen somit im Gleichlauf mit den Ansprüchen bei Umgehung der entsprechenden technischen Maßnahmen zum Schutz dieser Rechtspositionen.[320] Aktivlegitimiert, die Ansprüche aus den §§ 97 ff. UrhG geltend zu machen, ist nur der Rechtsinhaber.[321] Art. 6 Abs. 3 S. 1 InfoSoc-RL beschränkt sich für den Schutz technischer Maßnahmen ebenfalls ausschließlich auf den originären Inhaber von Urheber- und Leistungsschutzrechten.[322] Der deutsche Gesetzgeber ist dem nicht gefolgt und hat § 95a UrhG weiter gefasst. Danach ist der „Rechtsinhaber" aktivlegitimiert. Folglich erfasst § 95a UrhG auch den Inhaber ausschließlicher Nutzungsrechte.[323] Inhaber eines einfachen Nutzungsrechts sind dagegen nicht zwangsläufig für aus § 95a UrhG resultierende Ansprüche aktivlegitimiert, denn diese sind das Ergebnis eines absolut wirkenden Rechts, welches auch nur bei Innehaben einer absolut wirkenden Rechtsposition geltend gemacht werden kann.[324] Technische Schutzmaßnahmen werden eingesetzt, um vom Rechtsinhaber nicht genehmigte Nutzungshandlungen zu verhindern. Ein einfaches, nicht absolut wirkendes Nutzungsrecht schließt aber gem. § 31 Abs. 2 UrhG die Nutzung des Werkes oder sonstigen Schutzgegenstandes durch Dritte nicht aus.[325]

[320] *Arlt*, MMR 2005, 148 (150).

[321] *OLG München*, 28.7.2005, 29 U 2887/05, MMR 2005, 768 (769); *Arlt*, in: *Hoeren/Sieber/Holznagel*, Teil 7.7 Schutz und Identifizierung durch technische Schutzmaßnahmen Rn. 36; *Arlt*, MMR 2005, 148 (150).

[322] Vgl. Wortlaut Art. 6 Abs. 3 S. 1 InfoSoc-RL: *„[...] von der Person genehmigt worden sind, die Inhaber der Urheberrechte oder der dem Urheberrecht verwandten gesetzlich geschützten Schutzrechte oder des in Kapitel III der Richtlinie 96/9/EG verankerten Sui-generis-Rechts ist."*

[323] *Arlt*, in: *Hoeren/Sieber/Holznagel*, Teil 7.7 Schutz und Identifizierung durch technische Schutzmaßnahmen Rn. 36.

[324] Siehe *Leistner*, in: *Schricker/Loewenheim*, UrhG, § 97 Rn. 25; *Peukert*, in: *Loewenheim*, Handbuch des Urheberrechts, § 82 Rn. 30; *Arlt*, in: *Hoeren/Sieber/Holznagel*, Teil 7.7 Schutz und Identifizierung durch technische Schutzmaßnahmen, Rn. 36.

[325] Siehe *Stieper*, Rechtfertigung, Rechtsnatur und Disponibilität der Schranken des Urheberrechts, S. 451 f.

b) Umgehungsverbot (§ 95a Abs. 1 UrhG)

aa) Schutzgegenstand

Schutzgegenstand des § 95a Abs.1 UrhG sind wirksame technische Maßnahmen zum Schutz eines nach dem UrhG geschützten Werkes oder eines anderen nach diesem Gesetz geschützten Schutzgegenstandes. Diese dürfen dem Gesetzeswortlaut nach nicht ohne Zustimmung des Rechtsinhabers umgangen werden, sofern dem Handelnden bekannt ist oder den Umständen nach bekannt sein muss, dass die Umgehung erfolgt, um den Zugang zu einem geschützten Werk oder Schutzgegenstand oder deren Nutzung zu ermöglichen. Der durch § 95a Abs. 1 UrhG gewährte Umgehungsschutz besteht also nur für nach dem UrhG geschützte Werke bzw. für andere nach diesem Gesetz geschützte Schutzgegenstände. Fraglich ist, wie technische Maßnahmen, die zum Teil urheberrechtlich geschützte Werke und zum Teil nicht geschützte Werkteile umfassen, zu bewerten sind.

Vereinzelt wird vertreten, es würde sich für Inhalteanbieter von nicht urheberrechtlich geschütztem Material geradezu aufdrängen, dieses zusammen mit geschütztem Material mit derselben technischen Schutzmaßnahme zu versehen, um in den Genuss des Schutzes von § 95a UrhG zu kommen.[326] Folgt man dieser Ansicht, kommt es zu einer Aushöhlung des § 95a UrhG, denn sobald Werke ungeschützte Teile umfassen, fallen sie nicht mehr in den Schutzbereich der Norm. Quasi jedes geschützte Werk weist auch ungeschützte Teile auf, sodass man hier nicht ohne wertende Betrachtung auskommen wird.[327]

[326] Vgl. *Arlt*, GRUR 2004, 548 (550). A. A. *Peukert*, in: *Loewenheim*, Handbuch des Urheberrechts, § 34 Rn. 6, der technische Maßnahmen nur bei rechtsmissbräuchlichem Verhalten vom Schutzbereich des § 95a UrhG ausnimmt.

[327] *Dreier/Specht*, in: *Dreier/Schulze*, UrhG, § 95a Rn. 9.

Ziel des Gesetzgebers ist die Gewährleistung eines möglichst umfassenden Urheberschutzes,[328] sodass der Schutzkreis nicht zu eng zu ziehen ist. Folglich ist das Umgehungsverbot auch auf Werke anwendbar, die nicht in allen Teilen Urheberrechtsschutz genießen. Etwas anderes gilt nur dann, wenn ein rechtsmissbräuchliches Verhalten des Rechtsinhabers anzunehmen ist.[329] Davon ist bspw. auszugehen, wenn eine Einrichtung von technischen Schutzmaßnahmen allein zum Zwecke der Marktzugangsbeschränkung erfolgt.[330]

bb) Umgehung

Umgehung bedeutet die Beseitigung, Unterbrechung oder Manipulation einer technischen Schutzvorrichtung.[331] Fraglich ist, ob auch dann von einer „Umgehung" i. S. v. § 95a Abs. 1 UrhG gesprochen werden kann, wenn die Maßnahme nicht manipuliert oder beseitigt, sondern übernommen wird. Es besteht größtenteils Einigkeit darin, dass der Wortlaut des § 95a Abs. 1 UrhG nicht auf die Beseitigung oder Manipulation an sich abstellt, sondern auf die Ermöglichung der Verwertung.[332] Dem ist zuzustimmen, da technische Schutzmechanismen dem ausschließlichen Zweck dienen, die Urheber- und Leistungsschutzrechte zu sichern.

---

328 Vgl. Gesetzesbegründung UrhG, BT-Drucks. IV/ 270 vom 23.3.1962, S. 30.

329 *Götting*, in: *Schricker/Loewenheim*, UrhG, § 95a Rn. 5; *Peukert*, in: *Loewenheim*, Handbuch des Urheberrechts, § 34 Rn. 6.

330 BT-Drucks. 15/38 vom 6.11.2002, S. 26.

331 Vgl. *Dreier/Specht*, in: *Dreier/Schulze*, UrhG, § 95a Rn. 10; *Wandtke/Ohst*, in: *Wandtke/Bullinger*, UrhG, § 95a Rn. 53.

332 *Arlt* in: *Hoeren/Sieber/Holznagel*, Teil 7.7 Schutz und Identifizierung durch technische Schutzmaßnahmen Rn. 19; *Arlt*, Digital Rights Management Systeme, Der Einsatz technischer Maßnahmen zum Schutz digitaler Inhalte, S. 118; *Ernst*, CR 2004, 39 (40); *Stickelbrock*, GRUR 2004, 736 (739); *Meyer*, CR 2003, 274 (276); a. A.: *Gercke*, in: *Spindler/Schuster*, UrhG, § 108b Rn. 6.

cc) Zustimmung des Rechtsinhabers

Eine technische Maßnahme zum Schutz eines nach dem Urheberrechtsgesetz geschützten Werkes oder eines anderen nach diesem Gesetz geschützten Schutzgegenstandes darf nur mit Zustimmung des Rechtsinhabers umgangen werden. Die Zustimmung kann entweder in einer vorab erteilten Einwilligung i. S. v. § 183 S. 1 BGB oder in einer nachträglich ausgesprochenen Genehmigung i. S. v. § 184 Abs. 1 BGB bestehen.[333] Erteilt werden kann die Zustimmung sowohl ausdrücklich, als auch konkludent. Rechtsinhaber ist immer derjenige, dessen Rechte durch eine Umgehung von technischen Schutzmaßnahmen und der anschließenden Nutzung des Schutzgegenstandes berührt werden.[334]

Erteilt der Rechtsinhaber seine Zustimmung, wird kein neues Verwertungsrecht geschaffen, denn die Umgehung an sich stellt keine Urheberrechtsverletzung dar.[335] Vielmehr kann er als Hilfsanspruch angesehen werden, der Urheberrechtsverletzungen von Anfang an verhindern soll bzw. der urheberrechtlichen Anspruchsdurchsetzung dient.[336]

dd) Subjektive Anforderungen

Neben dem objektiven Element der Umgehung setzt § 95a UrhG auch eine auf die Werknutzung oder auf den Werkzugang gerichtete Umgehungsabsicht als subjektives Element voraus.[337] Diese Kenntnis bezieht sich auf die Umgehungshandlung selbst und nicht auf das Verbot der Umgehung.[338]

---

[333] *Dreier/Specht*, in: *Dreier/Schulze*, UrhG, § 95a Rn. 11.
[334] *Arlt*, in: *Hoeren/Sieber/Holznagel*, Teil 7.7 Schutz und Identifizierung durch technische Schutzmaßnahmen Rn. 31.
[335] *Wandtke/Ohst*, in: *Wandtke/Bullinger*, UrhG, § 95a Rn. 60.
[336] *Wandtke/Ohst*, in: *Wandtke/Bullinger*, UrhG, § 95a Rn. 60.
[337] *Lindhorst*, in: *Ahlberg/Götting*, UrhG, § 95a Rn. 19.
[338] Hierzu kritisch: *Marly*, K&R 1999, S. 106 (111).

Neben der positiven Kenntnis genügt auch die Kenntnis den Umständen nach, also Umgehung infolge von Fahrlässigkeit (§ 95a Abs. 1 UrhG: *„[...] soweit dem Handelnden bekannt ist oder den Umständen nach bekannt sein muss, [...]“*). Mit Blick auf Art. 14 Abs. 1 E-Commerce-Richtlinie[339] und Art. 45 TRIPS ist grobe Fahrlässigkeit erforderlich; leichte Fahrlässigkeit reicht nicht.[340]

c) Verbot von Vorbereitungshandlungen (§ 95a Abs. 3 UrhG)

In Umsetzung gemeinschaftsrechtlicher Vorgaben, wurde § 95a Abs. 3 UrhG eingeführt.[341] In Einklang mit Art. 6 Abs. 2 der InfoSoc-Richtlinie schützt die Vorschrift nicht nur gegen die Umgehungshandlung an sich, sondern auch gegen Vorbereitungshandlungen.

Es wurde erkannt, dass die eigentliche Gefahr für die Rechtsinhaber nicht zwangsläufig in der Umgehungshandlung privater Nutzer liegt, sondern vielmehr in den vorbereitenden Handlungen durch Wirtschaftsunternehmen.[342] Dadurch muss es nicht notwendigerweise zu einer Urheberrechtsverletzung kommen.[343] Vorbereitende Handlungen sind bspw. das Herstellen von Hard-

---

339 Richtlinie 2000/31/EG des Europäischen Parlaments und des Rates vom 8.6.2000 über bestimmte rechtliche Aspekte der Dienste der Informationsgesellschaft, insbesondere des elektronischen Geschäftsverkehrs, im Binnenmarkt, Abl. Nr. L 178/1 (abgekürzt als E-Commerce-Richtlinie).

340 *Spindler*, GRUR 2002, 105 (116). Von bewusster Fahrlässigkeit ausgehend: *Wandtke/Ohst*, in: *Wandtke/Bullinger*, UrhG, § 95a Rn. 63; a. A. *Flechsig*, ZUM 2002, 1 (14).

341 *BVerfG*, 3.1.2007, 1 BvR 1936/05, GRUR 2007, 1064 (1066) - Kopierschutzumgehung.

342 *Spieker*, GRUR 2004, 475 (476).

343 *Haedicke*, Die Umgehung technischer Schutzmaßnahmen durch Dritte als mittelbare Urheberrechtsverletzung, FS Dietz, 349 (351).

warekomponenten wie Adapterkarten[344] oder die Nutzung von Software wie Proxys.[345]

d) Durchsetzung von Schrankenbestimmungen

§ 95b UrhG dient der Umsetzung des Art. 6 Abs. 4 InfoSoc-Richtlinie und verpflichtet den Rechtsinhaber dazu, dem durch Schrankenbestimmungen Begünstigten die notwendigen Mittel zur Verfügung zu stellen, um von diesen Bestimmungen im erforderlichen Maß Gebrauch machen zu können.

Die Vorschrift dient dem Schutz der Nutzer. Ihm soll ermöglicht werden, beim Einsatz von technischen Schutzmaßnahmen, die Handlungen vornehmen zu können, die aufgrund gesetzlicher Schranken zulässig sind. Art. 6 Abs. 4 InfoSoc-Richtlinie ist heftig kritisiert worden, weil nicht für den Nutzer, sondern für den Rechtsinhaber eine Pflicht geschaffen wurde und der Wortlaut schwer verständlich ist.[346]

§ 95b UrhG nennt die Schrankenbestimmungen abschließend. Fällt ein Nutzer unter die Aufzählung und hat er rechtmäßigen Zugang zum Werk, so hat er einen Anspruch auf Zurverfügungstellung von Mitteln, die die Nutzung einer solchen Schranke ermöglichen.[347] Die Privilegierung gilt nicht für vertragliche Vereinbarungen über die öffentliche Zugänglichmachung eines Werkes entsprechend § 19a UrhG (§ 95b Abs. 3 UrhG). Daneben ist § 95b UrhG nicht auf Computerprogramme anwendbar. Das geht aus-

---

[344] *EuGH*, 23.1.2014, C-355/12, GRUR 2014, 255 (257) Tz. 37 - Nintendo/PC Box; *BGH*, 27.11.2014, I ZR 124/11, MMR 2015, 460 (462) Tz. 48 ff. m. Anm. *Roth* - Videospiel-Konsolen II; *OLG München*, 22.9.2016, 6 U 5037/09, GRUR-RR 2017, 256 (258) - Videospiel-Konsolen I; *OLG Hamburg*, 24.6.2009, 5 U 165/08, GRUR-RR 2010, 153 f. - FTA-Receiver; *LG München*, 13.3.2008, 7 O 16829/07, MMR 2008, 839 (841) - Modchips.

[345] So z. B. *BGH*, 17.7.2008, I ZR 219/05, GRUR 2008, 996 (997) Tz. 19 - Clone-CD. Siehe dazu auch Seite 48.

[346] *Lindhorst*, in: *Ahlberg/Götting*, UrhG, § 95b Rn. 1; *Lindhorst*, S. 127 f.; *Davies*, GRUR Int 2001, 915 (918); *Flechsig*, ZUM 2002, 1 (15).

[347] *Lindhorst*, in: *Ahlberg/Götting*, UrhG, § 95b Rn. 1.

drücklich aus § 69a Abs. 5 UrhG hervor und entspricht dem Willen des europäischen Gesetzgebers.[348]

Weitere Voraussetzung ist, dass der Nutzer rechtmäßigen Zugang zum Werk oder Schutzgegenstand hat. § 95b UrhG stellt damit im Einklang mit Art. 6 Abs. 4 InfoSoc-Richtlinie klar, dass ein Anspruch auf Zugang zu einem Werk nicht durch eine Schranke selbst begründet werden kann.[349] Überwiegend wird vertreten, dass § 95b UrhG lediglich auf Umgehungshandlungen nach § 95a Abs. 1 UrhG anzuwenden ist, nicht aber auf Vorbereitungshandlungen gem. § 95a Abs. 3 UrhG, der Wortlaut gibt darüber keinen Aufschluss.[350]

e) Rechtsfolge

Auf der Rechtsfolgenseite kann die Umgehung technischer Maßnahmen sowohl zivil- als auch strafrechtliche Konsequenzen haben. Strafrechtlich kann die Tatbestandsverwirklichung gem. § 108b UrhG zu Freiheitsstrafe oder Geldstrafe führen oder gem. § 111a Abs. 1 Nr. 1 UrhG eine Ordnungswidrigkeit begründen.

Ob der Schutz technischer Maßnahmen ein *„anderes nach diesem Gesetz geschütztes Recht“* darstellt und damit die Rechtsfolge des § 97 Abs. 1 S. 1 UrhG gilt, ist umstritten.

§ 97 UrhG schützt nur absolute Rechte.[351] § 95a UrhG ist nur ein das Urheberrecht flankierendes Recht und kein absolutes Recht.[352] Die Wirkungsrichtung ist aber dieselbe, weshalb teilweise § 95a UrhG mit

[348] Vgl. Erwägungsgrund 50 zur InfoSoc-Richtlinie.
[349] *Lindhorst*, S. 126.
[350] *Reinbothe*, GRUR Int 2001, 733 (741); *Wandtke/Ohst*, in: *Wandtke/Bullinger*, UrhG, § 95b Rn. 10 m.w.N. Ablehnend *Czychowski*, in: *Fromm/Nordemann*, UrhG, § 95b Rn. 10.
[351] BT-Drucks. IV/270 vom 23.3.1962, S. 103.
[352] *LG Köln*, 23.11.2005, 28 S 6/05, MMR 2006, 412 (415).

einem absoluten Recht gleichgesetzt wird.[353] Dabei wird allerdings eine Schadensberechnung im Wege der Lizenzanalogie [354] nur im Rahmen von § 95a Abs. 1 UrhG angenommen.[355] Bei Vorbereitungshandlungen gem. § 95a Abs. 3 UrhG soll hingegen der einzelne Rechtsinhaber nicht über die Verbreitung der Hilfsmittel entscheiden können.[356]

§ 95a UrhG regelt aber lediglich Verhaltenspflichten.[357] Diese dienen unmittelbar dem Schutz technischer Maßnahmen und mittelbar dem Schutz der durch diese technischen Maßnahmen urheberrechtlich geschützten Werke und Leistungen.[358] Deshalb kann § 95a UrhG nicht mit einem absoluten

353 *LG Köln*, 23.11.2005, 28 S 6/05, MMR 2006, 412 (415); *LG Hamburg*, 22.12.2003, 308 O 511/03, BeckRS 2003, 17318, Rn. 24; *Dreier/Specht*, in: *Dreier/Schulze*, UrhG, § 95a Rn. 5; *Arlt*, MMR 2005, 148 (149); *Arnold*, NJW 2008, 3545 (3546); *Pleister/Ruttig*, MMR 2003, 763 (766).

354 Aufgrund erschwerter Beweisführung ermöglicht die Rechtsprechung bei der Verletzung von Immaterialgüterrechten dem Verletzten, neben der im allgemeinen Zivilrecht üblichen konkreten Schadensberechnung nach Maßgabe der §§ 249 ff. BGB, zwei weitere Schadensermittlungsmethoden. Zum Einen kann der Schaden im kausal auf der Rechtsverletzung beruhenden Gewinn bestehen und zum anderen in der Höhe einer angemessenen Lizenzgebühr (Lizenzanalogie). Beide Schadensberechnungsmethoden sind seit dem Gesetzes zur Verbesserung der Durchsetzung von Rechten des geistigen Eigentums ausdrücklich in § 97 Abs. 2 S. 3 UrhG geregelt. Vgl. BGBl. 2008 I S. 1191 und BT-Drucks. 16/5048 vom 20.4.2007, S. 48; *v. Wolff*, in: *Wandtke/Bullinger*, UrhG, § 97 Rn. 58 ff.

355 *Wandtke/Ohst*, in: *Wandtke/Bullinger*, UrhG, § 95a Rn. 89; *Peukert*, in: *Loewenheim*, Handbuch des Urheberrechts, § 82 Rn. 12; *Arnold/Timmann*, MMR 2008, 286 (289); a. A. *Spieker*, GRUR 2004, 475 (481).

356 *Wandtke/Ohst*, in: *Wandtke/Bullinger*, UrhG, § 95a Rn. 89; *Peukert*, in: *Loewenheim*, Handbuch des Urheberrechts, § 82 Rn. 12; *Arnold/Timmann*, MMR 2008, 286 (289).

357 *BGH*, 27.11.2014, I ZR 124/11, GRUR 2015, 672 (678) Tz. 68 - Videospiel-Konsolen II.

358 *BGH*, 27.11.2014, I ZR 124/11, GRUR 2015, 672 (678) Tz. 68 - Videospiel-Konsolen II.

Recht gleichgesetzt werden.[359] Der Schutz technischer Maßnahmen ist folglich nicht ein *„anderes nach diesem Gesetz geschütztes Recht"*, sodass durch einen Verstoß gegen § 95a UrhG, nicht die Rechtsfolge nach § 97 Abs. 1 S. 1 UrhG ausgelöst wird.[360]

Stattdessen kann der Verletzer i. R. d. allgemeinen zivilrechtlichen Unterlassungs- und Beseitigungsanspruchs gem. §§ 823 Abs. 2 i. V. m. 1004 BGB in Anspruch genommen werden, da § 95a UrhG ein Schutzgesetz i.S.d § 823 Abs. 2 BGB darstellt.[361] Eine Haftung nach § 823 Abs. 1 BGB durch Verletzung eines „sonstigen Rechts" scheidet aus, da § 95a Abs. 1 UrhG keine absolute Rechtsposition gewährt.[362]

Durch § 95b UrhG erlangt der Nutzer kein Recht zur Selbsthilfe.[363] Stattdessen verpflichtet § 95b UrhG den Rechtsinhaber dazu, dem Be-

359 *BGH*, 27.11.2014, I ZR 124/11, GRUR 2015, 672 (678) Tz. 68 - Videospiel-Konsolen II; *LG Hamburg*, 21.12.2016, 310 O 129/16, BeckRS 2016, 127854, Rn. 34; *LG München I*, 13.6.2007, 21 S 2042/06, ZUM-RD 2008, 262 (265); *Dreyer*, in: *Dreyer/Kotthoff/Meckel*, UrhG, § 95a Rn. 43. Offengelassen von *BGH*, 17.7.2008, I ZR 219/05, GRUR 2008, 996, Tz. 12 - Clone-CD; *OLG Hamburg*, 24.6.2009, 5 U 165/08, MMR 2009, 851 f. - Premiere. A. A. *LG München I*, 13.3.2008, 7 O 16829/07, MMR 2008, 839 (840); *LG Köln*, 23.11.2005, 28 S 6/05, MMR 2006, 412 (413); *Dreier/Specht*, in: *Dreier/Schulze*, UrhG, § 95a Rn. 5; *Peukert*, in: *Loewenheim*, Handbuch des Urheberrechts, § 82 Rn. 6; *Wandtke/Ohst*, in: *Wandtke/Bullinger*, UrhG, § 95a Rn. 88; *Arnold/Timmann*, MMR 2008, 286 (288 f.); *Arnold*, NJW 2008, 3545 (3546); *Arlt*, MMR 2005, 148 (149).

360 *BGH*, 27.11.2014, I ZR 124/11, GRUR 2015, 672 (678) Tz. 68 - Videospiel-Konsolen II; *LG Hamburg*, 21.12.2016, 310 O 129/16, BeckRS 2016, 127854, Rn. 34; *LG München I*, 13.6.2007, 21 S 2042/06, ZUM-RD 2008, 262 (265); *Dreyer*, in: *Dreyer/Kotthoff/Meckel*, UrhG, § 95a Rn. 43; *v. Ungern-Sternberg*, GRUR 2012, 321 (323); *Kirmse*, S. 120 f.

361 *BGH*, 27.11.2014, I ZR 124/11, GRUR 2015, 672 (678) Tz. 68 - Videospiel-Konsolen II; *BGH*, 17.7.2008, I ZR 219/05, GRUR 2008, 996, Tz. 12 - Clone-CD; *OLG München*, MMR 2005, 768 (769); *LG Hamburg*, 21.12.2016, 310 O 129/16, BeckRS 2016, 127854, Rn. 34; *LG München I*, 13.6.2007, 21 S 2042/06, ZUM-RD 2008, 262 (265); *LG München I*, GRUR-RR 2005, 214 (215); *Czychowski*, in: *Fromm/Nordemann*, UrhG, § 95a Rn. 52.

362 *Kirmse*, S. 140 f.; *Dreyer*, in: *Dreyer/Kotthoff/Meckel*, UrhG, § 95a Rn. 44.

363 BT-Drucks. 15/38 vom 6.11.2002, S. 27; *BVerfG*, 25.7.2005, 1 BvR 2182/04, MMR 2005, 751 (752); *Czychowski*, in: *Fromm/Nordemann*, UrhG, § 95b Rn. 23; *Spindler*, GRUR 2002, 105 (117); *Reinbothe*, GRUR Int 2001, 733 (742).

rechtigten die notwendigen Mittel zur Verfügung zu stellen. Entsprechend der Gesetzesbegründung[364] ist die Regelung bewusst offen gehalten und enthält keine Vorgaben zu Art und Weise oder Form der notwendigen Mittel. Auf diese Weise soll ein weiter Gestaltungsspielraum eröffnet werden, der unterschiedliche Lösungen zulässt und sich den zukünftigen technischen Entwicklungen anpassen kann.[365] Stellt ein Rechtsinhaber diese notwendigen Mittel nicht zur Verfügung und wird dadurch ein Berechtigter gehindert, von den ihn begünstigenden Schrankenbestimmungen Gebrauch zu machen, steht ihm der ordentliche Rechtsweg offen (vgl. § 95b Abs. 2 UrhG i. V. m. § 104 UrhG). In dringenden Fällen steht dem Begünstigten einstweiliger Rechtsschutz nach § 935 und § 940 ZPO zu.[366]

Ein Anspruch besteht dann nicht, wenn der Rechtsinhaber notwendige Mittel freiwillig zur Verfügung stellt.[367] Dies wird durch § 95b Abs. 2 S. 2 UrhG gestärkt, indem eine Beweislastumkehr zugunsten des Rechtsinhabers gilt, wenn das angebotene Mittel einer Vereinbarung zwischen Vereinigungen der Rechtsinhaber und der durch die Schrankenregelung Begünstigten entspricht.[368] Ziel dieser Beweislastumkehr ist die Schaffung von Anreizen zum Abschluss freiwilliger Vereinbarungen über die Schrankendurchsetzung.[369]

---

[364] BT-Drucks. 15/38 vom 6.11.2002, S. 27.

[365] BT-Drucks. 15/38 vom 6.11.2002, S. 27.

[366] *Peukert*, in: *Loewenheim*, Handbuch des Urheberrechts, § 36 Rn. 20. Allerdings dürfte das einstweilige Verfügungsverfahren häufig an der notwendigen Darlegung der Existenzbedrohung scheitern. Vgl. *Czychowski*, in: *Fromm/Nordemann*, UrhG, § 95b Rn. 23.

[367] *Dreier/ Specht*, in: *Dreier/Schulze*, UrhG, § 95b Rn. 15.

[368] Der Begünstigte muss im Streitfall darlegen und beweisen, dass die ihm zur Verfügung gestellten Mittel zur Ausübung der Schranke nicht ausreichen. Vgl. *Wandtke/ Ohst*, in: *Wandtke/Bullinger*, UrhG, § 95b Rn. 37.

[369] Vgl. BT-Drucks. 15/837 vom 9.4.2003 35.

Als Schutzgesetz i. S. v. § 823 Abs. 2 BGB[370] gewährt § 95b UrhG dem Begünstigten bei Vorliegen der Voraussetzungen einen Schadensersatzanspruch im Deliktsrecht. Gem. § 111a Abs. 1 Nr. 2 UrhG stellt der Verstoß gegen § 95b Abs. 1 S. 1 UrhG zudem eine Ordnungswidrigkeit dar.

2. Nach europäischem Recht

Mit Abschluss des WIPO-Urheberrechtsvertrags 1996 haben sich die Vertragsstaaten verpflichtet, einen angemessenen Rechtsschutz gegen die Umgehung wirksamer technologischer Schutzmaßnahmen zu gewährleisten, *„die Handlungen in Bezug auf Werke einschränken, die nicht von den betroffenen Urhebern gestattet oder gesetzlich erlaubt sind“* (Art. 11 WCT und Art. 18 WPPT). Bei der Umsetzung dieser Regelung galt es insbesondere zu beachten, dass der Rechtsschutz angemessen sein soll, d.h. weder die Interessen des Herstellers, noch die der Kunden und der Allgemeinheit über Gebühr zu berücksichtigen.[371] Außerdem sollen solche Umgehungshandlungen vom Schutz der Regelung ausgenommen sein, die der Urheber gestattet hat oder die gesetzlich erlaubt sind.[372] Daneben ist dem Wortlaut des Art. 11 WCT bzw. Art. 18 WPPT zu entnehmen, dass sich die Regelung lediglich gegen die Umgehung selbst richtet und nicht auch gegen vorbereitende Handlungen.[373]

Die EU als Vertragspartner des WIPO-Urheberrechtsvertrags hat den Schutz technischer Maßnahmen mit Inkrafttreten der InfoSoc-Richtlinie in Art. 6 umgesetzt. Danach sind technische Maßnahmen geschützt, wenn der Zugang zu einem Werk oder sonstigen Schutzgegenständen oder deren Nutzung durch einen Code oder einen anderen Schutzmechanismus [...] kon-

[370] *Peukert*, in: *Loewenheim*, Handbuch des Urheberrechts, § 36 Rn. 20; *Götting*, in: *Schricker/Loewenheim*, UrhG, § 95b Rn. 31.
[371] *Marly*, K&R 1999, 106 (108).
[372] *Marly*, K&R 1999, 106 (108).
[373] *Lindhorst*, in: *Ahlberg/Götting*, UrhG, § 95a Rn. 4.

trolliert wird. Damit beschränkt sich Art. 6 InfoSoc-RL nicht ausschließlich auf technische Maßnahmen, die den Zugang zu einem Werk kontrollieren, sondern erstreckt sich auch auf solche, die die Nutzung kontrollieren.

Grundsätzlich haben die Mitgliedstaaten einen angemessenen Rechtsschutz gegen die Umgehung wirksamer technischer Maßnahmen durch eine Person vorzusehen, der bekannt ist oder den Umständen nach bekannt sein muss, dass sie das Ziel der Umgehung verfolgt. Art. 6 Abs. 2 InfoSoc-RL zählt auf, gegen welche Verletzungshandlungen ein angemessener Rechtsschutz vorzusehen ist. Im Übrigen steht es den Mitgliedstaaten frei, wie sie einen angemessenen Rechtsschutz umsetzen. Nach Abs. 4 InfoSoc-RL werden die Rechtsinhaber zu Maßnahmen verpflichtet, die es den von Schrankenregelungen Begünstigten ermöglichen, ihre Rechte wahrnehmen zu können. Abschließend bleibt festzuhalten, dass jedenfalls mit Art. 6 InfoSoc-RL der Schutz des Art. 11 WCT bzw. Art. 18 WPPT umgesetzt und darüber hinaus sogar auf Vorbereitungshandlungen erweitert wurde.[374]

Auf nationaler Ebene wurde in Deutschland § 95a und b UrhG mit Umsetzung der InfoSoc-Richtlinie 2001 ins deutsche UrhG zur Regelung des Schutzes technischer Maßnahmen eingeführt. Bei der Umsetzung des Schutzes technischer Maßnahmen hat sich der deutsche Gesetzgeber weitestgehend am Wortlaut der Richtlinie orientiert und diesen nur in geringem Maße, ohne inhaltliche Abweichungen, verändert.[375]

[374] *Czychowski*, in: *Fromm/Nordemann*, UrhG, Vor §§ 95a ff. Rn. 11.
[375] Siehe Seite 74 ff.

3. Kapitel: Werkverwertung durch Media-Streaming

I. Werk

Inhalte des Media-Streamings sind in der Regel das Produkt schöpferischer Tätigkeit einer oder mehrerer Personen. In Deutschland gilt uneingeschränkt das sog. Schöpferprinzip. Urheber ist der Schöpfer des Werkes (§ 7 UrhG). Das Werk als Objekt des Urheberrechts erhält die Schutzwürdigkeit durch die ihm aufgeprägte Individualität.[376] In jedem Werk muss der menschliche Geist zum Ausdruck kommen, sodass nur eine natürliche Person Schöpfer eines Werkes sein kann.[377]

Besonders relevant für das Media-Streaming sind Musik- und Filmwerke. Gemein ist beiden Werkformen, dass sie oftmals sog. verbundene Werke sind. Verbundene Werke i. S. v. § 9 UrhG sind zwei oder mehrere selbstständig verwertbare Werke, die im Einvernehmen ihrer jeweiligen Urheber für eine gemeinsame Verwertung miteinander verbunden werden, zum Beispiel Text und Musik bei der Operette.[378] Anders als die Miturheberschaft gem. § 8 UrhG, hat ein verbundenes Werk für die beteiligten Urheber nur schuldrechtliche Konsequenzen. Die zusammengefügten Werke bleiben ansonsten selbstständige Rechtsobjekte und getrennt verwertbar.[379] Dem

[376] *Ahlberg*, in: *Ahlberg/Götting*, UrhG, § 7 Rn. 5.
[377] Amtl. Begr. zu § 7 UrhG, BT-Drucks. IV/270 vom 23.3.1962, S. 40 f.; *Schulze*, in: *Dreier/Schulze*, § 7 Rn. 2.
[378] Amtl. Begr. zu § 7 UrhG, BT-Drucks. IV/270 vom 23.3.1962, S. 42.
[379] *Ahlberg*, in: *Ahlberg/Götting*, UrhG, § 9 Rn. 2 und 8 ff.; *Schulze*, in: *Dreier/Schulze*, UrhG, § 9 Rn. 6.

A.-L. Wirz, *Media-Streaming und Geoblocking*, Juridicum – Schriften zum Medien-, Informations- und Datenrecht, https://doi.org/10.1007/978-3-658-26083-5_4

steht als Ausnahme nur § 242 BGB entgegen, wenn zwei Werke aufgrund ihres hohen Bekanntheitsgrades in ihrer Verbindung vom Publikum als Einheit bewertet werden.[380]

II. Werkverwertung

Das Gesetz unterscheidet zwischen körperlicher (§ 15 Abs. 1 UrhG) und unkörperlicher (§ 15 Abs. 2 UrhG) Werkverwertung. Per Definition setzt die körperliche Verwertung eine körperliche Festlegung des Werkes in der Weise voraus, dass das Werk - mittelbar oder unmittelbar - den menschlichen Sinnen zugänglich gemacht wird.[381] Im Gegensatz dazu ist die unkörperliche Verwertung jede Wiedergabe des Werkes ohne körperliche Festlegung desselben.[382] Diese ist nur dann nach § 15 Abs. 2 UrhG urheberrechtlich relevant, wenn sie öffentlich ist.[383] Wann eine Wiedergabe öffentlich ist, definiert § 15 Abs. 3 UrhG.

Dem Urheber wird sein Werk vom Gesetz dadurch zugeordnet, dass es ihm die ausschließlichen Befugnisse zur Verwertung desselben einräumt.[384] Die allgemeinen Verwertungsrechte gem. § 15 UrhG sind umfassende, absolute Rechte.[385] § 15 UrhG zählt einige absolut wirkende Verwertungsrechte namentlich auf, ist aber, wie sich aus dem Wortlaut ergibt, nicht abschließend (vgl. Formulierung *„insbesondere“*). Damit erstreckt sich das umfassende Ausschließlichkeitsrecht des Urhebers auch automatisch auf

---

380 *BGH*, 13.12.1963, Ib ZR 75/62, GRUR 1964, 326 (330) - Subverleger.

381 Zum Vervielfältigungsbegriff: Amtl. Begr. zu § 16 UrhG, BT-Drucks. IV/270 vom 23.3.1962, S. 47; *BGH*, 18.5.1955, I ZR 8/54, GRUR 1955, 492 (494) - Grundig-Reporter; RGZ 107, 277 (279).

382 *Heerma*, in: *Wandtke/Bullinger*, UrhG, § 15 Rn. 13.

383 Amtl. Begr. zu § 16 UrhG, BT-Drucks. IV/270 vom 23.3.1962, S. 46.

384 *Schack*, Urheber- und Urhebervertragsrecht, Rn. 410 ff.; *Schulze*, in: *Dreier/Schulze*, UrhG, § 15 Rn. 1.

385 *Dustmann*, in: *Fromm/Nordemann*, UrhG, § 15 Rn. 1; *Nordemann/Czychowski*, in: *Hasselblatt*, § 43 Rn. 376.

neue Verwertungsformen.[386] Hat allerdings der Gesetzgeber ein konkretes Verwertungsrecht inhaltlich ausgestaltet (vgl. §§ 16 ff. UrhG), ist ein für den Urheber eventuell günstigerer Rückgriff auf die Generalklausel des § 15 UrhG ausgeschlossen.[387] Als absolute Rechte stehen die Rechte aus §§ 15 ff. UrhG nur dem Urheber zu und sind nicht übertragbar. Der Urheber kann aber Nutzungsrechte an seinem Werk im Rahmen des Urhebervertragsrechts einräumen.[388]

1. Körperliche Werkverwertung

Die Frage, welches Urheberrecht bei der Werkverwertung durch Media-Streaming betroffen ist, richtet sich zuallererst danach, ob eine Zwischenspeicherung von einzelnen Datenpaketen als körperlich anzusehen ist oder Media-Streaming ein ausschließlich unkörperlicher Vorgang ist. Je nachdem ist entweder § 15 Abs. 1 UrhG oder § 15 Abs. 2 UrhG einschlägig.

a) Vervielfältigungsrecht

Die Entscheidung, ob und in welchem Umfang von einem Werk Vervielfältigungsstücke hergestellt werden dürfen, ist grundsätzlich Sache des Urhebers. Das Vervielfältigungsrecht ist anderen Verwertungsrechten gegenüber ein selbstständiges, unabhängiges Verwertungsrecht.[389] Der Anwendungsbereich des § 16 UrhG erstreckt sich auf sämtliche Werksarten, wobei das Vervielfältigungsrecht für Computerprogramme gesondert in

---

[386] *Schack*, Urheber- und Urhebervertragsrecht, Rn. 411.

[387] Amtl. Begr. zu § 15 UrhG, BT-Drucks. IV/270 vom 23.3.1962, S. 46.

[388] Aufgrund einer, vom Gesetzgeber angenommenen, gestörten Vertragsparität zwischen Urheber und Verwerter wurde im März 2017 das Urhebervertragsrecht teilweise novelliert. In den §§ 32 ff. UrhG sind mehrere urhebervertragsrechtliche Neuregelungen zugunsten des Urhebers in das UrhG aufgenommen worden. Zum neuen Urhebervertragsrecht ausführlich *Soppe*, NJW 2018, 729 ff.

[389] *Loewenheim*, in: *Loewenheim*, Handbuch des Urheberrechts, § 20 Rn. 2; *Dreier/Schulze*, in: *Dreier/Schulze*, UrhG, § 16 Rn. 2.

§ 69c Nr. 1 UrhG geregelt ist. Das Vervielfältigungsrecht erfasst Vervielfältigungen jeglicher Art unabhängig davon, ob sie öffentlich oder privat hergestellt werden.[390] Eine Erschöpfung des Vervielfältigungsrechts ist im Gegensatz zum Verbreitungsrecht nicht möglich (vgl. § 17 Abs. 2 UrhG).[391] Beschränkungen des Vervielfältigungsrechts ergeben sich nur aus den ausdrücklich geregelten Schranken in §§ 44a ff. UrhG.

aa) Begriffsbestimmung

Vervielfältigung ist jede körperliche Festlegung des Werkes, die geeignet ist, das Werk den menschlichen Sinnen auf irgendeine Art, unmittelbar oder mittelbar, wahrnehmbar zu machen.[392] Das Werk muss folglich körperlich fixiert werden.[393] Die Vervielfältigungstechnik, also wie das Werk technisch vervielfältigt wird, spielt keine Rolle.[394] Auch ist es nicht erforderlich, dass bereits ein physisches Exemplar des Werkes besteht. Eine Vervielfältigung kann auch dann anzunehmen sein, wenn ein Werk erstmals körperlich fixiert wird, zum Beispiel die Aufnahme eines Songs bei einem Liveauftritt.[395]

Werden nur Teile eines Werkes vervielfältigt, können diese urheberrechtlich geschützt sein, sofern auch die übernommenen Teile für sich

---

[390] Vgl. InfoSoc-RL, ABl. EG L 167 vom 22.6.2001, S. 16.

[391] *EuGH*, 9.11.2004, C-203/02, GRUR 2005, 244 (248) Tz. 52 - BHB-Pferdewetten; *BGH*, 4.5.2000, I ZR 256/97, NJW 2000, 3783 (3785) - Parfümflakon.

[392] *BGH*, 23.2.2017, I ZR 92/16, GRUR 2017, 793 (797) Tz. 41 - Mart-Stam-Stuhl; *BGH*, 6.10.2016, I ZR 25/15, GRUR 2017, 266 (269) Tz. 37 - World of Warcraft I; *BGH*, 1.7.1982, I ZR 119/80, GRUR 1983, 28 (29) - Presseberichterstattung und Kunstwerkwiedergabe II; *BGH*, 18.5.1955, I ZR 8/54, GRUR 1955, 492 (494) - Grundig-Reporter; *LG Köln*, 1.12.2016, 14 O 209/16, ZUM-RD 2018, 36 (37).

[393] *Schulze*, in: *Dreier/Schulze*, UrhG, § 16 Rn. 6.

[394] *BGH*, 5.7.2001, I ZR 335/98, GRUR 2002, 246 (247) - Scanner; *BGH*, 10.12.1998, I ZR 100/96, GRUR 1999, 325 (327) - Elektronische Pressearchive; *BGH*, 19.12.1980, I ZR 1 26/78, GRUR 1981, 355 - Video-Recorder.

[395] Siehe Wortlaut § 16 Abs. 2 UrhG sowie *BGH*, 21.3.1975, I ZR 109/73, GRUR 1975, 447 (448) - Te Deum; *BGH*, 18.5.1955, I ZR 8/54, GRUR 1955, 492 (494) - Grundig-Reporter.

genommen als persönliche geistige Schöpfung i. S. v. § 2 Abs. 2 UrhG anzusehen sind.[396] Dabei kommt es darauf an, ob das zusammengesetzte Ganze der parallel genutzten Fragmente eine eigene geistige Schöpfung darstellt.[397] Ein einheitlicher Vorgang liegt dann vor, wenn der Nutzer das Ergebnis als einheitliches Ganzes wahrnimmt, unabhängig davon, ob technisch kleinste Werkteile über unterschiedliche Wege einzeln übermittelt werden.[398]

Vervielfältigungen i. S. v. § 16 UrhG sind unabhängig von der Speicherdauer der entsprechenden Daten.[399] Wird ein Werk im Rahmen des Übertragungsverfahrens in Fragmente zerlegt und am Empfangsort wieder vollständig zusammengesetzt (z. B. Download), liegt eine Vervielfältigung unstreitig vor.[400]

---

396 Vgl. *BGH*, 6.12.2017, I ZR 186/16, NJW 2018, 785, Tz. 20 - Konferenz der Tiere; *BGH*, 1.6.2017, I ZR 115/16, CR 2018, 106 (108) Tz. 19 - Metall auf Metall III; *BGH*, 16.4.2015, I ZR 225/12, GRUR 2015, 1189 (1192) Tz. 43 - Goldrapper; *BGH*, 1.12.2010, I ZR 12/08, GRUR 2011, 134 (139) Tz. 54 - Perlentaucher; *OLG Hamburg*, 22.2.2001, 3 U 247/00, GRUR 2001, 831 - Roche Lexikon Medizin; *Loewenheim*, in: *Loewenheim*, Handbuch des Urheberrechts, § 20 Rn. 8.

397 *EuGH*, 4.10.2011, C-403/08, C-429/08, EuZW 2012, 466 (473 ff.) Tz. 156 ff. m. Anm. *Weck* - FAPL und Murphy.

398 *EuGH*, 4.10.2011, C-403/08, C-429/08, EuZW 2012, 466 (473 ff.) Tz. 156 ff. m. Anm. *Weck* - FAPL und Murphy. Der *EuGH*, 16.7.2009, C-5/08, EuZW 2009, 655 (656 f.) Tz. 39 ff. - Infopaq betont, dass das Hauptziel der Richtlinie u. a. in der Sicherstellung eines hohen Schutzniveaus zu Gunsten der Urheber besteht und, dass die unter das Vervielfältigungsrecht fallenden Handlungen weit zu verstehen sind. Vgl. auch *Schulze*, in: *Dreier/Schulze*, UrhG, § 16 Rn. 9; *Schulze*, NJW 2014, 721 (722). Zur Schutzfähigkeit in den verschiedenen Zwischenspeicherstadien *Wandtke/von Gerlach*, GRUR 2013, 676 (678).

399 Vgl. *EuGH*, 4.10.2011, C-403/08, C-429/08 Rn. 156 (159), EuZW 2012, 466 (473 ff.) m. Anm. *Weck* - FAPL und Murphy; BT-Drucks. 15/38 vom 6.11.2002, S. 17.

400 Vgl. *BGH*, 6.10.2016, I ZR 25/15, GRUR 2017, 266 (269 f.) Tz. 37 f. - World of Warcraft I; *BGH*, 3.2.2011, I ZR 129/08, GRUR 2011, 418 (419) Tz. 12 - UsedSoft; *BGH*, 12.11.2009, I ZR 166/07, GRUR 2010, 616 (619) Tz. 36 - marions-kochbuch.de; *BGH*, 4.10.1990, I ZR 139/89, GRUR 1991, 449 (453) - Betriebssystem; *OLG Hamm*, 15.5.2014, 22 U 60/13, NJW 2014, 3659 (3661).

bb) Streaming als Vervielfältigung

Umstritten ist jedoch, ob eine Vervielfältigung i. S. v. § 16 UrhG auch dann anzunehmen ist, wenn einzelne Datenpakete zwischengespeichert und je nach technischem Übertragungsverfahren unmittelbar nach Abruf wieder gelöscht werden (so beim Streaming). Beim Empfänger werden dann lediglich Werkteile vervielfältigt, nicht aber das Werk in seiner Gesamtheit.

Für das Recht des Film- und Tonträgerherstellers hat der *BGH* wiederholt entschieden, dass auch kleinste Werkteile eine Vervielfältigung darstellen können.[401] Das Recht des Film- und Tonträgerherstellers könne danach grundsätzlich schon bei einer ausschnittsweisen ungenehmigten Vervielfältigung oder Verbreitung von einzelnen Teilen von Filmen, Laufbildern oder Tonaufnahmen verletzt sein, unabhängig von der Größe oder Länge des Ausschnittes.[402] Begründet hat der *BGH* dies mit dem besonderen Schutzgegenstand des ausschließlichen Rechts des Tonträger- und Filmherstellers.[403] Geschützt ist die erforderliche wirtschaftliche, organisatorische und technische Leistung des Herstellers.[404] Da er diese unternehmerische Leistung für den gesamten Film- oder Tonträger erbringt, gibt es keinen

401 *BGH*, 6.12.2017, I ZR 186/16, NJW 2018, 784 f., Tz. 19 f. - Konferenz der Tiere; *BGH*, 1.6.2017, I ZR 115/16, CR 2018, 106 ff. - Metall auf Metall III; *BGH*, 20.11.2008, I ZR 112/06, GRUR 2009, 403 ff. m. Anm. *Lindhorst* - Metall auf Metall I; *BGH*, 20.7.2007, I ZR 42/05, GRUR 2008, 693 ff. - TV-Total.

402 *BGH*, 6.12.2017, I ZR 186/16, NJW 2018, 784 f., Tz. 19 f. - Konferenz der Tiere; *BGH*, 1.6.2017, I ZR 115/16, CR 2018, 106 (108) Tz. 16 - Metall auf Metall III; *BGH*, 20.7.2007, I ZR 42/05, GRUR 2008, 693, Tz. 9 - TV-Total.

403 *BGH*, 6.12.2017, I ZR 186/16, NJW 2018, 784 f., Tz. 19 f. - Konferenz der Tiere; *BGH*, 1.6.2017, I ZR 115/16, CR 2018, 106 (108) Tz. 16 - Metall auf Metall III.

404 *BGH*, 6.12.2017, I ZR 186/16, NJW 2018, 784 f., Tz. 19 f. - Konferenz der Tiere; *BGH*, 1.6.2017, I ZR 115/16, CR 2018, 106 ff., Tz. 18 - Metall auf Metall III.

Teil des Werkes, auf den nicht ein Teil dieses Aufwands entfällt und der daher nicht geschützt ist.[405]

Für die Werkverwertung durch Media-Streaming bedeutet das, dass auch die Zwischenspeicherung einzelner Datenpakete zumindest eine Vervielfältigung i. S. v. §§ 85 Abs.1 S. 1 und 94 Abs. 1 S. 1 UrhG darstellt. Ungeklärt ist aber nach wie vor, ob die Zwischenspeicherung einzelner Datenpakete beim Media-Streaming eine Vervielfältigung i. S. v. § 16 UrhG darstellt und damit neben dem Leistungsschutz auch Urheberschutz besteht. Der *BGH* hat in diesem Zusammenhang den gänzlich unterschiedlichen Schutzgegenstand der Rechte des Tonträger- und Filmherstellers und des Urheberrechts betont.[406] Ersterer schützt die wirtschaftliche, organisatorische und technische Leistung des Herstellers, während zweiterer die persönliche geistige Schöpfung der Musik- oder Filmschaffenden schützt.[407] Teile eines Musik- oder Filmwerkes genießen grundsätzlich nur dann Urheberrechtsschutz, wenn sie für sich genommen den urheberrechtlichen Schutzvoraussetzungen genügen.[408]

Verlangt man aber beim Media-Streaming, dass die jeweils gepufferten Teile für sich eine persönliche geistige Schöpfung darstellen müssen,[409]

405 *BGH*, 6.12.2017, I ZR 186/16, NJW 2018, 784 f., Tz. 19 f. - Konferenz der Tiere; *BGH*, 1.6.2017, I ZR 115/16, CR 2018, 106 (108) Tz. 18 - Metall auf Metall III; *BGH*, 20.11.2008, I ZR 112/06, GRUR 2009, 403 (404) Tz. 14 m. Anm. *Lindhorst* - Metall auf Metall I; *BGH*, 20.7.2007, I ZR 42/05, GRUR 2008, 693 (694) Tz. 18 f. - TV-Total.

406 *BGH*, 6.12.2017, I ZR 186/16, NJW 2018, 784 f., Tz. 19 f. - Konferenz der Tiere; *BGH*, 1.6.2017, I ZR 115/16, CR 2018, 106 (108) Tz. 19 - Metall auf Metall III.

407 Vgl. *BGH*, 1.6.2017, I ZR 115/16, CR 2018, 106 (108) Tz. 19 - Metall auf Metall III; *BGH*, 20.11.2008, I ZR 112/06, GRUR 2009, 403 (404 f.) Tz. 16 m. Anm. *Lindhorst* - Metall auf Metall I m. w. N.

408 Vgl. *EuGH*, 16.7.2009, C-5/08, GRUR 2009, 1041 (1044) Tz. 39 - Infopaq; *BGH*, 1.6.2017, I ZR 115/16, CR 2018, 106 (108) Tz. 19 - Metall auf Metall III; *BGH*, 20.11.2008, I ZR 112/06, GRUR 2009, 403 (404 f.) Tz. 16 m. Anm. *Lindhorst* - Metall auf Metall I; *BGH*, 21.4.1953, I ZR 110/52, GRUR 1953, 299 (301) - Lied der Wildbahn I.

409 Vgl. *BGH*, 21.4.1953, I ZR 110/52, GRUR 1953, 299 (301) - Lied der Wildbahn I.

wird man den urheberrechtlichen Anforderungen nicht gerecht. Schließlich wird das Werk insgesamt genutzt und nicht nur einzelne Datenpakete.[410] Es lässt sich in der Praxis kaum feststellen, welchen Datenpaketen urheberrechtlicher Schutz zukommt und welchen nicht. Ob die jeweiligen Datenpakete die urheberrechtlichen Schutzvoraussetzungen erfüllen ist in aller Regel von technischen Zufälligkeiten abhängig.

Einer Ansicht nach kommt es deshalb für eine Vervielfältigung darauf an, dass eine für den Übermittlungsvorgang notwendige Zerlegung des Werkes in nicht selbstständig schutzfähige Einzelteile das Werk an sich beim Empfänger wieder als ganzes wahrnehmbar macht.[411] Danach ist auch die sukzessive, chronologisch geordnete und flüchtige Vervielfältigung von an sich nicht schutzfähigen Werkteilen als Vervielfältigung i. S. v. § 16 UrhG anzusehen.[412]

Stieper hingegen verneint eine Vervielfältigung i. S. v. § 16 UrhG bei einer sequenziellen Speicherung von an sich nicht schutzfähigen Werkteilen. Er begründet seine Ansicht mit der Übertragung der Rechtsprechung des *EuGH* in Sachen FAPL und Murphy zu Art. 2 lit. a InfoSoc-RL auf das Streaming.[413] Danach mache der *EuGH* eine Vervielfältigung im Sinne der Vorschrift davon abhängig, ob *„das zusammengesetzte Ganze der gleichzeitig wiedergegebenen - also zu einem bestimmten Zeitpunkt vorhandenen - Fragmente“* eine eigene geistige Schöpfung darstelle.[414] Es sei gerade nicht entscheidend, dass die einzelnen Fragmente in ihrer zeitlichen Abfolge das gesamte Werk wahrnehmbar machen.[415] Damit nimmt *Stieper* nur

410 Vgl. *Wiebe*, in: *Spindler/Schuster*, UrhG, § 44a Rn. 7.

411 Vgl. *Ensthaler*, NJW 2014, 1553 (1554); *Stolz*, MMR 2013, 353 (355); *Busch*, GRUR 2011, 496 (499).

412 *Busch*, GRUR 2011, 496 (499); *Ensthaler*, NJW 2014, 1553 (1554); *Stolz*, MMR 2013, 353 (355).

413 *Stieper*, MMR 2012, 12 (14).

414 Vgl. *EuGH*, 4.10.2011, C-403/08 und C-429/08, EuZW 2012, 466 (473 f.) m. Anm. *Weck* – FAPL und Murphy; *Stieper*, MMR 2012, 12 (14).

415 *Stieper*, MMR 2012, 12 (14).

dann eine Vervielfältigung an, wenn die Einheit der zeitgleich gespeicherten sequenziellen Fragmente eine eigene geistige Schöpfung darstellen. Er lässt dabei unberücksichtigt, dass die Größe des Zwischenspeichers und der Datenpakete von verschiedenen Faktoren abhängen, unter anderem vom Transportprotokoll, den Clienteinstellungen und den Vorgaben des Browsers.[416] Damit wäre die urheberrechtliche Schutzfähigkeit zusammengesetzter Fragmente von diesen Faktoren abhängig In der Praxis lässt sich darüberhinaus nur schwer nachweisen, ob die betreffenden Fragmente als „zusammengesetztes Ganzes" bereits eine eigene geistige Schöpfung darstellen.

Die Übertragung der *EuGH*-Rechtsprechung FAPL und Murphy auf das Streaming ist nicht passend. In der Entscheidung ging es unter anderem um die Zwischenspeicherung von Dateifragmenten auf einem Satellitendecoder. Ein Satellitendecoder ist in technischer Hinsicht nicht gleichzusetzen mit einem Computer. Zwar ist der Prozess des Zwischenspeicherns gleich, die Einstellungs- und Zugriffmöglichkeiten des Nutzers unterscheiden sich aber beachtlich. Dem Nutzer ist es bei einem Satellitendecoder nicht möglich, auf den Zwischenspeicherungsprozess Einfluss zu nehmen und zum Beispiel zu bestimmen, wie viel der übertragenen Daten gepuffert werden.

Es ist deshalb hier der ersten Ansicht zu folgen und von einem normativen Vervielfältigungsbegriff auszugehen, der auch die sukzessive, chronologisch geordnete und flüchtige Vervielfältigung von an sich nicht schutzfähigen Werkteilen umfasst.[417] Diese Ansicht überzeugt auch vor dem Hintergrund

---

[416] *Wiebe*, in: *Spindler/Schuster*, UrhG, § 44a Rn. 8; *Busch*, GRUR 2011, 496 (499 f.).

[417] Vgl. *LG Köln*, 24.1.2014, 209 O 188/13, MMR 2014, 193 (194) - Redtube; *Wiebe*, in: *Spindler/Schuster*, UrhG, § 44a Rn. 7; *Lehmann*, GRUR Int. 2015, 677 (679); *Ensthaler*, NJW 2014, 1553 (1554); *Knies*, CR 2014, 140 (141); *Stolz*, MMR 2013, 353 (355); *Busch*, GRUR 2011, 496 (499); *Fangerow/Schulz*, GRUR 2010, 677 (678); nicht eindeutig *Dustmann*, in: *Fromm/Nordemann*, UrhG, § 44a Rn. 27; a. A. *Dreier*, in: *Dreier/Schulze*, UrhG, § 44a Rn. 4; *Stieper*, MMR 2012, 12 (14); *Koch*, GRUR 2010, 574 (575).

der Schutzrichtung des § 16 UrhG. Denn folgt man der Ansicht *Stiepers* wäre der Nutzer in der Lage, seinen Client so zu konfigurieren, dass die Einheit der zeitgleich gespeicherten sequenziellen Fragmente keine eigene geistige Schöpfung darstellen. Entsprechend käme es, zum Nachteil des Urhebers, nie zu einer Vervielfältigung i. S. v. § 16 UrhG. Das Zwischenspeichern einzelner Werkteile fällt also insgesamt unter § 16 UrhG.

Verneint man entgegen der hier vertretenen Auffassung mit der zweiten Ansicht einen Urheberrechtsschutz im Rahmen des Vervielfältigungsrechts, gilt weiterhin das Leistungsschutzrecht der §§ 85 Abs.1 S. 1 und 94 Abs. 1 S. 1 UrhG. Wie bereits dargestellt, bedarf es im Rahmen des Leistungsschutzes keiner Schöpfungshöhe der Werkteile. Geschützt wird allein die organisatorisch-wirtschaftliche Leistung.[418]

b) Verbreitungsrecht

Gegenstand des urheberrechtlichen Verbreitungsrechts ist die Verwertung des Werkes in körperlicher Form. Wird also ein Werk nur betrachtet oder vorgeführt, zum Beispiel ein Musikwerk nach vorhandenen Noten gespielt, liegt keine Verbreitung im Sinne der Vorschrift vor.[419]

Umstritten war lange Zeit, ob auch die Online-Nutzung unter § 17 UrhG als Verbreitung in körperlicher Form zu subsumieren ist oder lediglich eine öffentliche Wiedergabe in unkörperlicher Form vorliegt, vor allem dann,

---

418 *BGH*, 6.12.2017, I ZR 186/16, NJW 2018, 784, Tz. 19 - Konferenz der Tiere; *BGH*, 1.6.2017, I ZR 115/16, CR 2018, 106 (108) Tz. 19 - Metall auf Metall III; *BGH*, 19.11.2009, I ZR 128/07, GRUR 2010, 620 (622) - Film-Einzelbilder; *BGH*, 20.11.2008, I ZR 112/06, GRUR 2009, 403 (404 f.) Tz. 16 m. Anm. *Lindhorst* - Metall auf Metall I; *BGH*, 20.12.2007, I ZR 42/05, GRUR 2008, 693 (694) - TV-Total; *Stieper*, MMR 2012, 12 (14).

419 *BGH*, 15.5.1986, I ZR 22/84, GRUR 1986, 742 (743) - Videofilmvorführung; *BGH*, 16.6.1971, I ZR 120/69, GRUR 1972, 141 - Konzertveranstalter.

wenn das Werk nach der Onlineübermittlung beim Nutzer in irgendeiner Weise körperlich fixiert wird (z. B. Ausdrucken des Werkes).[420]

Dieser Streit hat sich aber mit Einführung von Art. 3 Abs. 1 InfoSoc-RL und seiner Umsetzung ins deutsche Recht durch § 19a UrhG erledigt. Seitdem ist die Online-Nutzung keine Verbreitungshandlung, sondern eine Werkverwertung in unkörperlicher Form.[421]

2. Unkörperliche Werkverwertung

a) Senderecht

Das Senderecht ist gem. § 20 UrhG das Recht, ein Werk durch Funk, wie Ton- und Fernsehrundfunk, Satellitenrundfunk, Kabelfunk oder ähnliche technische Mittel, der Öffentlichkeit zugänglich zu machen. Erfasst ist damit die Verbreitung des Werkes im Wege der unidirektionalen Audio- und Videoübertragung.[422]

In Abgrenzung zum Recht der öffentlichen Zugänglichmachung gem. § 19a UrhG schützt § 20 UrhG ausschließlich die nichtkörperliche Werkverwertung durch öffentliches Zugänglichmachen eines Werkes zu einem festgelegten Zeitpunkt.

Im Gegensatz zur Fernsehsendung kann der Nutzer beim Media-Streaming selbst bestimmen, wann er auf das Werk zugreift, denn das Werk wird individuell übermittelt. Beim linearen Streaming hingegen, wird eine Datei zeitgleich an alle angeschlossenen Nutzer übertragen. Der Sender löst die Übertragung aus und setzt den Zeitpunkt der Übermittlung sowie

---

420 Für eine Verbreitung in körperlicher Form: *Koch*, GRUR 1997, 417 (426); *Schwarz*, GRUR 1996, 836 (840 ff.). A. A.: *Hoeren*, CR 1996, 517 (518); für ein neues unbenanntes Verwertungsrecht i. R. v. § 15 Abs. 2 UrhG *LG München I*, 30.3.2000, 7 O 3625/98, NJW 2000, 2214 (2215).

421 Vgl. *Schulze*, in: *Dreier/Schulze*, UrhG, § 17 Rn. 6; *Heerma*, in: *Wandtke/Bullinger*, UrhG, § 17 Rn. 13.

422 Siehe zu den technischen Details Seite 11.

die Reihenfolge der Programmbestandteile fest.[423] Die Nutzer können sich nur in eine laufende Übertragung einschalten, haben aber keinen Einfluss auf die Auswahl und Abfolge der gesendeten Inhalte. Lineares Streaming ist daher dem Senderecht des § 20 UrhG zuzuordnen.

Es kommt für die Zuordnung entscheidend auf das technische Verfahren der Übertragung an.[424] Beim Video-on-Demand kann der Nutzer selbst Einfluss auf die Übertragung nehmen, denn die Audio- und Videodateien werden bidirektional übertragen.[425] Damit sind zwar die einzelnen Nutzer, wie auch bei der Sendung, räumlich voneinander getrennt, allerdings kann der Werkzugriff zeitunabhängig erfolgen. Das Werk wird nicht ausschließlich zu einem bestimmten Zeitpunkt übertragen. Media-Streaming fällt folglich nicht unter das Senderecht gem. § 20 UrhG.

b) Recht der öffentlichen Zugänglichmachung

Mit Umsetzung des Art. 3 Abs. 1 und 2 der InfoSoc-RL wurde § 19a in das deutsche UrhG eingeführt.[426] Diese Regelung trägt unter anderem dem Umstand Rechnung, dass das Vorhalten urheberrechtlich geschützter Werke zum Abruf für potentielle Nutzer letztendlich dem Urheber ausschließlich vorbehalten sein soll.[427] Sinn und Zweck des § 19a UrhG ist es, dem Urheber zu überlassen, sein geschütztes Werk im Internet oder anderen Netzwerken, Mitgliedern der Öffentlichkeit zugänglich zu machen.

---

423 *Koch*, GRUR 2010, 574 (576).

424 Vgl. Seite 11 und Seite 17.

425 Siehe dazu Seite 38.

426 BGBl. 2003 I S. 1774 ff.; vgl. BT-Drucks. 15/38 vom 6.11.2002, S. 16 ff.

427 Vgl. *Marly*, Praxishandbuch Softwarerecht, Rechtsschutz und Vertragsgestaltung, Rn. 1102.

aa) Begriffsbestimmung

Der Begriff des Zugänglichmachens setzt lediglich voraus, dass Dritten eröffnet wird, auf ein geschütztes Werk oder einen Werktitel zuzugreifen.[428] Damit wird insbesondere das Einstellen von urheberrechtlich geschütztem Material in das Internet erfasst.[429] Ob dies drahtgebunden, drahtlos oder gemischt erfolgt, spielt keine Rolle.[430] Dem Wortlaut nach ist § 19a UrhG aber nicht ausschließlich auf das Internet beschränkt, sondern umfasst auch andere Netzwerke, sodass bei Erreichen einer Öffentlichkeit i. S. v. § 15 Abs. 3 UrhG ebenfalls private Netzwerke (bspw. LAN) unter § 19a UrhG zu subsumieren sind.

Media-Streaming ermöglicht den zeit- und ortsunabhängigen Zugriff auf ein Werk. Unter der Voraussetzung, dass ein solcher Zugriff für eine Öffentlichkeit ermöglicht wird, fällt Media-Streaming damit unter das Recht der öffentlichen Zugänglichmachung gem. § 19a UrhG.[431]

bb) Öffentlichkeit, § 15 Abs. 3 UrhG

§ 19a UrhG setzt eine Öffentlichkeit voraus. D.h. das geschützte Werk muss der Öffentlichkeit zugänglich gemacht werden. Der Begriff der Öffentlichkeit ist in § 15 Abs. 3 UrhG legal definiert und meint eine Mehrzahl von Mitgliedern der Öffentlichkeit. Dazu zählt jeder, der nicht in einer persönlichen Beziehung zum Werkverwerter oder zu anderen Personen,

---

[428] U. a. *BGH*, 26.11.2015, I ZR 3/14, GRUR-RS 2016, 01908, Tz. 17 - Störerhaftung von Access-Providern; *BGH*, 29.4.2010, I ZR 68/08, GRUR 2010, 623 (624) Tz. 14 - Restwertbörse I; *BGH*, 20.5.2009, I ZR 239/06, GRUR 2009, 864 (865) Tz. 16 - CAD-Software.

[429] *BGH*, 20.6.2013, I ZR 55/12, MMR 2014, 190 (191) Tz. 16 - Restwertbörse II; *BGH*, 29.4.2010, I ZR 68/08, GRUR 2010, 623 (624) Tz. 14 - Restwertbörse I.

[430] *Hofmann*, EuZW 2018, 517 (518); *Dreier*, in: *Dreier/Schulze*, UrhG, § 19a Rn. 6.

[431] Vgl. *OLG Hamburg*, 25.7.2008, 5 U 52/07, ZUM 2009, 575 (577); *OLG Stuttgart*, 21.1.2008, 2 Ws 328/07, GRUR-RR 2008, 289, Tz. 8 ff. - Music-on-Demand-Dienst.

denen das Werk körperlich oder unkörperlich zugänglich gemacht wird, steht.[432] Eine bestimmte Zahl an Mitgliedern ist nicht erforderlich.[433]

Bei offenen Plattformen (z. B. *YouTube*) liegt eine Öffentlichkeit zweifelsfrei vor, da unbestimmt viele Nutzer ohne privates Nutzerkonto oder Anmeldung Zugriff auf urheberrechtlich geschützte Werke haben. Fraglich ist allerdings, ob der Öffentlichkeitsbegriff noch erfüllt wird, wenn urheberrechtlich geschützte Werke ausschließlich einem eingegrenzten Personenkreis zugänglich gemacht werden.

Kostenpflichtige Streaminganbieter geschlossener Plattformen haben einen festen Nutzerkreis. Die Nutzung der Streamingdienste ist erst nach Anmeldung und Erstellung eines personalisierten Benutzerkontos möglich. Es stellt sich daher die Frage, ob eine Öffentlichkeit i. S. v. § 19a UrhG gegeben ist. Eine persönliche Beziehung zum Anbieter oder zu den anderen Nutzern besteht jedenfalls nicht. Auch kann grundsätzlich jeder ein Benutzerkonto beim Streaminganbieter erstellen. Eine selektive Kundenauswahl erfolgt nicht. Es reicht die Registrierung mit Namen, E-Mail-Adresse und ggf. Zahlungsmittel.

Schutzzweck des § 19a UrhG ist, den Urheber umfassend vor der Verwertung seines Werkes durch Dritte im digitalen Raum zu schützen.[434] Gleichzeitig gilt es aber auch, den rechtmäßigen Nutzer nicht über Gebühr zu beanspruchen und eine Zugänglichmachung im privaten Kreis nicht zu

---

432 Vgl. § 15 Abs. 3 UrhG.

433 *EuGH*, 7.8.2018, C-161/17, EuZW 2018, 819 (820) Tz. 22 m. Anm. *Wypchol* - Córdoba; *EuGH*, 7.8.2018, C-161/17, GRUR 2018, 911 (912) Tz. 19 ff. - Cordoba; *EuGH*, 26.4.2017, C-527/15, MMR 2017, 460 (462) Tz. 32 m. Anm. *Stender-Vorwachs* – Stichting Brein; *EuGH*, 16.3.2017, C-138/16, GRUR 2017, 510 (511) Tz. 24 - AKM / Zürs.net; *EuGH*, 15.3.2012, C-135/10, EuZW 2012, 715 (719) Tz. 84 - SCF; *EuGH*, 7.12.2006, C-306/05, GRUR 2007, 225 (227) Tz. 37 f. - SGAE; *EuGH*, 2.6.2005, C-89/04, EuZW 2005, 470 (472) Tz. 30 - Mediakabel. Ausführlicher dazu *Ettig*, K&R 2018, 612 ff.

434 Vgl. 9. und 10. Erwägungsgrund der InfoSoc-RL und *EuGH*, 22.12.2010, C-393/09, GRUR 2011, 220 (223) Tz. 54 - BSA/Kulturministerium; *EuGH*, 7.12.2006, C-306/05, GRUR 2007, 225 (227 f.) Tz. 36 - SGAE.

verbieten.[435] Es kann daher nicht schon dann eine Öffentlichkeit gegeben sein, wenn ein geschütztes Werk auf einem privaten Server zur Verfügung steht, auf den nur der engste Familienkreis zugreifen kann. Das ist bei kommerziellen Streaminganbietern gerade nicht der Fall. Die Nutzer stehen in keinem persönlichen Verhältnis zum Anbieter.[436] Zudem verfolgt der Streaminganbieter wirtschaftliche Interessen, sodass er grundsätzlich jedem interessierten Nutzer sein Angebot öffentlich zugänglich machen will. Dementsprechend besteht kein Widerspruch zum Öffentlichkeitsbegriff des *EuGH*, wonach eine Öffentlichkeit aus einer *„unbestimmten Zahl potenzieller Leistungsempfänger und ferner aus recht vielen Personen"*[437] besteht. Eine Öffentlichkeit i. S. v. § 19a UrhG ist also unabhängig davon gegeben, ob eine Nutzung der Online-Inhalte nur registrierten Mitgliedern möglich ist.[438]

Im Rahmen von § 19a UrhG kommt es gerade nicht mehr auf eine gleichzeitige Öffentlichkeit an,[439] womit das Recht der öffentlichen Zugänglichmachung von den Rechten der Wahrnehmbarmachung und dem

---

435 Als Konsequenz aus dem 31. Erwägungsgrund der InfoSoc-RL. Vgl. auch die Schlussanträge des Generalanwalts *Sánchez-Bordona* vom 25.4.2018, C-161/17, ZUM 2018, 506 (510) Tz. 62 ff. - Cordoba und *OLG München*, 10.5.2007, 29 U 1638/06, MMR 2007, 525 (528 f.) – Subito m. Anm. *Gausling* sowie *Ettig*, K&R 2018, 612 (613).

436 *Schulze*, ZUM 2011, 2 (6).

437 *EuGH*, 15.3.2012, C-135/10, EuZW 2012, 715 (719) Tz. 84 - SCF; *EuGH*, 7.12.2006, C-306/05, GRUR 2007, 225 (227) Tz. 38 - SGAE; *EuGH*, 2.6.2005, C-89/04, EuZW 2005, 470 (472) Tz. 30 - Mediakabel.

438 In Anlehnung an *EuGH*, 7.12.2006, C-306/05, GRUR 2007, 225 (227 f.) Tz. 39 und 50 - SGAE; *EuGH*, 22.12.2010, C-393/09, GRUR 2011, 220 (223) Tz. 54 - BSA/Kulturministerium. Abstellend auf die persönliche Verbindung insoweit auch *OLG München*, 10.5.2007, 29 U 1638/06, MMR 2007, 525 (528 f.) – Subito m. Anm. *Gausling*; *Dreier*, in: *Dreier/Schulze*, UrhG, § 19a Rn. 7 und *Bullinger*, in: *Wandtke/Bullinger*, UrhG, § 19a Rn. 6a und 32, der betont, dass die Mehrzahl von Mitgliedern der Öffentlichkeit anhand objektiver Kriterien zu bestimmen ist und subjektive Kriterien nur dann beachtlich sind, wenn sie sich objektiv manifestieren.

439 BT-Drucks. 15/38 vom 6.11.2002, S. 17; *Riesenhuber*, ZUM 2012, 433 (438).

Senderecht abzugrenzen ist.[440] Somit ist § 19a UrhG ein selbstständiges, unabhängiges Nutzungsrecht, das von den anderen Rechten der öffentlichen Wiedergabe mit dinglicher Wirkung abzugrenzen ist.[441]

Ein dem Erschöpfungsgrundsatz beim Verbreitungsrecht entsprechendes Äquivalent hat der Gesetzgeber im Rahmen der öffentlichen Wiedergabe (§ 15 Abs. 2 UrhG) nicht vorgesehen.

3. Besonderheiten bei der Werkverwertung – Prinzip der Rechtesegmentierung

Die Werkverwertung im Kontext des Media-Streamings wird stark vom Prinzip der Rechtesegmentierung beeinflusst.[442] Deshalb soll im Folgenden kurz auf dieses, bei der Verwertung von Film- und Musikwerken vorherrschende Prinzip eingegangen werden. Die Produktion von Audio- und Videowerken setzt hohe Investitionen voraus, wobei der anschließende Erfolg und damit die zu erwartenden Einnahmen nicht vorhergesehen werden können, denn der Erfolg bestimmt sich ausschließlich nach dem subjektiven Geschmack der Zuschauer.

a) Film

Filmproduktionen haben enorme Fixkosten. Deutsche Spielfilmproduktionen kosten durchschnittlich 3,9 Mio. Euro.[443] Im Vergleich zu ameri-

---

[440] Siehe dazu ausführlicher Seite 101.
[441] *Dreier*, in: *Dreier/Schulze*, UrhG, § 19a Rn. 9.
[442] Siehe Seite 5.
[443] *Berauer*, S. 17. Die Angabe bezieht sich auf den Mittelwert der freiwillig von deutschen Filmproduzenten zur Verfügung gestellten Daten. Sie umfasst daher nicht alle deutschen Filmproduktionen sondern nur ca. 45 Prozent.

kanischen Produktionen der Major-Studios[444] sind das jedoch nur sehr geringe Produktionskosten, diese lagen nämlich schon Ende der 90er Jahre bei durchschnittlich 60 Mio. US-Dollar und betragen auch heute noch rund 70 Mio. US-Dollar, zuzüglich durchschnittlich 50 Mio. US-Dollar Marketingkosten.[445] Dem gegenüber steht die Ungewissheit des Erfolges der Produktion und mit ihr die zu erwartenden Einnahmen. Vorab lässt sich nur schwer kalkulieren, ob der Film das einspielt, was er gekostet hat, geschweige denn, ob ein Gewinn zu erwarten ist.

Der Filmerfolg hängt entscheidend vom subjektiven Geschmack der Konsumenten ab und davon, ob das Filmwerk den kulturellen und ästhetischen Geschmack eines möglichst weiten Publikums trifft.[446] Auch externe Faktoren beeinflussen den Erfolg eines Filmwerkes wie bspw. die Presse oder politische und gesellschaftliche Ereignisse.[447] Der Erfolg oder Misserfolg entscheidet sich in einem relativ kurzen Zeitraum nach dem Kinostart.[448]

Die Kosten der Auswertung sind im Vergleich zu den Fixkosten insb. bei der Onlineverwertung relativ gering.[449] Zum Ausgleich des hohen Risikos durch die Fixkosten, will der Filmhersteller die Nachfrage möglichst weit

---

444 Als solche bezeichnet man die sechs großen amerikanischen Filmproduktionsgesellschaften, die neben der Produktion vor allem die Finanzierung und anschließende Verwertung der Filmwerke übernehmen (Walt Disney Motion Pictures Group, Warner Bros. Entertainment, 20th Century Fox, Universal Studios, Sony Pictures Entertainment, Paramount Pictures). Siehe dazu *Schwarz*, in: *Hartlieb/Schwarz*, Kap. 82 Rn. 3.

445 *Schwarz*, in: *Hartlieb/Schwarz*, Kap. 82 Rn. 4; *Weinraub*, The New York Times 5.3.1997, Average Hollywood Film Now Costs $ 60 Million, http://www.nytimes.com/1997/03/05/movies/average-hollywood-film-now-costs-60-million.html - Zugriff am 28.2.2019.

446 *Aksoy/Robins*, Cambridge Journal Of Economics, Nr. Vol. 16, Issue 1, 1992, S. 13.

447 *Engels*, S. 50.

448 Verzeichnet ein Film insb. in den ersten Wochenenden nur geringe Besucherzahlen ist der schleppende Start nur schwer auszugleichen. Umgekehrt entwickelt ein großer Besucherstrom eine Zugwirkung und weitere Besucher folgen. Vgl. *Engels*, S. 49.

449 Z. B. die Herstellung von Bild- und Tonträgern. Ausgenommen davon sind die Marketingkosten. Vgl. *Engels*, S. 49.

ausschöpfen. Das Werk wird deshalb auf verschiedenen Distributionswegen verwertet.[450] Die Lizenzvergabe erfolgt möglichst kleinteilig und zeitlich gestaffelt. Darüber hinaus werden Lizenzen auf bestimmte Territorien oder Sprachgebiete und auf einzelne Verwertungsarten aufgeteilt. Der Lizenzpreis wird entsprechend der jeweiligen Kaufkraft und Zahlungsbereitschaft in den Regionen angepasst.

Dieses Modell der Filmverwertung ist aber nur dann erfolgversprechend, wenn das Werk ausschließlich in einem Lizenzgebiet verfügbar ist und keine Möglichkeit besteht, auf das Werk schneller oder günstiger in einem anderen Lizenzgebiet zuzugreifen.[451] Aus diesem Grund werden Filmwerke im Rahmen der sogenannten Verwertungskaskade territorial beschränkt auf den Markt gebracht. Beginnend mit der exklusiven Kinoveröffentlichung folgt einige Monate später der Verkauf von Bild- und Tonträgern sowie die Online-Verwertung durch Video-on-Demand, kurz gefolgt von der Verwertung über Pay-TV bis zuletzt die Verwertung im Free-TV folgt.

Als Kulturgut werden Filmwerke häufig für ein nationales Publikum geschaffen. Zur Vermarktung im Ausland bedarf es dann meist einer sprachlichen und eventuell auch inhaltlichen Anpassung an einen anderen Kulturkreis.[452] Das ist für den Filmhersteller in der Regel kostenaufwendig und es bleibt fraglich, wie viel Erfolg der Film im Ausland hat. Aus diesem Grund konzentrieren sich die nationalen Filmhersteller bei der Verwertung ihrer Werke meist auf das Inland: Erst wenn der Film beim nationalen Publikum durchschlagenden Erfolg hat, erfolgt Monate später auch eine Verwertung im Ausland.[453]

---

[450] *Martiny*, ZUM 2018, 772 (773 f.); *Schwarz*, ZUM 2011, 699 (700); *Christmann*, ZUM 2006, 23 (25 f.).

[451] *Engels*, S. 63; *Schwarz*, ZUM 2011, 699 (700).

[452] *Engels*, S. 52 f.

[453] *Schwarz*, ZUM 2011, 699 (701).

Finanziert werden Kinoproduktionen durch Kombinationen von Eigenmittel, öffentliche Filmförderung und private Finanzierung. Eine Finanzierung durch Filmförderung ist dabei häufig an Bedingungen gekoppelt wie bspw. Sperrfristen.[454] Wird ein Filmwerk privat finanziert, zum Beispiel durch einen Bankkredit, ist es üblich, durch sogenannte „Pre-Sales" schon vor Produktionsbeginn exklusive Lizenzen an Verwerter zu übertragen.[455] So kann die Finanzierung durch eine Minimumgarantie abgesichert werden.[456] Auch die Pre-Sales sind an konkrete Bedingungen[457] oder an Exklusivitätsvereinbarungen geknüpft.[458] Die Verwertungskaskade ist folglich elementarer Teil der Filmauswertung.

b) Musik

Anders als bei der Filmverwertung existiert im musikalischen Bereich keine strenge Verwertungskaskade. Ist ein Musikstück veröffentlicht, können es die Nutzer meist direkt erwerben.

---

[454] Z. B. § 53 Abs. 2 Nr. 1 Filmförderungsgesetz (FFG): *„Die regelmäßigen Sperrfristen [zur Auswertung durch Bildträger im Inland oder in deutscher Sprachfassung im Ausland oder im Fernsehen oder in sonstiger Weise – Abs. 1] enden jeweils für die Bildträgerauswertung und die Auswertung durch entgeltliche Videoabrufdienste und durch Bezahlfernsehen gegen individuelles Entgelt sechs Monate nach Beginn der regulären Erstaufführung"*.

[455] Dazu ausführlicher *Schwarz*, in: *Hartlieb/Schwarz*, Kap. 144 Rn. 2 und *Hansen*, ZUM 2014, 175 (181) sowie *Manegold/Czernik*, in: *Wandtke/Bullinger*, UrhG, § 94 Rn. 45.

[456] *Schwarz*, in: *Hartlieb/Schwarz*, Kap. 144 Rn. 2.

[457] Z. B. Fertigstellung, Fristen, Finanzierung etc.

[458] Die Major-Studios setzen auf ein Modell der vertikalen Integration. Die umfassende internationale Auswertung erfolgt möglichst aus einer Hand. Dabei tritt das Filmstudio meist nur als Finanzierer und Risikoträger auf, lässt aber das Werk von kleineren Filmstudios im Auftrag produzieren. Vertrieb und Marketing übernimmt das Major-Studio. Vgl. *Engels*, S. 62; *Bomnüter/Scheller*, S. 147; *Schwarz*, in: *Hartlieb/Schwarz*, Kap. 82 Rn. 3 f. Generell zur Filmfinanzierung in Deutschland und den USA ausführlich *Bomnüter/Scheller*, S. 29 ff. und S. 147 ff.

Bei der Musik als Kulturgut ist die Sprachbarriere weit weniger entscheidend als beim Film. Folglich ist eine internationale Auswertung zeitgleich möglich, da das Werk nicht übersetzt oder angepasst werden muss. Lediglich die Verwertungsart sowie eine zeitliche Staffelung spielen bei der Auswertung eine Rolle. Durch Sperrfristen wird zum Beispiel bestimmt, wann eine einzelne Single von einem kompletten Album veröffentlicht werden darf. Abgesehen davon werden aber Nutzungsrechte auch an musikalischen Werken in der Regel territorial beschränkt eingeräumt.[459] So hat auch hier der Urheber oder Tonträgerhersteller die Möglichkeit, die Lizenzgebühren an die jeweilige Kaufkraft und Zahlungsbereitschaft der Regionen anzupassen.

Mit Umsetzung der Richtlinie 2014/26/EU des Europäischen Parlaments und des Rates vom 26. Februar 2014 über die kollektive Wahrnehmung von Urheber- und verwandten Schutzrechten und die Vergabe von Mehrgebietslizenzen für Rechte an Musikwerken für die Online-Nutzung im Binnenmarkt sowie zur Änderung des Verfahrens betreffend die Geräte- und Speichermedienvergütung[460], hat das Verwertungsgesellschaftengesetz[461] das Urheberrechtswahrnehmungsgesetz abgelöst. Es bestehen nun besondere Vorschriften für die gebietsübergreifende Vergabe von Online-Rechten an Musikwerken, was eine Entstehung gesamteuropäischer Musikdienste fördern soll.[462] Der durch Rechtesegmentierung bestehende fragmentierte Onlinemarkt für Musikdienste soll dadurch einem digitalen Binnenmarkt weichen können. Der europäische Gesetzgeber will so Mehrgebietslizenzen

---

[459] Vgl. hierzu Appendix „Tarif für die Nutzung von Werken des GEMA-Repertoires im Rahmen von entgeltlichen Streaming-Angeboten", Abs. 3 Nr. 4.

[460] Abl. EU L 84 vom 20.3.2014, S. 72 ff.

[461] Gesetz über die Wahrnehmung von Urheberrechten und verwandten Schutzrechten durch Verwertungsgesellschaften (VGG) vom 24.5.2016, BGBl. 2016, Teil I Nr. 24 S. 1190 ff.

[462] Vgl. §§ 59 ff. VGG.

im Musiksegment fördern und territoriale Rechtesegmentierungen reduzieren.

c) Rolle des Geoblocking

Bei der Werkverwertung durch Media-Streaming kann eine territoriale Segmentierung von audio- und audiovisuellen Werken bisher ausschließlich durch Geoblocking erreicht werden. Das Prinzip der Rechtesegmentierung bei der Online-Nutzung von Musik- und Filmwerken ist dementsprechend vom Geoblocking abhängig. Ohne dessen Einsatz ist die Werkauswertung entlang geografischer Grenzen unmöglich. Aus diesem Grund kommt dem Geoblocking eine so entscheidende Rolle zu. Es verwundert daher nicht, dass es bereits seit Jahren im Fokus wissenschaftlicher und politischer Auseinandersetzung steht.[463]

III. Zusammenfassung

Beim Media-Streaming ist sowohl das Vervielfältigungsrecht des Urhebers gem. § 16 UrhG als auch das Recht der öffentlichen Zugänglichmachung gem. § 19a UrhG betroffen. Dafür wird das Verbreitungsrecht gem. § 17 Abs.1 UrhG nicht berührt, da das reine Anbieten des Media-Streams

[463] Vgl. *Steinrötter*, EWS 2016, 17 ff.; *Europäische Kommission*, Commission Staff Working Document, Digital Single Market Strategy for Europe - Analysis and Evidence, COM(2015) 192 final; *Stieper*, GRUR 2015, 1145 ff.; *Rauer/Kaase*, GRUR-Prax 2015, 364 ff.; *Wiebe*, ZUM 2015, 932 ff.; *Dörr*, ZUM 2015, 954 ff.; *von Albrecht/Mutschler-Siebert/Bosch*, ZUM 2012, 93 ff.; *Kreile*, ZUM 2012, 177 (185 f.); *Hoeren/Bilek*, CR 2011, 735 (740 f.). Auch in der Presse gerät das Thema immer wieder in den Fokus der Öffentlichkeit: Siehe z. B. *Krempl*, Internet-Tv: EU-Abgeordnete dampfen geplantes Aus für Geoblocking stark ein, http://www.heise.de/-3896923 - Zugriff am 28.2.2019; *Rudl*, Ärgernis Geoblocking: EU-Parlament setzt ersten Schritt zur Abschaffung, https://netzpolitik.org/2017/aergernis-geoblocking-eu-parlament-setzt-ersten-schritt-zur-abschaffung/ - Zugriff am 28.2.2019.

vollständig von § 19a UrhG erfasst wird und in den Bereich der unkörperlichen Werkverwertung gem. § 15 Abs. 2 Nr. 2 UrhG fällt. Aufgrund der bidirektionalen Datenübertragung beim Media-Streaming ist auch das Senderecht des Urhebers gem. § 15 Abs. 2 Nr. 3 i. V. m. § 20 UrhG nicht betroffen. Es gilt § 19a UrhG. Durch Abrufen des Streams auf Nutzeranfrage erfolgt eine zumindest vorübergehende Vervielfältigung des Werkes oder Teile dessen im Arbeitsspeicher des Nutzercomputers.

Die Werkverwertung beim Media-Streaming unterliegt in aller Regel einer Segmentierung nach räumlichen, sprachlichen, technischen und zeitlichen Kriterien, um die hohen Investitionskosten ausgleichen zu können.[464] Eine räumliche Rechtesegmentierung kann beim Media-Streaming in technischer Hinsicht nur über Geoblocking erreicht werden.

---

[464] *Engels*, S. 63; *Schwarz*, ZUM 2011, 699 (700).

4. Kapitel: Geoblocking als Bestandteil der Rechtsbeziehungen beim Media-Streaming

I. Beteiligte

Für das Media-Streaming prägend ist das Dreiecksverhältnis von Urheber, Dienstanbieter und Nutzer.[465] Urheber und Nutzer stehen in keinem direkten Verhältnis zueinander. Vielmehr bestehen Rechtsverhältnisse zwischen Urheber und Dienstanbieter und zwischen Dienstanbieter und Nutzer. Wie Abbildung 8 zeigt, ist der Streaminganbieter das Bindeglied zwischen Urheber und Nutzer.

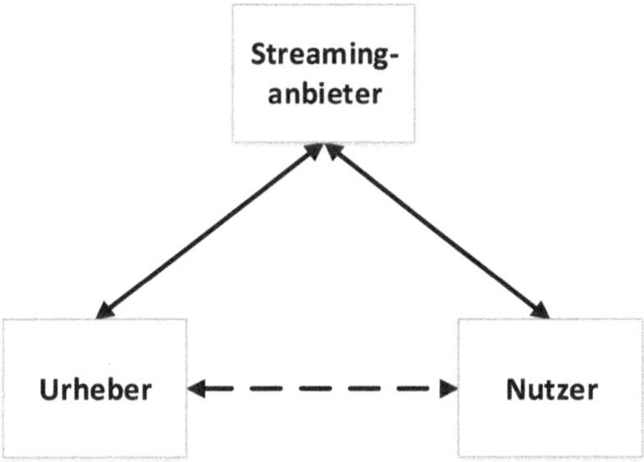

Abbildung 8: Dreiecksverhältnis zwischen Streaminganbieter, Urheber und Nutzer

[465] Vgl. *Peifer*, AfP 2017, 8 (10).

A.-L. Wirz, *Media-Streaming und Geoblocking*, Juridicum – Schriften zum Medien-, Informations- und Datenrecht, https://doi.org/10.1007/978-3-658-26083-5_5

1. Rechtsinhaber

Der Urheber hat die ausschließlichen Rechte zur körperlichen und unkörperlichen Werkverwertung inne (§ 15 UrhG). Grundsätzlich ist er allein berechtigt, das Werk zu verwerten oder durch Dritte verwerten zu lassen (sog. positives Nutzungsrecht).[466] Er kann andere Personen von der Nutzung seines Werkes ausschließen bzw. die Nutzung des Werkes ohne Erlaubnis verbieten (sog. negatives Verbotsrecht).[467] Etwas anderes gilt nur dann, wenn der Urheber einem Dritten Nutzungsrechte exklusiv eingeräumt hat.[468]

Bei Werken der Film- und Musikkunst besteht die Besonderheit, dass ihre Produktion mit großem Aufwand verbunden ist und eine Vielzahl an Personen an der Entstehung beteiligt sind, sodass die Organisation und das wirtschaftliche Risiko von einem Produzenten übernommen wird.[469] Ist dieser nicht Teil des Schaffensprozesses, ist er kein Urheber im Sinne des UrhG. Um die Risikoträger, die keine Urheber sind, nicht schutzlos zu stellen, hat der deutsche Gesetzgeber mit den §§ 70 ff. UrhG verwandte Schutzrechte geschaffen, die sog. Leistungsschutzrechte.

Rechtsdogmatisch ist eine klare Trennungslinie zwischen dem Schutz der schöpferischen Leistung des Urhebers und dem Schutz der technisch-wirtschaftlichen Leistung der Tonträgerhersteller und Filmhersteller sowie der Sendeunternehmen zu ziehen.[470] Trotzdem weisen die Leistungsschutzrechte weit überwiegend Gemeinsamkeiten mit den Urheberrechten auf.[471]

---

[466] *Schulze*, in: *Dreier/Schulze*, UrhG, § 15 Rn. 5.

[467] *v. Ungern-Sternberg*, in: *Schricker/Loewenheim*, UrhG, § 15 Rn. 204; *Schulze*, in: *Dreier/Schulze*, UrhG, § 15 Rn. 5.

[468] *BGH*, 18.6.1957, I ZR 39/56, GRUR 1957, 614 (615) - Ferien vom Ich. Im Zweifel gilt § 31 Abs. 5 UrhG. Vgl. *BGH*, 21.4.1953, I ZR 110/52, GRUR 1953, 299 (301) - Lied der Wildbahn.

[469] Vgl. Seite 106 ff.

[470] Vgl. Begr. zum UrhG vom 23.3.1962, BT-Drucks. IV/270 vom 23.3.1962, S. 87.

[471] *Ahlberg*, in: *Ahlberg/Götting*, Einführung zum UrhG Rn. 8 und 76.

Der Tonträger- und Filmhersteller hat das ausschließliche Recht der körperlichen und unkörperlichen Verwertung des hergestellten Werkes (vgl. §§ 85, 86 und 88, 89 UrhG). Bei Rechtsverletzungen gelten die §§ 97 ff. UrhG auch zugunsten des Leistungsschutzberechtigten.

2. Streaminganbieter

Der Streaminganbieter ist das Bindeglied zwischen Urheber und Nutzer (Abbildung 8). In aller Regel sind Streamingdienstanbieter nicht selbst Urheber, denn Urheber kann nur eine natürliche Person sein.[472] Sie können aber Auftraggeber und Träger des wirtschaftlichen Risikos neuer Werke sein. Beispielsweise bieten große Streamingdienste wie *Netflix* und *Amazon* erfolgreiche Eigenproduktionen an. In einem solchen Fall ist der Streaminganbieter Inhaber von Leistungsschutzrechten gem. §§ 88 ff. UrhG.

Als Anbieter fremder Werke kann der Streaminganbieter nur Inhaber von Nutzungsrechten sein. Eine umfassende Rechtsübertragung mit vollständiger Aufgabe der Rechtsinhaberschaft zugunsten des Erwerbers, wie sie beispielsweise §§ 929 oder 398 BGB kennt, ist im deutschen Urheberrecht nicht möglich (vgl. § 29 Abs. 1 UrhG).[473] Der Urheber kann seine Rechte nur konstitutiv übertragen. Das originäre Mutterrecht verbleibt stets beim Urheber, ihm wird lediglich ein Teil „entnommen".[474]

Im Übrigen gilt für die Einräumung von Nutzungsrechten der allgemeine zivilrechtliche Grundsatz der Vertragsfreiheit. Der Urheber kann dem

[472] *BGH*, 28.5.1998, I ZR 81/96, GRUR 1998, 916 (917) - Stadtplanwerk; *BGH*, 27.9.1990, I ZR 244/88, GRUR 1991, 523 (525) - Grabungsmaterialien; *BGH*, 20.11.1986, I ZR 160/84, GRUR 1987, 360 (361) - Werbepläne. Als persönliche geistige Schöpfung (vgl. § 2 Abs. 2 UrhG) kommt in einem Werk immer auch der menschliche Geist zum Ausdruck, weshalb juristische Personen keine Urheber i. S. d. UrhG sein können.

[473] *Wiebe*, in: *Spindler/Schuster*, UrhG, § 31 Rn. 3.

[474] Amtl. Begr. BT-Drucks. IV/270 vom 23.3.1962, S. 55; *Ohly*, in: *Schricker/Loewenheim*, UrhG, § 29 Rn. 9; *Wiebe*, in: *Spindler/Schuster*, UrhG, § 31 Rn. 3.

Vertragspartner ein einfaches (§ 31 Abs. 1 S. 2, Abs. 2 UrhG) oder ein ausschließliches (§ 31 Abs. 1 S. 2, Abs. 3 UrhG) Nutzungsrecht einräumen. Das einfache Nutzungsrecht gibt seinem Inhaber ein positives Recht zur Benutzung des Werkes in der vereinbarten Form (vgl. § 31 Abs. 2 UrhG). Hat der Nutzungsrechtsinhaber hingegen ein ausschließliches Recht zur Nutzung inne, stehen ihm sowohl das positive Benutzungsrecht als auch das negative Verbotsrecht Dritten gegenüber zu (vgl. § 31 Abs. 3 UrhG).

3. Nutzer

Der Nutzer nutzt ein über den Streaminganbieter angebotenes Werk des Rechtsinhabers. In der Regel muss sich der Nutzer für einen Dienst registrieren, mit Ausnahme von frei verfügbaren Diensten wie beispielsweise YouTube.

Das UrhG enthält keine Legaldefinition des Nutzers, das VGG hingegen schon. Gem. § 8 VGG ist Nutzer im Sinne dieses Gesetzes, *„jede natürliche oder juristische Person, die eine Handlung vornimmt, die der Erlaubnis des Rechtsinhabers bedarf, oder die zur Zahlung einer Vergütung an den Rechtsinhaber verpflichtet ist.“* Diese Definition ist allerdings nicht eins zu eins auf das UrhG übertragbar, denn das UrhG enthält Schranken, die eine Benutzung auch ohne Erlaubnis des Rechtsinhabers ermöglichen. Nutzer im Sinne des UrhG ist daher jede natürliche oder juristische Person, die ein urheberrechtlich geschütztes Werk gebraucht. Nutzer ist daher auch der Streaminganbieter, der das Werk öffentlich zugänglich macht.[475] Im Rahmen der vorliegenden Untersuchung bezeichnet „Nutzer“ aber aus-

[475] *EuGH*, 15.3.2012, C-162/10, EuZW 2012, 711 (713) Tz. 47 - Phonographic Performance; *v. Ungern-Sternberg*, GRUR 2012, 576 f.

schließlich Endkunden, die über einen Streaminganbieter urheberrechtlich geschützte Werke konsumieren.[476]

II. Rechtsverhältnisse

1. Rechtsinhaber und Streaminganbieter

a) Vertragsgegenstand

Gibt der Streaminganbieter eine Produktion selbst in Auftrag und trägt er das wirtschaftliche Risiko der Produktion als Hersteller, liegen den die Produktion bildenden Teilwerken Werkverträge, Bestellverträge oder Urheberverwertungsverträge eigener Art mit kauf- oder pachtvertraglichen Elementen zugrunde.[477] In allen anderen Fällen steht der Streaminganbieter in keiner direkten Beziehung zum Werk und muss sich dementsprechend vom Rechtsinhaber die für seinen Dienst erforderlichen Nutzungsrechte vertraglich einräumen lassen.

Das UrhG spricht von Verwertungsrechten (§§ 15 ff. UrhG), Nutzungsrechten (§§ 31 ff. UrhG) und von Nutzungsarten (bspw. § 31 Abs. 1 UrhG). Die drei Begriffe bezeichnen oftmals inhaltlich denselben Vorgang.[478] So liegt bspw. der Nutzungsart der Vervielfältigung, das Vervielfältigungsrecht aus § 15 Abs. 1 Nr. 1 UrhG zugrunde. Umgekehrt können einem Verwertungsrecht mehrere Nutzungsarten gegenüberstehen, zum Beispiel die Vervielfältigung eines Manuskripts als Printversion oder in digitaler

---

[476] Dabei handelt es sich in der Regel um natürliche Personen die Verbraucher i. S. v. § 13 BGB sind. Vgl. 4 h. der *Amazon Video* Nutzungsbedingungen vom 13.12.2016; 4.2. der *Netflix* Nutzungsbedingungen oder 4. der *Spotify* Allgemeinen Geschäfts- und Nutzungsbedingungen vom 9.9.2015.

[477] *BGH* 12.2.1952, I ZR 1 15/51, NJW 1952, 662 (663 f.) - Parkstraße 13; KG, 5.5.2014, 24 U 125/13, ZUM-RD 2014, 684 (688); *Ohly*, in: *Schricker/Loewenheim*, UrhG, vor § 31 ff. Rn. 138.

[478] *Schulze*, in: *Dreier/Schulze*, UrhG, § 15 Rn. 6.

Form als eBook. Den Nutzungsarten entsprechen die Nutzungsrechte, welche von den Verwertungsrechten umfasst sind. Das Verwertungsrecht als Stammrecht ist nicht übertragbar und verbleibt stets beim Urheber.[479] Das Nutzungsrecht beschränkt sich ausschließlich auf die jeweils konkrete wirtschaftliche Nutzungsart und kann vom Urheber übertragen werden.[480] Für eine umfassende Werknutzung muss die Anzahl der Nutzungsrechte den Urheberrechten, die beim Urheber entstehen, entsprechen.[481] Werden Nutzungsrechte für ein Werk nur teilweise erworben, können sie auch nur in dem begrenzten Umfang genutzt werden.[482]

Die Einräumung von Nutzungsrechten ist in § 31 UrhG geregelt. Die Norm bildet die zentrale und grundlegende Vorschrift des Urhebervertragsrechts. Laut § 31 Abs. 1 UrhG kann der Urheber einem anderen das Recht einräumen, das Werk auf einzelne oder alle Nutzungsarten zu nutzen. Wird die Nutzung eines Werkes vom Rechtsinhaber beschränkt, fällt die Abgrenzung der einzelnen Nutzungsarten mitunter schwer.

Rechte mit dinglicher Wirkung können nicht beliebig aufgespalten werden. Das Verkehrsschutzinteresse der Allgemeinheit setzt voraus, dass das jeweilige Nutzungsrecht als solches hinreichend klar abgrenzbar und wirtschaftlich-technisch einheitlich und selbstständig ist.[483] Werden durch eine Nutzungsart die technischen Möglichkeiten in beträchtlichem Maß ver-

479 *Schulze*, in: *Dreier/Schulze*, UrhG, § 15 Rn. 6.
480 *Ohly*, in: *Schricker/Loewenheim*, UrhG, § 31 Rn. 7 f.
481 *Schulze*, in: *Dreier/Schulze*, UrhG, § 15 Rn. 8.
482 *Schulze*, in: *Dreier/Schulze*, UrhG, § 15 Rn. 8.
483 *BGH*, 13.10.2004, I ZR 49/03, GRUR 2005, 48 (49) - man spricht deutsh; *BGH*, 6.7.2000, I ZR 244/97, GRUR 2001, 153 (154) - OEM-Version; *BGH*, 4.7.1996, I ZR 101/94, GRUR 1997, 215 (217) - Klimbim; *BGH*, 8.11.1989, I ZR 14/88, GRUR 1990, 669 (671) - Bibelreproduktion; *BGH*, 5.6.1985, I ZR 53/83, GRUR 1986, 62 (65) - GEMA-Vermutung I; *BGH*, 21.11.1958, I ZR 98/57, GRUR 1959, 200 (202) – Der Heiligenhof; *Schulze*, in: *Dreier/Schulze*, UrhG, § 31 Rn. 28; *Schack*, Urheber- und Urhebervertragsrecht, Rn. 608; *Ohly*, in: *Schricker/Loewenheim*, UrhG, § 31 Rn. 8; *Schricker*, § 28 Rn. 23; *Reimer*, GRUR Int 1973, 315 (322); *Reimer*, GRUR 1962, 619 (626).

bessert, ist von technischer Eigenständigkeit auszugehen.[484] Wirtschaftliche Eigenständigkeit ist erst dann gegeben, wenn sich durch die Nutzungsart ein neuer Markt entwickelt hat und neue Verbraucherkreise angesprochen werden.[485] Sowohl bei der technischen als auch bei der wirtschaftlichen Eigenständigkeit kommt es auf die Sicht des Endverbrauchers an.[486]

Die Nutzung eines Werkes online in einem Netzwerk wird als Verwertungsrecht durch § 19a UrhG erfasst. Obwohl das Internet einst insgesamt als einheitliche Nutzungsart gesehen wurde,[487] ist heute richtigerweise, aufgrund unterschiedlichster Nutzungsmöglichkeiten zwischen verschiedenen Online-Diensten zu unterscheiden.

aa) On-Demand-Dienst

Media-Streaming verbessert aufgrund der Bidirektionalität[488] der Datenübertragung die technischen Möglichkeiten und eröffnet einen neuen Markt der Werkverwertung. Dementsprechend ist Media-Streaming eine eigene Nutzungsart i. R. v. § 19a UrhG und von anderen Nutzungsarten der öffentlichen Zugänglichmachung zu unterscheiden.[489] Wird zum Beispiel ein Werk als Podcast oder Live-Sendung, erst online gesendet und im Anschluss daran als On-Demand-Stream öffentlich zugänglich gemacht (sog. Simulcast), liegen zwei unterschiedliche Nutzungsarten vor, die gesondert vom Rechtsinhaber eingeräumt werden müssen.[490]

Ein anderes Wiedergabemedium eröffnet hingegen keine neue Nutzungsart. Es ist unerheblich, dass der Streaminganbieter seinen Dienst mögli-

---

484 *BGH*, 5.6.1985, I ZR 53/83, GRUR 1986, 62 (65) - GEMA-Vermutung I.
485 *Loewenheim*, GRUR 2004, 36 (39).
486 *BGH*, 4.7.1996, I ZR 101/94, GRUR 1997, 215 (217) - Klimbim.
487 *LG Berlin*, 14.10.1999, 16 O 26/99, ZUM 2000, 73 (75) - Nutzung von Fotos im Internet.
488 Siehe Seite 38.
489 Vgl. dazu auch Seite 101.
490 *Koch*, GRUR 2010, 574 (576).

cherweise auch für Smart-TV, Smartphone oder Tablet anbietet.[491] Die konkrete Art der Nutzung bleibt stets dieselbe. Auch wenn darin eine Verbesserung der technischen Möglichkeiten zu sehen sein könnte, fehlt es an einer wirtschaftlichen Eigenständigkeit. Der Abruf über verschiedene Endgeräte eröffnet keinen neuen Markt, weil er immer gleichermaßen über das Internet erfolgt. Demzufolge eröffnet er auch kein eigenes Nutzungsrecht. In technischer Hinsicht setzt sich das nicht-lineare Streaming aus mehreren aufeinander aufbauenden Abläufen zusammen.[492] Beginnend mit der Speicherung des Werkes auf einem Server des Anbieters, über das Einstellen des Werkes auf die Anbieterplattform bis hin zur Übertragung des Werkes an den Nutzer. Fraglich ist, ob diese technisch bedingten Schritte eigene Nutzungsarten darstellen, die ein gesondertes Nutzungsrecht für den Streaminganbieter erfordern.

(1) Speicherung auf dem Anbieterserver

Der für die Zugänglichmachung erforderliche Upload des Werkes auf einen Server des Anbieters ist eine § 19a UrhG vorgelagerte Vervielfältigung gem. § 16 UrhG. Diese stellt eine notwendige Vorbereitungshandlung für die öffentliche Zugänglichmachung dar und ist somit eine untergeordnete, unselbstständige Nutzungsart.[493] Es fehlt ihr an der zwingend erforderlichen wirtschaftlich eigenständigen Bedeutung.[494] Wirtschaftliche Eigenständigkeit kann nur dann angenommen werden, wenn es sich um eine extern

---

491 A. A. wohl: *Schulze*, in: *Dreier/Schulze*, UrhG, § 31 Rn. 11.

492 Vgl. Seite 18 ff.

493 So auch *OLG München*, 29.4.2010, 29 U 3698/09, GRUR-RR 2011, 1 (3) - Videodatei; *Schaefer*, ZUM 2010, 150; *Dustmann/Engels*, in: *Fromm/Nordemann*, UrhG, § 19a Rn. 9; *Dreier*, in: *Dreier/Schulze*, UrhG, § 19a Rn. 1; a. A. *Melichar*, ZUM 2010, 713; *Jani*, ZUM 2009, 722 (724). Ferner *BGH*, 30.6.1976, I ZR 63/75, GRUR 1977, 42 (44) - Schmalfilmrechte.

494 *BGH*, 30.6.1976,I ZR 63/75, GRUR 1977, 42 (44) - Schmalfilmrechte; *Ullrich*, ZUM 2010, 311 (316).

wirkende Nutzung handelt, die nicht nur Kosten verursacht, sondern auch einen konkreten geldwerten Vorteil generiert bzw. generieren kann.[495] Die Vervielfältigung auf dem Server des Anbieters mag Gewinnerwartungen wecken, verursacht als solche aber nur Kosten.[496] Gewinn wird erst mit dem tatsächlichen Onlinestellen erzielbar.

(2) Abrufübertragungsrecht

Die für die öffentliche Zugänglichmachung erforderliche Übermittlung des Werkes zum Nutzer ist vom Wortlaut des § 19a UrhG nicht erfasst. Das Streaming-Angebot gilt bereits dann als zugänglich gemacht, wenn der Anbieter die Werkkopie auf dem Serverrechner für den Zugriff bereitstellt.[497] Ein Abruf des Streams muss noch nicht erfolgt sein. Fraglich ist also, ob im Abrufen des Streams eine zusätzliche Nutzungsart zu sehen ist und ob der konkrete on-demand ausgelöste Übertragungsakt ein zusätzliches Nutzungsrecht des Urhebers begründet.

Der deutsche Gesetzgeber hat nicht ausdrücklich geregelt, ob das Recht der öffentlichen Zugänglichmachung bei zum Abruf bereitgestellten Werken oder Werkteilen neben dem Bereitstellen auch den Übertragungsakt zum Nutzer mit einschließt.[498]

Dem Wortlaut des § 19a UrhG ist ein gesondertes Abrufübertragungsrecht jedenfalls nicht zu entnehmen.[499] Vielmehr wird lediglich vom „Zugänglichmachen" gesprochen, was vorerst nur das Bereitstellen und das Anbieten des Werkes erfasst. Der Wortlaut von Art. 3 Abs. 1 InfoSoc-

495 *Ullrich*, ZUM 2010, 311 (316).
496 *Ullrich*, ZUM 2010, 311 (316).
497 *Koch*, GRUR 2010, 574 (577).
498 Ein entsprechender Änderungsantrag war im Gesetzgebungsverfahren nicht übernommen worden. Vgl. Begründung des Rechtsausschusses des Deutschen Bundestags, BT-Drucks. 15/837 vom 9.4.2003, S. 29.
499 So bezeichnet von *v. Ungern-Sternberg*, in: *Schricker/Loewenheim*, UrhG, § 19a Rn. 38 ff.

Richtlinie geht allerdings weiter als seine Umsetzung ins deutsche Recht mit § 19a UrhG. Danach steht dem Urheber das ausschließliche Recht der drahtgebundenen oder drahtlosen öffentlichen Wiedergabe zu, einschließlich der öffentlichen Zugänglichmachung der Werke in der Weise, dass sie Mitgliedern der Öffentlichkeit von Orten und zu Zeiten ihrer Wahl zugänglich sind.

Aufgrund des abweichenden Wortlauts fordert ein Teil des Schrifttums eine richtlinienkonforme Auslegung des § 15 Abs. 2 UrhG dahingehend, dass das Abrufübertragungsrecht als unbenanntes Recht der öffentlichen Wiedergabe anzuerkennen ist.[500] Dem Urheber stünde sowohl ein Recht an der Bereithaltung des Werkes zum Abruf durch eine Öffentlichkeit, als auch ein Recht an der Abrufübertragung des öffentlich zum Abruf bereitgehaltenen Werkes zu.[501] Dieser Ansicht nach erfasst § 19a UrhG grundsätzlich nur das Recht der Bereitstellung eines Werkes zum Abruf, nicht aber die im Anschluss erfolgende Abrufübertragung durch und an den Nutzer. Diese sei dann wiederum zusätzlich als unbenanntes Recht vom Recht der öffentlichen Wiedergabe gem. § 15 Abs. 2 UrhG umfasst.[502]

Anders die wohl herrschende Meinung, die sowohl das Angebot an die Öffentlichkeit durch Bereitstellen als auch die folgende, vom Nutzer ausgelöste Übertragung § 19a UrhG unterordnet.[503] Der 23. Erwägungsgrund

---

500 *v. Ungern-Sternberg*, in: *Schricker/Loewenheim*, UrhG, § 19a Rn. 44.

501 *v. Ungern-Sternberg*, in: *Schricker/Loewenheim*, UrhG, § 19a Rn. 44.

502 *v. Ungern-Sternberg*, in: *Schricker/Loewenheim*, UrhG, § 15 Rn. 291; *Poll*, GRUR 2007, 476 (478).

503 Vgl. Schlussanträge des Generalanwalts *Sánchez-Bordona* vom 25.4.2018, C-161/17, ZUM 2018, 506 (510) Tz. 50 f. - Cordoba; *BGH*, 11.4.2013, I ZR 152/11, GRUR 2013, 618 (619) Tz. 22 - Internet-Videorecorder II; *Raue*, ZUM 2018, 517 (518); *Stieper*, Von der Verbreitung "unkörperlicher" Vervielfältigungsstücke zum Recht auf Weitergabe in elektronischer Form, FS-Schulze, 107 (114); *Dreier*, in: *Dreier/Schulze*, UrhG, § 19a Rn. 1; *Hoeren*, in: *Loewenheim*, Handbuch des Urheberrechts, § 21 Rn. 52; *Schack*, GRUR 2007, 639 (640 ff.); *Poll*, GRUR 2007, 476 (478 ff.); *Gerlach*, ZUM 1999, 278 ff.; offengelassen von *BGH*, 17.7.2003, I ZR 259/00, GRUR 2003, 958 (961) - Paperboy.

der InfoSoc-Richtlinie gibt zu verstehen, dass das Recht der öffentlichen Wiedergabe im weiten Sinne dahingehend verstanden werden soll, dass es jegliche Wiedergabe an eine Öffentlichkeit umfasst, die an dem Ort, an dem die Wiedergabe ihren Ursprung nimmt, nicht anwesend ist. Daraus ergibt sich, dass die InfoSoc-Richtlinie unter *„Zugänglichmachen"* nicht nur das Bereitstellen eines Werkes zum Abruf versteht, sondern auch den Übertragungsakt von *"dem Ort, an dem die Zugänglichmachung ihren Ursprung nimmt"*. Weiter wird im 23. Erwägungsgrund ausgeführt, dass das Recht der öffentlichen Zugänglichmachung jegliche entsprechende drahtgebundene oder drahtlose öffentliche Übertragung oder Weiterverbreitung eines Werkes umfasst.

Ein dem entgegenstehender Wille des deutschen Gesetzgebers ist in § 19a UrhG nicht zu erkennen.[504] Die durch die erste Ansicht vorgenommene Zuordnung beschränkt sich darüber hinaus ausschließlich auf den nationalen Binnenbereich und widerspricht damit einer europarechtskonformen Umsetzung der InfoSoc-Richtlinie.[505] Es ist daher abzulehnen, das Abrufübertragungsrecht als zusätzliches Verwertungsrecht zu qualifizieren. Dafür spricht auch, dass der Abrufübertragung keine wirtschaftliche Eigenständigkeit zukommt.[506] Parallel zum Vervielfältigen des Werkes auf dem Server des Anbieters generiert auch die Abrufübertragung keinen konkreten geldwerten Vorteil. Das Abrufen eines Media-Streams und die sich

[504] Begründung des Rechtsausschusses des Deutschen Bundestags, BT-Drucks. 15/837 vom 9.4.2003, S. 29, wonach ausdrücklich von einem, den Übertragungsakt mitumfassenden Gesetzeswortlaut abgesehen wurde. Die Zweiaktigkeit des § 19a UrhG sei von der Richtlinie nahe gelegt (Erwägungsgründe 24 und 25) und entspräche der herrschenden Auffassung.

[505] *Koch*, GRUR 2010, 574 (577).

[506] Vgl. *Ullrich*, ZUM 2010, 311 (316).

daran anschließende Übertragung ist folglich dem Recht der öffentlichen Zugänglichmachung gem. § 19a UrhG zuzuordnen.[507]

In seiner Struktur ist § 19a UrhG mit dem zweistufig aufgebauten Verbreitungsrecht gem. § 17 UrhG vergleichbar (öffentliches Anbieten von Vervielfältigungsstücken und ihr Inverkehrbringen), wonach die Verwertungshandlungen aufeinander folgen können, aber nicht müssen.[508] Damit stellt schon das Bereitstellen des urheberrechtlich geschützten Materials zum Abruf einen Eingriff in das Verwertungsrecht dar.[509] Der tatsächliche Abruf muss nicht erfolgen.[510] Der Inhaber des Nutzungsrechts nach § 19a UrhG bedarf also keines weiteren Abrufübertragungsrechts vom Urheber.

(3) Vervielfältigungsrecht

Neben dem Nutzungsrecht aus § 19a UrhG kommt auch das Vervielfältigungsrecht bezüglich der vorübergehenden Vervielfältigung beim Nutzer als Gegenstand des Vertrages zwischen Rechtsinhaber und Streaminganbieter in Betracht. Beim Streaming wird das urheberrechtlich geschützte Material auf dem Computer des Nutzer zwischengespeichert.[511] Eine Vervielfältigungshandlung i. S. v. § 16 UrhG liegt somit nicht nur in Bezug auf die Speicherung des Werkes auf dem Anbieterserver vor, sondern

---

507 Zustimmend *Stieper*, Von der Verbreitung "unkörperlicher" Vervielfältigungsstücke zum Recht auf Weitergabe in elektronischer Form, FS-Schulze, 107 (114); *Dreier*, in: *Dreier/Schulze*, UrhG, § 19a Rn. 1; *Hoeren*, in: *Loewenheim*, Handbuch des Urheberrechts, § 21 Rn. 52; *Schack*, GRUR 2007, 639 (640 ff.); *Poll*, GRUR 2007, 476 (478 ff.); *Gerlach*, ZUM 1999, 278 ff.; offengelassen von *BGH*, 17.7.2003, I ZR 259/00, GRUR 2003, 958 (961) - Paperboy.

508 Begründung des Rechtsausschusses des Deutschen Bundestags, BT-Drucks. 15/837 vom 9.4.2003, S. 29; *Schack*, GRUR 2007, 639 (641); *Gerlach*, ZUM 1999, 278 (281).

509 *Hoeren*, in: *Loewenheim*, Handbuch des Urheberrechts, § 21 Rn. 52.

510 *Hoeren*, in: *Loewenheim*, Handbuch des Urheberrechts, § 21 Rn. 52.

511 Siehe Seite 93.

auch bezüglich der vorübergehenden Speicherung im Arbeitsspeicher des Nutzers.

Da das der öffentlichen Zugänglichmachung vorgelagerte Abspeichern des Werkes auf einem Server und auch das Abrufübertragungsrecht § 19a UrhG zugeordnet und eine eigene Nutzungsart mangels wirtschaftlicher Eigenständigkeit verneint wurde, ist es nur folgerichtig, auch eine beim Nutzer entstehende Vervielfältigung § 19a UrhG zu unterstellen. Die Vervielfältigung des Werkes beim Nutzer ist ebenso wie die vorgelagerte Speicherung und die Abrufübertragung ein notwendiger technischer Ablauf. Sie ist lediglich eine nachgelagerte Folge der öffentlichen Zugänglichmachung ohne eigenständige, als solche lizenzierbare Vervielfältigungshandlung.[512]

(4) Ergebnis

Media-Streaming ist eine eigene Nutzungsart im Rahmen von § 19a UrhG und von anderen Nutzungsarten der öffentlichen Zugänglichmachung zu unterscheiden. Der Vorgang der öffentlichen Zugänglichmachung ist aber als Einheit zu sehen, die verschiedene Schritte umfasst: beginnend mit der für das Anbieten des Streams notwendigen Speicherung auf einem Server über das tatsächliche Anbieten des Streams bis hin zu seiner Übertragung und notwendigen Speicherung auf dem Nutzercomputer, um die Inhalte darstellen zu können.[513] Ein über das konkrete Recht zur öffentlichen Zugänglichmachung hinausgehendes Nutzungsrecht bedarf es folglich beim Media-Streaming für den Streaminganbieter nicht.

[512] Bei bejahen einer Vervielfältigungshandlung sind die Urheberrechtsschranken der §§ 44a und 53 UrhG zu beachten. Vgl. Seite 202 ff.

[513] So auch *LG München I*, 25.6.2009, 7 O 4139/08, ZUM 2009, 788 (793) - myvideo; *Ullrich*, ZUM 2010, 311 (318); dem widersprechend *Jani*, ZUM 2009, 722 (729 ff.).

bb) Vorübergehender Download

Neben „True-Streaming“ stellen Streaminganbieter ihr Angebot auch zum vorübergehenden Download bereit. Das technische Übertragungsverfahren unterscheidet sich dabei nicht von dem des On-Demand-Streamings.[514] Unterschiedlich ist aber der Speichervorgang auf dem Endgerät des Empfängers.[515] Die Datenpakete werden beim Streaming lediglich in einer speziellen, stark komprimierten Form zwischengespeichert und allerspätestens mit Unterbrechung der Stromversorgung vom Arbeitsspeicher des Computers gelöscht. Beim Download hingegen werden die Datenpakete in einem für den Nutzer kompatiblen Format für einen längeren Zeitraum (meist insgesamt 30 Tage, reduziert auf 48 Stunden nach erstmaliger Nutzung) gespeichert und stehen auch nach einer Unterbrechung der Stromversorgung auf der Festplatte zur Verfügung.[516]

Bezüglich der Einräumung erforderlicher Nutzungsrechte für den Streaminganbieter ergeben sich hier keine Besonderheiten. Auch der vorübergehende Download unterliegt ausschließlich der Regelung des § 19a UrhG.[517]

Aus Endkundensicht stellt der Download im Vergleich zum On-Demand-Streaming eine technische Verbesserung dar, da eine erweiterte Nutzungsmöglichkeit besteht. Daneben eröffnet eine Downloadoption und die damit verbundene Offline-Verfügbarmachung einen neuen Markt, denn es wird ein größerer Nutzerkreis angesprochen. Durch den Download des Werkes ist der Nutzer nicht mehr auf eine kontinuierliche Internetverbindung angewiesen, er kann das heruntergeladene Werk offline orts- und zeitunabhängig nutzen. Folglich ist der Download im Vergleich zum On-Demand-Streaming inner-

---

[514] Vgl. Seite 11 ff.

[515] Vgl. Seite 29.

[516] Siehe Seite 34.

[517] Z. B. *OLG Hamm*, 15.5.2014, I-22 U 60/13, MMR 2014, 689 (691); *Bullinger*, in: *Wandtke/Bullinger*, UrhG, § 19a Rn. 23.

halb des Rechts der öffentlichen Zugänglichmachung eine eigenständige Nutzungsart i. S. v. § 31 UrhG.

Damit bedarf es für die neben dem Streaming auch zum Download angebotenen Werke der Einräumung eines zusätzlichen Nutzungsrechts durch den Urheber. Davon zu unterscheiden ist der Fall, dass der Nutzer durch eigene Anstrengungen eine dauerhafte Kopie auf seinem Computer erstellt.[518]

cc) Ergebnis

Vertragsgegenstand im Rechtsverhältnis zwischen Rechtsinhaber und Streaminganbieter ist vorrangig das Recht zur Nutzung des Werkes im Wege des Media-Streamings im Rahmen von § 19a UrhG. Die eigenständige Nutzungsart Media-Streaming umfasst aber neben dem Anbieten des Werkes, sowohl seine Vervielfältigung auf dem Anbieterserver, seine Übertragung und seine Vervielfältigung auf dem Nutzercomputer. Bietet der Streaminganbieter darüberhinaus das Werk auch zum vorübergehenden Download an, ist dieses Nutzungsrecht ebenfalls Vertragsgegenstand.

b) Vertragsinhalt

aa) Vertragsform

Das UrhG ermöglicht dem Urheber, über sein Werk zu verfügen und anderen Personen Nutzungsrechte daran einzuräumen. Es kennt aber keine speziellen Regelungen für die zugrunde liegenden Verpflichtungsgeschäfte.[519] Es

---

[518] *Ullrich*, ZUM 2010, 311 (313).
[519] *Schulze*, in: *Dreier/Schulze*, UrhG, Vor §§ 31 ff. Rn. 4.

gilt der allgemeine zivilrechtliche Grundsatz der Vertragsfreiheit.[520] Damit sind ausdrückliche Regelungen zwischen den Vertragsparteien vorrangig.

Media-Streaming-Nutzungsrechte werden durch den Rechtsinhaber mittels einer Lizenzvereinbarung übertragen.[521] Der Begriff der Lizenz findet zwar auch in deutschen Gesetzen Erwähnung, ist als solcher aber nicht legal definiert.[522] Gemeinsam ist allen Lizenzen die Gewährung des Gebrauchs eines nichtkörperlichen, geistigen Gutes im vereinbarten Umfang.[523] Damit handelt es sich beim Lizenzvertrag um ein Dauerschuldverhältnis, dessen Hauptleistungspflicht in der zeitlich begrenzten Gebrauchsüberlassung des Lizenzgutes durch den Lizenzgeber und in der Zahlung eines für eine bestimmte Zeitperiode zu entrichtenden Entgelts durch den Lizenznehmer besteht.[524] Der Begriff der Lizenz gibt jedoch noch keine Auskunft über Inhalt und Reichweite erteilter Nutzungsbefugnisse.[525] Es ist eine Frage des Einzelfalls, ob es sich um ein absolutes oder relatives Recht handelt und ob der Lizenznehmer dieses vom Urheber direkt oder von einem anderen Nutzungsberechtigten erwirbt.[526]

Die herrschende Meinung sieht den Lizenzvertrag als einen nicht ausdrücklich geregelten Vertragstyp eigener Art mit Elementen des Kauf-,

[520] *BGH*, 31.5.2012, I ZR 73/10, GRUR 2012, 1031 (1036); *BGH*, 24.3.2010, VIII ZR 178/08, NJW 2010, 2789 (2790); *BGH*, 18.2.1982, I ZR 81/80, GRUR 1984, 45 (48).

[521] Vgl. z. B. für Filmwerke *Jan Bernd Nordemann*, in: *Fromm/Nordemann*, UrhG, vor §§ 88 ff. Rn. 90. Ein Beispiel für einen Filmlizenz- und Vertriebsvertrag ist in *Kreile*, in: *Weise/Krauß*, 21.3.5 Lizenz- und Vertriebsvertrag zu finden.

[522] Siehe z. B. § 69e Abs. 1 Nr. 1 UrhG, § 15 Abs. 2 PatG oder § 9 Abs. 3 DesingG.

[523] *Marly*, Praxishandbuch Softwarerecht, Rechtsschutz und Vertragsgestaltung, Rn. 697; *McGuire*, GRUR 2009, 13 (20).

[524] *BGH*, 23.3.1982, X ZR 76/80, GRUR 1982, 481 (483) - Hartmetallkopfbohrer; *OLG München*, 4.9.2003, 29 U 4743/02, ZUM 2003, 964 (967) - Pumuckl; *McGuire*, GRUR 2009, 13 (20).

[525] *Hahn*, S. 38.

[526] *Hahn*, S. 38.

Pacht-, Miet-, Dienst- oder Gesellschaftsvertrags.[527] Je nach Lage des Einzelfalls können beim Media-Streaming daher die gesetzlichen Regelungen zu den einzelnen Vertragstypen analog herangezogen werden.[528]

bb) Rechte und Pflichten der Vertragsparteien

Gesetzliche Regelungen für Nutzungsverträge existieren im deutschen Urheberrecht nicht, mit Ausnahme des Verlagsvertrags (§ 1 VerlG).[529]

Zu den allgemeinen Vertragspflichten gehört unter anderem die Enthaltungspflicht des Urhebers bei der Einräumung exklusiver Nutzungsrechte.[530] Er ist verpflichtet, alle konkurrenzgeeigneten Verwertungshandlungen zu unterlassen, die dem Vertragspartner ernsthaft schaden.[531] Für den Verlagsvertrag begründet sich diese Pflicht gesetzlich aus den §§ 2 Abs. 1, 39 Abs. 3 VerlG und für andere Nutzungsverträge ist sie in aller Regel ausdrücklich vereinbart oder ergibt sich aus dem Grundsatz von Treu und Glauben.[532] Eine solche Enthaltungspflicht erstreckt sich auch über den eigentlichen Vertragsgegenstand hinaus auf alle Werke, die nach Inhalt, Umfang und Adressatenkreis dem Vertragsgegenstand gegenüber konkurrenzgeeignet sind.[533]

[527] Z. B. *BGH*, 15.6.1951, I ZR 121/50, GRUR 1951, 471 (473); *BGH*, 03.11.1988, I ZR 242/86, NJW 1989, 456 - Präsentbücher; *Harke*, in: *Henssler/Krüger*, MüKo-BGB Band 4, BGB, § 581 Rn. 18 ; *Marly*, Praxishandbuch Softwarerecht, Rechtsschutz und Vertragsgestaltung, Rn. 698; *Weidenkaff*, in: *Palandt*, BGB, Einf v § 433 Rn. 22 und Einf v § 581 Rn. 7.

[528] *Marly*, Praxishandbuch Softwarerecht, Rechtsschutz und Vertragsgestaltung, Rn. 698.

[529] Vgl. *Soppe*, in: *Ahlberg/Götting*, UrhG, § 31 Rn. 8 ff.; *Schack*, Urheber- und Urhebervertragsrecht, Rn. 1071 ff.

[530] *Jan Bernd Nordemann*, in: *Fromm/Nordemann*, UrhG, vor §§ 31 ff. Rn. 45 ff.; *Schulze*, in: *Dreier/Schulze*, UrhG, Vorbermerkung vor §§ 31 ff. Rn. 41; *Ohly*, in: *Schricker/Loewenheim*, UrhG, vor §§ 31 ff. Rn.62.

[531] Vgl. *BGH*, 9.5.1985, I ZR 52/83, GRUR 1985, 1041 (1043) - Inkasso-Programm.

[532] *Jan Bernd Nordemann*, in: *Fromm/Nordemann*, UrhG, vor §§ 31 ff. Rn. 45.

[533] *Schack*, Urheber- und Urhebervertragsrecht, Rn. 1073.

Des Weiteren besteht eine Vergütungspflicht. Der Verwerter verpflichtet sich, dem Urheber eine Vergütung für die Nutzungsrechte zu entrichten. Diese bemisst sich vielfach prozentual am Verwertungserlös.[534] Entsprechend der marktwirtschaftlichen Lage bestimmt die Nachfrage das Angebot. Neben prozentualer Verwertungserlösbeteiligung als Vergütung gibt es auch sog. Buy-out-Verträge, die insb. im Film- und Fernsehbereich sowie im Bereich neuer Medien nicht unüblich sind. Kennzeichnend für diese Verträge ist, dass sich die Verwerter sämtliche Nutzungsrechte branchenübergreifend für ein Werk gegen Zahlung einer pauschalen Vergütung einräumen lassen.[535]

cc) Vergütungsmodell und wirtschaftliches Interesse

Die Werkauswertung durch Media-Streaming ist motiviert durch das wirtschaftliche Interesse der Parteien an einer Gewinnerzielung.

Anders als beim Download zahlt der Endnutzer bei Media-Streamingangeboten nicht pro heruntergeladenem Titel. Die Abrechnung

---

[534] *Schack*, Urheber- und Urhebervertragsrecht, Rn. 1071 ff.

[535] Buy-out-Verträge und Pauschalvergütungen sind vertragsrechtlich i. R. v. § 307 BGB wegen einer Knebelung des Urhebers, eines Äquivalenzmissverhältnisses oder § 31 Abs. 5 UrhG (Zweckübertragungsregel) nicht unbedenklich. Nach Ansicht der Bundesregierung aber nicht zu beanstanden, solange der umfassenden Rechtseinräumung eine angemessene Vergütung gegenübersteht. Die Grenze bildet damit die Sittenwidrigkeit (§ 138 BGB). Vgl. BT-Drucks. 14/4973 vom 12.12.2000, S. 1; BT-Drucks. 14/8058 vom 23.1.2002, S. 18; *BGH*, 31.5.2012, I ZR 73/10, GRUR 2012, 1031 (1037) Rn. 39 - Honorarbedingungen Freie Journalisten; *BGH*, 07.10.2009, I ZR 38/07, GRUR 2009, 1148 (1150) Rn. 24 - Talking to Addison. Bejahend auch *Castendyk*, in: *Loewenheim*, Handbuch des Urheberrechts, § 75 Rn. 212 ff.; *Schwarz*, ZUM 2010, 107 (109); *Erdmann*, GRUR 2002, 923 (927). Kritisch *Wandtke/Grunert*, in: *Wandtke/Bullinger*, UrhG, vor §§ 31 ff. Rn. 92. Ablehnend *Schack*, ZUM 2001, 453 (459 f.); *Olenhusen, Albrecht Götz von* , ZUM 2000, 736 (737); *Reber*, ZUM 2000, 729 (730 f.).

erfolgt im Rahmen eines Abonnementvertrags.[536] Aus dem Grund gibt es verschiedene Vergütungsmöglichkeiten des Rechtsinhabers für das genutzte Werk. Es kann entweder eine Pauschalvergütung für die Werknutzung, eine Nutzerpauschale oder eine Vergütung für jeden Werkaufruf vereinbart werden. Dies veranschaulichen Tabelle 1 und Tabelle 2. Grundlage der Betrachtung bildet das Vergütungsmodell für die Nutzung von Werken des GEMA[537]-Repertoires[538]. Dies eignet sich vorliegend besonders gut, da die GEMA die größte deutsche[539] Verwertungsgesellschaft ist, die die Rechte der Musikautoren wahrnimmt und damit weitüberwiegend die musikalischen Verwertungsrechte bündelt.[540] Insbesondere im audiovisuellen Bereich wird die Werkverwertung von den Produktionsfirmen selbst vorgenommen; Verwertungsgesellschaften spielen nur eine untergeordnete Rolle. Die Vergütung erfolgt aber vergleichbar, entsprechend angepasst an

[536] So bspw. bei *Spotify* - Abs. 3.1 der *Spotify* Allgemeinen Geschäfts- und Nutzungsbedingungen – Deutschland: „[...] *Spotify* stellt Streaming-Dienste mit einer Auswahl musikalischer und anderer Inhalte bereit. Bestimmte *Spotify*-Dienste stehen Ihnen kostenlos zur Verfügung. Andere *Spotify*-Dienste erfordern eine Zahlung, bevor Sie darauf zugreifen können. Die kostenpflichtigen *Spotify*-Dienste werden zurzeit als „Premium-Dienste" und „Unbegrenzte Dienste" (Zusammenfassend die **„kostenpflichtigen Abonnements"**) bezeichnet. [...]" - *Spotify* AB, *Spotify* Allgemeinen Geschäfts- und Nutzungsbedingungen – Deutschland, August 2018, https://www.spotify.com/de/legal/end-user-agreement/ - Zugriff am 28.2.2019.

[537] Die Gesellschaft für musikalische Aufführungs- und mechanische Vervielfältigungsrechte nimmt in Deutschland führend die Verwertung von Musikwerken kollektiv für Urheber und Leistungsschutzberechtigte wahr. Ausführlich zu Verwertungsgesellschaften *Müller*, ZUM 2009, 121 ff. und *Heine*, S. 64 f.

[538] Vergütungssatz VR-OD 8 vom 1.7.2018, siehe Anhang Seite 325 ff. Vgl. außerdem Schiedsstelle beim DPMA, ZUM 2010, 916 ff.

[539] Die GEMA agiert gemeinsam mit der englischen Musikverwertungsgesellschaft MCPS-PRS unter dem Namen CELAS sogar europaweit. Zur Frage ob die CELAS eine Verwertungsgesellschaft i. S. v. § 1 WahrnG ist *Hoeren/Altemark*, GRUR 2010, 16 ff.

[540] Sog. große Rechte werden zum Teil von den Produktionsfirmen, Verlagen oder Urhebern selbst wahrgenommen. *Gerlach*, in: *Wandtke/Bullinger*, WahrnG, Vor §§ 1 ff. Rn. 4.

die Anzahl der zu nutzenden Werke, mittels Pauschalvergütung für die Werknutzung, Nutzerpauschale oder Vergütung für jeden Werkaufruf.[541]

Wie Tabelle 1 zeigt, ist eine Regelvergütung von 10,25 % der Bemessungsgrundlage oder eine Mindestvergütung pro abgerufenem Titel festgesetzt. Bemessungsgrundlage sind alle kausal auf die Musiknutzung zurückzuführenden Netto-Einnahmen des zu lizenzierenden Dienstes (z. B. der Netto-Endnutzerpreis für den jeweiligen Abruf bzw. das Abonnement oder Einnahmen aus Werbung bei werbefinanziertem Angebot). Die Regelvergütung und die Mindestvergütung werden nicht kumulativ fällig, sondern es kommt der jeweils höhere Betrag zur Anwendung.[542]

Tabelle 2 zeigt die Abrechnung der Werknutzung von Musik über die GEMA anhand eines Rechenbeispiels. Dafür wurde angenommen, dass bei einem Streamingdienst eine Million Nutzer registriert sind, die monatlich 9,99 € für die unbeschränkte Musiknutzung zahlen. Die Abrechnung erfolgt entweder über die Regelvergütung oder über die Mindestvergütung. Der jeweils höhere Betrag kommt zur Anwendung.[543] Die Beträge können durchaus signifikant abweichen.[544] Im genannten Beispiel wird bei Single-Platforms die Regelvergütung fällig, wohingegen bei Multiple-Platforms die

[541] Da dies für audiovisuelle Werke mitunter enorme Kosten verursachen kann, setzen die Streaminganbieter zunehmend auf Eigenproduktionen. Einerseits um sich von der Konkurrenz abheben zu können, andererseits aber auch um den teuren und zum Teil unvorhersehbaren Lizenzgebühren für die Nutzung fremder Werke zu entgehen. Vgl. *Thier*, FAZ 6.2.2017, Mit eigenen Serien auf Kundenfang, Video-Streamingdienste im Test, http://www.faz.net/aktuell/finanzen/meine-finanzen/geld-ausgeben/nachrichten/streamingdienste-netflix-amazon-und-co-im-test-14845220.html - Zugriff am 28.2.2019.

[542] Vgl. Anhang Seite 325 ff.

[543] Vgl. Anhang Seite 325 ff.

[544] Für die Werkschaffenden selbst lohnt sich die Werkverwertung im Wege des Media-Streamings finanziell kaum. James Blunt twitterte bspw. im Oktober 2015, dass er von der Streamingplattform *Spotify* 0,0004499368 Britische Pfund pro Stream erhält (vgl. https://twitter.com/JamesBlunt - Zugriff am 28.2.2019).

Mindestvergütung zu zahlen ist. Beide stellen jeweils die höchstmögliche Vergütung im Rahmen des Vergütungssatzes dar.

Tabelle 1: Abrechnung der Musiknutzung im Rahmen von MoD-Angeboten im Abomodell am Beispiel der GEMA.

	Regelvergütung anhand der Bemessungsgrundlage	**Mindestvergütung pro Monat und Endkunde**
Single-Platforms[545]	10,25 %	0,75 €
Multiple-Platforms[546]	10,25 %	1,25 €
Bemessungsgrundlage	Netto-Einnahmen der Musiknutzung	Keine Bemessungsgrundlage notwendig

545 *„Ein „Single-Platform-Abonnement“ in diesem Sinne ist ein Abonnementangebot, in dessen Rahmen den Endkunden gegen Zahlung einer nutzungsunabhängigen Vergütung die Zugangsmöglichkeit zu Musikwerken dergestalt eingeräumt wird, dass der Endkunde für die Dauer des Abonnements und unter der Voraussetzung der fortgesetzten Zahlung der nutzungsunabhängigen Vergütung die Möglichkeit zum Zugriff auf die von dem zu lizenzierenden Dienst zum Abruf bereitgehaltenen Musikwerke ausschließlich über weit überwiegend stationär genutzte Endgeräte (z. B. PC, Laptop, Tablet-PC, stationäre Heim-Unterhaltungselektronik, z. B. Set-Top-Box, Stand-Alone-Abspielgeräte oder ähnliches) hat und eine Nutzung der Musikwerke ausschließlich im Wege des Streaming möglich ist. Eine Nutzung der Musikwerke durch gleichzeitige Nutzung auf mehr als einem Endgerät muss dabei ausgeschlossen sein.“* VR-OD 8 vom 1.7.2018, Abschnitt II. 3.

546 Unter *„ein „Multiple-Platform-Abonnement“ [...] fallen insbesondere Abonnementangebote, im Rahmen derer dem Endkunden gegen Zahlung einer nutzungsunabhängigen Vergütung die Zugangsmöglichkeit zu Musikwerken dergestalt eingeräumt wird, dass der Endkunde für die Dauer des Abonnements und unter der Voraussetzung der fortgesetzten Zahlung der nutzungsunabhängigen Vergütung die Möglichkeit zum Zugriff auf die von dem zu lizenzierenden Dienst zum Abruf bereitgehaltenen Musikwerke über weit überwiegend stationär genutzte Endgeräte und/oder weit überwiegend mobil genutzte Endgeräte [...] hat und/oder eine gleichzeitige Nutzung der Musikwerke, z. B. durch Abspielen oder zeitlich auf die Dauer des Abonnements begrenztes Speichern (sogenannter „Tethered Download“), auf mehr als einem Wiedergabe- oder Speichermedium möglich ist“.* VR-OD 8 vom 1.7.2018, Abschnitt II. 3.

Tabelle 2: Rechenbeispiel anhand eines MoD-Abodienstes mit monatlichem Nutzungsentgelt i. H. v. 9,99 € bei 1.000.000 registrierten Kunden

Monatliche Bruttoeinnahmen	9.990.000,00 €
Bemessungsgrundlage (Bruttoeinnahmen abzgl. 19% MwSt.)	8.394.957,98 €
Regelvergütung bei Single- und Multiple-Platforms	860.483,19 €
Mindestvergütung Single-Platforms	750.000,00 €
Mindestvergütung Multiple-Platforms	1.250.000,00 €

dd) Territoriale Beschränkbarkeit von Nutzungsrechten

Wie aus Kapitel drei hervorgegangen ist, erfolgt im audio und audiovisuellen Bereich die Werkverwertung segmentiert. Dies ist gem. § 31 Abs. 1 UrhG möglich, denn danach können Nutzungsrechte räumlich, zeitlich oder inhaltlich beschränkt werden. Dabei wird ein Teilausschnitt des Nutzungsrechts, über den verfügt werden soll, festgelegt. Dem zukünftigen Nutzungsrechtsinhaber ist es gestattet, das Werk nur innerhalb dieser festgesetzten Schranken zu nutzen.[547] Handelt es sich bei dem Teilausschnitt um ein selbstständiges Teilrecht, wirkt nach herrschender Meinung[548] eine

[547] *Kotthoff*, in: *Dreyer/Kotthoff/Meckel*, UrhG, § 31 Rn. 124; *Schulze*, in: *Dreier/Schulze*, UrhG, § 31 Rn. 28.

[548] *BGH*, 13.10.2004, I ZR 49/03, GRUR 2005, 48 (49) - man spricht deutsch; *BGH*, 6.7.2000, I ZR 244/97, GRUR 2001, 153 (154) - OEM-Version; *BGH*, 12.12.1991, I ZR 165/89, GRUR 1992, 310 (311) - Taschenbuch-Lizenz; *BGH*, 8.11.1989, I ZR 14/88, GRUR 1990, 669 (671 a. E.) - Bibelreproduktion; *BGH*, 21.11.1958, I ZR 98/57, GRUR 1959, 200 (202) – Der Heiligenhof; *Ohly*, in: *Schricker/Loewenheim*, UrhG, § 31 Rn. 29; *Schack*, Urheber- und Urhebervertragsrecht, Rn. 608; *Schulze*, in: *Dreier/Schulze*, UrhG, § 31 Rn. 28; *Schricker*, § 28 Rn. 23; siehe dazu auch Seite 118.

Beschränkung im Rahmen des § 31 Abs. 1 S. 2 UrhG dinglich.[549] Wird hingegen nur die Art der Ausführung eines Nutzungsrechts festgelegt, ohne den eigentlichen Inhalt dessen zu bestimmen, handelt es sich um schuldrechtliche Vereinbarungen ohne dingliche Wirkung.[550] Rechtsinhaber und Rechtserwerber können inter partes grundsätzlich jede beliebige Beschränkung vereinbaren.[551] Eine schuldrechtliche Beschränkung entfaltet aber keine Drittwirkung.[552]

Media-Streaming als eigenständige Nutzungsart ist klar abgrenzbar und wirtschaftlich-technisch selbstständig, sodass das aus ihr hervorgehende Nutzungsrecht grundsätzlich dinglich wirkt. Eine Beschränkung i. S. v. § 31 Abs. 1 S. 2 UrhG in räumlicher, zeitlicher oder inhaltlicher Hinsicht ist damit in Bezug auf das konkrete Nutzungsrecht mit dinglicher Wirkung möglich. Schuldrechtliche Abreden zwischen den Vertragsparteien bleiben davon unberührt.

---

549 Das gilt auch für einfache Nutzungsrechte. Vgl. Seite 115. *Pahlow*, ZUM 2005, 865 (866 ff.) und *Götting*, Urheberrechtliche und vertragsrechtliche Grundlagen, FS Schricker, 53 (68) ordnen einfachen Nutzungsrechten, aufgrund des Fehlens eigener Abwehrbefugnisse, nur einen schuldrechtlichen aber keinen dinglichen Charakter zu. Sie verkennen dabei den in § 33 UrhG normierten Sukzessionsschutz, wonach auch die einfache Lizenz dem Erwerber einer späteren ausschließlichen Lizenz gegenüber wirksam bleibt. Vgl. *BGH*, 26.3.2009, I ZR 153/06, GRUR 2009, 946 (948) Tz. 20 - Reifen Progressiv; *LG München I*, 19.5.2004, 21 O 6123/04, ZUM 2004, 861 (863); *Wandtke/ Grunert*, in: *Wandtke/Bullinger*, UrhG, § 31 Rn. 31 f.; *Kotthoff*, in: *Dreyer/Kotthoff/Meckel*, UrhG, § 31 Rn. 103; *Schack*, Urheber- und Urhebervertragsrecht, Rn. 604; *Jan Bernd Nordemann*, in: *Fromm/Nordemann*, UrhG, § 31 Rn. 87 *Scholz*, GRUR 2009, 1107 (1109); *Forkel*, NJW 1983, 1764 ff. Unentschlossen *Ohly*, in: *Schricker/Loewenheim*, UrhG, § 31 Rn. 47.

550 *BGH*, 6.10.2016, I ZR 25/15, GRUR 2017, 266 (270 f.) - WoW I; *BGH*, 6.7.2000, I ZR 244/97, GRUR 2001, 153 (154); *BGH*, 8.11.1989, I ZR 14/88, GRUR 1990, 669 (671 f.) - Bibelreproduktion; *BGH*, 6.3.1986, I ZR 208/83, GRUR 1986, 736 (737 f.) - Schallplattenvermietung; *BGH*, 21.11.1958, I ZR 98/57, GRUR 1959, 200 (202) - Der Heiligenhof; *BGH*, 14.06.1957, I ZR 143/55, GRUR 1957, 611 (612) - Bel ami. Vgl. auch BT-Drucks. IV/270 vom 23.3.1962, S. 56; *OLG Köln*, 13.11.2009, 6 U 67/09, ZUM 2010, 536 (537) - Kalk-Lady.

551 *BGH*, 24.10.2002, I ZR 3/00, GRUR 2003, 416 (418 f.) - CPU-Klausel; *v. Ungern-Sternberg*, GRUR 2009, 369 (371).

552 *Schulze*, in: *Dreier/Schulze*, UrhG, § 31 Rn. 29.

ee) Einsatz von Geoblocking

Eine räumliche Nutzungsrechtsbeschränkung kann beim Media-Streaming nur mittels Geoblocking technisch durchgesetzt werden, denn das Internet kennt faktisch keine territorialen Grenzen.[553] Daher wird der Streaminganbieter beim Erwerb von On-Demand-Nutzungsrechten i. d. R. zum Einsatz von Geoblocking verpflichtet.[554] Da Geoblocking das derzeit einzige technische Mittel zur Sicherung der räumlichen Beschränkung von On-Demand-Nutzungsrechten ist, stellt sich die Frage, ob einer Verpflichtung zum Geoblocking, über die schuldrechtliche Wirkung hinaus, auch dingliche Wirkung zukommt.

Es wird einerseits die Ansicht vertreten, dass die Verpflichtung zum Geoblocking keine über die dingliche Lizenz hinausgehende Verpflichtung darstellt, sondern einen inhärenten Teil der dinglichen Lizenz selbst.[555] Angesichts der weltweiten Zugriffsmöglichkeit auf Online-Inhalte ermögliche erst das Geoblocking eine territoriale Beschränkung von Nutzungsrechten zur öffentlichen Zugänglichmachung.[556]

Dem gegenüber stellt eine andere Ansicht auf die technische Möglichkeit der Eingrenzung ab. Ist das Territorium der öffentlichen Wiedergabe de facto nicht eingrenzbar, sei eine dinglich wirkende Beschränkung des Nutzungsrechts auf einzelne Mitgliedstaaten undenkbar.[557]

---

[553] Siehe zum technischen Verfahren Seite 39 ff.

[554] Vgl. *Jan Bernd Nordemann*, in: *Fromm/Nordemann*, UrhG, Vor §§ 31 ff. Rn. 432.

[555] *von Albrecht/Mutschler-Siebert/Bosch*, ZUM 2012, 93 (97). So auch *Wiebe*, ZUM 2015, 932 (936).

[556] *von Albrecht/Mutschler-Siebert/Bosch*, ZUM 2012, 93 (97).

[557] Hier wird eine Parallele zur Satellitensendung gezogen. Vgl. *Ratjen/Langer*, ZUM 2012, 299 (302). Vgl. auch Anm. *Stieper* zu *EuGH*, 4.10.2011, C-403/08 und C-429/08, MMR 2011, 817 (826) – FAPL und Murphy; *Holzmüller/Lichtenegger*, GRUR Int. 2009, 195 (199); *Wandtke/Grunert*, in: *Wandtke/Bullinger*, UrhG, § 31 Rn. 10.

Diese Ansicht widerspricht dem grundsätzlich territorialen Charakter des Urheberrechts.[558] Hinge außerdem die dingliche Wirkung der territorialen Beschränkung des Nutzungsrechts von seiner technischen Eingrenzungsmöglichkeit ab, wäre im Umkehrschluss anzunehmen, dass eine solche Wirkung eben gerade durch die vom Geoblocking bewirkte territoriale Beschränkung hergestellt wird.[559]

Auch überzeugt die Annahme nicht, dass erst durch Geoblocking territoriale Nutzungsbeschränkungen im Onlinebereich praktisch und technisch umsetzbar sind. Der Anbieter kann auch ein anderes Verfahren wählen um sicherzustellen, dass nur diejenige Nutzergruppe Zugriff auf die Inhalte hat, die dem Territorium angehören, für das die Nutzungsrechte erworben wurden.[560] Geoblocking stellt nur eine Möglichkeit – wenn auch die derzeit einzige technische – zur Absicherung territorialer Beschränkungen von Nutzungsrechten dar. Eine Verpflichtung zum Geoblocking kann dementsprechend nicht lediglich als inhärenter Teil der dinglichen Lizenz selbst bewertet werden.[561]

Im Ergebnis sind beide Ansichten abzulehnen. Zwar können grundsätzlich On-Demand-Nutzungsrechte gem. § 31 Abs. 1 S. 2 UrhG mit dinglicher Wirkung territorial beschränkt werden, allerdings erstreckt sich die dingliche Wirkung nicht auch auf das vertraglich vereinbarte Mittel zur Durchsetzung dieser Beschränkung. Verletzt der Streaminganbieter die Verpflichtung zum Einsatz von Geoblocking, bleibt die Rechtseinräumung an sich wirksam, es liegt dann ausschließlich eine vertragliche Pflichtverletzung vor. Für die Einhaltung dinglich wirkender territorialer Beschränkungen

---

[558] *Loewenheim*, in: *Schricker/Loewenheim*, UrhG, § 17 Rn. 26; *Wiebe*, ZUM 2015, 932 (937).

[559] *Wiebe*, ZUM 2015, 932 (937).

[560] Zu denken ist bspw. an einen Benutzeraccount in dem die Heimatadresse zu hinterlegen ist, die mithilfe einer Meldebescheinigung und mittels Postident-Verfahren bestätigt werden muss.

[561] *Wiebe*, ZUM 2015, 932 (937).

hat der Streaminganbieter zu sorgen. Auf welchem Wege er dies durchsetzt, bleibt ihm zu überlassen. Ist er zum Geoblocking verpflichtet worden, ist das ausschließlich eine, zwischen Streaminganbieter und Rechtsinhaber wirkende, schuldrechtliche Vereinbarung über das konkrete Mittel zur Durchsetzung der territorialen Beschränkung. Die dingliche Wirkung gilt aber davon unabhängig. Unterstützend kann dafür auch der Transparenzgedanke angeführt werden. Erstreckt sich die dingliche Wirkung auf die Verpflichtung zum Geoblocking, so wird bei Zuwiderhandlung die Rechtseinräumung insgesamt unwirksam. Dies ist für den Nutzer nicht erkennbar. Im Ergebnis ist folglich eine dingliche Wirkung abzulehnen. Eine lizenzvertragliche Verpflichtung zum Geoblocking stellt lediglich eine schuldrechtliche Verpflichtung ohne dingliche Wirkung dar. Damit gilt sie inter partes und nicht gegenüber Dritten.

c) Zusammenfassung

§ 31 UrhG regelt die Einräumung von Nutzungsrechten und ermöglicht ihre Beschränkung. Media-Streaming ist eine eigene Nutzungsart und stellt ein eigenes Nutzungsrecht im Rahmen von § 19a UrhG dar. Dabei umfasst das Nutzungsrecht aber sowohl die notwendige Vervielfältigung auf dem Server des Anbieters, den Abruf und die Übermittlung zum Nutzer (sog. Abrufübertragung), als auch die sich anschließende Vervielfältigung beim Nutzer. Damit bildet § 19a UrhG eine Einheit, die alle notwendigen vor- und nachgelagerten Vorgänge der öffentlichen Zugänglichmachung umfasst.

Übliche Vertragsform in diesem Zusammenhang ist der sog. Lizenzvertrag, durch welchen dem Streaminganbieter ein zeitlich, inhaltlich und räumlich beschränktes Nutzungsrecht zur Nutzung des Werkes als Media-Stream im Rahmen des § 19a UrhG eingeräumt wird. Parallel dazu wird der Streaminganbieter durch den Lizenzvertrag regelmäßig verpflichtet, Geoblockingmaßnahmen zur Durchsetzung räumlicher Nutzungsrechtsbeschränkungen einzusetzen. Zwar können Nutzungsrechte grundsätzlich dinglich beschränkt werden, die Verpflichtung zum Geoblocking stellt indes keine dingliche Beschränkung dar. Sie ist lediglich eine vertraglich vereinbarte technische Absicherung, der dinglich wirkenden räumlichen Beschränkung des Nutzungsrechts. Als solche kommt ihr nur schuldrechtliche Wirkung zu.

2. Rechtsinhaber und Nutzer

Im Rahmen des legalen Media-Streamings stehen Urheber und Nutzer in keinem direkten Schuldverhältnis. Der Urheber räumt dem Streaminganbieter ein Nutzungsrecht ein, das auch den Abruf seines Werkes durch den Nutzer und die beim Nutzer anfallende Vervielfältigung umschließt.[562] Dementsprechend entsteht ein Schuldverhältnis nur zwischen Urheber und Streaminganbieter und zwischen Streaminganbieter und Nutzer.

3. Streaminganbieter und Nutzer

a) Vertragsgegenstand

aa) Video-/ Music-on-Demand

Bei der On-Demand-Werkverwertung ist der Werkgenuss von vornherein dazu bestimmt, nur ein vorübergehender zu sein. Der Nutzer erhält kein Recht zur dauerhaften Vervielfältigung. Im Rahmen von kostenpflichtigen Angeboten, muss sich der Nutzer beim Anbieter registrieren und ein Benutzerkonto erstellen. Über diesen Account kann er die vom Streaminganbieter zur Verfügung gestellten Inhalte als Stream beziehen. Um welchen Ver-

[562] Siehe Seite 121 ff.

tragstyp es sich dabei handelt, bestimmt sich nach dem Schwerpunkt der Leistung aus Sicht des Kunden.[563]

Werk- oder Dienstvertragsrecht kommt nicht in Betracht. Gegenstand der Leistung beim Media-Streaming ist die Verschaffung des Zugriffs auf eine Vielzahl an digitalen Werken. Die einzelnen Werke sind nicht bestimmt und es ist kein konkreter Erfolg geschuldet. Die Übertragungsgeschwindigkeit und -qualität sind von der Server- und Netzauslastung abhängig. Der Anbieter will eine bestimmte Verfügbarkeit nicht versprechen.[564] Werkvertragsrecht ist daher nicht anwendbar. Auch die Anwendung von Dienstvertragsrecht gem. §§ 611 ff. BGB ist nicht interessengerecht. Die Geldleistung des Nutzers ist nicht auf eine Tätigkeit des Anbieters als solche gerichtet, sondern auf den tatsächlichen Zugang zu den angebotenen Online-Inhalten.[565]

Grundsätzlich ist das Rechtsverhältnis zwischen Streaminganbieter und Nutzer aber von einem Dauerschuldcharakter geprägt, dessen Hauptleistung in der Ermöglichung des Zugangs zu einer Plattform liegt, auf der vom Anbieter ein umfassendes aber nicht konkretisiertes Repertoire an Medien bereitgehalten wird.[566] Der Anbieter verschafft dem Nutzer gegen ein monatlich festgesetztes Entgelt Zugang zu seiner Werksammlung.

---

563 *BGH*, 23.3.2005, III ZR 338/04, NJW 2005, 2076; *Stieper*, Digital ist besser - Die Bereitstellung digitaler Inhalte als eigenständiger Vertragstypus?, FS Köhler, 729 (743).

564 In Anlehnung an *BGH*, 23.3.2005, III ZR 338/04, NJW 2005, 2076; *Kirn/Müller-Hengstenberg*, NJW 2017, 433 (434 ff.).

565 Vgl. *Pech*, Vertragstypologische Einordnung von Verträgen über digitale Inhalte, 121 (141 f.); *Eginger*, ZUM 2017, 698 (707).

566 So auch *Ohly*, in: *Schricker/Loewenheim*, UrhG, Vor §§ 31 ff. Rn. 118; *Zech*, ZUM 2014, 3 (8).

Im Falle des Application Service Providing[567] hat der *BGH* die nichtkörperliche Gebrauchsüberlassung auf Zeit als Mietvertrag eingeordnet.[568] Ein Mietvertrag kommt aber nur dann in Betracht, wenn eine Sache zum Gebrauch überlassen wird. Sachen werden in § 90 BGB legal definiert, als körperliche Gegenstände. Beim ASP-Vertrag sieht der *BGH* dies als gegeben an, denn um überhaupt funktionsfähig zu sein, müssen Programme verkörpert sein, entweder auf einem Wechselspeichermedium oder einer Festplatte.[569] Eine Besitzverschaffung ist nicht erforderlich, es reicht die Gebrauchsüberlassung.[570]

Soweit lässt sich der Gedanke auch auf das Media-Streaming übertragen, denn die zum Abruf bereitgestellten Werke sind auf dem Anbieterserver verkörpert. Außerdem entsteht mit Abruf des Streams eine vorübergehende Verkörperung des Werkes im Nutzerarbeitsspeicher. Zentrales Vertragselement bei On-Demand-Angeboten ist, wie bei ASP auch, die Verschaffung einer Nutzungsmöglichkeit.[571] Letztendlich ist ASP ein On-Demand-Dienst. Daher kann für entgeltliche Verträge im Bereich des Media-Streamings

567 Application Service Providing (ASP) bedeutet, die Zurverfügungstellung von Programmen über ein Netzwerk auf welches der Kunde zugreift. Ein Programm ist auf dem Server des Anbieters gespeichert und wird auch auf diesem verwendet. Der Kunde muss die Software nicht auf seinem stationären Computer installieren. Siehe dazu näher *Czychowski/Siesmayer*, in: *Kilian/Heussen*, Teil 20.4 Rn. 145 ff.

568 *BGH*, 15.11.2006, XII ZR 120/04, NJW 2007, 2394 f.

569 Vgl. *BGH*, 15.11.2006, XII ZR 120/04, NJW 2007, 2394 (2395) Tz. 16. So zuvor auch schon *BGH*, 14.7.1993, VIII ZR 147/92, NJW 1993, 2436 (2437 f.); *BGH*, 4.11.1987, VIII ZR 314/86, NJW 1988, 406 (408); *BGH*, 2.5.1985, I ZB 8/84, GRUR 1985, 1055 (1056) - Datenverarbeitungsprogramme. Zustimmend *Ellenberger*, in: *Palandt*, BGB, § 90 Rn. 2; *Sedlmeier/Kolk*, MMR 2002, 75 (77); *König*, NJW 1993, 3121 (3123 f.); kritisch *Stresemann*, in: *Schubert*, MüKo-BGB Band 1, BGB, § 90 Rn. 25; a. A. *Müller-Hengstenberg*, CR 2004, 161 (164); *Redeker*, NJW 1992, 1739 f. Ausführlich dazu *Marly*, Praxishandbuch Softwarerecht, Rechtsschutz und Vertragsgestaltung, Rn. 712 ff. m. w. N.

570 *BGH*, 15.11.2006, XII ZR 120/04, NJW 2007, 2394 (2395) Tz. 18; a. A. *Zech*, ZUM 2014, 3 (8).

571 Vgl. *BGH*, 15.11.2006, XII ZR 120/04, NJW 2007, 2394 f.; *Marly*, Praxishandbuch Softwarerecht, Rechtsschutz und Vertragsgestaltung, Rn. 1105; *Eginger*, ZUM 2017, 698 (707 f.).

nichts anderes gelten. Es findet folglich Mietvertragsrecht (§§ 535 ff. BGB) Anwendung.[572] Bietet der Streaminganbieter dem Nutzer die Möglichkeit an, einzelne Werke vorübergehend zur Offline-Nutzung auf ein mobiles Endgerät herunterzuladen, fällt es umso leichter, das Vertragsverhältnis dem Mietvertragsrecht zuzuordnen. Insoweit kann eine gedankliche Parallele zum klassischen Videoverleih gezogen werden.[573]

Kostenlose Angebote, wie sie beispielsweise von *Spotify* und *Deezer* bereitgestellt werden, lassen sich aufgrund ihrer Unentgeltlichkeit[574] nicht als Mietvertrag qualifizieren.[575] Stattdessen ist an eine Einordnung als Leihe gem. § 598 BGB zu denken.[576]

bb) Download-to-own

Beim Download-to-own wird dem Nutzer das Werk zur dauerhaften Nutzung gegen entsprechendes Entgelt überlassen. Es ist umstritten, ob dies als Eigentumsübertragung anzusehen ist.[577] In Anlehnung an die UsedSoft-Entscheidung des *EuGH*[578] liegt eine Eigentumsübertragung vor, wenn der Nutzer ein Entgelt zahlt, welches einer angemessenen Vergütung für die dauerhafte Nutzbarmachung des Werkes entspricht. Das ist beim Download-

572 Zustimmend *Eginger*, ZUM 2017, 698 (707 f.); *Pech*, Vertragstypologische Einordnung von Verträgen über digitale Inhalte, 121 (141 f.) und *Stieper*, Digital ist besser - Die Bereitstellung digitaler Inhalte als eigenständiger Vertragstypus?, FS Köhler, 729 (741). Ebenso *Kloth*, GRUR-Prax 2013, 239 (241) für Books-on-Demand. A.A. *Ohly*, in: *Schricker/Loewenheim*, UrhG, vor §§ 31 ff. Rn. 118.

573 So auch *Eginger*, ZUM 2017, 698 (707 f).

574 Sofern personenbezogene Daten erhoben werden oder Werbeeinblendungen erfolgen ist allerdings an der Unentgeltlichkeit der Dienste zu zweifeln. Sowohl Datenerhebung als auch Werbung kann als Gegenleistung für digitalen Inhalte und damit als Leistungsgegenstand im vertragsrechtlichen Verhältnis zu qualifizieren sein. *Schmidt-Kessel/Grimm*, ZfPW 2017, 84 (88).

575 *Pohle/Ammann*, K & R 2009, 625 (628).

576 Vgl. *Boehm*, ZEuP 2016, 358 (366); *Marly*, Praxishandbuch Softwarerecht, Rechtsschutz und Vertragsgestaltung, Rn. 1105; *Pohle/Ammann*, K & R 2009, 625 (628).

577 Siehe dazu Seite 61.

578 *EuGH*, 3.7.2012, C-128/11, EuZW 2012, 658 (659) Tz. 45 - UsedSoft GmbH/Oracle.

to-own der Fall. Mit Verweis auf die obigen Ausführungen[579] kann von der Sachqualität der auf Speichermedien verkörperten Werke ausgegangen werden.[580] Es liegt also nahe, beim Download-to-own Kaufvertragsrecht anzuwenden.[581] Diese Frage ist insbesondere im Rahmen der Weiterveräußerung interessant. Liegt ein Sachkauf gem. § 433 Abs. 1 S. 1 BGB vor, ist dem Käufer das Eigentum an der Kaufsache und ein weiterübertragbares Recht zu verschaffen.[582]

Darin unterscheidet sich der Download-to-own vom vorübergehenden Download im Rahmen von Media-Streaming-Angeboten. Der vorübergehende Download ist nämlich von vornherein zeitlich begrenzt und soll dem Nutzer nicht zur dauerhaften Nutzung überlassen werden. Ein Kaufvertrag liegt nicht vor, es kommt Mietvertragsrecht zur Anwendung.[583]

b) Vertragsinhalt

Der Nutzer ist bei Streamingangeboten allgemeinen Geschäftsbedingungen des Anbieters unterworfen. Bspw. gelten für den Nutzer beim Prime-Video-Dienst von *Amazon „Teilnahmebedingungen“*, beim Videostreaming-Dienst von *Netflix „Nutzungsbedingungen“* und beim Musikstreaming-Dienst von

[579] Siehe Seite 141.

[580] Vgl. *BGH*, 15.11.2006, XII ZR 120/04, NJW 2007, 2394 (2395) Tz. 16. So zuvor auch schon *BGH*, 14.7.1993, VIII ZR 147/92, NJW 1993, 2436 (2437 f.); *BGH*, 4.11.1987, VIII ZR 314/86, NJW 1988, 406 (408); *BGH*, 2.5.1985, I ZB 8/84, GRUR 1985, 1055 (1056) - Datenverarbeitungsprogramme. Zustimmend *Ellenberger*, in: *Palandt*, BGB, § 90 Rn. 2; *Sedlmeier/Kolk*, MMR 2002, 75 (77); *König*, NJW 1993, 3121 (3123 f.); kritisch *Stresemann*, in: *Schubert*, MüKo-BGB Band 1, BGB, § 90 Rn. 25; a. A. *Müller-Hengstenberg*, CR 2004, 161 (164); *Redeker*, NJW 1992, 1739 f. Ausführlich dazu *Marly*, Praxishandbuch Softwarerecht, Rechtsschutz und Vertragsgestaltung, Rn. 691 ff. m. w. N.

[581] So auch *Zech*, ZUM 2014, 3 (8) und *Stieper*, Digital ist besser - Die Bereitstellung digitaler Inhalte als eigenständiger Vertragstypus?, FS Köhler, 729 (742 f.).

[582] *Zech*, ZUM 2014, 3 (8), siehe insbesondere zur Erschöpfung des Verbreitungsrechts Seite 61 f.

[583] Vgl. Seite 140 ff.

Apple „Bedingungen“.[584] Unabhängig von der Bezeichnung fallen alle Regelungen, die den Vertragsinhalt gestalten sollen, für eine Vielzahl von Verträgen vorformuliert und einseitig vom Streaminganbieter gestellt sind, unter §§ 305 ff. BGB.[585]

Allen großen Anbietern gemein ist die Verwendung von AGB gegenüber den Kunden bei Vertragsabschluss oder Registrierung.[586] Darüber hinaus bezeichnen sie ihr Angebot als „Dienst“ oder „Dienstleistung“. Diese Begrifflichkeit ist irreführend, da das Rechtsverhältnis zwischen Anbieter und Nutzer als Mietvertrag i. S. v. § 535 BGB oder Leihe i. S. v. § 598 BGB zu qualifizieren ist.[587] Zur Bestimmung des Vertragstyps kommt es aber nicht auf die Bezeichnung dessen in den AGB des Anbieters an, sondern auf den Schwerpunkt der Leistung aus Sicht des Kunden.[588]

Dem Kunden wird bei allen Anbietern ein beschränktes, nicht übertragbares, nicht exklusives Nutzungsrecht eingeräumt.[589]

584 Vgl. AGB von *Netflix* (https://help.netflix.com/legal/termsofuse), *Amazon* (https://www.amazon.de/gp/help/customer/display.html?ie=UTF8&nodeId=505048) und *Apple* (https://www.apple.com/legal/internet-services/itunes/de/terms.html) - Zugriff am 28.2.2019.

585 *Grüneberg*, in: *Palandt*, BGB, § 305 Rn. 8 ff.

586 Es wurden die AGB von *Maxdome* vom 21.1.2019 (http://www.maxdome.de/agb), *Netflix* vom 11.5.2018 (https://help.netflix.com/legal/termsofuse), *Amazon* vom 7.11.2018 (https://www.amazon.de/gp/help/customer/display.html?ie=UTF8&nodeId=505048), *Apple* vom 17.9.2018 (https://www.apple.com/legal/internet-services/itunes/de/terms.html), *Deezer* aus Oktober 2013 (https://www.deezer.com/legal/cgu) und *Spotify* vom 15.8.2019 (https://www.spotify.com/de/legal/end-user-agreement/) miteinander verglichen - Zugriff am 28.2.2019.

587 Siehe dazu Seite 139.

588 *BGH*, 23.3.2005, III ZR 338/04, NJW 2005, 2076.

589 Vgl. *Maxdome*-AGB (3.2), *Netflix*-AGB (4.2.), *Deezer*-AGB (Art. 10 Nutzungsbedingungen des Deezer Free Service), *Amazon-Music*-Nutzungsbedingungen (3.1.) - https://www.amazon.de/gp/help/customer/display.html?nodeId=201380010 - Zugriff am 28.2.2019, *Amazon-Video*-Nutzungsbedingungen (4.h.) - https://www.primevideo.com/help?_encoding=UTF8&nodeId=202095490 - Zugriff am 28.2.2019, *Spotify*-AGB (5).

aa) Ausgewählte Vertragsklauseln im Detail

(1) Streaming-Abo

Abonnementverträge machen einen Großteil des Angebots der Streaming-Anbieter aus. Dabei ist für den Kunden bereits bei der Registrierung deutlich erkennbar, dass es sich um ein Abonnement handelt. Alle Dienste verwenden Begriffe wie „Abo“ oder „Mitgliedschaft“. Damit entsteht beim Kunden zu keiner Zeit der Eindruck, es handle sich um einen Kaufvertrag. Dem Nutzer wird ein beschränktes, nicht exklusives, nicht übertragbares und widerrufliches Recht zur persönlichen Nutzung eingeräumt.

(2) Geoblocking

Unter Umständen ist bereits in den AGB eines Streaminganbieters ein Hinweis darauf zu finden, dass Geoblockingmaßnahmen zum Schutz territorialer Rechtesegmentierung verwendet werden. Die *Amazon Video*-Nutzungsbedingungen weisen zum Beispiel direkt darauf hin, dass ein Geoblockingverfahren eingesetzt wird. Darüber hinaus wird dem Kunden untersagt, Technologien oder Techniken zu verwenden, um den eigenen Standort zu verdecken oder zu verschleiern.[590] Gleiches gilt im Rahmen der *Spotify*-AGB. Danach darf der Kunde von *Spotify* selbst oder seinen Lizenzgebern angewendete geografische Beschränkungen nicht umgehen.[591] Gemäß Abschnitt 3.3. der *Maxdome*-AGB darf das Streaming nur aus dem Gebiet der Bundesrepublik erfolgen. *Apple* stellt seine Dienste gemäß Abschnitt (A) der *„Apple-Bedingungen“* nur im *„Heimatland“* zur Verfügung, wobei Heimatland das Land ist, in dem der Account zur Nutzung der Dienste eingerichtet wird. *Deezer* trifft keine ausdrückliche Regelung zur geografischen Nutzung der Dienste. Er verweist in den AGB ledig-

---

590 Siehe *Amazon Video* Nutzungsbedingungen (3.).

591 *Spotify*-AGB (9 7.).

lich darauf, dass es dem Kunden untersagt wird, zum Schutz der Inhalte eingesetzte Technologien zu umgehen.[592]

Allen Anbieter-AGB ist gemein, dass eine Zuwiderhandlung unbeschadet möglicher Schadensersatzansprüche zur Beendigung des Vertrages führen kann.[593] Einige Streaminganbieter sehen AGB-rechtliche Ausnahmen von der territorialen Beschränkung ihres Dienstes vor. So gestattet *Netflix* seinen Kunden, dass die Inhalte hauptsächlich in dem Land angesehen werden können, in dem das Konto erstellt wurde, aber auch in geografischen Regionen, in denen *Netflix* seinen Dienst anbietet und die jeweiligen Inhalte lizenziert hat. Die zum Ansehen verfügbaren Inhalte können sich je nach Region unterscheiden und ändern sich außerdem von Zeit zu Zeit .[594] Der Kunde kann also auch im Ausland auf den Dienst zugreifen, beschränkt auf die Inhalte, die im jeweiligen Land verfügbar sind. Ebenso verfahren die Musikstreamingdienste *Spotify* und *Deezer*, die ihren Kunden die Möglichkeit bieten, ihre Dienste im Ausland zu nutzen.[595]

Selbst fast ein Jahr nach Inkrafttreten der Portabilitätsverordnung[596] am 20.3.2018 haben, bis auf *Maxdome* und *Apple*, keine der hier genannten Streaminganbieter ihre AGB angepasst. *Maxdome* hat aufgrund der neuen europarechtlichen Anforderungen seinen AGB hinzugefügt: *„das [...] Nutzungsrecht [umfasst] auch die Nutzung des Dienstes während eines vorübergehenden Aufenthaltes des Kunden in einem anderen Mitgliedstaat*

---

592 *Deezer*-AGB (z.B. Art. 11 Nutzungsbedingungen des Deezer Free Service).

593 Vgl. *Maxdome*-AGB (4.6. und 4.7.), *Apple*-Bedingungen (J. Beendigung und Sperrung von Diensten), *Deezer*-AGB (z.B. Art. 11 Nutzungsbedingungen des Deezer Free Service), *Amazon-Music*-Nutzungsbedingungen (5.2), *Spotify*-AGB (16.), *Netflix*-Nutzungsbedingungen (4.6.).

594 *Netflix*-Nutzungsbedingungen (4.3.).

595 Vgl. *Spotify*-Hilfe, https://support.spotify.com/de/account_payment_help/account_basics/how-can-i-change-my-country-setting/ und *Deezer*-Support, https://support.deezer.com/hc/de/articles/201332251-Ich-bin-im-Ausland-Warum-kann-nicht-all-meine-Songs-anhören- - Zugriff am 28.2.2019.

596 Ausführlich zur neuen Portabilitätsverordnung siehe Seite 225 ff.

der Europäischen Union als seinem Wohnsitzmitgliedstaat, sofern die in der Verordnung (EU) 2017/1128 dafür aufgeführten Voraussetzungen erfüllt sind und der Kunde zuvor die (auch wiederholte) Überprüfung seines Wohnsitzmitgliedstaats nach Maßgabe der Verordnung (EU) 2017/1128 und den Datenschutzbestimmungen von MAXDOME duldet und ermöglicht."[597] *Apple* stellt seinen Dienst den Kunden in ihrem „*Heimatland sowie in allen anderen EU-Ländern, in denen sie sich vorübergehend aufhalten*" zur Verfügung.[598] Wenn auch eine entsprechende AGB-Anpassung bei den anderen Streaminganbietern ausgeblieben ist, wurde die Portabilitätsverordnung trotzdem weitestgehend umgesetzt, wie sich zumindest über die Hilfefunktion der Webseiten der Streaminganbieter herausfinden lässt.[599] Damit haben die Anbieter zwar weitestgehend auf die Portabilitätsverordnung reagiert, dennoch konnte einer Umfrage der Verbraucherzentrale Rheinland-Pfalz zufolge, jeder zweite Nutzer seinen Streaming-Dienst auf Reisen auch acht Monate nach Inkrafttreten der Verordnung nicht genauso nutzen wie zu Hause.[600]

bb) Dingliche oder schuldrechtliche Wirkung

Dem Nutzer wird ein beschränktes, nicht übertragbares, nicht exklusives Nutzungsrecht eingeräumt, beschränkt auf das Gebiet der Bundesrepu-

597 *Maxdome*-AGB vom 1.8.2018 (3.2.).

598 *Apple*-Bedingungen vom 19.9.2018 (A.).

599 Vgl. *Netflix Hilfe-Center*, Reise oder Umzug mit Netflix, https://help.netflix.com/de/node/24853 und *Amazon Hilfe und Kundenservice*, Videos anschauen, während man sich im Ausland aufhält, https://www.amazon.de/gp/help/customer/display.html?nodeId=202021900 - Zugriff am 28.2.2019. Siehe dazu auch Seite 233.

600 *Wilkens*, Verbraucher haben weiter Probleme mit grenzenlosem Streaming, https://heise.de/-4243570 - Zugriff am 28.2.2019; *Marktwächter*, https://www.marktwaechter.de/pressemeldung/geoblocking-weiterhin-probleme-beim-streaming-im-eu-ausland - Zugriff am 28.2.2019.

blik Deutschland.[601] Fraglich ist, ob die geografische Beschränkung des Nutzungsrechts dinglich wirkt.

Wie bereits festgestellt können auch einfache Nutzungsrechte dinglich beschränkt übertragen werden.[602] Eine dingliche Wirkung besteht aber nur dann, wenn sie einen über die bloße Art der Ausübung hinausgehenden selbstständigen inhaltlichen Ausschnitt der Verwertungsrechte betreffen.[603] Es kommt also darauf an, ob die temporäre Vervielfältigung im Arbeitsspeicher des Nutzers zum Zwecke der Betrachtung eine wirtschaftlich eigenständige Benutzung darstellt.

Dies muss verneint werden, denn die vorübergehende Speicherung ist eine Konsequenz der öffentlichen Zugänglichmachung des Anbieters.[604] Das Abrufen des Nutzers stellt keine technische und wirtschaftlich eigenständige, klar abgrenzbare Nutzungsform dar. Eine dingliche Beschränkung des Nutzungsrechts ist folglich nicht möglich, sodass eine Verpflichtung in den AGB des Anbieters zur Nutzung der Inhalte in einem bestimmten Territorium rein schuldrechtlichen Charakter hat.

cc) Frei verfügbare Angebote

Neben entgeltlichen Abomodellen für Media-Streaming, gibt es in Deutschland auch viele frei verfügbare Angebote. Der Nutzer kann alle grundlegenden Funktionen ohne Zahlung eines Entgeltes nutzen. Mit einem Marktanteil von über 80 Prozent im Bereich des Video-Sharings bietet das

601 Vgl. z. B. *Maxdome*-AGB (3.2).
602 Siehe Seite 136.
603 *Wiebe*, in: *Spindler/Schuster*, UrhG, § 31 Rn. 7.
604 Siehe Seite 119.

Google-Unternehmen *YouTube* die größte Plattform für Media-Streaming in Deutschland.[605]

Mit Nutzung der Dienste stimmt der Nutzer den Nutzungsbedingungen des jeweiligen Dienstes zu.[606] Die *YouTube*-Nutzungsbedingungen gestatten dem Nutzer beispielsweise, *„auf die Webseite und Dienste zuzugreifen und diese zu nutzen“* und die *„Nutzervideos nur in der Form des Streamings und zu keinen anderen Zwecken als der rein persönlichen, nicht-kommerziellen Nutzung und nur in dem Rahmen [...], der durch die normale Funktionalität der Dienste vorgegeben und erlaubt ist“* zu nutzen.[607] Der Nutzer bekommt also ein einfaches Recht zur privaten Nutzung. Es besteht keine Zugriffsschranke für Ausländer.

In Deutschland bieten auch die öffentlich-rechtlichen Medienanstalten mit ihren Mediatheken Streaming-Dienste an. Diese unterliegen den jeweiligen Nutzungsbedingungen der Mediathek, welche dem Nutzer eine Nutzung zu privaten Zwecken gestatten. [608] Den Zugriff beschränkende Klauseln gibt es darüber hinaus keine.

III. Zusammenfassung

Der Anbieter von Media-Streaming-Diensten kann Urheber, Produzent oder Inhaber von Nutzungsrechten sein. Als Film- und Serienhersteller

---

[605] Video-Sharing meint das zur Verfügungstellen und Teilen nutzergenerierter Inhalte. Zum Marktanteil vgl. die entsprechende Statistik von Video-Sharing-Plattformen in Deutschland im 1. Halbjahr 2016, erhoben von Nielsen BLM, abrufbar bei Statista unter https://de.statista.com/statistik/daten/studie/209329/umfrage/fuehrende-videoportale-in-deutschland-nach-nutzeranteil/ - Zugriff am 28.2.2019.

[606] YouTube-Nutzungsbedingungen (1.4. - 2.2.), https://www.youtube.com/t/terms - Zugriff am 28.2.2019.

[607] YouTube-Nutzungsbedingungen (6.1., 6.1.K.).

[608] ZDF Mediathek Nutzungsbedingungen https://www.zdf.de/regeln-und-nutzungsbedingungen-100.html; ARD Mediathek Nutzungsbedingungen, http://www.ard.de/home/ard/Nutzungsbestimmungen_ARD_de/77962/index.html - Zugriff am 28.2.2019.

gelten für ihn die Sonderregelungen der §§ 88 ff. UrhG. Als Inhaber von Nutzungsrechten kommt es entscheidend darauf an, wofür er die Werke verwenden möchte. Als Anbieter von Streamingdiensten muss er sich das Recht aus § 19a UrhG einräumen lassen. Dieses umfasst auch das Recht, das Werk vorher auf einem eigenen Server zu speichern um es zugänglich machen zu können sowie das tatsächliche Anbieten dessen. Des Weiteren ist davon das Abrufen durch den Nutzer und die anschließende Datenübertragung vom Nutzungsrecht mitumfasst. Auch die vorübergehende Zwischenspeicherung von Teilen des Werkes im Arbeitsspeicher des Nutzers ist im Nutzungsrecht des § 19a UrhG als notwendiges Verfahren eingeschlossen.

Dem Erwerb urheberrechtlicher Nutzungsrechte liegt mit dem Lizenzvertrag ein Vertrag eigener Art zugrunde. Dabei können die Nutzungsrechte gem. § 31 Abs. 1 UrhG einfach oder ausschließlich eingeräumt werden sowie räumlich, zeitlich oder inhaltlich beschränkt werden.

Wird der Inhalt eines selbstständigen Teilausschnittes des Rechts beschränkt, so entfaltet dieser auch dingliche Wirkung. Beschränkungen, die nur die Art der Ausübung betreffen, sind hingegen schuldrechtlicher Natur und entfalten nur Wirkung zwischen den Vertragsparteien.

Im Rahmen von Media-Streaming ist es üblich, Nutzungsrechte für Werke der Musik- und Filmkunst räumlich beschränkt einzuräumen. Da das Internet aber faktisch keine territorialen Grenzen kennt, wird der Erwerber von Nutzungsrechten meist dazu verpflichtet, Geoblocking einzusetzen. Geoblocking betrifft dabei nur die Art der Ausübung. Es stellt keine dinglich wirkende räumliche Beschränkung an sich dar, sodass eine Verpflichtung zum Geoblocking lediglich inter partes wirkt und damit nur schuldrechtliche Wirkung entfaltet.

Der Nutzer ist den AGB des Streaminganbieters unterworfen. Ihm wird ein beschränktes, nicht übertragbares, nicht exklusives Nutzungsrecht eingeräumt. Darüber hinaus ist die Streamingdienstnutzung regelmäßig auf das Land vertraglich beschränkt, in dem die Registrierung für den Dienst erfolgt.

5. Kapitel: Vereinbarkeit von territorialer Nutzungsrechtsvergabe und Geoblocking mit geltendem Recht

Zur Sicherung territorialer Beschränkungen von Nutzungsrechten an Film- und Musikwerken wird Geoblocking vertraglich vereinbart. Fraglich ist, ob die durch § 31 Abs. 1 S. 2 UrhG mögliche dingliche Nutzungsrechtsbeschränkung auf ein Territorium im Einklang mit geltendem Recht steht. Darüberhinaus stellt sich die Frage, ob Geoblocking als schuldrechtliche Vereinbarung ein rechtmäßiges Mittel ist, um die Werknutzung auf ein bestimmtes Territorium zu begrenzen.

I. Gesetzliche Regelungen

1. Territoriale Nutzungsrechtevergabe

a) Grundrechte

Entsprechend dem Begriff des „Geistigen Eigentums“ wird ein geschaffenes Werk und die darin verkörperte geistige Leistung in vermögensrechtlicher Hinsicht als Eigentum im Sinne des Art. 14 Abs. 1 S. 1 GG qualifiziert.[609] Zudem genießt das Urheberrecht im engeren Sinne Schutz gem.

[609] Vgl. *BVerfG*, 25.10.1978, 1 BvR 352/71, GRUR 1980, 44 (46) - Kirchenmusik; *BVerfG*, 7.7.1971, 1 BvR 765/66, GRUR 1972, 481; *Schwartmann*, ZUM 2012, 759 (760 f.); *Grzeszick*, GRUR 2007, 344 (346 f.).

A.-L. Wirz, *Media-Streaming und Geoblocking*, Juridicum – Schriften zum Medien-, Informations- und Datenrecht, https://doi.org/10.1007/978-3-658-26083-5_6

Art. 2 Abs. 1 GG als Persönlichkeitsrecht.[610] Durch die Eigentumsgarantie aus Art. 14 GG ist der Gesetzgeber dazu verpflichtet, dem Urheber das *„vermögenswerte Ergebnis der schöpferischen Leistung zuzuordnen“* und ihm *„die Freiheit einzuräumen, in eigener Verantwortung darüber verfügen zu können“*.[611] Dadurch ist aber nicht jede nur denkbare Verwertungsmöglichkeit verfassungsrechtlich gesichert.[612] Inhalt und Schranken des Eigentums werden gem. Art. 14 Abs. 1 S. 2 GG durch die Gesetze bestimmt. Im Rahmen der inhaltlichen Ausprägung des Urheberrechts ist es damit Sache des Gesetzgebers, sachgerechte Maßstäbe festzulegen, die eine angemessene Verwertung und eine der Natur der sozialen Bedeutung des Rechts entsprechende Nutzung sicherstellen.[613] Diesem Auftrag ist der Gesetzgeber mit den Regelungen der §§ 44a bis 63 UrhG und den §§ 69d, 69e und 87c UrhG nachgekommen.[614] Eine gesetzliche Schranke, die den Einsatz von Geoblocking verbietet, existiert aber nicht. Die Einräumung eines Nutzungsrechts dinglich beschränkt auf ein Territorium in Verbindung mit einer schuldrechtlichen Verpflichtung zum Einsatz von Geoblocking ist Ausdruck des Art. 14 GG, in eigener Verantwortung über

---

[610] *Raue/Hegemann*, in: *Hoeren/Sieber/Holznagel*, Teil 7.3 Urheberrechtliche Schranken bei Online-Veröffentlichungen Rn. 3; *Loewenheim*, in: *Schricker/Loewenheim*, UrhG, Einleitung Rn. 10; *Schricker/Katzenberger*, GRUR 1985, 87 (94).

[611] *BVerfG*, 25.10.1978, 1 BvR 352/71, GRUR 1980, 44 (46) - Kirchenmusik; *BVerfG*, 7.7.1971, 1 BvR 765/66, GRUR 1972, 481 (483) - Kirchen- und Schulgebrauch; *Raue/Hegemann*, in: *Hoeren/Sieber/Holznagel*, Teil 7.3 Urheberrechtliche Schranken bei Online-Veröffentlichungen Rn. 4.

[612] BVerfG, 7.7.1971, 1 BvR 765/66, NJW 1971, 2163 (2164) - Kirchen- und Schulgebrauch.

[613] BVerfG, 7.7.1971, 1 BvR 765/66, NJW 1971, 2163 (2164) - Kirchen- und Schulgebrauch.

[614] *Lüft*, in: *Wandtke/Bullinger*, UrhG, Vor §§ 44a ff. Rn. 1.

das vermögenswerte Ergebnis der schöpferischen Leistung verfügen zu können.[615]

b) Grundfreiheiten

aa) Diskriminierungsverbot

Als eine der grundlegenden Vorschriften des AEUV, verbietet Art. 18 die Diskriminierung aus Gründen der Staatsangehörigkeit. Dieses Verbot wird an anderer Stelle durch mehrere Normen des AEUV - im Besonderen durch die Grundfreiheiten - aufgegriffen und konkretisiert bzw. erweitert.[616] Neben dem tatsächlichen Regelungsgehalt dient Art. 18 AEUV dem *EuGH* auch als Auslegungsgrundsatz für die Grundfreiheiten.[617] Das Diskriminierungsverbot wird vom *EuGH* durch die aus dem allgemeinen Gleichheitsgrundsatz bekannte unionsrechtliche Formel „Gleiches gleich und Ungleiches ungleich zu behandeln“ umschrieben,[618] d.h. vergleichbare Sachverhalte nicht unterschiedlich und unterschiedliche Sachverhalte nicht

[615] Vgl. *BVerfG*, 18.4.2018, 1 BvR 1213/16, GRUR 2018, 829 (830) Tz. 24 ff. - Verlegeranteil; *BVerfG*, 31.5.2016, 1 BvR 1585/13, GRUR 2016, 690 (691) Tz. 69 - Metall auf Metall; *BVerfG*, 25.10.1978, 1 BvR 352/71, GRUR 1980, 44 (46) - Kirchenmusik; *BVerfG*, 7.7.1971, 1 BvR 765/66, GRUR 1972, 481 (483) - Kirchen- und Schulgebrauch; *OLG Stuttgart*, 4.4.2012, 4 U 171/11, GRUR 2012, 718 (719) - Moodle; *Raue/Hegemann*, in: *Hoeren/Sieber/Holznagel*, Teil 7.3 Urheberrechtliche Schranken bei Online-Veröffentlichungen Rn. 4.

[616] *Epiney*, in: *Calliess/Ruffert*, AEUV, Art. 18 Rn. 1; *Stollwerck*, in: *Ahlberg/Götting*, UrhG, Europäisches Urheberrecht, Rn. 33.

[617] *EuGH*, 6.6.2000, Rs. C-281/98, EuZW 2000, 468 (469 f.) - Angonese/Cassa di Risparmio di Bolzano SpA; *EuGH*, 28.3.1979, Rs 175/78, NJW 1979, 1763 - Vera Ann Saunders; *EuGH*, 7.2.1979, Rs 136/78, NJW 1979, 1762 - Tierärzte; *Stollwerck*, in: *Ahlberg/Götting*, UrhG, Europäisches Urheberrecht, Rn. 33.

[618] *Holoubek*, in: *Schwarze/Becker/Hatje*, AEUV, Art. 18 Rn. 5.

gleich zu behandeln, es sei denn, dass eine derartige Behandlung objektiv gerechtfertigt ist.[619]

bb) Dienstleistungs- und Warenverkehrsfreiheit

Gem. Art. 34 AEUV sind mengenmäßige Einfuhrbeschränkungen sowie alle Maßnahmen gleicher Wirkung zwischen den Mitgliedstaaten verboten. Waren in diesem Sinne sind – anders als Dienstleistungen – körperliche Gegenstände, die einen Geldwert haben und Gegenstand von Handelsgeschäften sein können.[620] Das Kriterium der Körperlichkeit dient insbesondere der Abgrenzung der Warenverkehrsfreiheit von der Dienstleistungsfreiheit.[621]

Die Dienstleistungsfreiheit wird durch Art. 56 AEUV garantiert. Danach sind *„Beschränkungen des freien Dienstleistungsverkehrs innerhalb der Union für Angehörige der Mitgliedstaaten, die in einem anderen Mitgliedstaat als demjenigen des Leistungsempfängers ansässig sind“*, verboten. Sie steht sowohl dem Dienstleistungserbringer als auch dem Dienstleistungsempfänger zu.[622] Der Begriff der Dienstleistung wird in Art. 57 Abs. 1 AEUV legaldefiniert. Trotz des Wortlautes von Art. 57 Abs. 1 AEUV[623]

---

619 *EuGH*, 6.10.2009, C-123/08, NJW 2010, 283 (285) Tz. 63 - Wolzenburg; *EuGH*, 3.5.2007, C-303/05, EuZW 2007, 373 (377) Tz. 56 - Advocaten voor de Wereld; vgl. außerdem *EuGH*, 20.10.1993, C-92/92 und C-326/92, GRUR 1994, 280 (282 ff.) Tz. 29 ff. - Phil Collins.

620 *EuGH*, 14.7.1977, 1/77, BeckRS 2004, 70563 - Bosch/HZA Hildesheim; *EuGH*, 10.12.1968, 7/68, BeckRS 2004, 73554 - Kommission/Italien; *Leible/T. Streinz*, in: *Grabitz/Hilf/Nettesheim*, AEUV, Art. 34 Rn. 28; *Heermann*, in: *Heermann/Schlingloff*, MüKo-UWG Band 1, AEUV, Art. 34 Rn. 4.

621 *Leible/T. Streinz*, in: *Grabitz/Hilf/Nettesheim*, AEUV, Art. 34 Rn. 28.

622 Dazu führt der *EuGH*, 31.1.1984, Rs 286/82, 26/83, NJW 1984, 1288 (1289) aus: *„[...] der freie Dienstleistungsverkehr [schließt] die Freiheit der Leistungsempfänger [ein], sich zur Inanspruchnahme einer Dienstleistung in einen anderen Mitgliedstaat zu begeben, ohne durch Beschränkungen [...] daran gehindert zu werden.“* Siehe auch *Müller-Graff*, in: *Streinz/Kruis*, AEUV, Art. 56 Rn. 45 und 53.

623 Dienstleistungen i. S. d. Verträge sind Leistungen, die i. d. R. gegen Entgelt erbracht werden, sofern sie nicht den Vorschriften über den freien Waren- und Kapitalverkehr und über die Freizügigkeit der Personen unterliegen (vgl. Art. 57 Abs. 1 AEUV).

ist zwischen der Dienstleistungsfreiheit und den übrigen Grundfreiheiten kein Vorrang festzulegen.[624]

cc) Grundfreiheiteneingriff durch territoriale Nutzungsrechtsbeschränkung

Der deutsche Gesetzgeber ermöglicht dem Urheber mit § 31 Abs. 1 UrhG eine dinglich beschränkte Einräumung von Nutzungsrechten. Dadurch wird ein freier Waren- und Dienstleistungsverkehr behindert.[625] Beschränkungen dieser Grundfreiheiten lassen sich aus zwingenden Gründen des Allgemeinwohls rechtfertigen, wenn sie geeignet sind, die Erreichung des beabsichtigten, im Allgemeininteresse liegenden Ziels zu erreichen und nicht über das erforderliche Maß hinausgehen, was zur Erreichung dieses Ziels erforderlich ist.[626] Insbesondere durch zwingende Gründe des Allgemeininteresses in Form des Schutzes von Rechten des geistigen Eigentums kann eine Beschränkung gerechtfertigt sein.[627] Das gilt für solche Beschränkungen, die zur Wahrung der Rechte, die den spezifischen Gegenstand des geistigen Eigentums ausmachen, gerechtfertigt sind.[628] Spezifischer Gegenstand des deutschen Urheberrechts ist unter anderem eine angemessene wirtschaftliche Beteiligung des Urhebers an seiner schöpferischen Leistung.[629] Dies findet neben der Normierung der „Sicherung einer ange-

---

624 *EuGH*, 3.10.2006, C-452/04, EuZW 2006, 689 (690) Tz. 32 - Fidium Finanz AG.

625 So auch *Ratjen/Langer*, ZUM 2012, 299 (303).

626 *EuGH*, 4.10.2011, C-403/08 und C-429/08, EuZW 2012, 466 (470) Tz. 93 m. Anm. *Weck* – FAPL und Murphy; *EuGH*, 5.3.2009, C-222/07, EuZW 2009, 254 (256) Tz. 25 - UTECA/Administración General del Estado.

627 *EuGH*, 4.10.2011, C-403/08 und C-429/08, EuZW 2012, 466 (470) Tz. 93 m. Anm. *Weck* – FAPL und Murphy; *EuGH* 18.3.1980, 62/79, GRUR-Int 1980, 602 (607) Tz. 15 f. - Coditel I.

628 Vgl. *EuGH*, 4.10.2011, C-403/08 und C-429/08, EuZW 2012, 466 (470) Tz. 106 m. Anm. *Weck* – FAPL und Murphy; *EuGH*, 23.10.2003, C-115/02, GRUR-Int 2004, 39 (40) Tz. 23 - Administration des douanes et droits indirects/Rioglass SA.

629 *Ratjen/Langer*, ZUM 2012, 299 (303).

messenen Vergütung für die Nutzung des Werkes“ in § 11 S. 2 UrhG, auch seinen Ausdruck in den §§ 31 und 32 UrhG.

Ein Widerspruch zur Dienst- und Warenverkehrsfreiheit besteht folglich nicht.[630] Die territoriale Rechtevergabe begegnet damit grundsätzlich keinen Bedenken, gemessen an Art. 34 und 56 AEUV.[631]

dd) Wettbewerbsrecht

Mit der schuldrechtlichen Verpflichtung zum Geoblocking sollen dinglich territorial beschränkte Lizenzen abgesichert werden. Solche schuldrechtlichen Verpflichtungen unterliegen grundsätzlich kartellrechtlichen Beschränkungen.[632] Art. 101 Abs. 1 AEUV verbietet alle Vereinbarungen zwischen Unternehmen, Beschlüsse von Unternehmensvereinigungen und aufeinander abgestimmte Verhaltensweisen, welche den Handel zwischen Mitgliedstaaten zu beeinträchtigen geeignet sind und eine Verhinderung, Einschränkung oder Verfälschung des Wettbewerbs innerhalb des Binnenmarkts bezwecken oder bewirken. § 1 GWB läuft dazu inhaltlich parallel.[633] Insbesondere verbietet Art. 101 Abs. 1 c) AEUV Vereinbarungen, die zur Aufteilung der Märkte und Versorgungsquellen geeignet sind. Art. 101 Abs. 2 AEUV ordnet die Nichtigkeit entsprechender verbotener Vereinbarungen

630 *Ratjen/Langer*, ZUM 2012, 299 (303).

631 Eine andere Beurteilung kann sich ergeben, wenn eine Aufspaltung der Rechte eine höchstmögliche Vergütung bewirken soll. Siehe dazu ausführlich Seite 169 ff. und *EuGH*, 4.10.2011, C-403/08 und C-429/08, EuZW 2012, 466 (470) Tz. 108 m. Anm. *Weck* – FAPL und Murphy.

632 *Baumann/Hofmann*, ZUM 2011, 890 (893).

633 Ausführlich zu § 1 GWB *Nordemann*, in: *Loewenheim/Meessen/Riesenkampff*, GWB, § 1 Rn. 21 ff.

und Beschlüsse an. In Deutschland führt ein Verstoß gegen § 1 GWB zur Unwirksamkeit der jeweiligen Vertragsklausel nach § 134 BGB.[634]

Die territoriale Aufspaltung von Lizenzen führt stets zu einer Aufteilung der Märkte und verstößt so gegen das Wettbewerbsrecht. Es kommt zu einem Spannungsverhältnis zwischen Urheber und Wettbewerbsrecht. Wettbewerbsbeschränkende Abreden können aber aufgrund des damit verfolgten Ziels und dem wirtschaftlichen und rechtlichen Zusammenhang dem *EuGH* zufolge gerechtfertigt sein.[635] Das Urheberrecht möchte den Urheber angemessen an der Verwertung seiner schöpferischen Leistung beteiligen. Der *EuGH* sieht daher grundsätzlich in dem Umstand allein, dass der Rechtsinhaber ein territorial beschränktes Nutzungsrecht einräumt, keinen Wettbewerbsverstoß.[636] Der Konflikt zwischen Urheber- und Wettbewerbsrecht wird vom *EuGH* dadurch gelöst, dass marktaufteilende Abreden erst dann wettbewerbswidrig sind, wenn sie Verhaltensweisen vorschreiben, die über den spezifischen Gegenstand des jeweiligen geistigen Eigentums hinausgehen.[637] Die Einräumung von Nutzungsrechten, dinglich beschränkt auf ein Territorium, begegnet daher kartellrechtlich keinen Bedenken.

---

634 Vgl. Gesetzesbegründung zu § 1 GWB, BT-Drucks. 13/9720 vom 29.1.1998, S. 46 a. E.; *Grünwald/Hackl*, NZKart 2017, 508; *Conrad*, in: *Auer-Reinsdorff/Conrad*, § 39 Rn. 269; *Nordemann*, in: *Loewenheim/Meessen/Riesenkampff*, GWB, § 1 Rn. 31. *Baumann/Hofmann*, ZUM 2011, 890 (893) leiten die Unwirksamkeit entsprechender Vertragsklauseln für deutsche Sachverhalte direkt aus Art. 101 AEUV i. V. m. § 134 BGB ab und übersehen dabei Art. 101 Abs. 2 AEUV sowie § 1 GWB.

635 Vgl. *EuGH*, 14.3.2013, C-32/11, EuZW 2013, 716 (718) Tz. 36 - Allianz Hungária, *EuGH*, 4.10.2011, C-403/08 und C-429/08, EuZW 2012, 466 (472) Tz. 136 m. Anm. *Weck* – FAPL und Murphy; *EuGH*, 6.10.2009, C-501/06 P, C-513/06 P, C-515/06 P und C-516/06 P, GRUR-Int 2010, 509 (513) Tz. 58 - GlaxoSmith-Kline.

636 *EuGH*, 4.10.2011, C-403/08 und C-429/08, EuZW 2012, 466 (472) Tz. 137 m. Anm. *Weck* – FAPL und Murphy; *EuGH*, 6.10.1982, 262/81, BeckRS 2004, 72743, Tz. 15 - Coditel II.

637 *EuGH*, 4.10.2011, C-403/08 und C-429/08, EuZW 2012, 466 (472 f.) Tz. 139 ff. m. Anm. *Weck* – FAPL und Murphy; *Ratjen/Langer*, ZUM 2012, 299 (304); *Baumann/Hofmann*, ZUM 2011, 890 (893).

2. Geoblocking

a) AGB-Kontrolle

Der Nutzer ist zumindest bei kostenpflichtigen Media-Streaming-Angeboten den Allgemeinen Geschäftsbedingungen des Streaminganbieters unterworfen.[638] Wird vertraglich die Umgehung von Geoblocking durch Allgemeine Geschäftsbedingungen ausgeschlossen, muss dieses Verbot einer AGB-Kontrolle gem. §§ 305 ff. BGB standhalten. Eine entsprechende Klausel könnte in Konflikt mit § 307 Abs. 1 S. 1 BGB kommen, sofern das Umgehungsverbot eine unangemessene Benachteiligung des Nutzers darstellt.

Gemäß § 307 Abs. 2 BGB ist eine Benachteiligung[639] unangemessen, wenn eine Bestimmung mit den wesentlichen Grundgedanken der gesetzlichen Regelung, von der abgewichen wird, nicht zu vereinbaren ist (§ 307 Abs. 2 Nr. 1 BGB) oder wesentliche Rechte oder Pflichten, die sich aus der Natur des Vertrages ergeben, so einschränkt werden, dass die Erreichung des Vertragszwecks gefährdet ist (§ 307 Abs. 2 Nr. 2 BGB).

Will der Verwender durch eine einseitige Vertragsgestaltung missbräuchlich eigene Interessen auf Kosten seines Vertragspartners durchsetzen, ohne dessen Belange ausreichend zu berücksichtigen und ihm einen angemessenen Ausgleich zuzugestehen, ist die entsprechende formularmäßige Vertragsbestimmung unangemessen.[640] Die wechselseitigen Interessen müssen also ermittelt und abgewogen werden.[641] Ist die Benachteiligung der anderen

[638] Siehe dazu Seite 143.

[639] Im Zweifel.

[640] *BGH*, 17.1.2008, III ZR 74/07, NJW 2008, 1064 (1065) Tz. 19; *BGH*, 1.2.2005, X ZR 10/04, NJW 2005, 1774 (1775); *OLG Stuttgart*, 3.11.2011, 2 U 49/11, GRUR-RR 2012, 243 (245) - Hörbuch-AGB.

[641] *BGH*, 17.1.2008, III ZR 74/07, NJW 2008, 1064 (1065) Tz. 19; *BGH*, 1.2.2005, X ZR 10/04, NJW 2005, 1774 (1775); *OLG Stuttgart*, 3.11.2011, 2 U 49/11, GRUR-RR 2012, 243 (245) - Hörbuch-AGB.

Vertragspartei durch höherrangige oder zumindest gleichwertige Interessen des AGB-Verwenders gerechtfertigt, ist die entsprechende Klausel nicht unangemessen.[642]

Einige Streaminganbieter verwenden Klauseln, die eine Umgehung von Geoblockingmaßnahmen ausdrücklich verbieten.[643] Andere schließen eine Umgehung nur indirekt aus durch Formulierungen wie *„Das Streaming [...] von Inhalten [darf] nur vom Gebiet der Bundesrepublik Deutschland aus erfolgen.“*[644] oder *„unsere Dienste stehen Ihnen in Ihrem Heimatland für Ihre Nutzung zur Verfügung“*[645] Der Vertrag zwischen Nutzer und Streaminganbieter ist als Mietvertrag zu qualifizieren.[646] Gem. § 535 Abs. 1 BGB wird der Vermieter durch den Mietvertrag verpflichtet, dem Mieter den Gebrauch der Mietsache während der Mietzeit zu gewähren. Geoblocking verhindert, dass der Nutzer auf die „Mietsache“ vollumfänglich zugreifen kann. Ein Umgehungsverbot könnte daher mit dem wesentlichen Grundgedanken des § 535 Abs. 1 BGB nicht vereinbar sein und eine unangemessene Benachteiligung des Nutzers im Sinne von § 307 Abs. 2 Nr. 1 BGB darstellen. Allerdings bedeutet Miete im Sinne von § 535 Abs. 1 S. 2 BGB auch die Überlassung der Mietsache in einem zum vertragsgemäßen Gebrauch geeigneten Zustand. Damit bestimmt sich der Inhalt der Pflichten des Rechtsverhältnisses vorrangig nach dem Vertrag.[647] Diesem ist aber stets eine Beschränkung immanent, denn durch den Mietvertrag wird ein Nutzungsrecht für fremdes Eigentum vereinbart.

---

642 *BGH*, 17.1.2008, III ZR 74/07, NJW 2008, 1064 (1065) Tz. 19; *BGH*, 1.2.2005, X ZR 10/04, NJW 2005, 1774 (1775); *OLG Stuttgart*, 3.11.2011, 2 U 49/11, GRUR-RR 2012, 243 (245) - Hörbuch-AGB.

643 So 3. der *Amazon* Video Nutzungsbedingungen und 8. der *Spotify*-AGB. Siehe dazu auch Seite 145.

644 3.3. der *Maxdome*-AGB.

645 Abschnitt (A) der *Apple*-Bedingungen.

646 Siehe dazu Seite 140.

647 *Häublein*, in: *Henssler/Krüger*, MüKo-BGB Band 4, BGB, § 535 Rn. 65.

Unabhängig davon kann der Streaminganbieter Nutzungsrechte nur in dem von ihm erworbenen Umfang nutzen. Eine darüber hinausgehende Nutzung bedeutet einen Eingriff in fremde Urheberrechte. Dementsprechend dient ein AGB-rechtliches Umgehungsverbot sowohl dem Schutz des Streaminganbieters als auch dem des Rechtsinhabers. Dieses Interesse ist geeignet, eine Benachteiligung des Nutzers zu rechtfertigen.[648] Das gilt insbesondere dann, wenn der Streaminganbieter dem Nutzer einen angemessenen Ausgleich zugesteht.[649] Ein solcher ist zum Beispiel die Möglichkeit des vorübergehenden Downloads von Inhalten.[650] Damit ist eine AGB-Klausel, die eine Umgehung von Geoblockingmaßnahmen verbietet, nicht als unangemessen i. S. v. § 307 Abs. 1 S. 1 BGB anzusehen.

b) Öffentlich-Rechtliche Medienanstalten

Öffentlich-rechtliche Rundfunkanstalten haben den aus Art. 5 Abs. 1 S. 2 GG abgeleiteten verfassungsmäßigen Auftrag,[651] gem. § 11 Abs. 1 des Rundfunkstaatsvertrages (RStV) durch die Herstellung und Verbreitung ihrer Angebote als Medium und Faktor des Prozesses freier individueller und öffentlicher Meinungsbildung zu wirken und dadurch die demokratischen, sozialen und kulturellen Bedürfnisse der Gesellschaft zu erfüllen. Gem. § 11 d Abs. 1 RStV bieten sie Telemedien an, die journalistisch-redaktionell veranlasst und journalistisch-redaktionell gestaltet sind. Der Auftrag nach § 11 d Abs. 1 RStV umfasst das Anbieten ihrer Programmsendungen auf Abruf bis zu sieben Tage nach der Ausstrahlung (§ 11 d Abs. 2 Nr. 1 RStV).

---

648 Vgl. zur Interessenabwägung i. R. v. § 307 Abs. 1 S. 1 BGB *Wurmnest*, in: *Krüger*, MüKo-BGB Band 2, BGB, § 307 Rn. 33 und *Kollmann*, in: *Dauner-Lieb/Langen*, BGB, § 307 Rn. 8 ff.

649 Vgl. *Wurmnest*, in: *Krüger*, MüKo-BGB Band 2, BGB, § 307 Rn. 33.

650 Eine weitere Möglichkeit wäre die Pausierung des Abonnements, wobei bisher keiner der großen Streaminganbieter eine solche Option anbietet.

651 *BVerfG*, 16.6.1981, 1 BvL 89/78, NJW 1981, 1774 (1775 f.); *Gersdorf*, in: *Gersdorf/Paal*, RStV, § 11 Rn. 3 ff.

Diesem Auftrag kommen die öffentlich-rechtlichen Medienanstalten mit den ihnen angegliederten Mediatheken nach. Es handelt sich um ein nicht kommerzielles Video-on-Demand-Angebot, finanziert aus Rundfunkgebühren. Durch das sog. „7-Day-Catch-up" soll verhindert werden, dass öffentlich-rechtliche Angebote in Konkurrenz zu kommerziellen On-Demand-Diensten treten.[652] Im Übrigen unterscheiden sich die Mediatheken nicht von kommerziellen Media-Streaming-Angeboten. Insbesondere fällt das Einstellen von Werken in die Mediatheken aufgrund fehlender Linearität nicht unter das Senderecht gem. § 20 UrhG sondern unter das Recht der öffentlichen Zugänglichmachung gem. § 19a UrhG.[653]

Die öffentlich-rechtlichen Medienanstalten produzieren einen Teil ihres Angebotes selbst. Ihr Repertoire umfasst aber auch ein großes Angebot an Fremd- und Koproduktionen. Für diese müssen Sie wie kommerzielle Streaminganbieter auch Nutzungsrechte erwerben.

Beim öffentlichen Zugänglichmachen von Fremd- und Koproduktionen in Mediatheken müssen sich die öffentlich-rechtlichen Medienanstalten in der Regel dazu verpflichten, Geoblockingmaßnahmen zum Schutz territorialer Lizenzen einzusetzen.[654] Das bedeutet aber auch, dass Beitragszahler nicht auf die Mediatheken zugreifen können, wenn sie sich außerhalb der Bundesrepublik aufhalten.

Es stellt sich daher die Frage, ob Geoblocking im Einklang mit dem aus § 11 Abs. 1 RStV vorgegebenen Auftrag an die Medienanstalten des öffentlichen Rechts steht, als Medium und Faktor des Prozesses freier individueller und öffentlicher Meinungsbildung zu wirken und dadurch die demokrati-

[652] *Wiechmann*, ZUM 2014, 764 (767).
[653] *Kähler*, ZUM 2016, 417 (419).
[654] Vgl. § 4 der Eckpunktevereinbarung über die vertragliche Zusammenarbeit zu Film- / Fernseh-Gemeinschaftsproduktionen und vergleichbare Kino-Koproduktionen: *„ARD/ZDF sind beim Streaming ihrer jeweiligen Programme zur Anwendung von Geolocation nach Maßgabe der nachstehenden Regelungen in § 9 (1) lit. d) und § 9 (2) lit. c) verpflichtet."*

schen, sozialen und kulturellen Bedürfnisse der Gesellschaft zu erfüllen. Deutsche Medienanstalten des öffentlichen Rechts sind nationale Sendeunternehmen, die dem Prinzip der Wirtschaftlichkeit und Sparsamkeit verpflichtet sind.[655] Dem widersprechen die oftmals exorbitanten Kosten für Premiuminhalte.[656] Die territoriale Rechtevergabe, gesichert durch den Einsatz von Geoblocking, ermöglicht aber den Erwerb von Premiuminhalten und vergrößert so das kulturelle Angebot. Darüberhinaus sind der Rundfunkstaatsvertrag (§ 1 RStV), die öffentlich-rechtlichen Medienanstalten und der sich aus Art. 5 Abs. 1 S. 2 GG abzuleitende verfassungsmäßige Auftrag[657] auf das Staatsgebiet der Bundesrepublik beschränkt. Es ist nicht Aufgabe des deutschen öffentlich-rechtlichen Rundfunks als Medium und Faktor des Prozesses freier individueller und öffentlicher Meinungsbildung auch außerhalb des Bundesgebietes zu wirken. Die Pflicht aus § 11 Abs. 1 RStV, zur Befriedigung demokratischer, sozialer und kultureller Bedürfnisse der Gesellschaft beschränkt sich auf das deutsche Staatsgebiet. Folglich steht Geoblocking im Einklang mit dem aus § 11 Abs. 1 RStV vorgegebenen Auftrag.

Dem Nutzer ist es grundsätzlich nicht vertraglich untersagt, Geoblockingmaßnahmen zu umgehen. Ein Schuldverhältnis mit Allgemeinen Geschäftsbedingungen wie bei kommerziellen Streaminganbietern existiert zwischen Beitragszahler und öffentlich-rechtlicher Medienanstalt nicht. Die Umgehung von Geoblocking wirkt sich folglich für den Nutzer nicht schuldrechtlich aus. Urheberrechtliche Rechtsfolgen bleiben davon aber unberührt.[658]

Der Einsatz von Geoblocking in den Mediatheken der Medienanstalten des öffentlichen Rechts steht im Einklang mit deutschem Recht. Insbeson-

[655] Vgl. § 14 Abs. 1 RStV; *Dörr*, ZUM 2015, 954 (957).
[656] *Dörr*, ZUM 2015, 954 (957).
[657] *BVerfG*, 16.6.1981, 1 BvL 89/78, NJW 1981, 1774 (1775 f.); *Gersdorf*, in: *Gersdorf/Paal*, RStV, § 11 Rn. 3 ff.
[658] Vgl. Seite 191 ff.

dere entspricht er dem verfassungsmäßigen Auftrag aus Art. 5 Abs. 1 S. 2 GG und dem RStV, durch Herstellung und Verbreitung ihrer Angebote als Medium und Faktor des Prozesses freier individueller und öffentlicher Meinungsbildung zu wirken und dadurch die demokratischen, sozialen und kulturellen Bedürfnisse der Gesellschaft zu erfüllen.

II. Geoblocking in der Rechtsprechung

Geoblocking ist nicht ausschließlich an normativen Regelungen zu messen, sondern auch im Lichte aktueller Rechtsprechung zu betrachten. Die rechtliche Vereinbarkeit des Einsatzes von Geoblocking war selbst bisher noch in keinem Verfahren Gegenstand der Entscheidung. Allerdings war bereits in mehreren Entscheidungen über die Rechtmäßigkeit territorialer Beschränkungen von Nutzungsrechten zu entscheiden gewesen. Im Zuge dessen, hat der *EuGH* zu bestimmten Aspekten Stellung bezogen, die möglicherweise auch für das Geoblocking herangezogen werden können.

1. Coditel

In den Coditel-Entscheidungen hatte sich der *EuGH* mit dem Konflikt zwischen primärrechtlichen Regelungen und dem Urheberschutz auseinanderzusetzen.[659] Inhaltlich ging es um die Klage einer belgischen Kinofilmverleihgesellschaft (*Ciné Vog*), die wegen Verletzung von Urheberrechten gegen eine französische Gesellschaft (*Les Films la Boétie*) und gegen drei belgische Kabelfernsehgesellschaften (*CODITEL*) vorging. *Ciné Vog* begehrte mit der Klage Schadensersatz, weil die Beklagten in Belgien einen vom deutschen Fernsehen ausgestrahlten Film, für den die Klägerin das ausschließliche Verleihrecht für Belgien inne hatte, empfangen und über Ka-

[659] *EuGH*, 6.10.1982, C-262/81, BeckEuRS 1982, 97962 - Coditel II; *EuGH*, 18.3.1980, Rs 62/79, GRUR-Int 1980, 602 - Coditel I; *Wiebe*, ZUM 2015, 932 (933).

bel weiterübertragen haben. Das verhandelnde Gericht wollte vom *EuGH* wissen, ob es *„mit den Vorschriften des Vertrages über den freien Dienstleistungsverkehr vereinbar [ist], daß derjenige, dem die Vorführungsrechte für einen Kinofilm in einem Mitgliedstaat eingeräumt worden sind, sein Recht geltend macht, um einem anderen die Vorführung dieses Films im Wege des Kabelfernsehens in diesem Staat verbieten zu lassen, wenn der so vorgeführte Film von dem anderen in dem genannten Mitgliedstaat empfangen wird, nachdem er in einem anderen Mitgliedstaat mit Zustimmung des ursprünglichen Rechtsinhabers von einem Dritten ausgestrahlt worden ist?“*

Der *EuGH* stellte fest, dass der Inhaber des Urheberrechts an einem Film ein berechtigtes Interesse daran hat, die ihm für die Zustimmung zur Vorführung des Films zustehende Vergütung anhand der tatsächlichen oder wahrscheinlichen Zahl der Vorführungen zu berechnen und einer Fernsehübertragung des Films erst nach einer gewissen Vorführzeit in den Kinos zuzustimmen.[660] Zum Wesentlichen Inhalt des Urheberrechts an Filmwerken gehört es, dem Inhaber des Urheberrechts die Möglichkeit zuzugestehen, eine Vergütung für jede Vorführung des Films zu verlangen.[661] Außerdem kann die Verwertung der Urheberrechte an Filmen und der daraus zu ziehenden Einnahmen nicht unabhängig von den Aussichten auf eine Fernsehübertragung dieser Filme geplant werden.[662] Der *EuGH* sah es als erforderlich an, die Frage zu beantworten, ob die auf das Gebiet eines Mitgliedstaats begrenzte Einräumung des Nutzungsrechts eine Beschränkung des freien Dienstleistungsverkehrs darstellt. Gegenstand der Entscheidung war damit die Frage der Zulässigkeit zeitlicher und räumlicher Beschränkungen von Nutzungsrechten.

[660] *EuGH*, 18.3.1980, Rs 62/79, GRUR-Int 1980, 602 (607) Tz. 13 - Coditel I.
[661] *EuGH*, 18.3.1980, Rs 62/79, GRUR-Int 1980, 602 (607) Tz. 14 - Coditel I.
[662] *EuGH*, 18.3.1980, Rs 62/79, GRUR-Int 1980, 602 (607) Tz. 14 - Coditel I.

a) Maßstab des *EuGH*

Beschränkungen des freien Dienstleistungsverkehrs sind gem. Art. 59 EWG-Vertrag (jetzt Art. 56 AEUV) verboten. Dem *EuGH* zufolge erfasse diese Bestimmung damit aber nicht die Grenzen für bestimmte wirtschaftliche Betätigungen, die auf die Anwendung der innerstaatlichen Rechtsvorschriften über den Schutz des geistigen Eigentums zurückgehen, es sei denn, die Anwendung dieser Vorschriften stelle sich als ein Mittel willkürlicher Diskriminierung oder als eine versteckte Beschränkung in den Wirtschaftsbeziehungen zwischen den Mitgliedstaaten dar.[663]

Daraus folgt, dass eine räumliche Begrenzung von Nutzungsrechten der Dienstleistungsfreiheit grundsätzlich nicht entgegensteht, wenn dies zum Urheberrecht gehört. Damit sind zwar Beschränkungen des freien Dienstleistungsverkehrs verboten, doch erfasst dies nicht die Grenzen für bestimmte wirtschaftliche Betätigungen zum Schutz des geistigen Eigentums, sofern keine willkürliche Diskriminierung oder versteckte Beschränkung der Wirtschaftsbeziehungen der Mitgliedstaaten vorliegt.[664] Mit dieser Entscheidung hat der *EuGH* die Möglichkeit der territorialen Rechteverwertung grundsätzlich bestätigt.[665]

b) Einschränkungen der territorialen Rechteverwertung

Nach den Coditel-Entscheidungen haben sich im Unionsrecht allerdings Einschränkungen der territorialen Rechteverwertung entwickelt.[666] Das ist erstens der Grundsatz der gemeinschaftsweiten Erschöpfung (Art. 4 Abs.

---

[663] *EuGH*, 18.3.1980, Rs 62/79, GRUR-Int 1980, 602 (607) Tz. 15 - Coditel I.

[664] *EuGH*, 6.10.1982, C-262/81, BeckEuRS 1982, 97962, Rn. 15 - Coditel II; *EuGH*, 18.3.1980, Rs 62/79, GRUR-Int 1980, 602 (607) Tz. 15 - Coditel I.

[665] *EuGH*, 18.3.1980, Rs 62/79, GRUR-Int 1980, 602 (607) Tz. 16 - Coditel I; *Wiebe*, ZUM 2015, 932 (933).

[666] *Ohly*, ZUM 2015, 942 (943).

2 InfoSoc-RL) und zweitens die Satellitenrundfunk- und Kabelweiterverbreitungsrichtlinie.[667]

Ein Verkauf oder eine Eigentumsübertragung (Art. 4 Abs. 2 InfoSoc-RL) bzw. eine Veräußerung (§ 17 Abs. 2 UrhG) von Werken findet im Rahmen des Media-Streamings nicht statt. Dem Nutzer wird lediglich der Zugang zu einer Plattform verschafft, die ihm das Betrachten und die vorübergehende Vervielfältigung bestimmter Werke ermöglicht.[668] Das Recht des Urhebers, Originale oder Vervielfältigungsstücke des Werkes der Öffentlichkeit anzubieten oder in Verkehr zu bringen, wird durch Media-Streaming nicht berührt.

Die Satellitenrundfunk- und Kabelweiterverbreitungsrichtlinie verbietet eine territoriale Begrenzung von Nutzungsrechten bei Satellitensendungen. Danach liegt eine Verwertungshandlung nur in dem Land vor, in dem das Signal zum Satelliten gesendet wird.[669] Allerdings betrifft die Richtlinie ausschließlich Sendungen über Satelliten, die auf Frequenzbändern arbeiten, welche fernmelderechtlich dem Aussenden von Signalen zum öffentlichen Empfang oder der nichtöffentlichen Individual-Kommunikation vorbehalten sind (Art. 1 Abs. 1 Satellitenrundfunk- und Kabelweiterverbreitungsrichtlinie). Media-Streams werden nicht mittels Satelliten, sondern paketbasiert über ein Netzwerk übertragen.[670] Die Einschränkung der territorialen Rechteverwertung durch die Satellitenrundfunk- und Kabelweiterverbreitungsrichtlinie gilt damit nicht für das Media-Streaming.

---

[667] RL 93/83/EWG des Rates vom 27.9.1993 zur Koordinierung bestimmter urheber- und verwandter urheberrechtlicher Vorschriften betreffend Satellitenrundfunk und Kabelweiterverbreitung.

[668] Siehe Seite 139 und auch *Ohly*, in: *Schricker/Loewenheim*, UrhG, Vor §§ 31 ff. Rn. 118; *Zech*, ZUM 2014, 3 (8).

[669] Wegen der großen Ausleuchtung (Footprint) von Satelliten kann die Ausstrahlung praktisch nicht auf einzelne Mitgliedstaaten beschränkt werden. Siehe *Baumann/Hofmann*, ZUM 2011, 890 (892).

[670] Vgl. Seite 11 und Seite 17.

2. FAPL/Karen Murphy

2011 hatte der *EuGH* über das Vertriebsmodell der englischen *Premier League* zu entscheiden.[671] Die Beklagte *Karen Murphy* ist Betreiberin einer Bar, für die sie bei einem griechischen Pay-TV-Anbieter (*NOVA*) eine Decoderkarte[672] erworben hat, um Spiele der *Premier-League* (*FAPL*) live zu empfangen. *NOVA* ist Lizenznehmerin der *FAPL*, einer exklusiven, zeitlich und räumlich beschränkten Lizenz zur Sendung der Spiele der *FAPL* in Griechenland. Sie ist lizenzvertraglich dazu verpflichtet, das Sendesignal zu verschlüsseln und die Decoderkarten nur im vereinbarten Sendegebiet verfügbar zu machen. Aufgrund des geringeren Interesses an Spielen der *Premier League* außerhalb Großbritanniens, sind die Lizenzpreise für die TV-Rechte und damit auch für die Endkunden im Ausland geringer.[673] Die Nutzung einer griechischen Decoderkarte und der Empfang der Sendungen über *NOVA*, stellte für *Karen Murphy* eine erhebliche Kostenersparnis dar. Gegen *Murphy* wurde ein Strafverfahren[674] geführt, mit dem ein

[671] *EuGH*, 4.10.2011, C-403/08 und C-429/08, EuZW 2012, 466 m. Anm. *Weck* – FAPL und Murphy.

[672] Fußballaufzeichnungen werden mit Kommentierung, Bildzusammenschnitten, Musik und Firmenzeichen zu einem Signal zusammengefasst und über Satellit komprimiert und verschlüsselt übermittelt. Das Signal kann über eine Parabolantenne empfangen und in einem Satellitendecoder entschlüsselt und dekomprimiert werden (siehe hierzu Seite 11). Für die Entschlüsselung und Dekodierung von Pay-TV-Angeboten bedarf es einer speziellen Decodiervorrichtung, die für Sendungen des Anbieters freigeschaltet ist. Eine solche Decodiervorrichtung ist bspw. eine Decoderkarte, die manuell in den Receiver gesteckt werden kann. *EuGH*, 4.10.2011, C-403/08 und C-429/08, EuZW 2012, 466 (467) m. Anm. *Weck* – FAPL und Murphy.

[673] *Hoeren/Bilek*, CR 2011, 735 (736).

[674] Nach Sec. 297 (1) des Copyright, Design and Patents Act (CDPA), der das unredliche Empfangen von Rundfunksendungen die im Vereinten Königreich bereitgestellt werden, mit einer Geldstrafe belegt, wenn die Absicht besteht, die für das Programm zu entrichtende Gebühr zu umgehen. *EuGH*, 4.10.2011, C-429/08, EuZW 2012, 466 m. Anm. *Weck* – FAPL und Murphy.

Zivilverfahren[675] verbunden war, das sich unter anderem gegen den britischen Vertreiber der griechischen Decoderkarten richtete.[676] Letztendlich legte der englische *High Court of Justice* dem *EuGH* den Sachverhalt unter anderem wegen des Spannungsverhältnisses zwischen der territorialen Aufspaltung der Senderechte und des Binnenmarktprinzips vor.[677]

Diesbezüglich stellte der *EuGH* im Ergebnis fest, dass Regelungen eines Mitgliedstaats, wonach im Inland die Einfuhr, der Verkauf und die Verwendung ausländischer Decodiervorrichtungen aus einem anderen Mitgliedstaat untersagt sind, im Rahmen von Art. 56 AEUV rechtswidrig sind.[678] Ebenso stellen Klauseln eines Vertrages über eine ausschließliche Lizenz, die einem Sendeunternehmen verbieten, Decodiervorrichtungen, die den Zugang zu den Schutzgegenständen des Rechtsinhabers ermöglichen, zum Zweck ihrer Verwendung außerhalb des Lizenzgebietes zur Verfügung zu stellen, eine verbotene Wettbewerbsbeschränkung nach Art. 101 AEUV dar.[679]

a) Maßstab des *EuGH*

Gegenstand der Entscheidung war die Live-Übertragung von Begegnungen der *Premier League* über Satellit, sodass spezielle Regelungsmaterie die

---

[675] Forderung nach Schadensersatz und Unterlassung gegen die Vertreiber der Decoderkarten und gegen Gastwirte, die unter Verwendung ausländischer Decodiervorrichtungen Live-Übertragungen von Begegnungen der *Premier League* gezeigt haben. *EuGH*, 4.10.2011, C-403/08, EuZW 2012, 466 m. Anm. *Weck* – FAPL und Murphy.

[676] *EuGH*, 4.10.2011, C-403/08 und C-429/08, EuZW 2012, 466 (467) m. Anm. *Weck* – FAPL und Murphy.

[677] *EuGH*, 4.10.2011, C-403/08 und C-429/08, EuZW 2012, 466 m. Anm. *Weck* – FAPL und Murphy; *Kreile*, ZUM 2011, 719 (720).

[678] Ls *EuGH*, 4.10.2011, C-403/08 und C-429/08, EuZW 2012, 466 m. Anm. *Weck* – FAPL und Murphy.

[679] Vgl. Ls *EuGH*, 4.10.2011, C-403/08 und C-429/08, EuZW 2012, 466 m. Anm. *Weck* – FAPL und Murphy.

Satellitenrundfunk- und Kabelweiterverbreitungsrichtlinie war. Diese sieht mit Art. 1 Abs. 2 lit. b das Sendelandprinzip vor.[680]

Die Ausstrahlung einer Satellitensendung kann wegen der großen Ausleuchtung (Footprint) von Satelliten nicht zuverlässig auf einzelne Mitgliedstaaten beschränkt werden.[681] Eine territoriale Beschränkung des Senderechts ist dementsprechend nicht durchsetzbar. Deshalb war lange umstritten, ob im Fall der Sendung ausschließlich das Recht des Sendelandes (Sendelandprinzip) anwendbar ist oder zudem das Recht des Landes, für welches die Sendung zum Empfang bestimmt ist (Bestimmungslandprinzip oder sog. "Bogsch-Theorie"[682]).[683] Nach dem Bestimmungslandprinzip liegt eine Verwertungshandlung der öffentlichen Wiedergabe sowohl in dem Land vor, in dem sie stattfindet (gesendet wird), als auch in dem Land, in dem sie empfangen werden soll.[684] Dem gegenüber erfolgt nach dem Sendelandprinzip eine Verwertungshandlung nur in dem Land, in dem

---

680 *EuGH*, 4.10.2011, C-403/08 und C-429/08, EuZW 2012, 466 m. Anm. *Weck* – FAPL und Murphy; *Wiebe*, ZUM 2015, 932 (934).

681 Der Footprint erfasst i. d. R. mehrere Staaten. Vgl. *Baumann/Hofmann*, ZUM 2011, 890 (892).

682 Benannt nach dem früheren WIPO-Generaldirektor Árpád Bogsch.

683 Für das Bestimmungslandprinzip *OGH*, 28.5.1991, 4 Ob 19/91, GRUR-Int 1991, 920 (923) - TELE-UNO II; *OLG München*, 25.11.1993, 6 U 3921/88, ZUM 1995, 328, *LG Stuttgart*, 21.4.1994, 17 O 539/93, GRUR-Int 1995, 412 (413) - Satelliten-Rundfunk; *Katzenberger/Metzger*, in: *Schricker/Loewenheim*, UrhG, Vor §§ 120 ff. Rn. 138; *Schack*, Urheber- und Urhebervertragsrecht, Rn. 1059; *Drexl*, in: *Hein/Limperg/Oetker*, MüKo-BGB Band 12, Teil 8. Internationales Immaterialgüterrecht Rn. 288; *v. Welser*, in; *Wandtke/Bullinger*, UrhG, Vor §§ 120 ff. Rn. 18; *Sack*, WRP 2000, 269 (277); *Katzenberger*, GRUR Int 1983, 895 (917). Gegen die Anwendung der Bogsch-Theorie und für das Sendelandprinzip *Hillig*, in: *Ahlberg/Götting*, UrhG, § 20a Rn. 12; *Neumaier*, ZUM 2011, 36 (39 f.); *Handig*, GRUR Int 2007, 206 (213 f.) m.w.N; *v. Ungern-Sternberg*, in: *Schwarze*, 109 (122 ff.); *Rumphorst*, GRUR Int 1993, 934; *Rumphorst*, GRUR Int 1992, 910 ff.. Der *BGH*, 7.11.2002, I ZR 175/00, GRUR 2003, 328 (329 f.) - Sender Felsberg hat die Frage bislang offen gelassen. Zum Meinungsstreit *Dreier*, in: *Dreier/Schulze*, UrhG, Vor §§ 120 ff. Rn. 38.

684 *Katzenberger/Metzger*, in: *Schricker/Loewenheim*, UrhG, Vor §§ 120 ff. Rn. 138; *Schack*, Urheber- und Urhebervertragsrecht, Rn. 1059; *Katzenberger*, GRUR Int 1983, 895 (917).

die Satellitensignale auch ausgestrahlt werden.[685] Mit der Satelliten- und Kabelweiterverbreitungsrichtlinie hat sich der europäische Gesetzgeber mit Art. 1 Abs. 2 lit. b für die Geltung des Sendelandprinzips entschieden und den Streit beendet.

Der Empfang einer Satellitensendung stellt daher keine neue Verwertungshandlung dar, sodass die Interessen des Rechtsinhabers bereits bei der Sendung ausreichend zu berücksichtigen und in die Gebühr für die Sendelizenz einzukalkulieren sind.[686] Die Vorabentscheidungen FAPL und Murphy betreffen unter anderem die Auslegung der Satellitenrundfunk- und Kabelweiterverbreitungsrichtlinie, weshalb die Besonderheit des Sendelandprinzips zu berücksichtigen ist.

Die Zulässigkeit von Vorrichtungen, die dazu geeignet sind, die grenzüberschreitende Erbringung von kodierten Rundfunkdiensten zu verhindern, beurteilt der *EuGH* am Maßstab der Dienstleistungsfreiheit des Art. 56 AEUV.[687] Außerdem überprüft er die Zulässigkeit von vertraglichen Verpflichtungen, die das Zurverfügungstellen von Dekodiereinrichtungen außerhalb des Lizenzgebietes verbieten, anhand der Wettbewerbsregeln des Art. 101 und 102 AEUV.[688] Maßstab der Beurteilung ist das Recht des Rechtsinhabers sowie Interessen der Allgemeinheit auf der einen und das europäische Binnenmarktziel auf der anderen Seite.

---

685 *Wiebe*, ZUM 2015, 932 (934 f.); *Baumann/Hofmann*, ZUM 2011, 890 (892).

686 *Wiebe*, ZUM 2015, 932 (935).

687 *EuGH*, 4.10.2011, C-403/08 und C-429/08, EuZW 2012, 466 m. Anm. *Weck* – FAPL und Murphy; *Mestmäcker/Schweitzer*, in *Mestmäcker/Schweitzer*, § 29 Gewerbliche Schutzrechte und Urheberrechte im Binnenmarkt Rn. 16.

688 *EuGH*, 4.10.2011, C-403/08 und C-429/08, EuZW 2012, 466 m. Anm. *Weck* – FAPL und Murphy; *Mestmäcker/Schweitzer*, in *Mestmäcker/Schweitzer*, § 29 Gewerbliche Schutzrechte und Urheberrechte im Binnenmarkt Rn. 19.

aa) Art. 56 AEUV

Im Fall FAPL und Murphy ist die Dienstleistungsfreiheit nach Art. 56 AEUV Gegenstand der Entscheidung, da das in Frage stehende gesetzliche Verbot, ausländische Dekodiereinrichtungen einzuführen oder zu verkaufen, dem *EuGH* zufolge vorrangig den freien Dienstleistungsverkehr betrifft, während sich der Aspekt des freien Warenverkehrs als gegenüber dem freien Dienstleistungsverkehr völlig zweitrangig erweist.[689]

Das Verbot nach Sec. 297 (1) CDPA im Fall FAPL und Murphy verhindert den Zugang zu Rundfunkdiensten aus anderen Mitgliedstaaten.[690] Es liegt folglich ein Eingriff in die Dienstleistungsfreiheit nach Art. 56 AEUV vor. Ein solcher Eingriff ist dem *EuGH* zufolge nur dann gerechtfertigt, wenn er zwingenden Gründen des Allgemeininteresses entspricht und geeignet ist, die Erreichung des mit ihm verfolgten, im Allgemeininteresse liegenden Zieles zu gewährleisten und nicht über das hinausgeht, was zur Erreichung dieses Zieles erforderlich ist.[691]

Ein zwingender Grund des Allgemeininteresses kann der Schutz von Urheberrechten sein.[692] Haben nationale Regelungen zum Ziel, einen spezifischen Gegenstand des geistigen Eigentums zu schützen, steht Art. 56 AEUV dem grundsätzlich nicht entgegen, soweit sie zur Wahrung der Rechte gerechtfertigt sind, die den spezifischen Gegenstand des betref-

689 *EuGH*, 4.10.2011, C-403/08 und C-429/08, EuZW 2012, 466 (469) Tz. 83 m. Anm. *Weck* – FAPL und Murphy. Siehe dazu bereits Seite 156.

690 *Mestmäcker/Schweitzer*, in: *Mestmäcker/Schweitzer*, § 29 Gewerbliche Schutzrechte und Urheberrechte im Binnenmarkt Rn. 16.

691 *EuGH*, 4.10.2011, C-403/08 und C-429/08, EuZW 2012, 466 (469 f.) Tz. 93 m. Anm. *Weck* – FAPL und Murphy; *EuGH*, 13.12.2007, C-250/06, EuZW 2008, 86 (89) Tz 39 - United Pan-Europe/Belgien; *EuGH*,5.6.1997, C-398/95, BeckEuRS 1997, 221911 Tz. 21.

692 *EuGH*, 4.10.2011, C-403/08 und C-429/08, EuZW 2012, 466 (470) Tz. 94 m. Anm. *Weck* – FAPL und Murphy; *EuGH* 18.3.1980, 62/79, GRUR-Int 1980, 602 (607) Tz. 15 f. - Coditel I.

fenden geistigen Eigentums ausmachen.[693] Dazu gehört die kommerzielle Nutzung und wirtschaftliche Auswertung. Hierbei betont der *EuGH* aber, dass den betreffenden Rechtsinhabern nicht die höchstmögliche, sondern nur eine angemessene Vergütung zu sichern ist.[694] Die im Fall FAPL und Murphy vorliegende Gebietsausschließlichkeit und damit einhergehende Abschottung der Märkte führen zu „künstlichen Preisunterschieden", was mit dem grundlegenden Binnenmarktziel unvereinbar sei und wodurch die höheren Einnahmen nicht als Teil der angemessenen Vergütung angesehen werden können.[695]

Der *EuGH* bestätigt aber seine Entscheidung Coditel I, wonach gebietsabhängige Lizenzen grundsätzlich zulässig sind.[696] Im Fall FAPL und Murphy ging es anders als bei Coditel I nicht darum, durch ein zeitlich begrenztes Verbot der Fernsehausstrahlung, die Refinanzierung des Kinofilms zu sichern.[697] Er ist damit nicht der Ansicht der Generalanwältin gefolgt, wonach die im Recht des freien Warenverkehrs anerkannte „Erschöpfung" des Urheberrechts auch im Anwendungsbereich der unkörperlichen Dienstleistungsfreiheit liege.[698]

---

693 *EuGH*, 4.10.2011, C-403/08 und C-429/08, EuZW 2012, 466 (470) Tz. 106 m. Anm. *Weck* – FAPL und Murphy; *EuGH*, 23.10.2003, C-115/02, GRUR-Int 2004, 39 (40) Tz. 23 - Rioglass und Transremar.

694 *EuGH*, 4.10.2011, C-403/08 und C-429/08, EuZW 2012, 466 (470) Tz. 108 m. Anm. *Weck* – FAPL und Murphy.

695 *Mestmäcker/Schweitzer*, in: *Mestmäcker/Schweitzer*, § 29 Gewerbliche Schutzrechte und Urheberrechte im Binnenmarkt Rn. 17; *EuGH*, 4.10.2011, C-403/08 und C-429/08, EuZW 2012, 466 (471) Tz. 115 m. Anm. *Weck* – FAPL und Murphy.

696 *EuGH*, 4.10.2011, C-403/08 und C-429/08, EuZW 2012, 466 (471) Tz. 118 m. Anm. *Weck* – FAPL und Murphy.

697 *EuGH* 18.3.1980, 62/79, GRUR-Int 1980, 602 (607) Tz. 12 ff. - Coditel I.

698 Schlussanträge der Generalanwältin *Juliane Kokott* vom 3.2.2011, C 403/08 und C 429/08, Rn. 188-200; *Mestmäcker/Schweitzer*, in: *Mestmäcker/Schweitzer*, § 29 Gewerbliche Schutzrechte und Urheberrechte im Binnenmarkt Rn. 18.

bb) Art. 101, 102 AEUV

Urheberrecht und Wettbewerbsrecht stehen in einem Spannungsverhältnis.[699] Das begründet sich darin, dass das Urheberrecht durch die Gewährung von Verwertungsrechten Monopole schafft, das Wettbewerbsrecht aber gerade dem Abbau und der Beseitigung von Monopolen dient.[700] Diesen Konflikt gilt es zu lösen, um den bestmöglichen Schutz für Marktteilnehmer und Innovationen zu sichern.[701]

Der Wortlaut der Art. 101 ff. AEUV impliziert eine umfassende Geltung für jede wirtschaftliche Betätigung und jede Branche.[702] Im Fall FAPL und Murphy ging es im anhängigen Zivilverfahren, das sich unter anderem gegen den britischen Vertreiber der griechischen Decoderkarten richtete, um die Frage der Zulässigkeit eines vertraglichen Verbotes des Vertriebes von Decoderkarten im Lichte des europäischen Wettbewerbsrechts.[703] Zunächst stellte der *EuGH* fest, dass allein der Umstand, dass der Rechtsinhaber einem einzelnen Lizenznehmer das ausschließliche Recht der Sendung von einem Mitgliedstaat aus eingeräumt hat, europäischem Wettbewerbsrecht nicht entgegensteht.[704] Damit bestätigte er erneut die Coditel-Entscheidung und die Zulässigkeit territorialer Rechtevergabe. Der

---

699 Vgl. *Nordemann*, in: *Loewenheim/Meessen/Riesenkampff*, 3. Teil Gewerblicher Rechtsschutz und Urheberrecht Rn. 9 ff.

700 Vgl. *EuGH*, 16.7.2015, C-172/14, EuZW 2015, 802 (803) Tz. 28 - ING Pensii; *Stollwerck*, in: *Ahlberg/Götting*, UrhG, Europäisches Urheberrecht, Rn. 67; *Köhler*, GRUR 2007, 548 (549).

701 *Stollwerck*, in: *Ahlberg/Götting*, UrhG, Europäisches Urheberrecht, Rn. 67.

702 Vgl. *EuGH*, 18.7.2013, C-136/12, EuZW 2013, 782 (784) Tz. 45, 46 - Consiglio nazionale dei geologi; *EuGH*, 27.1.1987, 45/85, NJW 1987, 2150 Tz. 14; *Weiß*, in: *Calliess/Ruffert*, AEUV, Art. 18 Rn. 1. Betätigungen, die in Ausübung hoheitlicher Befugnisse erfolgen, sind nicht „wirtschaftlich" i. S. d. Art. 101 ff. AEUV. Siehe dazu *EuGH*, 12.7.2012, C-138/11, GRUR 2013, 191 (192) Tz. 36 - Compass-Datenbank.

703 *EuGH*, 4.10.2011, C-403/08 und C-429/08, EuZW 2012, 466 (472) Tz. 134 ff. m. Anm. *Weck* – FAPL und Murphy.

704 *EuGH*, 4.10.2011, C-403/08 und C-429/08, EuZW 2012, 466 (472) Tz. 137 m. Anm. *Weck* – FAPL und Murphy; *EuGH*, 6.10.1982, C-262/81, BeckEuRS 1982, 97962 Tz. 15 - Coditel II.

EuGH entschied dann, dass Verträge, durch die nationale Märkte nach den nationalen Grenzen abgeschottet werden sollen oder durch die gegenseitige Durchdringung der nationalen Märkte erschwert wird, grundsätzlich als Vereinbarung anzusehen sind, die eine Beschränkung des Wettbewerbs im Sinne des Art. 101 Abs. 1 AEUV bezwecken.[705] Für den Fall FAPL und Murphy bejahte der *EuGH* die Vermutung einer Wettbewerbsbeschränkung. Durch die vertragliche Beschränkung der Weitergabe von Decoderkarten entstehe ein absoluter Gebietsschutz, der jede Form von Wettbewerb zwischen den Rundfunkanstalten im Bereich dieser Dienste unterbinde.[706] Es seien keine die Vermutung widerlegende, besondere Umstände, die sich aus dem „wirtschaftlichen und rechtlichen Kontext" ergeben vorgetragen worden.[707]

b) Übertragung der FAPL und Murphy Rechtsprechung auf das Geoblocking

Media-Streaming fällt anders als Fußballsendungen nicht unter das Senderecht, sondern betrifft das Recht der öffentlichen Zugänglichmachung nach § 19a UrhG bzw. Art. 3 Abs. 1 InfoSoc-RL. Es stellt sich daher die Frage, ob die im Fall FAPL und Murphy entwickelten Grundsätze auf das Media-Streaming und dem dort eingesetzten Geoblocking übertragen werden können. Schließlich stellen Satellitensendungen eine rechtliche Besonderheit dar, da für sie aufgrund der Satellitenrundfunk- und Kabelweiterverbreitungsrichtlinie das Sendelandprinzip gilt.

---

705 *EuGH*, 4.10.2011, C-403/08 und C-429/08, EuZW 2012, 466 (472) Tz. 139 m. Anm. *Weck* – FAPL und Murphy.

706 *EuGH*, 4.10.2011, C-403/08 und C-429/08, EuZW 2012, 466 (473) Tz. 142 f. m. Anm. *Weck* – FAPL und Murphy.

707 *EuGH*, 4.10.2011, C-403/08 und C-429/08, EuZW 2012, 466 (473) Tz. 142 f. m. Anm. *Weck* – FAPL und Murphy.

Der Satellitensendung und dem Media-Streaming liegt dasselbe Problem zugrunde: Der Ausstrahlungsbereich ist grundsätzlich nicht begrenzbar. Nur durch technische, vertragliche oder gesetzliche Maßnahmen ist eine territoriale Nutzungsrechtsbeschränkung durchsetzbar.[708] Die beiden Verwertungsformen unterscheiden sich dahingehend, dass bei der Satellitensendung aufgrund des geltenden Sendelandprinzips eine dingliche Beschränkung der Sendelizenz nicht möglich ist.[709] Bei der Entscheidung des *EuGH* zu FAPL und Murphy könnte es sich damit um eine auf das Media-Streaming nicht übertragbare Einzelfallrechtsprechung handeln.[710] Beide Sachverhalte sind aber insoweit vergleichbar, als dass eine Verpflichtung zum Geoblocking ebenso wie ein Verbot des Vertriebes von Decoderkarten im Ausland eine schuldrechtliche Vereinbarung darstellt.

Der *EuGH* begründete seine Entscheidung im Fall FAPL und Murphy mit dem Sendelandprinzip, wonach die Sendelizenz nicht dinglich territorial beschränkt werden konnte. Erst das schuldrechtliche Verbot des Vertriebes von Decoderkarten im Ausland führte zu einer kompletten Abschottung gegenüber jeglichem Wettbewerb, was über das hinausging, was zum Schutz des Urheberrechts erforderlich war.[711]

Im Fall des Media-Streamings (Art. 3 InfoSoc-RL bzw. § 19a UrhG) können Lizenzen aber mit dinglicher Wirkung räumlich beschränkt werden, da es keine der Satellitenrundfunk- und Kabelweiterverbreitungsrichtlinie

---

708 *Wiebe*, ZUM 2015, 932 (935).

709 Br-Drucks. 212/96 vom 22.3.1996.

710 So *Ratjen/Langer*, ZUM 2012, 299 (306) und *Christmann*, ZUM 2012, 187 (189). Einigkeit bestand auch zwischen den Teilnehmern der Arbeitssitzung des Instituts für Urheber- und Medienrecht am 9.12.2011. Vgl. *Trauschel*, ZUM 2012, 194 (195). Ebenso *von Albrecht/Mutschler-Siebert/Bosch*, ZUM 2012, 93 (97 und 100), die aber eine Übertragbarkeit aufgrund einer dinglichen Wirkung des Geoblockings ablehnen. Unentschieden aber kritisch, abstellend auf die Zielrichtung des Art. 3 InfoSoc-RL *Steinrötter*, EWS 2016, 17 (19).

711 *Wiebe*, ZUM 2015, 932 (936); *von Albrecht/Mutschler-Siebert/Bosch*, ZUM 2012, 93 (98); *Ratjen/Langer*, ZUM 2012, 299 (305).

vergleichbare gesetzliche Regelung gibt. Dies hat der *EuGH* grundsätzlich auch bestätigt.[712] Hier ist auf die Ausführungen zum Wettbewerbsrecht zu verweisen.[713]

Geoblocking als Schutzinstrument sichert den spezifischen Gegenstand des Urheberrechts und geht nicht über diesen hinaus, sondern ermöglicht eine angemessene Vergütung des Urhebers.[714] Die schuldrechtliche Verpflichtung zum Einsatz von Geoblocking führt damit nicht zu einer kompletten Abschottung jeglichen Wettbewerbs, wie im Fall FAPL und Murphy. Sie ist lediglich ein Instrument zur Absicherung der gesetzlich vorgesehenen angemessenen Vergütung.[715]

Räumliche Lizenzbeschränkungen können gem. § 31 Abs. 1 S. 2 UrhG mit dinglicher Wirkung vorgenommen werden. Bewegt sich die durch schuldrechtliche Vereinbarung hervorgerufene Gebietsbeschränkung innerhalb des Rahmens, der auch dinglich vom Schutzgegenstand abgespalten werden kann, geht der Einsatz von Geoblocking gerade nicht über den spezifischen Gegenstand des Urheberrechts hinaus.[716]

Eine schuldrechtliche Verpflichtung zum Geoblocking ist daher aus kartellrechtlicher Sicht nicht zu beanstanden und steht im Einklang mit Art. 101 Abs. 1 c) AEUV und § 1 GWB. Wird Geoblocking als Instrument zur Einhaltung nationalen Rechts eingesetzt, stellt sich die Frage nach der Vereinbarkeit mit Wettbewerbsrecht erst gar nicht. Denn dort, wo Wettbe-

---

[712] Vgl. *EuGH*, 4.10.2011, C-403/08 und C-429/08, EuZW 2012, 466 (472) Tz. 137 f. m. Anm. *Weck* – FAPL und Murphy; *EuGH*, 6.10.1982, 262/81, BeckRS 2004, 72743, Tz. 15 f.; *EuGH*, 18.3.1980, 62/79, GRUR-Int 1980, 602 (607) Tz. 16 f. - Coditel I.

[713] Siehe Seite 158.

[714] So auch *Ratjen/Langer*, ZUM 2012, 299 (306); *von Albrecht/Mutschler-Siebert/Bosch*, ZUM 2012, 93 (97 und 100), die allerdings Geoblocking als inhärenten Teil der dinglichen Lizenz selbst sehen.

[715] Außerdem vermag Geoblocking in technischer Hinsicht keinen absoluten Schutz und damit auch keine absolute Abschottung gegenüber jeglichen Wettbewerbs zu bezwecken. Vgl. *Ratjen/Langer*, ZUM 2012, 299 (306).

[716] Zustimmend *Just/Spahr/Peter*, KSzW 2015, 307 (311).

werb nicht rechtmäßig stattfinden darf, ist er auch nicht schützenswert.[717] Das kann zum Beispiel für den Fall des Jugendschutzes gelten.

3. Ergebnis

Die Coditel-Entscheidung bestätigt, dass auch der *EuGH* die territoriale Werkverwertung im Rahmen des, nach herrschender Meinung[718] geltenden Territorialitätsprinzips, grundsätzlich für zulässig erachtet. Allerdings kann die Rechtsprechung des *EuGH* zum Fall FAPL und Murphy nicht ohne Weiteres auf das Geoblocking übertragen werden, denn trotz des an sich vergleichbaren Sachverhalts[719] ergibt sich, aufgrund der unterschiedlichen gesetzlichen Vorgaben, insbesondere eine andere rechtliche Bewertung der Wettbewerbsfreiheit. Anders als im Fall FAPL und Murphy gibt es für das Media-Streaming keine entsprechende gesetzliche Regelung, die eine dinglich wirkende räumliche Beschränkung von Nutzungsrechten verbietet. Geoblocking ist geeignet, den spezifischen Gegenstand des Urheberrechts zu sichern und geht nicht über das Erforderliche hinaus. Es kommt nicht zu einer kompletten Abschottung jeglichen Wettbewerbs.

---

717 Vgl. *BGH*, 26.10.1961, KZR 3/61, NJW 1962, 247 (248); *Emmerich*, in: *Immenga/ Mestmäcker*, AEUV, Art. 101 Abs. 1 Rn. 66; *Just/Spahr/Peter*, KSzW 2015, 307 (310) m.w.N.

718 *EuGH*, 14.7.2005, C-192/04, GRUR 2006, 50 (53) - Lagardère/SPRE und GVL; *BGH*, 8.12.2010, 1 StR 213/10, GRUR 2011, 227 (228) Rn. 20 - Italienische Bauhausmöbel; *BGH*, 16.4.1975, I ZR 40/73, NJW 1975, 1220 (1222) - August Vierzehn; *Lauber-Rönsberg*, in: *Ahlberg/Götting*, UrhG, Kollisionsrecht und internationale Zuständigkeit Rn. 4; *Nordemann-Schiffel*, in: *Fromm/Nordemann*, UrhG, vor §§ 120 ff. Rn. 59; *Katzenberger/Metzger*, in: *Schricker/Loewenheim*, UrhG, vor §§ 120 ff. Rn. 109; a. A. noch *Schack*, Urheber- und Urhebervertragsrecht, Rn. 913 a.E.

719 Hier die schuldrechtliche Verpflichtung zur Verhinderung von Zugriffen auf urheberrechtlich geschützte Werke außerhalb des Lizenzgebietes.

III. Geoblocking in der Literatur

Der Einsatz von Geoblocking zur Durchsetzung territorialer Beschränkungen von Nutzungsrechten wurde im Schrifttum schon mehrfach diskutiert. Insbesondere im Nachgang der FAPL und Murphy Entscheidung wurde immer wieder die Frage zur Zulässigkeit des Geoblockings aufgeworfen. Es hat sich die überwiegende Meinung im Schrifttum herauskristallisiert, dass Geoblocking als legitimes Mittel zum Schutz von Urheberrechten nicht im Widerspruch zu geltendem Recht steht.[720] Dabei hängt die jeweilige Begründung von der Frage ab, ob einer Verpflichtung zum Geoblocking nur schuldrechtliche oder auch dingliche Wirkung zukommt.[721] Auf die verschiedenen Ansichten im Schrifttum wurde bereits mehrfach hingewiesen, sodass an dieser Stelle auf die entsprechenden Ausführungen verwiesen werden kann.[722]

IV. Zusammenfassung

Im Ergebnis lässt sich festhalten, dass Geoblocking nicht im Widerspruch zu geltendem Recht steht. Insbesondere sind keine Widersprüche zu den EU-Grundfreiheiten erkennbar. Eine andere Bewertung lässt auch die Rechtsprechung des *EuGH* und *BGH* nicht erkennen. Im Schrifttum besteht zwar Uneinigkeit über die Frage der Zulässigkeit des Einsatzes von Geoblocking, aber die herrschende Meinung sieht darin ein legitimes Mittel

[720] Vgl. *Schwarz*, ZUM 2015, 950 (951 ff.); *Wiebe*, ZUM 2015, 932 (941); *Ohly*, ZUM 2015, 942 (949 f.); *Manegold/Czernik*, in: *Wandtke/Bullinger*, UrhG, Vor §§ 88 ff. Rn. 113; *von Albrecht/Mutschler-Siebert/Bosch*, ZUM 2012, 93 (97); *Ratjen/Langer*, ZUM 2012, 299 (306). A. A. *Kreile*, ZUM 2012, 177 (185 f.) und *Kreile*, ZUM 2011, 719 (723) sowie *Hoeren/Bilek*, CR 2011, 735 (740).

[721] Siehe dazu ausführlich Seite 136.

[722] Siehe Seite 136 ff.; Seite 169 ff. und Seite 176.

zum Schutz von Urheberrechten.[723] Geoblocking ist folglich ein rechtmäßiges Mittel zur Begrenzung der Werknutzung auf ein bestimmtes Territorium.

[723] Vgl. *Schwarz*, ZUM 2015, 950 (951 ff.); *Wiebe*, ZUM 2015, 932 (941); *Ohly*, ZUM 2015, 942 (949 f.); *Manegold/Czernik*, in: *Wandtke/Bullinger*, UrhG, Vor §§ 88 ff. Rn. 113; *von Albrecht/Mutschler-Siebert/Bosch*, ZUM 2012, 93 (97); *Ratjen/Langer*, ZUM 2012, 299 (306). A. A. *Kreile*, ZUM 2012, 177 (185 f.) und *Kreile*, ZUM 2011, 719 (723) sowie *Hoeren/Bilek*, CR 2011, 735 (740).

6. Kapitel: Ansprüche und ihre Durchsetzbarkeit bei Umgehung von Geoblocking

Wie die vorangegangenen Ausführungen gezeigt haben, stellt Geoblocking ein rechtmäßiges Mittel zur Durchsetzung zulässiger, dinglich wirkender Nutzungsrechtsbeschränkungen auf ein Territorium dar. Im Anschluss daran stellt sich die Frage, welche Konsequenzen eine Umgehung von Geoblocking hat, also welche Ansprüche den von der Umgehung Betroffenen zustehen und wie diese durchgesetzt werden können.

Urheberrechtliche Verletzungen werden von §§ 97 ff. UrhG erfasst, wenn in absolute Rechte eingegriffen wird. Werden lediglich schuldrechtliche Vereinbarungen verletzt, die nur zwischen den Vertragsparteien gelten, aber keine absolute Wirkung haben, ist ein Rückgriff auf die §§ 97 ff. UrhG nicht möglich. Es gelten insoweit die allgemeinen schuldrechtlichen Regelungen.[724] Eine Rechtsverletzung ist auch zu bejahen, wenn Beschränkungen der Nutzungsrechtseinräumung nicht eingehalten werden. Die Rechtsfolgen richten sich dann danach, ob die Beschränkung der Rechtseinräumung dinglich wirkt oder ob sie eine lediglich schuldrechtliche Abrede darstellt.[725]

Diese Frage ist insofern entscheidend, als bei dinglicher Wirkung die Rechtseinräumung unwirksam ist und kein Recht zur Nutzung besteht, wenn die (auflösende oder aufschiebende) Bedingung für die Rechtseinräu-

[724] Vgl. amtl. Begr. zu § 107 UrhG, heute § 97 UrhG, BT-Drucks. IV/270 vom 23.3.1962, S. 103.

[725] *Soppe*, in: *Ahlberg/Götting*, UrhG, § 31 Rn. 76.

A.-L. Wirz, *Media-Streaming und Geoblocking*, Juridicum – Schriften zum Medien-, Informations- und Datenrecht, https://doi.org/10.1007/978-3-658-26083-5_7

mung verletzt wird.[726] Der Nutzer haftet dann für die Nutzung in vollem Umfang als Nichtberechtigter, da er gegenüber dem Urheber keine Rechte aus der unwirksamen Rechtseinräumung herleiten kann.[727] Bei schuldrechtlichen Vereinbarungen ohne dingliche Wirkung hat die Verletzung der Beschränkung keinen Einfluss auf die Rechtseinräumung an sich.[728] Der Streaminganbieter bleibt weiterhin zur urheberrechtlichen Nutzung berechtigt und haftet ausschließlich nach allgemeinem Zivilrecht aus dem Schuldverhältnis.[729]

Eine deliktische Haftung für Rechtsverletzungen beim Media-Streaming ist sowohl im Hinblick auf die Rechtmäßigkeit als auch auf die Richtigkeit des Inhalts denkbar. Für unrichtige Inhalte ist eine Haftung nach dem Produkthaftungsgesetz oder gem. § 823 Abs. 1 BGB möglich.[730] Für rechtswidrige Inhalte ergibt sich die Haftung des Bereitstellenden aus spezialgesetzlichen Haftungsregelungen wie bspw. §§ 97 UrhG, 14, 15 MarkenG oder §§ 3 und 5 UWG.[731] Wird in Urheberrechte ohne Einverständnis des Urhebers eingegriffen, entstehen dem Urheber den allgemeinen zivilrechtlichen Ansprüchen vorrangige Ansprüche nach §§ 97 - 111c UrhG.[732] Insbesondere hat der Urheber Abwehr-, Schadens- und Auskunftsansprüche, die er gegen den Eingreifenden geltend machen kann.

---

726 *BGH*, 21.11.1958, I ZR 98/57, GRUR 1959, 200 (202) - Der Heiligenhof; RG, 02.11.1887, 2881/97, RGSt 30, 292 (295); *Soppe*, in: *Ahlberg/Götting*, UrhG, § 31 Rn. 76.

727 *Soppe*, in: *Ahlberg/Götting*, UrhG, § 31 Rn. 76.

728 *Schulze*, in; *Dreier/Schulze*, UrhG, § 31 Rn. 9; *Soppe*, in: *Ahlberg/Götting*, UrhG, § 31 Rn. 76.

729 Vgl. *Schulze*, in; *Dreier/Schulze*, UrhG, § 31 Rn. 9; *Soppe*, in: *Ahlberg/Götting*, UrhG, § 31 Rn. 76.

730 *Hoeren*, in: *Kilian/Heussen*, 1. Abschnitt, Teil 14, Vertragsrechtliche Fragen Rn. 20.

731 *Hoeren*, in: *Kilian/Heussen*, 1. Abschnitt, Teil 14, Vertragsrechtliche Fragen Rn. 20.

732 Siehe dazu auch Seite 85.

Anspruchsgegner der §§ 97 ff. UrhG ist derjenige, der ein fremdes Urheberrecht oder verwandte Schutzrechte verletzt. Damit ist derjenige Täter, der selbst adäquat kausal die Rechtsverletzung begeht oder sich als Teilnehmer daran beteiligt.[733]

Innerhalb der einzelnen Rechtsbeziehungen beim Media-Streaming kommen bei Umgehung von Geoblocking sowohl urheberrechtliche als auch allgemeine zivilrechtliche Ansprüche in Betracht. Im Folgenden werden die einzelnen Ansprüche innerhalb der jeweiligen Rechtsbeziehungen näher betrachtet.

I. Rechtsinhaber und Streaminganbieter

1. Urheberrechtliche Ansprüche

Nutzungsrechte können mit dinglicher Wirkung territorial beschränkt eingeräumt werden, also mit Wirkung gegenüber jedermann.[734] Der Anbieter von Streamingdiensten greift dann in fremde Urheberrechte ein, wenn von ihm bereitgestellte Inhalte außerhalb seines Lizenzgebietes, also im Lizenzgebiet eines anderen Rechtsinhabers, verfügbar sind.[735] Geoblocking ist lediglich eine schuldrechtliche Vereinbarung zwischen Rechtsinhaber und Nutzungsrechtserwerber und hat damit keine dingliche Wirkung. Die Umgehung oder Unwirksamkeit von Geoblockingmaßnahmen kann für sich genommen also nicht zu einem Anspruch wegen Verletzung eines dinglich

[733] Teilnehmer kann Anstifter oder Gehilfe sein und die Teilnahme erfordert in Bezug auf die Tatbestandsvoraussetzungen Vorsatz, der das Rechtswidrigkeitsbewusstsein mit einschließt, sodass eine fahrlässige Teilnahme an der Verletzung von Urheberrechten oder verwandten Schutzrechten nicht möglich ist (es gelten insoweit die im Strafrecht entwickelten Rechtsgrundsätze zur Täterschaft und Teilnahme). Vgl. *BGH*, 12.2.2015, I ZR 204/13, GRUR 2015, 987 (988) Rn. 15 - Trassenfieber; *BGH*, 15.11.2012, I ZR 74/12, GRUR 2013, 511 (514) Tz. 38 - Morpheus; *BGH*, 12.5.2010, I ZR 121/08, GRUR 2010, 633 (634) Tz. 13 f.

[734] Siehe Seite 118.

[735] So auch *Peifer*, AfP 2017, 8 (10).

wirkenden Urheberrechts führen. Die aus der Umgehung des Geoblockings resultierende Verletzung fremder Urheberrechte hingegen schon.

a) §§ 97, 19a UrhG

Das Recht der öffentlichen Zugänglichmachung nach § 19a UrhG, bzw. Art. 3 Abs. 1 InfoSoc-RL, ist das Recht, *„das Werk drahtgebunden oder drahtlos der Öffentlichkeit in einer Weise zugänglich zu machen, dass es Mitgliedern der Öffentlichkeit von Orten und zu Zeiten ihrer Wahl zugänglich ist.“* In ein fremdes Recht der öffentlichen Zugänglichmachung wird also dann nicht eingegriffen, wenn keine Öffentlichkeit gegeben ist.[736]

Wann ein Zugänglichmachen für die Öffentlichkeit bestimmt ist, bedarf einer Einzelfallbetrachtung und setzt zwei kumulative Tatbestandsmerkmale voraus.[737] Zum einen muss muss das Werk wiedergegeben werden und zum anderen muss diese Wiedergabe öffentlich sein.[738] An der Öffentlichkeit fehlt es aber dann, wenn geeignete Hindernisse eingesetzt werden, die den Zugriff auf einen bestimmten Personenkreis beschränken.[739] Setzt der Berechtigte Maßnahmen ein, um den Zugang zu dem geschützten Werk zu begrenzen und nur bestimmten Nutzern zu eröffnen, macht er das Werk auch nur in dieser eingeschränkten Weise zugänglich.[740] Es kommt nicht darauf an, ob die eingesetzte Maßnahme auch Schutz nach § 95a UrhG ge-

[736] Zum Begriff der Öffentlichkeit siehe bereits Seite 102 ff.

[737] *EuGH*, 15.3.2012, C-135/10, GRUR 2012, 593 (595) Tz. 72 ff. - SCF; *BGH*, 17.12.2015 – I ZR 21/14, GRUR 2016, 697 (698) Tz. 11 - Königshof; *BGH*, 9.7.2015, I ZR 46/12, GRUR 2016, 171 (172) Tz. 21 - Die Realität II, *Dreier*, in: *Dreier/ Schulze*, UrhG, § 15 Rn. 39.

[738] *EuGH*, 15.3.2012, C-135/10, GRUR 2012, 593 (595) Tz. 72 ff. - SCF; *BGH*, 9.7.2015, I ZR 46/12, GRUR 2016, 171 (172) Tz. 21 - Die Realität II, *Dreier*, in: *Dreier/ Schulze*, UrhG, § 15 Rn. 39.

[739] *BGH*, 29.4.2010, I ZR 39/08, GRUR 2011, 56 (58) Tz. 27 - Session-ID; *Bullinger*, in: *Wandtke/Bullinger*, UrhG, § 19a Rn. 6a.

[740] *BGH*, 29.4.2010, I ZR 39/08, GRUR 2011, 56 (58) Tz. 27 - Session-ID.

nießt. Der urheberrechtliche Werkschutz ist nämlich nicht davon abhängig, ob die Werke durch wirksame technische Maßnahmen geschützt sind.[741]

Geoblocking ist geeignet, den Zugang zu dem geschützten Werk zu begrenzen oder zumindest zu erschweren. Der Anbieter will den Zugang zum geschützten Werk begrenzen und ihn nur denjenigen Nutzern eröffnen, die sich innerhalb des vom Geoblocking ausgenommenen Gebietes befinden. Im Ergebnis sind die unter Verwendung von Geosperren zugänglich gemachten Inhalte nicht für eine über das „freigeschaltete" Gebiet hinausgehende Nutzerschaft bestimmt. Damit liegt eine öffentliche Zugänglichmachung in den vom Geoblocking betroffenen Gebieten nicht vor. Eine solche ist durch den Anbieter nur für das Gebiet gegeben, das vom Geoblocking ausgenommen ist. Damit besteht bei Umgehung von Geoblocking kein Anspruch gem. §§ 97, 19a UrhG gegen den Streaminganbieter.

b) §§ 1004 Abs. 1, 823 Abs. 2 S. 1 BGB i. V. m. § 95a UrhG

Um einen Unterlassungs- oder Schadensersatzanspruch begründen zu können, müsste die Umgehung von Geoblocking eine Störung eines geschützten Rechtsguts i. S. v. § 823 Abs. 2 BGB darstellen.[742] Der *BGH* hat dazu bereits mehrfach bestätigt, dass § 95a UrhG Schutzgesetz i.S.d § 823 Abs. 2 BGB ist,[743] sodass der Verletzer i. R. d. allgemeinen zivilrechtlichen Unterlassungs- und Beseitigungshaftung gem. §§ 823 Abs. 2 i. V. m.

[741] *BGH*, 29.4.2010, I ZR 39/08, GRUR 2011, 56 (58 f.) Tz. 29 - Session-ID.

[742] Zur Anwendbarkeit von § 97 UrhG bei Verletzungen von § 95a UrhG siehe Seite 85.

[743] *BGH*, 27.11.2014, I ZR 124/11, GRUR 2015, 672 (678) Tz. 68 - Videospiel-Konsolen II; *BGH*, 17.7.2008, I ZR 219/05, GRUR 2008, 996 Tz. 12 - Clone-CD; *OLG München*, MMR 2005, 768 (769); *LG Hamburg*, 21.12.2016, 310 O 129/16, BeckRS 2016, 127854 Tz. 34; *LG München I*, 13.6.2007, 21 S 2042/06, ZUM-RD 2008, 262 (265); *LG München I*, GRUR-RR 2005, 214 (215); *Czychowski*, in: *Fromm/ Nordemann*, UrhG, § 95a Rn. 52.

1004 BGB in Anspruch genommen werden kann,[744] sofern der Tatbestand des Schutzgesetzes erfüllt ist.

aa) Technologische Maßnahme

Geoblocking ist eine Technologie,[745] die dazu bestimmt ist, Handlungen zu verhindern oder einzuschränken, die in das Vervielfältigungsrecht oder das Recht der öffentlichen Zugänglichmachung des Urhebers oder Leistungsschutzrechtsinhabers eingreifen. Geoblocking ist eine technologische Maßnahme i. S. v. § 95a Abs. 2 UrhG.

bb) Wirksame Maßnahme

Als weitere Voraussetzung muss Geoblocking als technische Maßnahme auch wirksam i. S. v. § 95a Abs. 2 S. 2 UrhG sein.[746] Wie bereits festgestellt wurde, ist das Umgehen von Geoblockingmaßnahmen möglich.[747] Kapitel zwei hat aber gezeigt,[748] dass eine technische Maßnahme nur einen gewissen Mindeststandard aufweisen muss, ohne auch unangreifbar zu sein. Schließlich wird es in der Schnelllebigkeit der digitalen Welt, keine technische Maßnahme geben, die andauernden absoluten Schutz vor Umgehung bietet.[749] Sie ist allerdings dann als unwirksam zu qualifizieren, und nicht mehr dem Schutz des § 95a UrhG zuzuordnen, wenn sie problemlos über-

[744] *BGH*, 27.11.2014, I ZR 124/11, GRUR 2015, 672 (678) Tz. 68 - Videospiel-Konsolen II; *BGH*, 17.7.2008, I ZR 219/05, GRUR 2008, 996 Tz. 12 - Clone-CD; *OLG München*, MMR 2005, 768 (769); *LG Hamburg*, 21.12.2016, 310 O 129/16, BeckRS 2016, 127854 Tz. 34; *LG München I*, 13.6.2007, 21 S 2042/06, ZUM-RD 2008, 262 (265); *LG München I*, GRUR-RR 2005, 214 (215).

[745] Vgl. Seite 40.

[746] Zur Wirksamkeit technischer Schutzmaßnahmen siehe Seite 76 ff.

[747] Vgl. Seite 48.

[748] Vgl. Seite 76 f.

[749] Vgl. amtl. Begr. zu § 95a, BT-Drucks. vom 6.11.2002, 15/38, S. 26; *Lucas*, GRUR Int. 2017, 114 (115); *Czychowski*, in: *Fromm/Nordemann*, UrhG, § 95a Rn. 17.

wunden werden kann.[750] Dabei ist auf den durchschnittlichen Benutzer abzustellen, der durch die technische Schutzmaßnahme betroffen ist.[751]

Der Einsatz von Proxy und VPN ist auch für den Laien mithilfe von Anleitungen aus dem Internet problemlos möglich. Dennoch bedarf es eines gewissen Maßes an Anstrengung: Es muss ein geeigneter VPN- oder Proxy-Anbieter gefunden werden, der IP-Adressen gewährleistet, die nicht in den Geo-IP-Datenbanken registriert sind.[752] Die Betreiber von Geo-IP-Datenbanken bemühen sich stetig, die IP-Adressen der verschiedenen VPNs und Proxys herauszufiltern und zu blockieren. Es besteht ein ständiges Wettrennen zwischen Geoblockinganbieter und VPN bzw. Proxy. Da eine Umgehungshandlung so immer wieder verhindert werden kann, ist eine Überwindung nicht problemlos möglich.

Geoblockingmaßnahmen sind folglich wirksam i. S. v. § 95a Abs. 2 S. 1 UrhG.

cc) Umgehungshandlung

In objektiver Hinsicht muss eine Überwindung der technischen Maßnahme zum Beispiel durch Manipulation oder Ausschaltung vorliegen.[753] Der Streaminganbieter ist Betreiber des Geoblockings und nicht derjenige, der die von ihm selbst eingesetzte Schutzmaßnahme überwindet. Damit fehlt es zur Begründung eines Anspruches gem. §§ 1004 Abs. 1, 823 Abs. 2 S. 1 BGB i. V. m. § 95a UrhG bereits an der objektiven Voraussetzung einer Überwindungshandlung durch den Streaminganbieter.

---

[750] *LG Frankfurt a. M.*, 31.5.2006, 2-06 O 288/06, ZUM 2006, 881 (882); *Lucas*, GRUR Int. 2017, 114 (115); *Martiny*, MMR 2016, 579 (581); *Schippan*, ZUM 2006, 853 (861).

[751] *OLG Hamburg*, 24.6.2009, 5 U 165/08, MMR 2009, 851 (852) ; *Conraths*, CR 2018, 170 (172 f.); *Klickermann*, MMR 2007, 7 (11); *Hoeren*, MMR 2000, 515 (520).

[752] So auch *LG Würzburg*, 7.3.2017, 11 O 2338/16, CR 2017, 327 (332).

[753] Vgl. *Dreier/Specht*, in: *Dreier/Schulze*, UrhG, § 95a Rn. 10; *Wandtke/Ohst*, in: *Wandtke/Bullinger*, UrhG, § 95a Rn. 53.

2. Vertragsrechtliche Ansprüche

Ist der Streaminganbieter vom Rechtsinhaber zum Einsatz von Geoblocking vertraglich verpflichtet worden, kommen Ansprüche aus dem Vertragsverhältnis nur in Betracht, wenn diese Pflicht verletzt wurde. Es gelten insoweit die allgemeinen Regelungen des BGB. Haben die Parteien keine abweichenden Regelungen vereinbart, gelten bei Leistungsstörungen die §§ 275 ff. BGB.[754] Insbesondere kommt hier bei einer Pflichtverletzung der Anspruch auf Schadensersatz gem. § 280 Abs. 1 BGB oder Rücktritt gem. § 323 Abs. 1 BGB beziehungsweise Kündigung gem. § 314 BGB in Betracht.[755] Bei einem Lizenzvertrag als einen nicht ausdrücklich geregelten Vertragstyp eigener Art mit Elementen des Kauf-, Pacht-, Miet-, Dienst- oder Gesellschaftsvertrags können je nach Lage des Einzelfalls die gesetzlichen Regelungen zu den einzelnen Vertragstypen analog herangezogen werden (z. B. §§ 536 ff. BGB).[756]

[754] *Soppe*, in: *Ahlberg/Götting*, UrhG, § 31 Rn. 44; *Wandtke/Grunert*, in: *Wandtke/Bullinger*, UrhG, vor §§ 31 ff. Rn. 141.

[755] Vgl. *Wandtke/Grunert*, in: *Wandtke/Bullinger*, UrhG, § 31 Rn. 33; *Ohly*, in: *Schricker/Loewenheim*, UrhG, §§ 31 ff. Rn. 84.

[756] Z. B. *BGH*, 03.11.1988, I ZR 242/86, NJW 1989, 456 - Präsentbücher; *BGH*, 15.6.1951, I ZR 121/50, GRUR 1951, 471 (473); *Harke*, in: *Henssler/Krüger*, MüKo-BGB Band 4, BGB, § 581 Rn. 18; *Marly*, Praxishandbuch Softwarerecht, Rechtsschutz und Vertragsgestaltung, Rn. 698; *Weidenkaff*, in: *Palandt*, BGB, Einf v § 433 Rn. 22 und Einf v § 581 Rn. 7.

II. Rechtsinhaber und Nutzer

1. Urheberrechtliche Ansprüche

a) §§ 1004 Abs. 1, 823 Abs. 2 S. 1 BGB i. V. m. 95a UrhG

aa) Umgehung einer wirksamen technischen Maßnahme

Geoblocking ist eine wirksame technische Maßnahme i. S. v. § 95a Abs. 2 UrhG.[757] In objektiver Hinsicht ist eine Umgehungshandlung des Anspruchgegners erforderlich. Eine solche ist zu bejahen, wenn die Überwindung der technischen Maßnahme zum Beispiel durch Manipulation oder Ausschaltung vorliegt.[758]

Geoblocking kann durch den Einsatz von VPN- und Proxydiensten umgangen werden. Dabei wird die Clientanfrage aus Sicht des Streamingservers von der VPN-, bzw. Proxy-IP-Adresse versendet. Die tatsächliche IP-Adresse des Nutzers wird verschleiert. Bewirken VPN- und Proxy eine Serverantwort, obwohl dieser auf die Anfrage von der tatsächlichen Client-IP-Adresse nicht reagiert hätte, liegt eine Manipulation der eingesetzten Geoblockingmaßnahme vor.

bb) Aktivlegitimation

Eingesetzt wird Geoblocking vom Streaminganbieter. Dieser setzt es vorrangig ein, um eigene Urheberrechtsverletzungen im Ausland zu verhindern. Dementsprechend ist Geoblocking im Bereich des Media-Streamings mehr Eigenschutz als Werkschutz.[759]

---

[757] Vgl. Seite 188 ff.

[758] Vgl. Seite 189 und *Dreier/Specht*, in: *Dreier/Schulze*, UrhG, § 95a Rn. 10 sowie *Wandtke/Ohst*, in: *Wandtke/Bullinger*, UrhG, § 95a Rn. 53.

[759] Vgl. *Martiny*, MMR 2016, 579 (580 a. E.).

Grundsätzlich ist dem Wortlaut von § 95a UrhG nicht zu entnehmen, dass eine technische Maßnahme nicht auch zum Eigenschutz eingesetzt werden kann. Letztendlich ist Werkschutz stets Eigenschutz für den Rechtsinhaber.

Der Einsatz von Geoblocking verhindert die Verletzung des Vervielfältigungsrechtes und des Rechtes der öffentlichen Zugänglichmachung außerhalb des Lizenzgebietes. Somit bezweckt Geoblocking selbstverständlich Werkschutz und zwar den Werkschutz im Ausland. In dieser Hinsicht stellt das Eigenschutzinteresse des Anwenders von Geoblocking kein Hindernis bei der Anwendbarkeit von § 95a UrhG dar.

Kritisch ist allerdings der Wortlaut des § 95a Abs. 2 S. 2 UrhG zu betrachten, wonach gefordert wird, dass die Zugangskontrolle oder der Schutzmechanismus zur Erreichung des Schutzziels vom Rechtsinhaber selbst unter Kontrolle gehalten wird.

Fraglich ist daher, ob Geoblocking als technische Maßnahme geschützt wird, da der Rechtsinhaber nicht der Verwender des Geoblockings i. S. v. § 95a Abs. 2 S. 2 UrhG ist.[760]

(1) Rechtsinhaber und Streaminganbieter als Einheit

Legt man den Wortlaut der Norm diesbezüglich streng aus, wären im Fall des Umgehens von Geoblocking weder Rechtsinhaber noch Betreiber bzw. Streamingdienstanbieter aktivlegitimiert i. S. d. Vorschrift. Dieses Ergebnis scheint unbefriedigend. Schließlich wird der (ausländische) Rechtsinhaber in seinem Recht aus § 19a UrhG verletzt und der Streaminganbieter hat alles Notwendige unternommen, um dies zu verhindern. Der (ausländische) Rechtsinhaber selbst hat keine Möglichkeit, eine technische Schutzmaßnahme einzusetzen, denn einen anderen technischen Schutz vor Abruf aus nicht lizenzierten Gebieten neben dem Geoblocking gibt es nicht.[761]

[760] Vgl. *Martiny*, MMR 2016, 579 (580).
[761] Vgl. *Martiny*, MMR 2016, 579 (581).

Teilweise wird daher verlangt, dass technische Maßnahmen nicht vom Rechtsinhaber selbst eingesetzt werden müssen, sondern Rechtsinhaber und Plattformbetreiber als Einheit zu sehen sind.[762]

Dazu entschieden das *LG Hamburg* und das *LG München I*, dass der Rechtsinhaber, der sein Werk auf einer Videoplattform einstellt, das vom Betreiber der Plattform durch technische Maßnahmen geschützt ist, aktivlegitimiert ist, sich auf eine Umgehung von Schutzmaßnahmen nach § 95 a UrhG zu berufen.[763] In beiden Fällen veröffentlicht der Rechtsinhaber selbst das Werk auf der Plattform, sodass Plattformbetreiber und Rechtsinhaber als Einheit zu sehen waren. Beide traten einheitlich über dasselbe Portal auf.

Damit besteht ein wesentlicher Unterschied zum Geoblocking. Der Betreiber von Geoblocking (der inländische Streaminganbieter) und der (ausländische) Rechtsinhaber stehen für den Nutzer in keinem sichtbaren Zusammenhang. In den beiden Landgerichtsentscheidungen besteht Personengleichheit zwischen dem, der das Werk öffentlich zugänglich macht i. S. v. § 19a UrhG, und dem, der durch Umgehung der Maßnahme verletzt wird.[764] Beim Geoblocking sind dagegen derjenige, der das Werk öffentlich zugänglich macht (inländischer Streaminganbieter), und derjenige, in dessen Urheberrechte durch Umgehung von Geoblocking eingegriffen wird (ausländischer Rechtsinhaber), personenverschieden. Rechtsinhaber und Plattformbetreiber können nicht als eine Einheit gesehen werden. Dem Wortlaut von § 95a Abs. 2 S. 2 UrhG entsprechend ist der ausländische

[762] *Dreier/Specht*, in: *Dreier/Schulze*, UrhG, § 95a Rn. 11; *Stieper*, Rechtfertigung, Rechtsnatur und Disponibilität der Schranken des Urheberrechts, S. 453 f. So auch *Martiny*, MMR 2016, 579 (581), die sich zur Begründung auf *LG Hamburg*, 29.11.2013, 310 O 144/13; ZUM-RD 2014, 216 (218) und *LG München I*, 26.7.2012, 7 O 10502/12, ZUM-RD 2013, 76 (79) stützt.

[763] Vgl. *LG Hamburg*, 29.11.2013, 310 O 144/13; ZUM-RD 2014, 216 (218); *LG München I*, 26.7.2012, 7 O 10502/12, ZUM-RD 2013, 76 (79).

[764] *LG Hamburg*, 29.11.2013, 310 O 144/13; ZUM-RD 2014, 216 (218); *LG München I*, 26.7.2012, 7 O 10502/12, ZUM-RD 2013, 76 (79).

Rechtsinhaber bei Umgehung von Geoblocking daher nicht aktivlegitimiert, sich auf eine Umgehung von Schutzmaßnahmen nach § 95 a UrhG zu berufen.

(2) § 95a UrhG analog?

Fraglich ist, ob stattdessen im Wege einer analogen Anwendung des § 95a UrhG der Rechtsinhaber aktivlegitimiert sein könnte, sich auf eine Umgehung von Schutzmaßnahmen zu berufen.

Eine Analogie setzt eine planwidrige Regelungslücke im Gesetz voraus und eine Vergleichbarkeit der Interessenlagen. Der zu beurteilende Sachverhalt muss in rechtlicher Hinsicht so weit mit dem Normtatbestand vergleichbar sein, dass angenommen werden kann, dass der Gesetzgeber zum gleichen Abwägungsergebnis gekommen wäre, hätte er sich bei einer Interessenabwägung von den gleichen Grundsätzen leiten lassen, wie bei dem Erlass der herangezogenen Gesetzesvorschrift.[765]

(a) Planwidrige Regelungslücke Fraglich ist also zunächst, ob § 95a UrhG eine planwidrige Regelungslücke enthält. Die Norm wurde 2003 mit dem Gesetz zur Regelung des Urheberrechts in der Informationsgesellschaft eingeführt.[766] Der deutsche Gesetzgeber hat sich größtenteils dem Wortlaut der InfoSoc-Richtlinie angeschlossen. Zu dieser Zeit steckte das kommerzielle Media-Streaming, insbesondere in Europa, noch in seinen Kinderschuhen.

Mit demselben Gesetz wurde auch § 19a und § 44a UrhG in das deutsche Recht eingeführt. Vor Einführung des § 19a UrhG bezog sich die öffentliche

[765] *BGH*, 27.1.2010, XII ZR 22/07, NJW 2010, 1065 (1066) Tz. 21; *BGH*, 14.6.2007, V ZB 102/06, NJW 2007, 3124 (3125) Tz. 11; *BGH*, 13.7.1988, IVa ZR 55/87, NJW 1988, 2734.

[766] BGBl. 2003 I, S. 1774 ff.

Wiedergabe nur auf geschützte Werke, die den Endnutzern immer zur gleichen Zeit zugänglich gewesen sind.[767] Nach Einführung sind auch Werke umfasst, die von Mitgliedern der Öffentlichkeit von Orten und zu Zeiten ihrer Wahl abgerufen werden können.[768]

§ 19a UrhG ist in Umsetzung von Art. 3 Abs. 1 und 2 der InfoSoc-Richtlinie in das deutsche Recht eingeführt worden.[769] Der deutsche Gesetzgeber hat die Richtlinienbestimmung nahezu wortgleich übernommen,[770] sodass zur Auslegung auch die Erwägungsgründe des europäischen Gesetzgebers zur InfoSoc-Richtlinie herangezogen werden können.[771]

Ein Ziel der InfoSoc-Richtlinie war es, neuen Formen der Werkverwertung in angemessener Weise Rechnung zu tragen.[772] Dabei ist die Formulierung bewusst offen gehalten und die Regelung technologieneutral gefasst, um sich aktuellen Entwicklungen anpassen zu können.[773]

Schon damals war dem Gesetzgeber also bekannt, dass ein Werk auch in der Weise verwertet werden kann, dass es einer Mehrzahl an Mitgliedern der Öffentlichkeit zeit- und ortsunabhängig zugänglich gemacht wird. Das könnte den Schluss zulassen, dass Formen wie das Media-Streaming von der Regelung erfasst werden sollten.[774] Hätte der Gesetzgeber dies in

[767] *Dreier*, in: *Dreier/Schulze*, UrhG, § 19a Rn. 1.

[768] Siehe § 19a UrhG.

[769] Art. 3 Abs. 1 und 2 InfoSoc-Richtlinie sind auf Art. 8 des WCT und Art. 10 und 14 WPPT zurückzuführen.

[770] Anders als die InfoSoc-Richtlinie umfasst § 95a Abs. 1 und 2 UrhG aber auch den Schutz der Rechtsinhaber. Die InfoSoc-RL umfasst lediglich den Urheber und den Inhaber von Leistungsschutzrechten, nicht jedoch den Inhaber eines ausschließlichen Nutzungsrechts (Vgl. Art. 6 Abs. 3 InfoSoc-RL).

[771] Vgl. *Lucas*, GRUR Int. 2017, 114 f.

[772] Vgl. Erwägungsgrund Nr. 5 InfoSoc-Richtlinie, ABl. EG L 167 vom 22.6.2001, S. 10.

[773] *EuGH*, 7.8.2018, C-161/17, EuZW 2018, 819 (819 f.) Tz. 17 ff. m. Anm. *Wypchol* - Córdoba; s; *Dreier*, in: *Dreier/Schulze*, UrhG, § 19a Rn. 6.

[774] Siehe auch Erwägungsgrund Nr. 10 InfoSoc-Richtlinie, ABl. EG L 167 vom 22.6.2001, S. 10.

Verbindung mit § 19a UrhG gesehen, wäre er sich der Verwertungsform des Media-Streamings auch im Rahmen des § 95a UrhG bewusst gewesen.

Allerdings begann die Diskussion um den rechtlichen Schutz technischer Maßnahmen bereits im Grünbuch von 1988 für audiovisuelle Werke und wurde im Grünbuch von 1995 auf alle Werk- und Leistungsarten ausgedehnt.[775] Mit Abschluss des WIPO-Urheberrechtsvertrags 1996 haben sich die Vertragsstaaten verpflichtet, einen angemessenen Rechtsschutz gegen die Umgehung wirksamer technologischer Schutzmaßnahmen zu gewährleisten.[776] Die EU als Vertragspartner des WIPO-Urheberrechtsvertrages hat diesen Schutz mit Inkrafttreten der InfoSoc-Richtlinie in Art. 6 umgesetzt. § 95a UrhG geht damit auf den WCT und die InfoSoc-RL zurück. Zu dieser Zeit konnte der Gesetzgeber nicht vorhersehen, wie sich die Form der Werkverwertung entwickeln würde.

Richtig ist, dass § 19a UrhG bewusst offen gehalten wurde, um gerade auch neue Formen der Werkverwertung zu umfassen. Ebenso ist richtig, dass, wenn er sich im Rahmen von § 19a UrhG neuer Verwertungsformen bewusst war, dies auch für § 95a UrhG gelten muss. Angesichts der rasanten technologischen Entwicklung konnte der Gesetzgeber aber mit Sicherheit keine Vorstellung davon haben, wie „neue Verwertungsformen" konkret aussehen würden.[777] Dazu gehört insbesondere Media-Straming, das zwar seine ersten Erfolge Ende der Neunziger feierte, den Markt aber erst weit nach dem Grünbuch von 1995 und dem WCT im großen Stil eroberte.[778] Entsprechend wird sich der Gesetzgeber nicht des Auseinanderfallens von

---

775 KOM(88)172 final vom 7.6.1988, 118 ff. und 139 ff.; KOM(95)382 final vom 19.7.1995, 79 ff.; *Wandtke/Ohst*, in: *Wandtke/Bullinger*, UrhG, § 95a Rn. 1.

776 Vgl. Seite 89.

777 Vgl. *Specht*, Auswirkungen einer zunehmenden Technologieneutralität der Verwertungsrechte auf den Einsatz technischer Schutzmaßnahmen, FS Schulze, 413.

778 Vgl. *Heger*, Media Perspektiven, Nr. 12, 2011, 608 (610).

Maßnahmenbetreiber und Rechtsinhaber im Rahmen von § 95a UrhG bewusst gewesen sein.

Die Vorschriften zum Schutz technischer Maßnahmen sollten ein hohes Schutzniveau sichern und den Urheberschutz erweitern.[779] Es wäre daher verfehlt, anzunehmen, dass der Gesetzgeber bewusst den Schutz des § 95a UrhG nur auf den Rechtsinhaber beschränkt, der gleichzeitig auch Betreiber der technischen Maßnahme ist. Das Bestehen einer planwidrigen Regelungslücke ist daher zu bejahen.

(b) Vergleichbare Interessenlage § 95a UrhG dient dem erweiterten Schutz des Rechtsinhabers. Ihm soll über den Urheberschutz hinaus gestattet sein, Handlungen in Bezug auf das Werk einzuschränken, die er nicht gestattet hat oder die gesetzlich nicht erlaubt sind.[780] Räumt der Urheber dem Streaminganbieter ein Nutzungsrecht ein, hat er selbst keine Möglichkeit von einer technischen Schutzmaßnahme Gebrauch zu machen, denn einen der Werkdatei immanenten Schutz gegen Abruf außerhalb des Lizenzgebietes gibt es nicht.[781] Lediglich der Streaminganbieter kann durch Geoblocking einen Zugriff außerhalb des lizenzierten Gebietes verhindern.

Das Interesse des Urhebers am Schutz vor Umgehung von Geoblocking ist aber unabhängig davon, ob er selbst Betreiber der Maßnahme ist oder diese durch den Streaminganbieter betrieben wird. Dementsprechend hat der *BGH* auch hervorgehoben, dass der Schutz der Rechtsinhaber nicht nur eine unbeabsichtigte Nebenfolge, sondern der eigentliche Sinn und Zweck des § 95a UrhG ist.[782]

---

779 Vgl. Erwägungsgrund Nr. 4 und 9 InfoSoc-Richtlinie, ABl. EG L 167 vom 22.6.2001, S. 10.

780 Vgl. Art. 11 WCT und Art. 18 WPPT.

781 *Martiny*, MMR 2016, 579 (581).

782 *BGH*, 17.7.2008, I ZR 219/05, NJW 2008, 3565 (3566) Tz. 16 - Clone-CD.

Es besteht daher eine Vergleichbarkeit der Interessenlage zwischen dem Rechtsinhaber, der gleichzeitig Betreiber einer technischen Maßnahme ist, und dem Rechtsinhaber, der aufgrund technischer Begebenheiten nicht selbst eine technische Maßnahme betreiben kann.

(c) Ergebnis Eine analoge Anwendung des § 95a UrhG auf Betreiber technischer Schutzmaßnahmen ist zu bejahen. Es liegt sowohl eine planwidrige Regelungslücke als auch eine Vergleichbarkeit der Interessenlage vor. Dementsprechend ist Geoblocking vom Schutz des § 95a UrhG umfasst.[783]

cc) Verhältnismäßigkeit

Der *EuGH* hat an den Schutz technischer Maßnahmen eine weitere Anforderung in Form der Verhältnismäßigkeit gestellt. Technische Maßnahmen genießen nur dann Schutz nach § 95a UrhG, wenn sie verhältnismäßig sind.[784] Die Maßnahme muss ein legitimes Ziel verfolgen, geeignet sein, dieses Ziel zu erreichen und sie darf nicht über das dazu Erforderliche hinausgehen.[785]

---

783 Im Ergebnis zustimmend aber teilweise mit anderer Begründung *Martiny*, MMR 2016, 579 (581); *Wiebe*, ZUM 2015, 932 (933); *von Albrecht/Mutschler-Siebert/Bosch*, ZUM 2012, 93 (97); *Spindler*, in: *Spindler/Schuster*, UrhG, § 95a Rn. 12 a. E.; *Ohly*, ZUM 2015, 942 (943). A. A. *Mitsdörffer/Gutfleisch*, MMR 2009, 731 (735); wohl auch *Paul*, in: *Hoeren/Sieber/Holznagel*, Teil 7.4 Rechteerwerb durch Lizenzverträge und Haftungsfragen Rn. 176; *Czychowski*, in: *Fromm/Nordemann*, UrhG, § 95a Rn. 8. *Reinbacher*, HFR 2012, 179 (186) lehnt die Einordnung von Geoblocking als technische Schutzmaßnahme i. S. v. § 95a UrhG mit der Begründung ab, dass Geoblocking keine Handlungen verhindern soll, welche die Ausschließlichkeitsrechte der Urheber berühren, sondern lediglich die urheberrechtlich nicht geschützte Wahrnehmung des Werks. Dabei verkennt er, dass Geoblocking nicht allein das Vervielfältigungsrecht des Urhebers schützen soll, sondern vor allem das ausschließliche Recht zur öffentlichen Zugänglichmachung.

784 *EuGH*, 23.1.2014, C-355/12, CR 2014, 224 (225) Tz. 30 f. - Nintendo Co. / PC Box.

785 *EuGH*, 23.1.2014, C-355/12, CR 2014, 224 (225) Tz. 30 - Nintendo Co. / PC Box; *Conraths*, CR 2018, 170 (174).

Legitimes Ziel ist, das Werk betreffende Handlungen zu verhindern, die vom Rechtsinhaber nicht genehmigt wurden.[786] Eine Maßnahme ist darüber hinaus erforderlich, wenn kein milderes, gleich effektives Mittel zur Verfügung steht.

Der Einsatz von Geoblocking dient der Verhinderung der öffentlichen Zugänglichmachung außerhalb des jeweiligen Lizenzgebietes und damit einer das Werk betreffenden Handlung, die vom Rechtsinhaber nicht genehmigt wurde. Geoblocking wird damit zur Erreichung eines legitimen Ziels eingesetzt. Es ist auch geeignet, dieses Ziel zu erreichen.[787] Die Erforderlichkeit der Maßnahme ist ebenfalls zu bejahen, da kein anderes technisches Verfahren existiert, das ebenso effektiv wäre. Damit geht einher, dass Geoblocking, mangels Alternativen, auch das mildeste Mittel ist. Folglich entspricht der Einsatz von Geoblocking den Anforderungen des *EuGH* und ist damit verhältnismäßig.[788]

dd) Wiederholungsgefahr und Störereigenschaft

Für den Anspruch auf Unterlassung muss eine Wiederholungsgefahr bestehen. Bei Umgehung von Geoblocking wird dies regelmäßig zu bejahen sein, da der Nutzer, der von der technischen Maßnahme betroffen ist, immer nur dann auf die entsprechenden Media-Streaming-Angebote zugreifen kann, wenn er die Maßnahme umgeht. Darüber hinaus kann der Anspruch nur gegen den Störer geltend gemacht werden, also gegen denjenigen, der die Störung verursacht. Störer ist im vorliegenden Fall der Nutzer des Streamingdienstes.

786 *Conraths*, CR 2018, 170 (174).

787 Insoweit kann weitestgehend auf die Ausführungen zur Wirksamkeit der Maßnahme verwiesen werden, Seite 188.

788 *EuGH*, 23.1.2014, C-355/12, CR 2014, 224 (225) Tz. 30 - Nintendo Co. / PC Box.

ee) Subjektive Anforderung

Gem. § 95a Abs. 1 2. HS UrhG muss dem Handelnden bekannt oder den Umständen nach bekannt sein, dass die Umgehung erfolgt, um den Zugang zu einem geschützten Werk oder Schutzgegenstand oder deren Nutzung zu ermöglichen (Kenntnis oder Kennenmüssen). Das subjektive Tatbestandsmerkmal erfordert damit Bösgläubigkeit, sodass leichte Fahrlässigkeit nicht ausreicht.[789]

Problematisch ist, dass der Nachweis des subjektiven Tatbestands für den Rechtsinhaber kaum zu erbringen ist, sodass eine Rechtsdurchsetzung regelmäßig daran scheitert. Dieses Erfordernis entfällt nur für den Unterlassungsanspruch, denn ein Verschulden des Störers wird nicht verlangt.[790] Der Störer hat jede weitere bzw. erstmalige Verletzungshandlung sofort zu unterlassen, unabhängig davon, ob er gutgläubig war oder mit Kenntnis bzw. Kennenmüssen gehandelt hat.[791]

ff) Durchsetzbarkeit

Der Rechtsinhaber hat bei Umgehung von Geoblocking einen Anspruch gem. §§ 1004 Abs. 1, 823 Abs. 2 S. 1 BGB i. V. m. 95a UrhG analog. In der Rechtspraxis scheitert dieser Anspruch aber an seiner Durchsetzbarkeit. Einerseits muss der Rechtsinhaber den Beweis der Kenntnis oder des Kennenmüssens des Nutzers erbringen, was ihm nur schwer gelingen wird.

Andererseits scheitert, unabhängig vom Vorliegen des subjektiven Tatbestands, die Durchsetzung des Schadens- und Unterlassungsanspruchs

---

[789] Vgl. BT-Drucks. 15/38 vom 6.11.2002, S. 26; *Dreyer*, in: *Dreyer/Kotthoff/Meckel*, UrhG, § 95a Rn. 30; *Martiny*, MMR 2016, 579 (584).

[790] *BGH*, 8.3.1990, III ZR 81/88, NJW 1990, 2058 (2059); *OLG München*, 12.8.2015, 7 U 509/15, NJOZ 2015, 1960 (1963) Tz. 18; *Berger*, in: *Jauernig*, BGB, § 1004 Rn. 15; *v. Wolff*, in: *Wandtke/Bullinger*, UrhG, § 97 Rn. 35; *Spindler/Volkmann*; in: *Spindler/Schuster*, BGB, § 1004 Rn. 63.

[791] *v. Wolff*, in: *Wandtke/Bullinger*, UrhG, § 97 Rn. 35.

bereits daran, dass der Rechtsinhaber schwerlich eine Möglichkeit hat festzustellen, wann ein Eingriff in sein Recht durch einen Nutzer unter Umgehung von Geoblocking erfolgt.[792]

gg) Ergebnis

Das Umgehen von Geoblocking stellt einen Eingriff in § 95a UrhG analog dar und begründet eine Schutzgesetzverletzung gem. § 823 Abs. 2 BGB. Diese ist auch rechtswidrig, wenn sie ohne Zustimmung oder Duldungspflicht (§ 1004 Abs. 2 BGB) des Rechtsinhabers erfolgt. Eine konkludente Zustimmung ist zwar grundsätzlich möglich, in der Regel aber bereits durch das Vorhandensein einer technischen Schutzmaßnahme ausgeschlossen.[793]

Folglich steht dem Rechtsinhaber, bei Umgehung von Geoblocking durch den Nutzer ein Anspruch aus §§ 1004 Abs. 1, 823 Abs. 2 S. 1 BGB i. V. m. 95a UrhG analog auf Unterlassung und Schadensersatz zu.[794] In der Rechtspraxis scheitert der Anspruch des Rechtsinhabers aber regelmäßig an seiner Durchsetzbarkeit, sodass der Schadensersatz- und Unterlassungsanspruch gem. §§ 1004 Abs. 1, 823 Abs. 2 S. 1 BGB i. V. m. 95a UrhG analog bei Umgehung von Geoblocking für den Rechtsinhaber nur ein stumpfes Schwert ist.

---

792 Damit macht es für den Rechtsinhaber keinen Unterschied, ob Geoblocking als technische Schutzmaßnahme i. S. v. § 95a UrhG eingeordnet wird oder nicht. Zustimmend *Martiny*, MMR 2016, 579 (584).

793 *Dreier/Specht*, in: *Dreier/Schulze*, UrhG, § 95a Rn. 11.

794 *BGH*, 27.11.2014, I ZR 124/11, GRUR 2015, 672 (678) Tz. 68 - Videospiel-Konsolen II; *BGH*, 17.7.2008, I ZR 219/05, GRUR 2008, 996, Tz. 12 - Clone-CD; *OLG Hamburg*, 24.6.2009, 5 U 165/08, MMR 2009, 851 f.; *OLG München*, 28.7.2005, 29 U 2887/05, MMR 2005, 768 (771), m. Anm. *Hoeren*; zuvor bereits *LG München I*, 7.3.2005, 21 O 3220/05, MMR 2005, 385 f., m. Anm. *Hoeren*. Zustimmend *Wandtke/Ohst*, in: *Wandtke/Bullinger*, UrhG, § 95a Rn. 88. A. A. *Arlt*, MMR 2005, 148 (149), der § 97 UrhG als sachnähere Regelung sieht und die Anwendung der §§ 823 Abs. 2, 1004 BGB als fernliegend einstuft. Siehe dazu ausführlich Seite 85.

b) §§ 97, 16 UrhG

Sowohl die Abrufübertragung als auch die flüchtige Vervielfältigung beim Nutzer sind von § 19a UrhG umfasst.[795] Das eingeräumte Nutzungsrecht beschränkt sich im Rahmen der territorialen Rechtevergabe aber nur auf ein bestimmtes geografisches Gebiet. Außerhalb dieses Gebietes anfallende Vervielfältigungen könnten einen Eingriff in § 16 UrhG darstellen. Flüchtige Vervielfältigungen oder Vervielfältigungen zum privaten und sonstigen eigenen Gebrauch genießen gem. §§ 44a und 53 UrhG besonderen Schutz.

Die Beantwortung der Frage, ob eine außerhalb des Lizenzgebietes durch Umgehung von Geoblocking entstehende Vervielfältigung einen Eingriff in § 16 UrhG darstellt, kann dahinstehen, wenn sie ohnehin von den Schrankenbestimmungen der §§ 44a Nr. 2 oder 53 Abs. 1 S. 1 UrhG umfasst ist.

aa) § 44a Nr. 2 UrhG

Um bereitgestellte Inhalte nutzen zu können, müssen kleinste übermittelte Datenpakete zunächst im Arbeitsspeicher des Nutzers zwischengespeichert werden.[796] Wie bereits erörtert ist auch diese sukzessive, chronologisch geordnete und flüchtige Vervielfältigung von an sich nicht schutzfähigen Werkteilen als Vervielfältigung i. S. v. § 16 UrhG anzusehen.[797] Es entspricht der Systematik des Urheberrechtsgesetzes, eine Vervielfältigungshandlung unabhängig davon anzunehmen, ob sie nur flüchtig oder dauerhaft ist.[798]

---

[795] Siehe Seite 121 ff.

[796] Siehe Seite 31.

[797] Siehe Seite 92 sowie *Ensthaler*, NJW 2014, 1553 (1554); *Stolz*, MMR 2013, 353 (355) und *Busch*, GRUR 2011, 496 (499).

[798] § 44a UrhG sieht eine Ausnahme für flüchtige Vervielfältigungen vor. Eine solche ist aber nur dann notwendig, wenn auch die flüchtige Vervielfältigung eine Vervielfältigung i. S. d. § 16 UrhG ist.

Das führt allerdings dazu, dass der in der „analogen“ Welt gemeinfreie rezeptive Werkgenuss in der digitalen Welt nicht mehr existiert.

Aus diesem Grund wurde mit Art. 5 Abs. 1 InfoSoc-RL eine Schrankregelung aufgenommen, die mit § 44a UrhG Umsetzung im UrhG fand. Einerseits soll § 44a UrhG bezwecken, dass nicht jeder Kopiervorgang in den Schutzbereich von § 16 UrhG fällt, um nicht jegliche Form des Werkgenusses von der Zustimmung des Rechtsinhabers abhängig zu machen.[799] Andererseits soll der Urheber selbst entscheiden dürfen, wie er neue Nutzungsmöglichkeiten verwerten möchte.[800] § 44a UrhG trägt damit zur besseren Berücksichtigung der Interessen des Rechtsinhabers an einer durch Digitalisierung erweiterten Verwertung und der Interessen des Nutzers am freien rezeptiven Werkgenuss bei.

§ 44a Nr. 1 UrhG privilegiert nur den Vermittler der Daten (nicht den Empfänger), sodass für das Streaming ausschließlich Nr. 2 in Betracht kommt.

§ 44a Nr. 2 UrhG setzt voraus, dass die vorübergehende Vervielfältigungshandlung *„flüchtig oder begleitend ist und einen integralen und wesentlichen Teil eines technischen Verfahrens darstellt, deren alleiniger Zweck ist, eine rechtmäßige Nutzung eines Werkes oder sonstigen Schutzgegenstands zu ermöglichen und die keine eigenständige wirtschaftliche Bedeutung hat.“*

799 *Ensthaler*, NJW 2014, 1553 (1555).
800 *Ensthaler*, NJW 2014, 1553 (1555).

(1) Flüchtige oder begleitende Vervielfältigung

Flüchtig ist eine Vervielfältigung dann, wenn sie automatisch - ohne menschliches Eingreifen - gelöscht wird, sobald das technische Verfahren zu Ende durchgeführt ist.[801]

Dem *EuGH* zufolge bestimmt sich die Flüchtigkeit einer Vervielfältigung danach, dass ihre *„Lebensdauer auf das für das ordnungsgemäße Funktionieren des betreffenden technischen Verfahrens Erforderliche beschränkt ist.“*[802] Dabei müsse das technische Verfahren derart automatisiert sein, dass es die entstehende Vervielfältigung ohne Beteiligung einer natürlichen Person lösche, sobald ihre Funktion, die Durchführung eines solchen Verfahrens zu ermöglichen, erfüllt ist.[803] Damit ist die Flüchtigkeit der beim Streaming entstehenden Vervielfältigung davon abhängig, dass sie nach Erfüllen ihrer Funktion automatisch gelöscht wird.[804]

Keine Privilegierung durch § 44a UrhG liegt unstreitig beim sog. progressiven Download vor.[805] Bei diesem bleiben die Daten auch nach Beendigung des Abspielprogramms auf der Festplatte gespeichert, sodass keine Flüchtigkeit vorliegt.[806]

---

[801] *EuGH*, 5.6.2014, C-360/13, GRUR 2014, 654 (656) Tz. 40 - Public Relations Consultants Association; *EuGH*, 16.7.2009, C-5/08, GRUR 2009, 1041 (1046) Tz. 64 - Infopaq.

[802] *EuGH*, 16.7.2009, C-5/08, GRUR 2009, 1041 (1045) Tz. 64 - Infopaq.

[803] *EuGH*, 16.7.2009, C-5/08, GRUR 2009, 1041 (1045) Tz. 64 - Infopaq.

[804] *Wiebe*, in: *Spindler/Schuster*, UrhG, § 44a Rn. 8.

[805] Vgl. *EuGH*, 5.6.2014, C-360/13, GRUR 2014, 654 (655 f.) Tz. 26 und 28 - Newspaper Licensing Agency; *EuGH*, 16.7.2009, C-5/08, GRUR 2009, 1041 (1045) Tz. 64 - Infopaq; *Stieper*, ZUM 2012, 12 (15).

[806] Der *EuGH* beschränkt Art. 5 Abs. 1 Info-Richtlinie auf das für das ordnungsgemäße Funktionieren des betreffenden technischen Verfahrens zwingend erforderliche Minimum und verlangt außerdem eine automatische Löschung. Vgl. *EuGH*, 5.6.2014, C-360/13, GRUR 2014, 654 (655 f.) Tz. 26 und 28 - Newspaper Licensing Agency; *EuGH*, 16.7.2009, C-5/08, GRUR 2009, 1041 (1045) Tz. 64 - Infopaq. Dazu ausführlicher *Wagner*, GRUR 2016, 874 (878).

Begleitend meint, dass die Vervielfältigung Teil des technischen Verfahrens ist und keine Eigenständigkeit aufweist oder eigenständigen Zwecken dient, also beiläufig entsteht.[807] Der Gesetzesbegründung entsprechend ist davon ausdrücklich das sog. Caching umfasst.[808] Beim Client-Caching werden die einzelnen ankommenden Datenpakete im Arbeitsspeicher oder auf der Festplatte automatisch gespeichert. Wo und wie lange die Speicherung erfolgt, hängt unter anderem vom Transportprotokoll, den Clienteinstellungen und den Vorgaben des Browsers ab.[809] Allerdings bestimmt das betreffende technische Verfahren vollständig, für welchen Zweck diese Kopien erstellt werden.[810] Darüber hinaus kann der Nutzer die Cachekopien nicht außerhalb dieses Verfahrens erstellen.[811] Damit sind Cachekopien weder eigenständig, noch dienen sie einem eigenständigen Zweck, sodass sie begleitend i. S. v. § 44a Nr. 2 UrhG sind.[812]

Beim Streaming erfolgt die Vervielfältigung durch das sog. Puffern im Cache, um die Datei unterbrechungs- und verzögerungsfrei wiedergeben zu können, sodass sie als begleitend im Sinne der Schrankenregelung einzustufen ist.[813] Entsprechend dem Wortlaut von § 44a Nr. 2 UrhG müssen das Kriterium „flüchtig" und „begleitend" alternativ und nicht kumulativ vorliegen. Damit ist für die beim Media-Streaming entstehende Vervielfäl-

---

807 *EuGH*, 5.6.2014, C-360/13, GRUR 2014, 654 (656) Tz. 40 - Public Relations Consultants Association; *Schulz*, in: *Ahlberg/Götting*, UrhG, § 44a Rn. 6; *v. Welser*, in: *Wandtke/Bullinger*, UrhG, § 44a Rn. 2.

808 BT-Drucks. 15/38 vom 6.11.2002 15/38, S. 18; Erwägungsgrund 33 der InfoSoc-RL, ABl. EG L 167vom 22.6.2001, S. 12.

809 *Wiebe*, in: *Spindler/Schuster*, UrhG, § 44a Rn. 8; *Busch*, GRUR 2011, 496 (499 f.).

810 *EuGH*, 5.6.2014, C-360/13, EuZW 2014, 637 (640) Tz. 49 - Newspaper Licensing Agency.

811 *EuGH*, 5.6.2014, C-360/13, EuZW 2014, 637 (640) Tz. 49 - Newspaper Licensing Agency.

812 *EuGH*, 5.6.2014, C-360/13, EuZW 2014, 637 (640) Tz. 50 - Newspaper Licensing Agency.

813 *EuGH*, 5.6.2014, C-360/13, EuZW 2014, 637 (640) Tz. 50 - Newspaper Licensing Agency; *Stolz*, MMR 2013, 353 (356).

tigung das erste Kriterium der Schrankenregelung auch dann erfüllt, wenn keine Flüchtigkeit der Vervielfältigung vorliegt, weil sie begleitend ist.

(2) Wesentlicher und integraler Teil eines technischen Verfahrens

Für die Schrankenregelung des § 44a UrhG müssen die Merkmale „integraler" und „wesentlicher Teil des technischen Verfahrens" kumulativ erfüllt sein.[814] Einerseits muss die Vervielfältigungshandlung vollständig im Rahmen der Durchführung eines technischen Verfahrens vorgenommen werden und andererseits muss sie für das einwandfreie und effiziente Funktionieren des betreffenden technischen Verfahrens erforderlich sein.[815]

Beim Media-Streaming ist die Vervielfältigung beim Nutzer wesentlicher Bestandteil des technischen Verfahrens. Die Vervielfältigung im Zielrechner ist für die Wiedergabe unabdingbar.[816] Folglich ist sie wesentlicher und integraler Teil des technischen Media-Streamingverfahrens.

(3) Ermöglichung der rechtmäßigen Nutzung eines Werkes oder sonstigen Schutzgegenstands als alleiniger Zweck

Alleiniger Zweck der vorübergehenden Vervielfältigung darf gem. § 44a Nr. 2 UrhG nur die rechtmäßige Nutzung des Werkes oder sonstigen Schutzgegenstandes sein. Rechtmäßig ist eine Nutzung immer dann, wenn sie vom jeweiligen Rechtsinhaber gestattet oder im Rahmen der gesetzli-

---

814 *Dreier*, in: *Dreier/Schulze*, UrhG, § 44a Rn. 6.

815 *EuGH*, 5.6.2014, C-360/13, GRUR 2014, 654 (656) Tz. 28 - Public Relations Consultants Association; *EuGH*, 17.1.2012, C-302/10, MMR 2013, 45 (47) Tz. 30 - Infopaq II.

816 *Stolz*, MMR 2013, 353 (356); *Busch*, GRUR 2011, 496 (501).

chen Schrankenbestimmungen zulässig und auch sonst nicht durch Gesetz beschränkt ist.[817]

Der rezeptive Werkgenuss ist grundsätzlich frei und nicht durch Gesetz beschränkt.[818] Eine urheberrechtlich relevante Nutzung liegt dann nicht vor. Die beim Media-Streaming anfallende Vervielfältigung dient ausschließlich der Ermöglichung des Betrachtens oder Hörens des Werkes. Fraglich ist, ob § 44a Nr. 2 UrhG auch solche urheberrechtlich relevanten Handlungen privilegiert, die eigentlich eine urheberrechtsfreie Nutzung bezwecken.

Der Wortlaut des § 44a Nr. 2 UrhG lässt nicht erkennen, dass der Begriff der „Nutzung" nur urheberrechtlich relevante Nutzungen erfasst. Rechtmäßig ist jedenfalls insbesondere auch der reine Werkgenuss.[819] Diesen aus § 44a Nr. 2 UrhG auszuklammern, ist unsachgemäß und steht dem eigentlichen Sinn und Zweck der Norm – Schutz der rechtmäßigen Nutzung – entgegen. Folglich wird eine dem Zweck der urheberrechtsfreien Nutzung dienende Vervielfältigung von § 44a Nr. 2 UrhG privilegiert.[820]

Gestützt werden kann diese Ansicht durch die amtliche Begründung zu § 44a UrhG und Erwägungsgrund 33 der InfoSoc-Richtlinie. Danach ist eine Nutzung dann rechtmäßig, sofern sie vom Rechtsinhaber zugelassen oder nicht durch Gesetz beschränkt ist. Der reine Werkgenuss ist aber gerade nicht vom Gesetz beschränkt, sondern frei.[821] Anders mag zu entscheiden

[817] Vgl. Erwägungsgrund 33 InfoSoc-RL; *Dreier*, in: *Dreier/Schulze*, UrhG, § 44a Rn. 8.

[818] *BGH*, 20.1.1994, I ZR 267/91, GRUR 1994, 363 (364 f.) - Holzhandelsprogramm; *BGH*, 4.10.1990, I ZR 139/89, GRUR 1991, 449 (453).

[819] Die reine Benutzung als solche wird, im Gegensatz zu den technischen Nutzungsrechten, urheberrechtlich nicht erfasst. Vgl. *BGH*, 20.1.1994, I ZR 267/91, GRUR 1994, 363 (364 f.) - Holzhandelsprogramm; *BGH*, 4.10.1990, I ZR 139/89, GRUR 1991, 449 (453).

[820] Vgl. *EuGH*, 4.10.2011, C-403/08, C-429/08, EuZW 2012, 466 (474) Tz. 173 m. Anm. *Weck* - FAPL und Murphy. Zur Einordnung des Werkgenusses als Nutzung i. S. v. § 44a Nr. 2 UrhG im Detail *Mitsdörffer/Gutfleisch*, MMR 2009, 731 (733).

[821] Zustimmend *Stolz*, MMR 2013, 353 (358); *Stieper*, MMR 2012, 12 (15) und *Mitsdörffer/Gutfleisch*, MMR 2009, 731 (733).

sein, wenn bereits die öffentliche Zugänglichmachung rechtswidrig ist (z. B. *kino.to*). Nach bisheriger Rechtsprechung ist eine Privilegierung jedenfalls dann abzulehnen, wenn eine offensichtlich rechtswidrige Quelle gestreamt wird.[822]

Folglich ist, zumindest beim Media-Streaming von nicht offensichtlich rechtswidrigen Quellen die Vervielfältigung alleiniger Zweck zur Ermöglichung der rechtmäßigen Nutzung des Werkes oder sonstigen Schutzgegenstandes.

(4) Keine eigenständige wirtschaftliche Bedeutung

Eine Privilegierung nach § 44a UrhG kommt nur dann in Betracht, wenn die vorübergehende Vervielfältigung keine eigenständige wirtschaftliche Bedeutung hat.

Eine solche ist anzunehmen, wenn die fragliche Vervielfältigung einen über den Vorteil der erlaubten Nutzung hinausgehenden, zusätzlichen wirtschaftlichen Vorteil schafft.[823] Es kommt also darauf an, dass die vorübergehende Vervielfältigung keine neue, eigenständige Nutzungsmöglichkeit bietet.[824] So kann das Kontroll- und Partizipationsinteresse des

[822] *EuGH*, 26.4.2017, C-527/15, MMR 2017, 460 (464 f.) Tz. 69 ff. m. Anm. *Stender-Vorwachs* – Stichting Brein; *LG Köln*, 24.1.2014, 209 O 188/13, GRUR-RR 2014, 114 (115) - The Archive; *LG Hamburg*, 19.12.2013, 310 O 460/13, ZUM 2014, 434 (435); *Busch*, GRUR 2011, 496 (502); a. A. *Stolz*, MMR 2013, 353 (358), der auf den Wortlaut von § 44a Nr. 2 UrhG verweist, wonach anders als bei § 53 Abs. 1 UrhG an die Rechtmäßigkeit der Nutzung und nicht an die der Vorlage angeknüpft wird sowie *Fangerow/Schulz*, GRUR 2010, 677 (681). Siehe dazu auch *v. Ungern-Sternberg*, GRUR 2018, 225 (234) und *Wirz*, MMR-Aktuell 2017, 392028.

[823] *EuGH*, 4.10.2011, C-403/08, C-429/08, EuZW 2012, 466 (474) Tz. 175 m. Anm. *Weck* - FAPL und Murphy.

[824] *Dreier*, in: *Dreier/Schulze*, UrhG, §44a Rn. 10; *Stolz*, MMR 2013, 353 (356); *Radmann*, ZUM 2010, 387 (390 f.).

Rechtsinhabers ausreichend berücksichtigt werden, wie es auch im Rahmen des Dreistufentests nach Art. 5 Abs. 5 InfoSoc-RL geboten ist.[825]

Um der Privilegierung nicht die praktische Wirksamkeit zu nehmen, hat der *EuGH* entschieden, dass die wirtschaftliche Bedeutung in dem Sinne eigenständig sein muss, dass sie über den wirtschaftlichen Vorteil, der sich aus der bloßen Erfassung des Werkes und seiner visuellen oder hörbaren Darstellung ergibt, hinausgeht.[826] Schließlich besitzen die Werke, zu denen die Vervielfältigungshandlung den Zugang ermöglicht, einen wirtschaftlichen Wert, sodass der Zugang zu ihnen zwangsläufig eine wirtschaftliche Bedeutung hat.[827] Beim Media-Streaming erfolgt die Zwischenspeicherung durch den Client automatisch, ohne dass der Nutzer Einfluss auf den Inhalt der gestreamten Daten nehmen könnte.[828] Darüber hinaus ist dem durchschnittlichen Nutzer nicht bewusst, an welchem Speicherort und in welchem Umfang die von ihm gestreamten Daten gespeichert werden.

Eine wirtschaftliche Bedeutung ist jedenfalls dann anzunehmen, wenn der Nutzer aktiv in das technische Verfahren der Zwischenspeicherung durch Auslesen des Caches und Kopieren des Cache-Inhalts eingreift.[829]

---

825 *Dreier*, in: *Dreier/Schulze*, UrhG, §44a Rn. 10; *Fangerow/Schulz*, GRUR 2010, 677 (682); *Mitsdörffer/Gutfleisch*, MMR 2009, 731 (733). Der Dreistufentest stellt drei Anforderungen an die Privilegierung von vorübergehenden Vervielfältigungen gem. Art. 5 Abs. 1 InfoSoc-RL: Die Ausnahme kann nur in bestimmten Sonderfällen angewandt werden (1), in denen die normale Verwertung des Werkes oder des sonstigen Schutzgegenstands nicht beeinträchtigt wird (2) und die berechtigten Interessen des Rechtsinhabers nicht ungebührlich verletzt werden (3). Diese Schranke-Schranke diente der Umsetzung von Art. 10 Abs. 1 WCT und Art. 16 Abs. 2 WPPT, wobei der deutsche Gesetzgeber darauf verzichtet hat den identischen Wortlaut zu übernehmen, da er bereits in § 44a UrhG inhaltlich berücksichtigt wurde. Vgl. *v. Welser*, in: *Wandtke/Bullinger*, UrhG, § 44a Rn. 22.

826 *EuGH*, 4.10.2011, C-403/08, C-429/08, EuZW 2012, 466 (474) Tz. 175 m. Anm. *Weck* - FAPL und Murphy; *Stieper*, ZUM 2012, 12 (16).

827 *EuGH*, 4.10.2011, C-403/08, C-429/08, EuZW 2012, 466 (474) Tz. 174 m. Anm. *Weck* - FAPL und Murphy.

828 *Stieper*, ZUM 2012, 12 (16).

829 *Stieper*, ZUM 2012, 12 (16).

Dann handelt es sich um eine über den bloßen Werkgenuss hinausgehende Nutzungsmöglichkeit.

Für die Anwendbarkeit von § 44a Nr. 2 UrhG kann es aber ansonsten nicht darauf ankommen, dass ein technisches Verfahren manipulierbar ist. Der rezeptive Werkgenuss ist eine rechtmäßige Nutzung i. S. v. § 44a Nr. 2 UrhG.[830] Es wäre daher wenig konsequent, die dem technischen Verfahren inhärente Vervielfältigung deshalb dem Verbotsrecht des Urhebers zu unterstellen, weil eine Manipulation durch den technisch versierten Nutzer möglich ist.[831]

Sobald der Nutzer hingegen die Pufferinhalte aus dem Cache in ein anderes Verzeichnis auf seinem Computer kopiert und dauerhaft speichert, ist unproblematisch § 16 UrhG betroffen und das Verbotsrecht des Urhebers gilt.[832] Ebenso ist § 16 UrhG betroffen, wenn nach Beendigung des Wiedergabeclients eine erneute Wiedergabe der Inhalte aus dem Puffer möglich ist.[833] Im Übrigen ist eine eigenständige wirtschaftliche Bedeutung, der beim Media-Streaming entstehenden Vervielfältigung beim Nutzer abzulehnen.

Dieses Ergebnis ist im Hinblick auf den Zweck des Art. 5 Abs. 1 InfoSoc-RL und des § 44a Nr. 2 UrhG interessengerecht. Dieser ist die Gewährleistung der Entwicklung und des Einsatzes neuer Technologien sowie die Beibehaltung eines angemessenen Rechts- und Interessenausgleichs zwischen den Rechtsinhabern auf der einen Seite und den Nutzern der geschützten Werke, die in den Genuss dieser neuen Technologien kommen wollen, auf der anderen Seite.[834] Die Vervielfältigung ist inhärenter

---

830 Vgl. Seite 206.
831 *Stieper*, ZUM 2012, 12 (16).
832 *Stieper*, ZUM 2012, 12 (16).
833 *Stieper*, ZUM 2012, 12 (16).
834 *EuGH*, 4.10.2011, C-403/08, C-429/08, EuZW 2012, 466 (474) Tz. 164 m. Anm. *Weck* - FAPL und Murphy.; *Stieper*, ZUM 2012, 12 (16).

Teil des technischen Verfahrens, auf das der Nutzer keinen Einfluss nehmen kann. Die Möglichkeit der Manipulation begründet damit nicht grundsätzlich eine eigenständige wirtschaftliche Bedeutung der Vervielfältigung beim Media-Streaming.

Bei einem dauerhaften Mitschnitt der Cachekopie oder dem Kopieren der vervielfältigten Daten an einen anderen Speicherort, liegt § 44a UrhG definitionsgemäß nicht vor. Es fehlt dann schon am Kriterium „flüchtig“ oder „begleitend“. Damit genießt der Urheber im Rahmen seines Verbotsrechts ausreichend Schutz.

(5) Ergebnis

Die beim Media-Streaming anfallende Vervielfältigung ist begleitend und ein integraler und wesentlicher Bestandteil eines technischen Verfahrens, dessen alleiniger Zweck die Ermöglichung der rechtmäßigen Nutzung eines Werkes oder sonstigen Schutzgegenstandes ist und der keine eigenständige wirtschaftliche Bedeutung zukommt. Damit ist sie eine vorübergehende Vervielfältigung i. S. v. § 44a Nr. 2 UrhG und zulässig.

bb) § 53 Abs. 1 S. 1 UrhG

Unabhängig von der Schranke des § 44a UrhG könnte der Nutzer durch § 53 Abs. 1 S. 1 UrhG privilegiert sein. Danach sind *einzelne Vervielfältigungen eines Werkes durch eine natürliche Person zum privaten Gebrauch auf beliebigen Trägern* zulässig, *sofern sie weder unmittelbar noch mittelbar Erwerbszwecken dienen und zur Vervielfältigung keine offensichtlich rechtswidrig hergestellte oder öffentlich zugänglich gemachte Vorlage verwendet wird.*

(1) Durch eine natürliche Person zum privaten Gebrauch, keinen Erwerbszwecken dienend

Der Nutzer als natürliche Person möchte das Werk betrachten oder hören. Die zu diesem Zwecke notwendige vorübergehende Vervielfältigung ist ausschließlich zum privaten Gebrauch bestimmt und dient keinerlei Erwerbszwecken. Tatsächlich kann der Nutzer mit den vorübergehend vervielfältigten Werkteilen alleine nichts weiter anfangen, als das „Werk zu genießen".

Da die Schrankenregelung eine Vervielfältigung auf beliebigen Trägern ermöglicht, ist auch der Arbeitsspeicher des Nutzers von der Norm erfasst.

(2) Offensichtlich rechtswidrig hergestellte oder öffentlich zugänglich gemachte Vorlage

Letztlich bleibt die Frage, ob bei Umgehung von Geoblocking eine offensichtlich rechtswidrig hergestellte oder öffentlich zugänglich gemachte Vorlage verwendet wird. Das Merkmal der „Offensichtlichkeit" ist nach subjektiven Kriterien zu beurteilen.[835] Entscheidend ist der Kenntnis- und Bildungsstand des jeweiligen Nutzers.[836] Es obliegt dem Rechtsinhaber zu beweisen, dass die vervielfältigte Vorlage offensichtlich rechtswidrig hergestellt oder zugänglich gemacht worden ist.[837]

Beim legalen Streaming ist die Vorlage nicht rechtswidrig hergestellt, sondern stammt vom Rechtsinhaber selbst. Bedient sich der Anbieter des

---

[835] *Dreier*, in: *Dreier/Schulze*, UrhG, § 53 Rn. 12b.

[836] BT-Drucks. 16/1828 vom 15.6.2006, S. 26; *Dreier*, in: *Dreier/Schulze*, UrhG, § 53 Rn. 12b; a.A. *Hoffmann*, WRP 2006, 55 (56 f.).

[837] BT-Drucks. 16/1828 vom 15.6.2006, S. 26; *OLG Frankfurt a. M.*, 19.2.2013, 11 U 37/12, ZUM-RD 2013, 528 (532); *LG Hamburg*, 19.12.2013, 310 O 460/13, ZUM 2014, 434 (435). Zustimmend *Dreier*, in: *Dreier/Schulze*, UrhG, § 53 Rn. 12b; *Lüft*, in: *Wandtke/Bullinger*, UrhG, § 53 Rn. 17. A. A. abstellend auf objektive Kriterien *Wirtz*, in: *Fromm/Nordemann*, UrhG, § 53 Rn. 20; *Jani*, ZUM 2003, 842 (850 f.).

Geoblockings, liegt in den Ländern außerhalb des Lizenzgebietes gar keine öffentliche Zugänglichmachung vor.[838] Da es aber entscheidend auf den Kenntnis- und Bildungsstand des Nutzers ankommt, stellt sich die Frage, ob sich für den wissenden Nutzer aufdrängen muss, dass der Rechtsinhaber die Vorlage im jeweiligen Land nicht zugänglich machen wollte.

§ 53 Abs. 1 S. 1 UrhG will den gutgläubigen Nutzer schützen. Es ist daher geboten, über den Wortlaut der Schrankenregelung hinaus das Recht auf Privatkopie abzulehnen, wenn sich der Nutzer die Möglichkeit zur Vervielfältigung wissend auf rechtswidrige Weise verschafft.[839] Im Rahmen von § 53 Abs. 1 S. 1 UrhG kann also einerseits an die Rechtswidrigkeit des Vorlageobjekts angeknüpft werden und andererseits an die Rechtswidrigkeit der Verschaffungshandlung.[840] Schließt der Anbieter bei Vertragsschluss in seinen Nutzungsbedingungen den Empfang der angebotenen Inhalte außerhalb des Lizenzgebietes aus und verbietet er ausdrücklich das Umgehen von eingesetzten Geoblockingmaßnahmen, kann die Rechtswidrigkeit der Verschaffungshandlung bei vorsätzlicher Umgehung der Maßnahme bejaht werden. Insoweit fehlt es an der Gutgläubigkeit des Nutzers.[841]

Es kann jedenfalls nur dann vom wissenden Nutzer ausgegangen werden, wenn dieser die Geosperre aktiv und zum ausschließlichen Zweck an den konkreten Inhalt zu gelangen, umgeht. Ein nur zufälliges Umgehen reicht auch bei entsprechenden AGB des Anbieters nicht aus. Ebensowenig genügt das bloße Einsetzen von Geoblocking durch den Anbieter als konkludentes Verbot zur Umgehung.

---

[838] Siehe Seite 185 ff.

[839] *Paul*, in: *Hoeren/Sieber/Holznagel*, Teil 7.4 Rechteerwerb durch Lizenzverträge und Haftungsfragen Rn. 176.

[840] *Paul*, in: *Hoeren/Sieber/Holznagel*, Teil 7.4 Rechteerwerb durch Lizenzverträge und Haftungsfragen Rn. 176; *Kreutzer*, GRUR 2001, 193 (200).

[841] *Paul*, in: *Hoeren/Sieber/Holznagel*, Teil 7.4 Rechteerwerb durch Lizenzverträge und Haftungsfragen Rn. 177. Kritisch *Mitsdörffer/Gutfleisch*, MMR 2009, 731 (734).

Eine Herausforderung besteht allerdings darin, den Beweis zu erbringen, dass eine vorsätzliche Umgehung des Geoblockings durch den Nutzer vorliegt. Dass der ausländische Anbieter die Inhalte im Land des Nutzers nicht öffentlich zugänglich machen darf, ist jedenfalls nicht offensichtlich.[842]

c) Ergebnis

Umgeht der Nutzer Geoblockingmaßnahmen, kann eine durch das Streaming entstehende vorübergehende Vervielfältigung von der Schranke des § 53 Abs. 1 S. 1 UrhG geschützt sein. Entscheidend ist die Vorsätzlichkeit der Verschaffungshandlung des Nutzers und dessen Kenntnis über die Rechtsinhaberschaft. Letztendlich ist dies aber auch nicht entscheidend, da der Nutzer hinsichtlich der vorübergehenden Vervielfältigung bereits Schutz durch § 44a Nr. 2 UrhG genießt. Folglich steht dem Rechtsinhaber gegen den Nutzer kein Anspruch aus §§ 97, 16 UrhG zu.

2. Vertragsrechtliche Ansprüche

Ein Vertragsverhältnis zwischen Rechtsinhaber und Nutzer besteht nicht. Folglich kann dieser bei Umgehung von Geoblockingmaßnahmen auch keine Ansprüche aus einem Schuldverhältnis gegen den Nutzer herleiten.

[842] Vgl. *Mitsdörffer/Gutfleisch*, MMR 2009, 731 (734).

III. Streaminganbieter und Nutzer

1. Urheberrechtliche Ansprüche

a) §§ 1004 Abs. 1, 823 Abs. 2 S. 1 BGB i. V. m. § 95a UrhG

aa) Umgehung einer wirksamen technischen Maßnahme

Geoblocking ist eine wirksame technische Maßnahme, die durch den Einsatz von VPN- oder Proxydiensten umgangen werden kann. Analog § 95a UrhG ist eine technische Maßnahme auch dann vor Umgehung geschützt, wenn der Rechtsinhaber nicht der Betreiber der Maßnahme ist.[843]

bb) Aktivlegitimation

Um einen Anspruch gegen den Nutzer aus §§ 1004 Abs. 1, 823 Abs. 2 S. 1 BGB i. V. m. § 95a UrhG begründen zu können, muss der Streaminganbieter gem. § 95a UrhG aktivlegitimiert sein. Danach dürfen wirksame technische Maßnahmen zum Schutz eines nach dem UrhG geschützten Werkes oder eines anderen geschützten Schutzgegenstandes ohne Zustimmung des Rechtsinhabers nicht umgangen werden (§ 95a Abs. 1 UrhG). Folglich ist der Rechtsinhaber aktivlegitimiert.[844] Rechtsinhaber ist derjenige, in dessen Rechte durch Nutzung des Werkes unter Umgehung technischer Maßnahmen eingegriffen wird.[845] Durch Umgehung von Geoblocking beim Media-Streaming wird nicht in die Rechte des Streaminganbieters eingegriffen, sondern in die des Urhebers bzw. ausländischen Rechtsinhabers. Demzufolge ist der Streaminganbieter nicht aktivlegitimiert und ihm steht

---

[843] Vgl. Seite 191.

[844] *BGH*, 17.7.2008, I ZR 219/05, NJW 2008, 3565 (3566) Tz. 16 - Clone-CD f.; *LG Hamburg*, 29.11.2013, 310 O 144/13; ZUM-RD 2014, 216 (218); *LG München I*, 26.7.2012, 7 O 10502/12, ZUM-RD 2013, 76 (79); *Lindhorst*, in: *Ahlberg/Götting*, UrhG, § 95a Rn. 25.

[845] *Dreier/Specht*, in: *Dreier/Schulze*, UrhG, § 95a Rn. 11; Seite 78.

bei Umgehung von Geoblocking kein Anspruch gem. §§ 1004 Abs. 1, 823 Abs. 2 S. 1 BGB i. V. m. § 95a UrhG zu.[846]

b) §§ 97, 19a UrhG

Hat der Streaminganbieter ein ausschließliches Nutzungsrecht inne, hat er das alleinige Recht, das Werk in der vereinbarten Form zu nutzen.[847] Dieses Recht umfasst neben einem positiven Benutzungsrecht auch ein negatives Verbotsrecht, solche Handlungen zu verbieten, die eine ungehinderte Nutzung des Werkes in der vereinbarten Form beeinträchtigen.[848]

Hat der Streaminganbieter das ausschließliche Recht der öffentlichen Zugänglichmachung für die On-Demand-Nutzung eines Werkes inne, stellt jede öffentliche Zugänglichmachung dieses Werkes im Lizenzgebiet ohne Erlaubnis des Streaminganbieters einen Eingriff in dieses Recht dar. Gegen eine solche Verletzung kann der Streaminganbieter nach §§ 97 ff. UrhG vorgehen. Ein solcher Eingriff entsteht allerdings nicht durch Umgehung von Geoblocking, sondern durch eine gezielte Bereitstellung im Internet. Das Umgehen von Geoblocking stellt folglich keinen Eingriff in das Recht der öffentlichen Zugänglichmachung dar.

c) §§ 97, 16 UrhG

Durch das Streamen entsteht beim Nutzer eine Vervielfältigung.[849] Wird Geoblocking umgangen, könnte es sich bei der dadurch entstehenden Vervielfältigung auf dem Nutzercomputer um eine nicht genehmigte Vervielfältigung und damit um einen Eingriff in § 16 Abs. 1 UrhG handeln.

---

[846] Bestätigt von *LG München I*, 26.7.2012, 7 O 10502/12, CR 2013, 56 - TubeBox.

[847] Vgl. *BGH*, 29.4.1999, I ZR 65/96, ZUM 1999, 644 (645) - Laras Tochter; *BGH*, 17.6.1992, I ZR 182/90, GRUR 1992, 697 (698) - ALF; *OLG Köln*, 17.4.2015, 6 W 14/15, MMR 2015, 610 Tz. 7 f.

[848] *Schulze*, in: *Dreier/Schulze*, UrhG, § 31 Rn. 56.

[849] Siehe Seite 93.

Bei On-Demand-Diensten hat der Streaminganbieter das Recht der öffentlichen Zugänglichmachung aus § 19a UrhG inne. Dieses umfasst neben dem Zugänglichmachen auch die Übertragung und die sich anschließende Vervielfältigung beim Nutzer.[850] Ein darüber hinausgehendes Vervielfältigungsrecht steht dem Streaminganbieter ohne weitere Nutzungsrechtseinräumung nicht zu. Eine durch Umgehung von Geoblocking entstehende Vervielfältigung außerhalb des Lizenzgebietes greift daher nicht in das Nutzungsrecht des Streaminganbieters ein, sondern in das des ausländischen Rechtsinhabers.

d) Ergebnis

Der Streaminganbieter als Betreiber der Maßnahme ist nicht aktivlegitimiert im Sinne des § 95a UrhG, sodass ihm bei Umgehung von Geoblocking kein Anspruch gem. §§ 1004 Abs. 1, 823 Abs. 2 S. 1 BGB i. V. m. § 95a UrhG zusteht. Auch ein Anspruch aus §§ 97, 16 UrhG scheidet aus, da eine außerhalb des Lizenzraumes entstehende Vervielfältigung nicht vom territorial beschränkten Nutzungsrecht zur öffentlichen Zugänglichmachung gem. § 19a UrhG erfasst wird. Folglich hat der Streaminganbieter bei Umgehung von Geoblocking keine urheberrechtlichen Ansprüche gegen den Nutzer.

2. Vertragsrechtliche Ansprüche

Ob der Streaminganbieter bei Umgehung von Geoblockingmaßnahmen Ansprüche aus dem Schuldverhältnis begründen kann, hängt von dem jeweiligen, dem Schuldverhältnis mit dem Nutzer zugrundeliegenden Nutzungsvertrag ab. Es gelten die allgemeinen Regelungen des BGB. Entsprechend kommt bei einer Pflichtverletzung der Anspruch auf Schadensersatz gem.

[850] Siehe Seite 121 ff.

§ 280 Abs. 1 BGB oder Kündigung gem. § 314 Abs. 1 BGB in Betracht. Bei einem Mietvertrag gelten zudem die §§ 536 ff. BGB, insbesondere der Anspruch des Vermieters auf Unterlassen gem. § 541 BGB[851] und zur außerordentlichen fristlosen Kündigung gem. § 543 Abs. 1 BGB[852]. Der Anspruch auf Schadensersatz aus § 280 Abs. 1 BGB erfordert das Verletzen einer Pflicht aus dem Schuldverhältnis, das Vertretenmüssen des Schuldners gem. § 280 Abs. 1 S. 2 BGB und einen Schaden. Zwischen Streaminganbieter und Nutzer besteht ein Schuldverhältnis in Form eines Mietvertrages.[853] Verbietet der Streaminganbieter in seinen AGB die Umgehung von Geoblockingmaßnahmen und umgeht der Nutzer diese dennoch, verletzt er eine Pflicht aus dem Schuldverhältnis. Der Schuldner hat Vorsatz und Fahrlässigkeit zu vertreten, vgl. § 276 Abs. 1 BGB. Letztendlich müsste dem Streaminganbieter aber auch ein Schaden entstanden sein. Das wird jedoch regelmäßig abzulehnen sein.[854] Eine andere Bewertung könnte sich aber etwa dann ergeben, wenn zwischen Rechtsinhaber und Streaminganbieter Vertragsstrafen für die Umgehung von Geoblocking vereinbart wurden. Ein Anspruch auf Schadensersatz aus § 280 Abs. 1 BGB kommt daher in der Regel nicht in Betracht. Es bleibt auf Grund des Dauerschuldverhältnisses zwischen Anbieter und Nutzer aber bei dem Anspruch auf Kündigung gem. § 314 Abs. 1 BGB. Die Umgehung des Geoblockings trotz AGB-Ausschluss, stellt eine Pflichtverletzung aus dem Vertrag und damit einen wichtigen Grund i. S. v. § 314 Abs. 2 S. 1 BGB dar.

---

[851] Vgl. *Wiederhold*, in: *Bamberger/Roth/Hau*, BGB, § 541 Rn. 2.
[852] Vgl. *Klein-Blenkers*, in: *Dauner-Lieb/Langen*, BGB, § 543 Rn. 4.
[853] Siehe Seite 140.
[854] Siehe dazu Seite 185 ff.

IV. Strafrechtliche Rechtsfolgen

1. §§ 108b Abs. 1 Nr. 1 i. V. m. § 95a UrhG

§ 108b Abs. 1 Nr. 1 UrhG sieht i. V. m. § 95a UrhG eine strafrechtliche Sanktionierung bei unerlaubten Eingriffen in technische Schutzmaßnahmen vor. Danach macht sich strafbar, wer in der Absicht, sich oder einem Dritten den Zugang zu einem nach dem UrhG geschützten Werk oder einem anderen geschützten Schutzgegenstand oder deren Nutzung zu ermöglichen, eine wirksame technische Maßnahme ohne Zustimmung des Rechtsinhabers umgeht, wenn die Tat nicht ausschließlich zum eigenen privaten Gebrauch des Täters oder mit dem Täter persönlich verbundener Personen erfolgt oder sich auf einen derartigen Gebrauch bezieht. Darüber hinaus ist § 108b Abs. 1 Nr. 1 UrhG Schutzgesetz i. S. v. § 823 Abs. 2 S. 1 BGB. Bei Vorliegen des Tatbestandes könnte daher neben der strafrechtlichen Rechtsfolge ein deliktsrechtlicher Schadensersatzanspruch zugunsten des Rechtsinhabers begründet werden. Fraglich ist, ob das Umgehen von Geoblocking durch den Nutzer den strafrechtlichen Tatbestand des § 108b Abs. 1 Nr. 1 UrhG erfüllt.

Der objektive Tatbestand erfordert, dass die Tat nicht ausschließlich zum eigenen privaten Gebrauch des Täters oder mit dem Täter persönlich verbundener Personen erfolgt. In aller Regel wird eine strafrechtliche Haftung bereits daran scheitern, denn der Nutzer umgeht Geoblocking vorrangig, um privat Zugang zum Dienst des Anbieters zu erlangen.[855]

Daneben verlangt der subjektive Tatbestand Absicht. Der Beweis, dass eine Handlung in der Absicht erfolgt ist, sich oder einem Dritten Zugang zu einem nach dem UrhG geschützten Werk oder einem anderen geschützten Schutzgegenstand oder deren Nutzung zu ermöglichen, ist nur schwer zu

[855] Ebenso *Martiny*, MMR 2016, 579 (584) und *Reinbacher*, HFR 2012, 179 (187).

erbringen, denn die Umgehungsmittel sind legale Anwendungen, die für verschiedene technische Zwecke[856] eingesetzt werden können. Der Täter müsste das Umgehungsmittel ausschließlich und mit zielgerichtetem Erfolgswillen einsetzen, es muss ihm also gerade auf die Verwirklichung der Umstände, die zum gesetzlichen Tatbestand gehören, ankommen.[857]

2. § 202a StGB

Wer unbefugt sich oder einem anderen Zugang zu Daten, die nicht für ihn bestimmt und die gegen unberechtigten Zugang besonders gesichert sind, unter Überwindung der Zugangssicherung verschafft, macht sich gem. § 202a Abs. 1 StGB strafbar. Der Datenbegriff wird in Abs. 2 legal definiert und erfasst alle Daten, die elektronisch, magnetisch oder sonst nicht unmittelbar wahrnehmbar gespeichert sind oder übermittelt werden. Damit sind die beim Media-Streaming gespeicherten und übermittelten Film- und Musikdaten vom objektiven Tatbestand des § 202a Abs. 1 StGB erfasst.

Zur Tatbestandsverwirklichung ist erforderlich, dass die Zugangssicherung dem Täter eine deutliche Schranke setzt, in deren Überwindung sich die strafwürdige kriminelle Energie manifestiert.[858] Erst die erhöhte kriminelle Energie des Täters, eine besondere Sicherung zu überwinden, soll eine Strafbarkeit begründen.[859]

VPN und Proxys sind legale technische Mittel, die eine Überwindung von Geoblocking ermöglichen. Ihre Anwendung ist simpel und dient verschiedenen Zwecken.[860] Jedenfalls offenbart ihr Einsatz keine kriminelle

---

856 Z. B. Datenschutz oder Zugriff auf ein externes Netzwerk.

857 *Kaspar*, in: *Leitner/Rosenau/Ahlbrecht*, StGB, § 15 Rn. 7.

858 *Tag*, in: *Dölling/Duttge/König*, StGB, § 202a Rn. 7.

859 *Reinbacher*, HFR 2012, 179 (188).

860 Z. B. Datenschutz oder Zugriff auf ein externes Netzwerk. Zur Anwendung siehe Seite 48.

Energie. Von einer deutlichen Schranke im Sinne des § 202a StGB kann bei Geoblocking daher nicht ausgegangen werden. Ist die Überwindung des Zugangsschutzes auch für Laien unproblematisch, ist bereits der objektive Tatbestand von § 202a StGB nicht erfüllt.[861]

V. Zusammenfassung

Geoblocking wird hauptsächlich eingesetzt, um Urheberrechte Dritter zu schützen. Der Rechtsinhaber hat keinen urheberrechtlichen Anspruch gegen den Streaminganbieter. Vertragliche Ansprüche bleiben davon unberührt und hängen vom jeweiligen Vertrag über die Nutzungsrechtseinräumung zwischen Rechtsinhaber und Streaminganbieter ab.

Dem Rechtsinhaber steht ein Unterlassungs- und Schadensersatzanspruch gem. §§ 1004 Abs. 1, 823 Abs. 2 S. 1 BGB i. V. m. § 95a UrhG analog bei Umgehung von Geoblocking gegen den Nutzer zu. Geoblocking ist auch bei Personenverschiedenheit analog § 95a UrhG geschützt. Allerdings ist der Anspruch praktisch nicht durchsetzbar, da der Rechtsinhaber als Anspruchsteller Kenntnis oder Kennenmüssen des Nutzers nachzuweisen hat. Darüber hinaus scheitert der Rechtsinhaber bereits an der Nachverfolgbarkeit, wann durch Umgehung von Geoblocking in seine Urheberrechte eingegriffen wird.

Dem Streaminganbieter als Betreiber steht kein urheberrechtlicher Anspruch zu, sofern er nicht gleichzeitig Rechtsinhaber des durch die Maßnahme geschützten Rechts ist. Ihm bleibt im Fall der Umgehung von Geoblocking aber die Möglichkeit, aus dem Schuldverhältnis gegen den Nutzer vorzugehen. Strafrechtliche Rechtsfolgen ergeben sich durch das Umgehen von Geoblocking nicht.

[861] *Tag*, in: *Dölling/Duttge/König*, StGB, § 202a Rn. 7 m. w. N.; *Reinbacher*, HFR 2012, 179 (188).

Einerseits kann der Rechtsinhaber Eingriffe in sein Urheberrecht durch Umgehung von Geoblocking nicht effektiv nachverfolgen. Andererseits besteht für den Nutzer die Gefahr, dass er trotz des grundsätzlich legalen Einsatzes von VPN- und Proxydiensten vom „fremden“ Rechtsinhaber in Anspruch genommen wird. Entsprechend erfassen weder das UrhG noch die europäischen urheberrechtlichen Regelungen die Werkverwertung des Media-Streamings in ausreichendem Maß. Es kommt zu erheblichen Rechtsunsicherheiten für die am Media-Streaming Beteiligten.

7. Kapitel: Geoblocking als Gegenstand der Harmonisierung des europäischen Urheberrechts

Die beim Geoblocking bestehenden Rechtsunsicherheiten hat auch der europäische Gesetzgeber erkannt und befasst sich daher schon länger mit Problemen, die im Zusammenhang mit dem grenzüberschreitenden Zugriff auf urheberrechtlich geschützte Inhalte im Binnenmarkt entstehen.[862] Die Diskussion um eine weitere Harmonisierung des Urheberrechts ist sowohl im Schrifttum als auch in der Politik in vollem Gange.[863]

Ob die jüngsten Regelungen und Vorschläge des europäischen Gesetzgebers geeignet sind, die bestehenden Rechtsunsicherheiten beim Media-Streaming und des Einsatzes von Geoblocking zu beseitigen und einen angemessenen Urheberschutz zu bewirken, gilt es im Folgenden zu untersuchen.

I. Strategie für einen digitalen Binnenmarkt

Die Europäische Kommission hat am 6.5.2015 dem Europäischen Parlament, dem Rat, dem Europäischen Wirtschafts- und Sozialausschuss und dem

[862] Vgl. COM(2015) 192 final vom 6.5.2015.

[863] Vgl. COM(2015) 192 final vom 6.5.2015; *Rauer/Ettig*, K & R 2017, 7 ff.; *Druschel/Lehmann*, CR 2016, 244 ff; *Stieper*, GRUR 2015, 1145 ff.; *Rauer/Kaase*, GRUR-Prax 2015, 364 ff.; *Grünberger*, ZUM 2015, 273 (284 f.); *Stollwerck*, in: *Ahlberg/Götting*, UrhG, Europäisches Urheberrecht Rn. 103 ff.; *Boytha*, MR-Int. 2008, 53 (56 f.).

A.-L. Wirz, *Media-Streaming und Geoblocking*, Juridicum – Schriften zum Medien-, Informations- und Datenrecht, https://doi.org/10.1007/978-3-658-26083-5_8

Ausschuss der Regionen seine Strategie für einen digitalen Binnenmarkt für Europa vorgelegt.[864]

Damit verfolgt die Kommission das Ziel, den rasanten Entwicklungen der Informations- und Kommunikationstechnologie gerecht zu werden. Als Lösungsweg sieht sie die Schaffung eines digitalen Binnenmarktes, auf dem der freie Verkehr von Waren, Personen, Dienstleistungen und Kapital gewährleistet ist und Privatpersonen und Unternehmen unter fairen Wettbewerbsbedingungen und auf der Grundlage hoher Verbraucher- und Datenschutzstandards ungeachtet ihrer Staatsangehörigkeit, bzw. ihres Wohn- oder Geschäftssitzes nahtlos Online-Aktivitäten nachgehen und Internetanwendungen nutzen können.[865] Bestehende Barrieren und die Fragmentierung der Märkte werden als Ursache dafür genannt, dass die Entwicklung der EU in einer Weise gebremst wird, die es im „analogen" Binnenmarkt so nicht gibt.[866] Um dem entgegen zu wirken, hat sich die Kommission auf eine Strategie für den digitalen Binnenmarkt (DSM) geeinigt, die auf folgenden drei Pfeilern ruht:

- Besserer Online-Zugang für Verbraucher und Unternehmen zu Waren und Dienstleistungen in ganz Europa. Unterschiede zwischen Online- und Offline-Umgebungen sollen beseitigt werden, damit grenzüberschreitende Online-Aktivitäten nicht länger behindert werden.

- Schaffung der richtigen Bedingungen für florierende digitale Netze und Dienste. Hochleistungsfähige, sichere und vertrauenswürdige Infrastrukturen sowie Inhaltsdienste sollen durch geeignete ordnungs-

[864] Engl. *Digital Single Market*-Strategy, abgekürzt im Folgenden DSM-Strategie, COM(2015) 192 final. Die DSM-Strategie wurde als Antwort der Europäischen Kommission auf den *„Reda"*-Bericht des Rechtsausschuss des Europäischen Parlaments veröffentlicht. Dazu ausführlicher *Rauer/Kaase*, GRUR-Prax 2015, 364 ff.

[865] COM(2015) 192 final vom 6.5.2015, S. 3.

[866] COM(2015) 192 final vom 6.5.2015, S. 3.

politische Rahmenbedingungen, Innovationen, Investitionen, fairen Wettbewerb und Chancengleichheit hervorbringen.

- Bestmögliche Ausschöpfung des Wachstumspotenzials der europäischen digitalen Wirtschaft. Investitionen in die informations- und kommunikationstechnische Infrastruktur und in Technologien wie Cloud-Computing und Big Data sowie in Forschung und Innovation sollen die Wettbewerbsfähigkeit der Wirtschaft stärken und die öffentlichen Dienste, Inklusion und Kompetenzen verbessern.

Im Rahmen der ersten Säule der Strategie für den digitalen Binnenmarkt widmet sich die Kommission insbesondere der Frage nach einem modernen, europäischen Urheberrecht. Zwar ist das Urheberrecht der Mitgliedstaaten durch mittlerweile zehn Richtlinien[867] weitestgehend harmonisiert, dennoch bestehen zum Teil gravierende Rechtsunsicherheiten, insbesondere im Bereich des informations- und kommunikationstechnologischen Fortschritts. Ein Schwerpunkt der DSM-Strategie liegt daher im grenzüberschreitenden Zugang zu Diensten mit urheberrechtlich geschützten Inhalten sowie dem Einsatz von Geoblocking.

1. Portabilitätsverordnung

Am 20.7.2017 ist im Rahmen der DSM-Strategie als erster Schritt die Verordnung des Europäischen Parlaments und des Rates zur Gewährleistung der grenzüberschreitenden Portabilität von Online-Inhaltediensten im Binnenmarkt[868] in Kraft getreten. Gem. ihrem Art. 11 Abs. 2 gilt die PortabilitätsVO seit dem 20.3.2018. Ziel der Verordnung ist, dass Verbrau-

[867] Dazu ausführlicher Seite 61.
[868] VO 2017/1128 vom 14.6.2017, ABl. EU L 168 vom 30.6.2017, S. 1–11 (Abk. PortabilitätsVO).

cher digitale Inhalte, die sie in ihrem Heimatland heruntergeladen oder abonniert haben, auch in einem anderen EU-Land abrufen können.[869]

a) Inhalt

Gegenstand der PortabilitätsVO ist gem. Art. 1 Abs. 1 HS. 1 die Einführung eines gemeinsamen Konzepts in der Union zur grenzüberschreitenden Portabilität von Online-Inhaltediensten. Sichergestellt werden soll dadurch, *„dass Abonnenten von portablen Online-Inhaltediensten, die in ihrem Wohnsitzmitgliedstaat rechtmäßig bereitgestellt werden, während eines vorübergehenden Aufenthalts in einem anderen Mitgliedstaat als ihrem Wohnsitzmitgliedstaat auf diese Dienste zugreifen und sie nutzen können.“* Gem. Art. 3 Abs. 1 PortabilitätsVO ist der Anbieter eines Online-Inhaltedienstes, der gegen Zahlung eines Geldbetrages bereitgestellt wird, verpflichtet, einem Abonnenten, der sich vorübergehend in einem Mitgliedstaat aufhält, in derselben Form, wie in seinem Wohnsitzmitgliedstaat, Zugriff auf den Online-Inhaltedienst zu verschaffen, indem *„unter anderem der Zugriff auf dieselben Inhalte, für dieselben Arten und dieselbe Zahl von Geräten, für dieselbe Zahl von Nutzern und mit demselben Funktionsumfang gewährt wird.“* Von dieser Verpflichtung ist gem. Art. 3 Abs. 3 PortabilitätsVO nicht umfasst, die Inhalte im Ausland mit derselben Qualität bereitstellen zu müssen, wie im Inland. Die Bereitstellung der Inhalte in anderen Mitgliedstaaten als dem Wohnsitzmitgliedstaat, darf dem Nutzer nicht zusätzlich in Rechnung gestellt werden (vgl. Art. 3 Abs. 2 PortabilitätsVO).

Anbietern von Online-Inhaltediensten, *„die ohne Zahlung eines Geldbetrags bereitgestellt werden“*, steht die Entscheidung frei, ob ihr Angebot während eines vorübergehenden Auslandsaufenthalts ihren Nutzern zur

[869] *Oettinger*, K & R, Nr. 9, 2015, Editorial.

Verfügung steht (Art. 6 Abs. 1 PortabilitätsVO). Online-Inhaltedienste, die sich aus obligatorischen Gebühren für öffentliche Rundfunkdienste finanzieren, sind als kostenfreie Dienste im Sinne der Verordnung anzusehen.[870]

Gem. Art. 4 PortabilitätsVO gilt *„die Bereitstellung eines Online-Inhaltedienstes nach dieser Verordnung [in einem anderen Mitgliedstaat...] sowie der Zugriff auf diesen Dienst und seine Nutzung [...] als ausschließlich im Wohnsitzmitgliedstaat des Abonnenten erfolgt.“*[871] Diese Regelung stellt sicher, dass der Anbieter keine fremden Urheberrechte verletzt, obwohl er urheberrechtlich geschützte Werke außerhalb des ihm lizenzierten Territoriums verfügbar macht. Zwar bleibt die territoriale Beschränkung von Nutzungsrechten weiterhin möglich, aber etwaige Vertragsklauseln zwischen Urheber und Anbieter, die die grenzüberschreitende Portabilität von Online-Inhaltediensten untersagen oder beschränken, sind nicht mehr durchsetzbar.

Darüber hinaus enthält die Verordnung eine Aufzählung zumutbarer, verhältnismäßiger und wirksamer Mittel zur Überprüfung des Wohnsitzmitgliedstaates für den Anbieter (Art. 5 Abs. 1 PortabilitätsVO).[872] Dadurch soll Rechtssicherheit bezüglich der vom Anbieter zu verwendenden Überprüfungsmittel geschaffen werden und der Eingriff in die Privatsphäre der Abonnenten beschränkt werden.[873] Das Konzept der Verordnung beruht also darauf, dass die Dienstanbieter überprüfen, ob der Nutzer einen dauerhaften Wohnsitz in dem Mitgliedstaat hat, von dem aus er sich für die Nutzung des Dienstes anmeldet.

---

[870] Vgl. Erwägungsgrund 18 der PortabilitätsVO vom 20.7.2017.

[871] Wohnsitzmitgliedstaat bezeichnet entsprechend der PortabilitätsVO im Folgenden stets denjenigen Mitgliedstaat der EU, in dem der Nutzer (Abonnent) seinen festen Wohnsitz hat. Vgl. Art. 2 Nr. 3 PortabilitätsVO.

[872] Erwägungsgrund 26 der PortabilitätsVO vom 20.7.2017.

[873] Erwägungsgrund 26 der PortabilitätsVO vom 20.7.2017.

Erklärtes Ziel der Verordnung ist es, den harmonisierten Rechtsrahmen zum Schutz des Urheberrechts und der verwandten Schutzrechte anzupassen und Hindernisse für die grenzüberschreitende Portabilität von rechtmäßigen Online-Inhaltediensten zu beseitigen.[874] Außerdem soll die Wettbewerbsfähigkeit verbessert werden, indem sie Innovation bei Online-Inhaltediensten fördert und einen Kundenzuwachs bewirkt.[875]

Das durch das Urheberrecht und die verwandten Schutzrechte in der Union garantierte hohe Schutzniveau soll nicht abgesenkt, bestehende Lizenzierungsmodelle wie etwa die territoriale Segmentierung nicht geändert und die bestehenden Finanzierungsmechanismen nicht beeinträchtigt werden.[876]

Die Verordnung ist auch für Verträge und Rechte anwendbar, die vor ihrem Geltungsbeginn geschlossen bzw. erworben wurden.[877] Da Lizenzvertragslaufzeiten stark variieren können, soll so verhindert werden, dass es zu einer zeitlichen Ungleichbehandlung der Verbraucher der Mitgliedstaaten kommt.[878]

b) Rechtliche Würdigung

Die PortabilitätsVO gilt als erster Schritt in Richtung eines digitalen Europas ohne Grenzen.[879] Als Verordnung entfaltet sie unmittelbare Wirkung für alle Mitgliedstaaten und bedarf keines weiteren Transformationsaktes.

---

[874] Erwägungsgrund 12 der PortabilitätsVO vom 20.7.2017.
[875] Vgl. Erwägungsgrund 33 der PortabilitätsVO vom 20.7.2017.
[876] Erwägungsgrund 12 der PortabilitätsVO vom 20.7.2017.
[877] Erwägungsgrund 31 der PortabilitätsVO vom 20.7.2017.
[878] Vgl. Erwägungsgrund 31 der PortabilitätsVO vom 20.7.2017.
[879] *Eginger*, ZUM 2017, 698 (712); *Roos*, MMR 2017, 147 (151 f.).

aa) Der Begriff des „Vorübergehenden Auslandsaufenthalts“

Der Begriff des vorübergehenden Auslandsaufenthalts wird in Art. 2 Nr. 4 PortabilitätsVO legal definiert als *„zeitlich begrenzter Aufenthalt in einem anderen Mitgliedstaat als dem Wohnsitzmitgliedstaat“*. Erwägungsgrund 1 der Verordnung konkretisiert diese vage Definition dahingehend, dass Verbraucher portable Online-Inhaltedienste auch dann nutzen können müssen, wenn sie sich *„vorübergehend beispielsweise zu Urlaubs-, Reise- oder Geschäftsreisezwecken oder solchen der Lernmobilität in einem anderen Mitgliedstaat aufhalten.“* Eine zeitliche Höchstgrenze enthält die Verordnung hingegen nicht.[880]

Bei dem Begriff des vorübergehenden Auslandsaufenthalts handelt es sich somit um einen unbestimmten Rechtsbegriff. Eine Reise oder ein Studienaufenthalt kann immerhin von wenigen Tagen, bis hin zu mehreren Monaten dauern. Der Begriff führt eine erhebliche Rechtsunsicherheit herbei.[881] Als Konsequenz dessen wird es Aufgabe der europäischen Gerichte sein, den Begriff auszulegen. Das lässt eine stark einzelfallbezogene Rechtsprechung erwarten.[882]

Dieser unbestimmte Rechtsbegriff geht vor allem zu Lasten der Urheber. Die audio und audiovisuelle Werkverwertung beruht auf dem Prinzip territorialer Segmentierung, sodass Nutzungsrechte nur für konkrete Ter-

[880] Dies wird im Beschluss vom 11.4.2016, 167/16, S. 6 vom Bundesrat kritisiert. Ebenso spricht sich auch *Eginger*, ZUM 2017, 698 (703) kritisch dazu aus.

[881] *Lundberg*, CR 2018, R53; *Roos*, MMR 2017, 147 (149); *Spiegel*, Ich packe meinen Koffer und nehme mit... Meine Online-Inhalte, 693 (702); *Ehle/Werner*, CR 2016, 377 f; *Dreier*, in: *Dreier/Schulze*, Portabilitäts-VO, Artikel 2 Rn. 5; *Engels/Jan Bernd Nordemann*, in: *Fromm/Nordemann*, PortabilitätsVO, Art. 2 Rn. 5.

[882] *Heyde*, ZUM 2017, 712 (718) sieht aufgrund der ausdrücklich ausgeschlossenen Möglichkeit, die Portabilität zeitlich zu beschränken, jeden noch so langen Aufenthalt in einem anderen Mitgliedstaat als „vorübergehend“ i. S. v. Art. 2 Nr. 4 PortabilitätsVO, denn durch die Bestimmung des Wohnsitzmitgliedstaats stünde fest, dass jeder Auslandsaufenthalt letztlich zeitlich begrenzt sei, da irgendwann eine Rückkehr in den Wohnsitzmitgliedstaat erfolge. Ähnlich sieht das auch *Roos*, MMR 2017, 147 (149).

ritorien eingeräumt und in entsprechendem Maß vergütet werden. Eine darüber hinausgehende Nutzung ist nicht im Lizenzpreis einkalkuliert. Im Rahmen der PortabilitätsVO wird das an sich territorial beschränkte Werk aber für einen unbestimmten Zeitraum auch außerhalb des Lizenzgebietes verfügbar gemacht. Hier stehen sich die Verbraucherinteressen des Abonnenten an einer möglichst weitgehenden Portabilität und die Interessen des Rechtsinhabers an einer exklusiven Gebietslizenzierung entgegen.[883]

Während dem Verbraucher an einer weiten Auslegung des Begriffs des „vorübergehenden Auslandsaufenthalts" gelegen ist, ist das Interesse des Rechtsinhabers auf eine restriktive Auslegung gerichtet.[884]

bb) Beschränkung des Schutzlandprinzips

Art. 4 PortabilitätsVO sieht vor, *„dass die Bereitstellung eines Online-Inhaltedienstes [...] für einen Abonnenten, der sich vorübergehend in einem Mitgliedstaat aufhält [...] ausschließlich [als] im Wohnsitzmitgliedstaat des Abonnenten erfolgt"* gilt. Das stellt eine Ausnahme vom allgemein anerkannten Territorialitätsprinzip dar.[885] Danach wirken Immaterialgüterrechte

[883] *Heyde*, ZUM 2017, 712 (718).

[884] Vgl. *Heyde*, ZUM 2017, 712 (718); *Ranke/Glöckler Moritz*, MMR 2017, 378 (382); *Spiegel*, Ich packe meinen Koffer und nehme mit... Meine Online-Inhalte, 693 (702 f.).

[885] *EuGH*, 14.7.2005, C-192/04, GRUR 2006, 50 (53) - Lagardère/SPRE und GVL; *BGH*, 8.12.2010, 1 StR 213/10, GRUR 2011, 227 (228) Tz. 20 - Italienische Bauhausmöbel; *BGH*, 24.5.2007, I ZR 42/04, GRUR 2007, 691 (692 f.) Tz. 31 - Staatsgeschenk; *BGH*, 16.4.1975, I ZR 40/73, NJW 1975, 1220 (1222) - August Vierzehn; *OLG Stuttgart*, 31.5.2017, 4 U 204/16, GRUR 2017, 905 (906) Tz. 59; *Lauber-Rönsberg*, in: *Ahlberg/Götting*, UrhG, Kollisionsrecht und internationale Zuständigkeit Rn. 4; *Nordemann-Schiffel*, in: *Fromm/Nordemann*, UrhG, vor §§ 120 ff. Rn. 59; *Katzenberger/Metzger*, in: *Schricker/Loewenheim*, UrhG, vor §§ 120 ff. Rn. 109; *Spindler*, CR 2016, 73 (74 ff.); a. A. noch *Schack*, Urheber- und Urhebervertragsrecht, Rn. 913 a.E.

ausschließlich räumlich beschränkt auf das Territorium desjenigen Staates, der sie kraft Hoheitsakt verleiht oder ipso iure anerkennt.[886]

Art. 4 PortabilitätsVO weitet den innerstaatlichen Urheberschutz nun aber auf den Mitgliedstaat aus, von dem aus der Nutzer „vorübergehend" die portablen Inhalte abruft.[887] Der europäische Gesetzgeber hat damit erneut das Herkunftslandprinzip – allerdings in abgeschwächter Form – statuiert.[888]

Diese Regelung dient vor allem dem Schutz der Dienstanbieter. Es wird verhindert, dass sie aufgrund ihrer Verpflichtung zur Ermöglichung grenzüberschreitender Portabilität ihrer Dienste, die betreffenden Rechte in einem anderen Mitgliedstaat erwerben müssen.[889]

Damit erfährt die territoriale Rechtevergabe eine Einschränkung, ohne dass sich diese auf die vertragliche Lizenzgestaltung auswirken darf.[890]

cc) Auswirkung auf die Vertragsfreiheit

Die PortabilitätsVO verbietet mit Art. 7 Abs. 1 alle Vertragsbestimmungen, *„[...] die im Verhältnis Anbieter von Online-Inhaltediensten und Inhabern von Urheberrechten oder verwandten Schutzrechten [...] sowie zwischen diesen Anbietern und ihren Abonnenten gelten [...],"* wenn sie gegen die Bestimmungen der Verordnung verstoßen. In Verbindung mit dem Zugangsanspruch gem. Art. 3 Abs. 1 PortabilitätsVO wird so zwingendes

---

[886] *Lauber-Rönsberg*, in: *Ahlberg/Götting*, UrhG, Kollisionsrecht und internationale Zuständigkeit Rn. 4.
[887] *Ranke/Glöckler Moritz*, MMR 2017, 378 (380 f.); *Dreier*, in: *Dreier/Schulze*, Portabilitäts-VO, Artikel 2 Rn. 5.
[888] Zuvor so bereits geschehen in Art. 1 Abs. 2 lit. b der Satelliten- und Kabelweiterverbreitungsrichtlinie. Zustimmend *Ranke/Glöckler Moritz*, MMR 2017, 378 (380 f.). Siehe dazu auch Seite 262.
[889] Erwägungsgrund 23 der PortabilitätsVO vom 20.7.2017.
[890] *Spindler*, CR 2016, 73 (74 ff.).

Vertragsrecht geschaffen, das nicht abbedungen werden kann.[891] Damit im Widerspruch stehende Vertragsklauseln sind nicht durchsetzbar.[892]

Der zwingende Charakter der Norm wird durch die Erwägungen zur PortabilitätsVO bekräftigt, wonach es von grundlegender Bedeutung ist, *„dass die Verpflichtung zur Ermöglichung der grenzüberschreitenden Portabilität von Online-Inhaltediensten verbindlich ist“*, weshalb die Parteien sie daher *„nicht ausschließen, von ihr abweichen oder ihre Wirkung abändern können.“*[893]

Diese Regelung stellt einen Eingriff in die Vertragsfreiheit dar.[894] Sie hat insbesondere Einfluss auf etwaige schuldrechtliche Verpflichtungen zwischen Rechtsinhaber und Dienstanbieter zum Einsatz von Geoblocking, da sie geeignet sind, die Portabilität von Inhalten einzuschränken.

dd) Urheberschutz vs. Verbraucherschutz?

Der Fokus der PortabilitätsVO liegt ganz klar auf dem Verbraucherschutz und weniger auf dem Urheberschutz. Im Grundsatz hält der europäische Gesetzgeber am Territorialitätsprinzip fest. Daher ist am stärksten der Streaminganbieter von der Neuregelung betroffen. Diesem kommt nun die Aufgabe der Überprüfung des Wohnsitzmitgliedstaates zu sowie die daran anknüpfende Bereitstellung der Inhalte in anderen Mitgliedstaaten. Dem Ziel der Stärkung des Verbraucherschutzes wird die Verordnung gerecht. Onlinedienste aus dem Wohnsitzmitgliedstaat können nun im gesamten Gebiet der Europäischen Union genutzt werden.

---

891 *Grünberger*, ZUM 2018, 271 f.; *Eginger*, ZUM 2017, 698 (699 f.); *Peifer*, AfP 2017, 8 (12); *Engels/Jan Bernd Nordemann*, in: *Fromm/Nordemann*, PortabilitätsVO, Art. 2 Rn. 5.

892 Erwägungsgrund 21 der PortabilitätsVO vom 20.7.2017.

893 Erwägungsgrund 21 der PortabilitätsVO vom 20.7.2017. Ebenso *Eginger*, ZUM 2017, 698 (699 f).

894 Zustimmten *Eginger*, ZUM 2017, 698 (699 f).

Für den Urheberschutz ist die PortabilitätsVO hingegen kein Gewinn. Im Gegenteil, der Rechtsinhaber wird im Bereich der On-Demand-Werkverwertung weiter geschwächt. Indem Art. 4 PortabilitätsVO fingiert, dass der Zugriff des Nutzers stets aus seinem Wohnsitzmitgliedstaat erfolgt, wird das Territorialitätsprinzip weiter eingeschränkt. Im Gegensatz zur Satelliten- und Kabelweiterverbreitungsrichtlinie ist diese Einschränkung jedoch so gestaltet, dass die Werkverwertung über das Lizenzgebiet hinaus nicht im eigentlichen Lizenzpreis einkalkuliert wird.

c) Konsequenz

Durch die Portabilitätsverordnung wird die Position des Rechtsinhabers zugunsten des Verbraucherschutzes geschwächt, wenn auch die nach der Aussage von Kommissionsvizepräsident *Ansip*[895] gehegten Befürchtungen des Endes territorialer Rechteverwertung, nicht in dem Maße eingetroffen sind.[896]

Das hat zur Folge, dass für die Werkverwertung durch Media-Streaming weitere Rechtsunsicherheiten geschaffen wurden. Darüber hinaus hat bisher keiner der großen in Deutschland vertretenen Streaminganbieter (mit Ausnahme von *Maxdome*) seine AGB der PortabilitätsVO entsprechend angepasst.[897] Unabhängig davon kann man aber über die Hilfefunktion

[895] *„Ich hasse Geoblocking aus tiefstem Herzen. Schaffen wir all die Zäune und Mauern ab, die uns im Internet den Weg versperren. Die Menschen müssen sich im Netz ebenso frei über Grenzen hinweg bewegen können wie in der Wirklichkeit."* Vgl. *Kannenberg*, EU-Kommission will Geoblocking im Internet weitgehend abschaffen, https://www.heise.de/newsticker/meldung/EU-Kommission-will-Geoblocking-im-Internet-weitgehend-abschaffen-2584608.html - Zugriff am 28.2.2019; *Europäische Kommission*, Strategie für den digitalen Binnenmarkt: Europäische Kommission vereinbart Tätigkeitsbereiche, http://europa.eu/rapid/press-release_IP-15-4653_de.htm - Zugriff am 28.2.2019.

[896] Vgl. Seite 1 ff.; *Eginger*, ZUM 2017, 698 (712); *Roos*, MMR 2017, 147 (151 f).

[897] Vgl. bereits Seite 146.

der Webseite z. B. von *Netflix*[898] oder *Amazon*[899] herausfinden, dass bei vorübergehendem Auslandsaufenthalt in der Europäischen Union auf das Heimatangebot des Streamingdienstes zugegriffen werden kann. Die Industrie hat damit zwar weitestgehend auf die PortabilitätsVO reagiert, dennoch konnte einer Umfrage zufolge, jeder zweite Nutzer seinen Streaming-Dienst auf Reisen nicht genauso nutzen wie zu Hause.[900]

2. Geoblockingverordnung

Als zweiten Schritt der DSM-Strategie ist am 23.3.2018 die Verordnung des Europäischen Parlaments und des Rates über Maßnahmen gegen ungerechtfertigtes Geoblocking und andere Formen der Diskriminierung aufgrund der Staatsangehörigkeit, des Wohnsitzes oder des Ortes der Niederlassung des Kunden innerhalb des Binnenmarkts und zur Änderung der Verordnungen (EG) Nr. 2006/2004 und (EU) 2017/2394 sowie der Richtlinie 2009/22/EG in Kraft getreten.[901] Sie gilt seit 3.12.2018. Ziel der Verordnung ist, „*Diskriminierungen aufgrund der Staatsangehörigkeit, des Wohnsitzes oder des Ortes der Niederlassung der Kunden, einschließlich Geoblocking, im grenzüberschreitenden Geschäftsverkehr zwischen Anbietern und Verbrauchern im Zusammenhang mit dem Verkauf von Waren und der Erbringung von Dienstleistungen in der Union zu verhindern.*“[902] Damit soll Kunden

[898] *Netflix Hilfe-Center*, Reise oder Umzug mit Netflix, https://help.netflix.com/de/node/24853 - Zugriff am 28.2.2019.

[899] *Amazon Hilfe und Kundenservice*, Videos anschauen, während man sich im Ausland aufhält, https://www.amazon.de/gp/help/customer/display.html?nodeId=202021900 - Zugriff am 28.2.2019.

[900] *Wilkens*, Verbraucher haben weiter Probleme mit grenzenlosem Streaming, https://heise.de/-4243570 - Zugriff am 28.2.2019; *Marktwächter*, https://www.marktwaechter.de/pressemeldung/geoblocking-weiterhin-probleme-beim-streaming-im-eu-ausland - Zugriff am 28.2.2019.

[901] VO 2018/302 vom 28.2.2018, ABl. EU LI 60 I vom 2.3.2018, S. 1–15 (Abk. GeoblockingVO).

[902] Art. 1 und Erwägungsgrund 5 des Vorschlags zur GeoblockingVO.

ein besserer Zugang zu Waren und Dienstleistungen am Binnenmarkt gewährt werden und eine künstliche Segmentierung des Marktes sowie eine Diskriminierung aufgrund der Staatsangehörigkeit verhindert werden.[903]

Aus urheberrechtlicher Sicht ist der Vorschlag weniger von Interesse, denn entsprechend Erwägungsgrund 6 fallen audiovisuelle Dienstleistungen nicht in den Anwendungsbereich dieser Verordnung.[904] Gem. Art. 4 Abs. 1 lit. b GeoblockingVO sind ausdrücklich solche Dienstleistungen von der Regelung ausgenommen, die in der *„Bereitstellung des Zugangs zu urheberrechtlich geschützten Werken oder sonstigen Schutzgegenständen und deren Nutzung"* bestehen.[905]

Mit Art. 9 Abs. 2 und Erwägungsgrund 6 der Verordnung hat sich aber der europäische Gesetzgeber die Ausweitung des Regelungsbereichs auf solche Dienste ausdrücklich offen gehalten. Dementsprechend kann zwei Jahre nach Inkrafttreten und danach alle fünf Jahre geprüft werden, ob die Verordnung auch für *„elektronisch erbrachte Dienstleistungen gelten sollte, deren Hauptmerkmal die Bereitstellung des Zugangs zu urheberrechtlich geschützten Werken oder sonstigen Schutzgegenständen und deren Nutzung ist, sofern der Anbieter über die erforderlichen Rechte für die betreffenden Hoheitsgebiete verfügt."*

Aktuell hat die Geoblockingverordnung daher keinerlei Einfluss auf das Media-Streaming oder den Einsatz von Geoblocking zum Schutz des Rechtsinhabers.[906] Das könnte sich gegebenenfalls dann ändern, wenn die

[903] *Rothermel/Schulz*, K&R 2018, 444 (445); *Safron*, Wbl 2016, 417 (419).

[904] *Gerecke/Crasemann*, GRUR-Prax 2018; *Pour Rafsendjani*, ZVertriebsR 2018, 210 (212).

[905] Erwägungsgrund 19 benennt als Beispiel für elektronisch erbrachte Dienstleistungen die in den Regelungsbereich der Verordnung fallen, Cloud-Dienste, Data-Warehousing, Webhosting oder die Bereitstellung von Firewalls. Vgl. *Sein*, EuCML 2017, 148 (149 f.), die aber unerklärlicherweise auch e-Books und online Musik als eine solche Dienstleistung aus Erwägungsgrund 19 herausliest.

[906] *Rothermel/Schulz*, K&R 2018, 444 (445); *Jäschke*, CR 2018, R9; *Pour Rafsendjani*, ZVertriebsR 2018, 210 (212).

Kommission bei der Überprüfung i. R. d. Art. 9 GeoblockingVO zu dem Ergebnis kommt, der Anwendungsbereich sei auch auf elektronisch erbrachte Dienstleistungen auszuweiten, deren Hauptmerkmal die Bereitstellung des Zugangs zu urheberrechtlich geschützten Werken oder sonstigen Schutzgegenständen ist.

3. Richtlinie über Verträge zur Bereitstellung digitaler Inhalte

Am 9.12.2015 hat die Kommission im Rahmen der DSM-Strategie einen Richtlinienvorschlag über bestimmte vertragsrechtliche Aspekte der Bereitstellung digitaler Inhalte vorgelegt.[907] Hintergrund ist die *„Beseitigung von Hindernissen für die Entwicklung des grenzüberschreitenden elektronischen Handels in der Union.“*[908] Die Kommission sieht in den Unterschieden zwischen zwingenden nationalen Verbrauchervertragsvorschriften sowie dem Fehlen klarer vertragsrechtlicher Vorschriften Hürden für eine umfassende Bereitstellung von digitalen Inhalten.[909] Behoben werden könne dieses Problem ausschließlich durch vollständig harmonisierte Vorschriften in denen *„unionsweit geltende vertragliche Rechte festgelegt werden, die für diese Art von Geschäften wesentlich sind.“*[910]

Allerdings soll die Richtlinie keinen Einfluss auf etwaige Rechte und Pflichten im Rahmen des Urheberrechts und sonstige Rechte des geistigen Eigentums haben. Sie soll nicht die *„Aspekte der Bereitstellung digitaler Inhalte behandeln, die das Urheberrecht und sonstige Rechte des geistigen Eigentums betreffen.“*[911]

---

[907] Vorschlag für eine Richtlinie des Europäischen Parlaments und des Rates über bestimmte vertragsrechtliche Aspekte der Bereitstellung digitaler Inhalte vom 9.12.2015, COM(2015) 634 final.
[908] Erwägungsgrund 1, COM(2015) 634 final, S. 16.
[909] Erwägungsgrund 3, COM(2015) 634 final, S. 16.
[910] Erwägungsgrund 5, COM(2015) 634 final, S. 17.
[911] Erwägungsgrund 21, COM(2015) 634 final, S. 20.

Damit sind Verträge über die Bereitstellung digitaler urheberrechtlich geschützter Inhalte nicht von der Regelung erfasst.

4. SatKab-VO

Weiteres Ergebnis der umfangreichen DSM-Strategie ist der am 14.9.2016 von der Kommission hervorgebrachte Vorschlag für eine Verordnung des Europäischen Parlaments und des Rates mit Vorschriften für die Wahrnehmung von Urheberrechten und verwandten Schutzrechten in Bezug auf bestimmte Online-Übertragungen von Rundfunkveranstaltern und die Weiterverbreitung von Fernseh- und Hörfunkprogrammen.[912]

Die Kommission sieht in Fernseh- und Hörfunkprogrammen ein wichtiges Mittel zur Förderung der kulturellen und sprachlichen Vielfalt, des sozialen Zusammenhalts und des Zugangs zu Informationen, weshalb im Verbraucherinteresse unionsweit für eine weitere Verbreitung von Fernseh- und Hörfunkprogrammen aus anderen Mitgliedstaaten gesorgt werden soll.[913] Dafür soll die Lizenzierung von Urheberrechten und verwandten Schutzrechten an Werken und anderen Schutzgegenständen, die Gegenstand der Übertragung der jeweiligen Programme sind, erleichtert werden.[914]

Im Wesentlichen befasst sich der Verordnungsentwurf mit der Sendung von urheberrechtlich geschützten Werken mittels Online-Dienst, *„die eindeutig auf die jeweilige Übertragung bezogen und ihr untergeordnet sind.“*[915] Das umfasst Dienste, *„die Fernseh- und Hörfunkprogramme zeitgleich mit ihrer Übertragung linear zugänglich machen, sowie Dienste, die vom Rundfunkveranstalter bereits übertragene Fernseh- und Hörfunkprogramme für einen begrenzten Zeitraum nach ihrer Übertragung zugänglich machen (so-*

[912] COM(2016) 594 final vom 14.9.2016 (Abk. SatKab-VO).
[913] Erwägungsgrund 1, COM(2016) 594 final, S. 10.
[914] Erwägungsgrund 1, COM(2016) 594 final, S. 10.
[915] Erwägungsgrund 8, COM(2016) 594 final, S. 12.

genannte Catch-up-Dienste).“[916] Gem. Art. 2 des Verordnungsvorschlags wird aufbauend auf der Satelliten- und Kabelweiterverbreitungsrichtlinie,[917] das Herkunftslandprinzip auf Online-Angebote der Sendeanstalten ausgeweitet.[918]

Entsprechend Art. 1 lit. a SatKab-VO gilt die Regelung ausschließlich für Online-Dienste, die darin bestehen, *„dass durch einen Rundfunkveranstalter oder unter dessen Kontrolle und Verantwortung Fernseh- oder Hörfunkprogramme zeitgleich mit oder für einen begrenzten Zeitraum nach ihrer Übertragung durch den Rundfunkveranstalter sowie alle durch den Rundfunkveranstalter oder für ihn produzierte Materialien, die die betreffenden Übertragungen ergänzen, online öffentlich zugänglich gemacht werden.“* Sie müssen folglich eindeutig auf die jeweilige Übertragung bezogen und ihr untergeordnet sein.[919] Der Verordnungsvorschlag ergänzt lediglich das Senderecht und gilt damit nicht für die generelle On-Demand-Verwertung.[920]

5. Richtlinie über das Urheberrecht im digitalen Binnenmarkt

Als weiteren Schritt auf dem Weg zu einem digitalen Binnenmarkt hat die Europäische Kommission am 14.9.2016 eine Richtlinie über das Urheberrecht im digitalen Binnenmarkt vorgeschlagen.[921] In der Begründung zur Richtlinie heißt es: *„Zwar behalten die im EU-Urheberrecht bereits festgelegten Ziele und Grundsätze ihre Gültigkeit, doch sind gewisse Anpassungen an diese neuen Realitäten [neue Formen der Nutzung sowie neue Akteure und Geschäftsmodelle] erforderlich.“*

916 Erwägungsgrund 8, COM(2016) 594 final, S. 12.
917 Vgl. Seite 262.
918 *Rauer/Vonau*, GRUR-Prax 2016, 430 (431).
919 Erwägungsgrund 8, COM(2016) 594 final, S. 12.
920 *Schafdecker*, CR 2018, R8; *Grünberger*, ZUM 2017, 324 (326 f.).
921 COM(2016) 593 final vom 14.9.2016.

Ziel der Richtlinie ist die Verhinderung einer Fragmentierung des Binnenmarktes. Die Kommission erachtet es als notwendig in einigen Bereichen, den geltenden Urheberrechtsrahmen der EU anzupassen und zu ergänzen. Die Richtlinie enthält unter anderem Regelungen zur *„Anpassung bestimmter Ausnahmen und Beschränkungen an ein digitales und grenzübergreifendes Umfeld sowie Maßnahmen, mit denen bestimmte Lizenzierungsverfahren im Hinblick auf die Verbreitung vergriffener Werke und die Online-Verfügbarkeit audiovisueller Werke auf Plattformen für den Videoabruf erleichtert werden sollen.“*[922] Außerdem soll die Veröffentlichung sowie die Nutzung von Werken und sonstigen Schutzgegenständen durch Anbieter von Online-Diensten geregelt werden, die von Nutzern hochgeladene Inhalte speichern und zugänglich machen. Darüber hinaus dient die Richtlinie der Transparenz bei Verträgen mit Urhebern und ausübenden Künstlern.[923]

Für die On-Demand-Verwertung von Interesse ist einerseits die Einführung eines für alle Mitgliedstaaten verpflichtenden Verhandlungsmechanismus, wonach die Vertragsparteien, *„die den Abschluss einer Vereinbarung für die Zwecke der Zugänglichmachung audiovisueller Werke auf Plattformen für den Videoabruf beabsichtigen und Probleme mit der Lizenzierung von Rechten haben, sich an eine unabhängige Instanz wenden können.“*[924] Andererseits, dass Online-Dienste, die *„große Mengen der von ihren Nutzern hochgeladenen Werke und sonstigen Schutzgegenstände in Absprache mit den Rechteinhabern speichern oder öffentlich zugänglich machen“* (z. B. YouTube) verpflichtet werden, wirksame Mittel zur automatischen Erkennung von audio- und audiovisuellen Werken einzusetzen.[925] Außerdem werden Verlegern und Produzenten Transparenzpflichten (Art. 14) aufer-

[922] Erwägungsgrund 3, COM(2016) 593 final, S. 13 f.
[923] Erwägungsgrund 3, COM(2016) 593 final, S. 13 f.
[924] Vgl. Art. 10 COM(2016) 593 final; *Klett/Schlüter*, WRP 2017, 15 (17).
[925] Vgl. Art. 13 Nr. 1 COM(2016) 593 final.

legt und ein Vertragsanpassungsmechanismus (Art. 15) geregelt.[926] Dieser Vertragsanpassungsmechanismus (Art. 15) entspricht im Wesentlichen der im deutschen Urheberrecht mit §§ 32 und 32a UrhG geregelten angemessenen Vergütung des Urhebers.[927] Der Richtlinienvorschlag befasst sich nicht darüber hinausgehend mit dem Schutz der öffentlichen Zugänglichmachung und hat dementsprechend keinen weitergehenden Einfluss auf das Media-Streaming und den Schutz des Rechtsinhabers vor Umgehung von Geoblocking.

II. Auswirkung der DSM-Strategie auf den Schutz vor Umgehung von Geoblocking beim Media-Streaming

Die Strategie für einen digitalen Binnenmarkt konzentriert sich bisher im Schwerpunkt auf die Stärkung von Verbraucherrechten. Mithilfe der GeoblockingVO soll eine Diskriminierung aufgrund der Staatsangehörigkeit innerhalb des Binnenmarkts verhindert werden. Von der Regelung explizit ausgenommen sind Geoblockingmaßnahmen von Streamingdienstanbietern, die urheberrechtlich geschützte audio und audiovisuelle Werke zur Nutzung anbieten. Daran anknüpfend bestätigt die PortabilitätsVO die Rechtmäßigkeit des Einsatzes von Geoblocking beim Media-Streaming, regelt aber einen Ausnahmetatbestand zugunsten der Verbraucher für die grenzüberschreitende Nutzung legal erworbener Inhalte. Dabei bleibt das Territorialitätsprinzip weitestgehend unangetastet.

Für die Rechtsinhaber und Streaminganbieter ergeben sich hinsichtlich der Lizenzierungspraxis damit kaum Änderungen. Das Recht der öffentlichen Zugänglichmachung kann weiterhin mit dinglicher Wirkung

---

926 *Klett/Schlüter*, WRP 2017, 15 (18); *Obergfell*, Auf der Suche nach der fairen Balance, Ein Lehrstück zur Austarierung der Parteiinteressen im Urhebervertragsrecht, FS Schulze, 275 (281).

927 *Klett/Schlüter*, WRP 2017, 15 (19 f.).

räumlich beschränkt werden und durch schuldrechtliche Vereinbarung zum Geoblocking abgesichert werden.

Durch die PortabilitätsVO wird der Streaminganbieter dazu verpflichtet, den Wohnsitzmitgliedstaat seiner Nutzer zu überprüfen. Das birgt die Gefahr des Abwanderns von Nutzern, hin zu kostengünstigeren Anbietern außerhalb des Lizenzgebietes, die den Wohnsitzmitgliedstaat ihrer Nutzer nur unzureichend prüfen und ihnen so faktisch den dauerhaften Zugang außerhalb des lizenzierten Territoriums ermöglichen.[928]

Die Bestrebungen der DSM-Strategie sind damit weder geeignet, bestehende Rechtsunsicherheiten zu beseitigen, noch einen angemessenen Schutz des Urhebers sicherzustellen. Im Gegenteil schafft die PortabilitätsVO weiteres Konfliktpotenzial im Bereich der On-Demand-Werkverwertung zwischen Rechtsinhaber und Streaminganbieter. Allgemeiner Gewinner der DSM-Strategie ist damit der Verbraucher, nicht der Rechtsinhaber.

III. Zusammenfassung

Die zahlreichen Initiativen der Europäischen Kommission stellen ein umfangreiches Maßnahmenpaket für den grenzüberschreitenden Handel im digitalen Raum dar. Aus urheberrechtlicher Sicht hat dies aber zumindest für die Werkverwertung im Rahmen des Media-Streamings nur wenig Konsequenzen.

Die Kommission hat gleich an mehreren Stellen das Problem der territorialen Rechtevergabe bei gleichzeitiger grenzüberschreitender Verfügbarkeit im Internet von den europarechtlichen Neuerungen ausgenommen. Lediglich die Portabilitätsverordnung ist ein Schritt in Richtung eines verbraucherfreundlichen grenzenlosen Europas.[929] Kapitel sieben hat außerdem

[928] Ebenso *Heyde*, ZUM 2017, 712 (719 f.).
[929] *Eginger*, ZUM 2017, 698 (712).

gezeigt, dass der europäische Gesetzgeber konsequent vermieden hat, das Minenfeld einer Neuregelung territorialer Rechtevergabe im Bereich des Media-Streamings zu betreten. Aus dem Vorschlag für die SatKab-VO und die Richtlinie über das Urheberrecht im digitalen Binnenmarkt geht aber hervor, dass der europäische Gesetzgeber einen Anpassungsbedarf für den Urheberschutz bei der digitalen Werkverwertung sieht.

8. Kapitel: Angemessener Umgehungsschutz

Für die Durchsetzung territorialer Nutzungsrechtsbeschränkungen ist Geoblocking in technischer Hinsicht derzeit alternativlos. Dennoch hat der Rechtsinhaber[930] keine effektive Möglichkeit, gegen die Umgehung von Geoblocking vorzugehen.[931] Der urheberrechtliche Schutz technischer Maßnahmen gem. § 95a UrhG ist für den Rechtsinhaber lediglich ein stumpfes Schwert. Dieses konnte auch der europäische Gesetzgeber im Rahmen der voranschreitenden Harmonisierung des Urheberrechts nicht schärfen.[932] Das folgende Kapitel acht widmet sich daher der Frage, wie ein angemessener Schutz des Rechtsinhabers bei der Werkverwertung durch Media-Streaming erreicht werden kann.[933]

I. Territoriale Rechtevergabe im Konflikt mit Media-Streaming

§ 31 Abs. 1 S. 2 UrhG ermöglicht dem Rechtsinhaber eine dinglich wirkende Beschränkung von Nutzungsrechten auf ein bestimmtes Territorium, obwohl dies im online Bereich praktisch nicht möglich ist.[934]

---

[930] Vgl. Seite 113.

[931] Vgl. 6. Kapitel: Ansprüche und ihre Durchsetzbarkeit bei Umgehung von Geoblocking.

[932] Vgl. 7. Kapitel: Geoblocking als Gegenstand der Harmonisierung des europäischen Urheberrechts.

[933] Vgl. Ergebnis Seite 221 f.

[934] Vgl. Seite 134 ff. und Seite 183 ff.

A.-L. Wirz, *Media-Streaming und Geoblocking*, Juridicum – Schriften zum Medien-, Informations- und Datenrecht, https://doi.org/10.1007/978-3-658-26083-5_9

Geoblocking stellt ein rechtlich zulässiges, aber in der Praxis ineffektives Mittel zum Schutz von Nutzungsrechtsbeschränkungen dar. Als technische Maßnahme i. S. v. § 95a UrhG ist Geoblocking zwar theoretisch vor Umgehung rechtlich geschützt, allerdings ist dieser Schutz vom Rechtsinhaber nicht effektiv durchsetzbar.[935] Durch die PortabilitätsVO wurde darüber hinaus die Position des Rechtsinhabers weiter geschwächt, indem insbesondere seine Freiheit, vertragliche Nutzungsrechtsbeschränkungen für den Nutzer gegenüber dem Streamingdienstanbieter zu vereinbaren, eingeschränkt wurde.[936] Diese Entwicklung ist bedenklich, denn das Urheberrecht soll gerade die schwächere Verhandlungsposition des Rechtsinhabers stärken.[937] Gesetzlicher Urheberschutz ist nur dann effektiv, wenn er auch durchsetzbar ist.

Problematisch ist folglich nicht der Einsatz von Geoblocking an sich, sondern die territoriale Rechtesegmentierung. Die dinglich wirkende territoriale Nutzungsrechtsbeschränkung steht im Konflikt mit der „grenzenlosen" Verfügbarkeit von Online-Inhalten. Das Urheberrecht stößt bei der On-Demand-Werkverwertung durch Media-Streaming an seine Grenzen, denn die zulässige territoriale Nutzungsrechtsbeschränkung ist rechtlich und technisch nicht durchsetzbar.

Es stellt sich daher die Frage, wie die dinglich wirkende territoriale Nutzungsrechtsbeschränkung mit der „grenzenlosen" Verfügbarkeit von Online-Inhalten in Einklang gebracht werden und ein effektiver Urheberschutz sichergestellt werden kann.

---

[935] Vgl. Seite 200.
[936] Vgl. Seite 233.
[937] *Dietz*, GRUR Int. 2015, 309 (314).

II. Interessenlage

Das Urheberrecht versucht einen angemessenen Interessenausgleich zwischen den Beteiligten zu schaffen.[938] Ein Mittel zur Lösung des Konfliktes zwischen der gesetzlich zulässigen, dinglich wirkenden territorialen Nutzungsrechtsbeschränkung und der tatsächlich „grenzenlosen“ Verfügbarkeit von Online-Inhalten beim Media-Streaming kann daher nur dann angemessen sein, wenn alle betroffenen Interessen umfassend Berücksichtigung finden.

Das Urheberrecht als subjektives Recht schützt vorrangig die materiellen und ideellen Interessen des Urhebers,[939] denn ohne Urheber bedarf es keiner Diskussion zum Urheberschutz. Die Interessen der Werkschaffenden sind deshalb besonders zu berücksichtigen. Der Urheber steht im Mittelpunkt des Urheberrechts, denn er trägt maßgeblich zum Kulturreichtum bei und spielt eine wichtige Rolle in der Wirtschaft und Gesellschaft.[940] Die kreative Leistung muss sich lohnen, weshalb Ziel des Urheberrechts die Sicherung eines angemessenen Schutzes und einer angemessenen Vergütung für die Nutzung dieser Leistung sein muss.[941]

---

[938] Vgl. z. B. Erwägungsgrund 31 InfoSoc-RL, ABl. EU L 167 vom 22.6.2001, S. 12.

[939] *Schack*, Urheber- und Urhebervertragsrecht, Rn. 2 und 4; *Dreier*, in: *Dreier/Schulze*, UrhG, Einleitung Rn. 1; *Loewenheim*, in: *Schricker/Loewenheim*, UrhG, Einleitung Rn. 8 ff.; *Dreyer*, in: *Dreyer/Kotthoff/Meckel*, UrhG, Einleitung Rn. 11.

[940] *Wandtke*, Urheberrecht, Kapitel 1 Rn. 1 und *Lindhorst*, S. 25.

[941] Zur zentralen Funktion des Urheberrechts: Erwägungsgrund 5 und 10 der InfoSoc-RL; *EuGH*, 7.8.2018, C-161/17, EuZW 2018, 819 (820) Tz. 18 m. Anm. *Wypchol* - Córdoba; *EuGH*, 7.8.2018, C-161/17, GRUR 2018, 911 (912) Tz. 18 - Cordoba; *EuGH*, 14.6.2017, C-610/15, GRUR 2017, 790 (791) Tz. 22 - Stichting Brein/Ziggo [The Pirate Bay]; *Hofmann*, ZUM 2018, 641 (646). Hierbei handelt es sich aber nicht um die höchstmögliche Vergütung: *EuGH*, 4.10.2011, C-403/08 und C-429/08, EuZW 2012, 466 (470) Rn. 108 m. Anm. *Weck* – FAPL und Murphy.

1. Rechtsinhaber

Der Urheber trägt das volle Risiko des künstlerischen Schaffens.[942] Das Urheberrecht sichert dem Urheber die Ausschließlichkeitsrechte an seinem Werk zu und ermöglicht ihm die tatsächliche Herrschaft darüber.[943] Dadurch kann der Urheber seine urheberpersönlichkeitsrechtlichen Interessen schützen und die wirtschaftlichen Früchte aus seiner Arbeit ziehen.[944] Vorrangiges Interesse des Urhebers ist die bestmögliche Vergütung seines Schaffens.

Im Bereich der Film- und Musikverwertung bedeutet das bisher eine Auswertung im Rahmen der Verwertungskaskade.[945] Der Urheber kann eine höhere Vergütung dadurch erzielen, dass das Werk über verschiedene Medien zeitlich gestaffelt ausgewertet wird.[946] Dementsprechend kann der Urheber auch durch eine territoriale Segmentierung von Nutzungsrechten eine höhere Vergütung erzielen. Das ist insbesondere dann der Fall, wenn zum Beispiel ein Werk speziell auf den Geschmack eines nationalen Marktes zugeschnitten ist. Der Urheber ist aber gleichzeitig auch an einem möglichst zustimmungsfreien und kostenlosen Zugang zu urheberrechtlich geschützten

[942] *Schack*, Urheber- und Urhebervertragsrecht, Rn. 10; die Mehrheit der freischaffenden Urheber erhält für ihr Schaffen nur eine geringe Entlohnung, sodass viele von ihnen auf andere Einnahmequellen angewiesen sind oder deutlich unter dem Existenzminimum leben. Das zeigt eindrücklich die Übersicht zur Entwicklung des Einkommens auf Bundesebene der Versicherten der Künstlersozialkasse im Jahr 2017. Danach liegt das jährliche Durchschnittseinkommen in den Bereichen Wort, bildende und darstellende Kunst bei 17.130 €. Siehe http://www.kuenstlersozialkasse.de/service/ksk-in-zahlen.html - Zugriff am 28.2.2019.

[943] *BGH*, 18.5.1955, I ZR 8/54, GRUR 1955, 492 (496) - Grundig-Reporter; *Schulze*, in: *Dreier/Schulze*, UrhG, § 1 Rn. 2.

[944] *Schack*, Urheber- und Urhebervertragsrecht, Rn. 12.

[945] Siehe Seite 106.

[946] Wird ein Filmwerk parallel im Kino und im Free-TV ausgewertet, wird der hohe Kinoeintrittspreis von den Nutzern nicht gezahlt. Die Kinobetreiber sind folglich an einer Auswertung des Werkes nicht mehr interessiert. Vgl. *Schwarz*, ZUM 2015, 950 (952).

Werken interessiert. Innovations- und Ideenanreize für neues Schaffen entwickeln sich häufig aus vorbestehenden Werken.

Als Werkschöpfer ist der Urheber derjenige, der Material für einen freien Informationsfluss liefert.[947] Es bedarf dementsprechend eines ausreichenden Anreizes und einer Belohnung, um den Schaffensprozess zu fördern.[948] Insbesondere muss der Urheber ein zumindest „angemessenes" Entgelt für seine kreative Leistung erhalten.

2. Streaminganbieter und Verwerter

Die Verwerter übernehmen für die Urheber und Leistungsrechtsinhaber die Werkverwertung. Damit erfüllen sie eine wichtige kulturvermittelnde Aufgabe, denn andernfalls wäre der Urheber im Zweifel nicht in der Lage, sein Werk überhaupt in irgendeiner Form auszuwerten.[949] Als Risikoträger oder Kapitalgeber möchten sie aber auch für ihren Einsatz entlohnt werden.

Ein Verwerter erwirbt Nutzungsrechte vom Urheber direkt oder über Verwertungsgesellschaften[950] und wertet im Folgenden das Werk möglichst wirtschaftlich aus. Anders als der Urheber trägt er nicht das Schaffensrisiko, sondern lediglich das Investitionsrisiko. Um dieses möglichst gering zu halten und den Gewinn zu steigern, besteht ein großes Interesse des Verwerters an niedrigen Erwerbskosten und gleichzeitig bestmöglicher Ausschöpfung der Verwertungskaskade.

Das Interesse der Verwerter ist also auf eine möglichst exklusive Nutzung des Werkes gerichtet.

---

[947] *Wandtke*, Urheberrecht, Kapitel 1 Rn. 55; *Lindhorst*, S. 25.

[948] *Lindhorst*, S. 25. Die Anspornungs- und Belohnungstheorie steht im Patentrecht im Vordergrund, findet aber auch im Urheberrecht Anwendung. Dazu ausführlich *Nordemann*, in: *Loewenheim/Meessen/Riesenkampff*, 3. Teil Gewerblicher Rechtsschutz und Urheberrecht Rn. 1; *Kraßer/Ann*, § 3 Rn. 9 f.; *Dreier*, in: *Dreier/Schulze*, UrhG, Einleitung Rn. 10.

[949] Vgl. *Schack*, Urheber- und Urhebervertragsrecht, Rn. 13.

[950] *Schack*, Urheber- und Urhebervertragsrecht, Rn. 13.

3. Nutzer

Der Nutzer hat das grundlegende Interesse an ungehindertem Zugang zu Kulturgütern. Kunst, Theater, Musik, Film und andere Werkarten bilden einen elementaren Teil des privaten und sozialen Lebens. Daher kann in Art. 5 Abs. 1 S. 1 und S. 3 GG ein verfassungsmäßiges Recht auf Teilhabe am kulturellen Leben gesehen werden.[951] Der Nutzer ist genauso auf den Urheber und sein Werk angewiesen wie umgekehrt.

Im Gegensatz zum Urheber, der sein Werk bestmöglich auswerten möchte, ist der Nutzer aber daran interessiert, fremde Werke möglichst zustimmungsfrei und kostengünstig nutzen zu können. Er hat ein Interesse an freiem Informationsfluss[952] und kultureller Vielfalt. Dass das nicht kostenlos möglich ist, ohne dass die kulturelle Vielfalt leidet, versteht sich von selbst und muss auch jedem Nutzer klar sein.

Grundsätzlich hat der Nutzer auch ein Kultur- und Bildungsinteresse an ausländischen Werken. Das gilt umso mehr für europäische Minderheiten, die durch territoriale Rechtevergabe daran gehindert werden, muttersprachliche Inhalte zu beziehen, zum Beispiel die dänische Minderheit in Südschleswig oder die österreichische Minderheit in Südtirol. Auch die zunehmende Europäisierung weckt das Interesse der Nutzer an Kulturgütern anderer Mitgliedstaaten. Umgekehrt haben viele Arbeitnehmer, die von der in Art. 45 Abs. 1 AEUV gewährleisteten Arbeitnehmerfreizügigkeit Gebrauch machen und außerhalb ihres Heimatmitgliedstaates arbeiten, ein großes Interesses an heimatlichen Kulturgütern. So führt die territoriale Segmentierung als Ausfluss des Territorialitätsprinzips unweigerlich dazu, dass EU-Bürgern ein „Stück Heimat“ verwehrt wird.[953]

---

[951] Vgl. *Schack*, Urheber- und Urhebervertragsrecht, Rn. 16; *Schemmer*, in: *Epping/Hillgruber*, GG, Art. 5 Rn. 29.
[952] *Lindhorst*, S. 24.
[953] *Ohly*, ZUM 2015, 942 (946).

Neben gesellschaftspolitischen Erwägungen, möchte der Nutzer in rechtlicher Hinsicht, erworbene Inhalte vollumfänglich nutzen. Er erwartet, dass er ein vollständiges Nutzungsrecht erhält und damit nach seinem Belieben verfahren kann (z.B. eine CD weiterveräußern oder diese mit ins Ausland nehmen). Nichts anderes gilt bei Bezahlung für einen Dienst.[954]

4. Politik und Allgemeinheit

Die Europäische Union strebt einen einheitlichen europäischen Binnenmarkt an.[955] Eine Priorität der Europapolitik liegt daher im Abbau von Hindernissen, die diesem Ziel entgegenstehen.[956]

Das Urheberrecht ist zwar in großen Teilen harmonisiert, aufgrund der territorialen Rechtevergabe existiert jedoch de facto kein einheitlicher europäischer Markt für Kulturgüter. Ein politisches Interesse besteht daher darin, in der Europäischen Union, Schranken und Hindernisse, die einem einheitlichen Binnenmarkt entgegenstehen, abzubauen.[957]

---

954 Mit der Ausnahme, dass der Nutzer bei Streamingdienstangeboten kein Eigentum an den Inhalten erwirbt und ihm dies auch bewusst sein muss, sodass dem Eigentum innewohnende Rechte nicht bestehen.

955 Vgl. z. B. Art. 26 AEUV.

956 Vgl. *Korte*, in: *Calliess/Ruffert*, AEUV, Art. 26 Rn. 14 und 27; *Hatje*, in: *Schwarze/Becker/Hatje*, AEUV, Art. 26 Rn. 23.

957 Die territoriale Vergabe von Nutzungsrechten ist auf europäischer Ebene bereits in dreierlei Hinsicht eingeschränkt: Erstens durch den Erschöpfungsgrundsatz, wonach die Verbreitung körperlicher Werkstücke der unionsweiten Erschöpfung unterliegt (Art. 4 Abs. 2 InfoSoc-RL bzw. § 17 Abs. 2 UrhG), zweitens durch die RL 93/83/EWG vom 27.9.1993 zur Satellitenrundfunk und Kabelweiterverbreitung, wonach für Satellitensendungen und Kabelweiterverbreitungen nicht das Territorialitäts- sondern das Sende- bzw. Herkunftslandprinzip gilt (*Ehrhardt*, in: *Wandtke/Bullinger*, UrhG, § 20a Rn. 1; *Dreier*, in: *Dreier/Schulze*, UrhG, § 20a Rn. 3; *Wiebe*, in: *Spindler/Schuster*, UrhG, § 20a Rn. 4), drittens durch die im Fall FAPL und Murphy vom *EuGH* entwickelte Prüfung von Verpflichtungen in Lizenzverträgen zur technischen Absicherung von territorialen Beschränkungen am Maßstab der Grundfreiheiten und des Kartellrechts. Vgl. dazu *Ohly*, ZUM 2015, 942 (943) sowie Seite 167 ff.

Daneben hat die Europäische Union ein Interesse am Erhalt der kulturellen Vielfalt und des kulturellen Erbes. Was für die Mitgliedstaaten im Einzelnen ohnehin gilt,[958] gilt auch für die Europäische Union im Ganzen. Gemäß Art. 167 Abs. 1 AEUV hat diese nämlich den Auftrag einen *„Beitrag zur Entfaltung der Kulturen der Mitgliedstaaten unter Wahrung ihrer nationalen und regionalen Vielfalt sowie gleichzeitiger Hervorhebung des gemeinsamen kulturellen Erbes“* zu leisten. Nicht nur das nationale kulturelle Erbe, sondern auch das europäische Kulturerbe bedarf des Schutzes.[959] Die Europäische Union ist, als Ergebnis geschichtlicher Erfahrungen, eine Wertegemeinschaft, die heute das gemeinsame Erbe der Völker Europas bildet. Dazu zählen das bewegliche (Sprachwerke, Musikwerke, Kunstwerke etc.) und das unbewegliche (z. B. Denkmäler) kulturelle Erbe.[960] Dies gilt unabhängig von der Bedeutung für die wirtschaftliche, soziale oder regionale Entwicklung.[961]

Neben politischen Zielen, existiert ein kollektives Interesse der Allgemeinheit an kultureller Vielfalt. Werke der Wissenschaft und Kunst stellen einen Teil des kulturellen Erbes einer Nation oder einer Region dar.[962] Ein Interesse der Allgemeinheit richtet sich demnach auf den Schutz und die Förderung von Kulturgütern. Dies zu verwirklichen ist unter ande-

---

958 Als Träger der Kulturhoheit haben die Mitgliedstaaten – in Deutschland die Bundesländer – ein Interesse daran, nationale Kulturförderung aufrecht zu erhalten. Vgl. *BVerfG*, 28.1.2014, 2 BvR 1561/12, 2 BvR 1562/12, 2 BvR 1563/12 und 2 BvR 1564/12, ZUM 2014, 302 (313 f.) Tz. 103 f.; *BVerfG*, 28.10.2008, 1 BvR 462/06, NJW 2009, 2190 (2192) Tz. 55 - Lüdemann; *Markus Kotzur*, in: *Schulze/Zuleeg/Kadelbach*, § 38 Rn. 54 f.

959 Vgl. Erwägungsgrund 2 des Vorschlags für eine Richtlinie des Europäischen Parlaments und des Rates über das Urheberrecht im digitalen Binnenmarkt vom 14.9.2016, COM(2016) 593 final, S. 13.

960 *Rees/Ukrow*, in: *Grabitz/Hilf/Nettesheim*, AEUV, Art. 167 Rn. 118; *Niedobitek*, in: *Streinz/Kruis*, AEUV, Art. 167 Rn. 46 ff.

961 *Rees/Ukrow*, in: *Grabitz/Hilf/Nettesheim*, AEUV, Art. 167 Rn. 118.

962 *Wandtke*, MMR 2017, 367.

rem Aufgabe des Urheberrechts.[963] Meinungsvielfalt sowie ein politischer und gesellschaftlicher Diskurs sind innerhalb Europas länderübergreifend aber nur dann möglich, wenn EU-Bürger gleichermaßen auf Kulturgüter anderer Mitgliedstaaten zugreifen können.[964] Darüber hinaus entwickeln sich Innovations- und Ideenanreize für neues Schaffen häufig aus vorbestehenden Werken, sodass die kulturelle Vielfalt profitiert, je weniger der Zugang zu fremden Werken erschwert wird. Das Interesse der Allgemeinheit besteht daher in einem möglichst umfassenden Angebot an Kulturgütern aber gleichzeitig auch in einem umfassenden Urheberschutz zur Förderung von Kulturgütern.

III. Geeignete Mittel zur Durchsetzung territorialer Rechtesegmentierung beim Media-Streaming

Wie die Darstellung der Interessenlage gezeigt hat, ist das Urheberrecht in seiner aktuellen Form nicht in der Lage, den Konflikt zwischen der gesetzlich zulässigen, dinglich wirkenden territorialen Nutzungsrechtsbeschränkung und der tatsächlichen „grenzenlosen" Verfügbarkeit von Online-Inhalten beim Media-Straming zuverlässig zu lösen. Ob überhaupt ein geeignetes Mittel zur Lösung des Konfliktes besteht und wie ein solches ausgestaltet sein muss, wird im Folgenden diskutiert. Dabei sind den zuvor vorgestellten Interessen der Beteiligten ausreichend Rechnung zu tragen.[965]

[963] Vgl. *Wandtke*, MMR 2017, 367; *Schack*, Urheber- und Urhebervertragsrecht, Rn. 17. So auch Erwägungsgrund 2 des Vorschlags für eine Richtlinie des Europäischen Parlaments und des Rates über das Urheberrecht im digitalen Binnenmarkt vom 14.9.2016, COM(2016) 593 final, S. 13.

[964] *Ohly*, ZUM 2015, 942 (946).

[965] Vgl. z. B. Erwägungsgrund 31 InfoSoc-RL, ABl. EU L 167 vom 22.6.2001, S. 12.

1. Nationale oder europäische Regelung

Als geeignetes Mittel zur Konfliktlösung kommt sowohl eine nationale als auch eine europäische Regelung in Betracht. Die Entscheidung fällt aber angesichts des stets grenzüberschreitenden Sachverhalts bei der Umgehung von Geoblocking beim Media-Streaming leicht. Ein effektiver Urheberschutz kann nur dann gewährleistet werden, wenn er in allen Mitgliedstaaten gleichermaßen beansprucht werden kann. Aus diesem Grund ist das Urheberrecht durch mittlerweile zehn Richtlinien[966] und der PortabilitätsVO weitgehend harmonisiert.[967]

Darüber hinaus ist eins der obersten Ziele der Europäischen Union die Schaffung eines einheitlichen europäischen Binnenmarktes.[968] Entsprechend Art. 26 Abs. 1 AEUV erlässt die Union daher erforderliche Maßnahmen, um nach Maßgabe der einschlägigen Bestimmungen der Verträge den Binnenmarkt zu verwirklichen, bzw. dessen Funktionieren zu gewährleisten. Eine innerstaatliche Lösung widerspricht dem Binnenmarktziel und steht dem für die Mitgliedstaaten verbindlichen Ziel der InfoSoc-RL entgegen. Weiterhin, ist auch im Hinblick auf die Signalwirkung für die weitere Vereinheitlichung des internationalen Urheberrechts, eine größtmögliche Harmonisierung anzustreben.[969] Es kommt daher nur eine europäische Regelung als geeignetes Mittel in Betracht.

2. Förderung von Mehrgebietslizenzen

Als mildestes Mittel könnte die Förderung von Mehrgebiets- und Unionslizenzen durch den europäischen Gesetzgeber auf einen angemessenen Schutz

[966] Dazu ausführlicher Seite 60.
[967] Vgl. *Grünberger*, ZUM 2015, 273 (284 f.).
[968] Art. 3 Abs. 3 EUV; *Terhechte*, in: *Grabitz/Hilf/Nettesheim*, EUV, Art. 3 Rn. 38; *Müller-Graff*, in: *Groeben/Schwarze/Hatje*, AEUV, Art. 34 Rn. 3.
[969] *Haffner*, S. 306.

des Rechtsinhabers hinwirken. Eine Erleichterung des Anbietens und des Zugangs zu multiterritorialen Lizenzen im Media-Streaming-Bereich überlässt die Entwicklung der Lizenzierungspraxis dem Markt und stellt keinen Eingriff in die Vertragsfreiheit dar. Dadurch könnte die Entwicklung neuer Lizenzierungsmodelle gefördert und auf behutsamen Weg die territoriale Segmentierung von audio und audiovisuellen Werken verdrängt werden.

Die Idee der Förderung von Mehrgebietslizenzen verfolgt der europäische Gesetzgeber schon lange, jüngst durch die Richtlinie 2014/26/EU des Europäischen Parlaments und des Rates vom 26. Februar 2014 über die kollektive Wahrnehmung von Urheber- und verwandten Schutzrechten und die Vergabe von Mehrgebietslizenzen für Rechte an Musikwerken für die Online-Nutzung im Binnenmarkt.[970] Sie knüpft an die Empfehlung 2005/737/EG an, in der neue rechtliche Rahmenbedingungen für die Erbringung legaler Online-Musikdienste befürwortet werden.[971] Danach brauchen gewerbliche Nutzer ein multiterritorial ausgelegtes Lizenzierungssystem, das der Grenzenlosigkeit der Onlinewelt gerecht werde. Um mehr Rechtssicherheit und das Wachstum legaler Online-Dienste zu fördern und so letztendlich die Einnahmen der Rechtsinhaber zu steigern wird deshalb für ein multiterritoriales Lizenzierungssystem gesorgt.[972] Der gewünschte Erfolg, der Einräumung von Mehrgebietslizenzen für Online-Rechte an Musikwerken zum Durchbruch zu verhelfen, blieb aber aus.[973]

Aus diesem Grund verfolgt die Verwertungsgesellschaften-RL unter anderem das Ziel, den unionsweiten Binnenmarkt für geistiges Eigentum

[970] Richtlinie 2014/26/EU, ABl. EU L 84 vom 20.3.2014, S. 72-98 (Verwertungsgesellschaften-RL).

[971] Empfehlung der Kommission vom 18. Oktober 2005 für die länderübergreifende kollektive Wahrnehmung von Urheberrechten und verwandten Schutzrechten, die für legale Online-Musikdienste benötigt werden, ABl. EU L 276 vom 21.10.2005, S. 54–57.

[972] Erwägungsgrund 8, ABl. EU L 276 vom 21.10.2005, S. 54.

[973] Erwägungsgrund 39 der Verwertungsgesellschaften-RL, ABl. EU L 84 vom 20.3.2014, S. 78; *von Albrecht*, ZUM 2011, 706 (708).

durch Mehrgebiets-, idealerweise unionsweiter Lizenzen für Online-Rechte an Musikwerken zu stärken.[974] Damit soll der trotz der Grenzenlosigkeit des Internets immer noch bestehende fragmentierte Onlinemarkt für Musikdienste, einem digitalen Binnenmarkt weichen können. Denn die Fragmentierung steht in krassem Widerspruch zu der schnell wachsenden Nachfrage seitens der Verbraucher nach digitalen Inhalten und den dazugehörigen innovativen Dienstleistungen über Landesgrenzen hinweg.[975]

Gem. Art. 31 Verwertungsgesellschaften-RL sollen Verwertungsgesellschaften dazu angeregt werden, Mehrgebietslizenzen anzubieten, indem Rechtsinhabern das Recht eingeräumt wird, einer Verwertungsgesellschaft die Online-Rechte an Musikwerken zu entziehen, um selbst über einen bevollmächtigten Dritten oder über eine andere Organisation für die kollektive Rechtewahrnehmung entsprechende Mehrgebietslizenzen erteilen zu können, sofern die bisherige Verwertungsgesellschaft solche multiterritorialen Lizenzen nicht erteilt.[976] Somit wird die bei Wahrnehmungsverträgen übliche exklusive Einräumung von Verwertungsrechten berührt.[977] Eine Pflicht zum Erwerb von Mehrgebietslizenzen besteht nicht.[978] Dadurch wird die Rechtewahrnehmung dem Markt und Wettbewerb zwischen den Verwertungsgesellschaften überlassen.[979]

Eine Förderung multiterritorialer Lizenzen im Bereich des Media-Streamings ist grundsätzlich im Interesse aller Beteiligten zu begrüßen. Es bestehen aber Zweifel, ob eine solche überhaupt erfolgversprechend ist. Für den musikalischen Sektor mag ein solches Bestreben möglich sein, da die Rechteverwertung größtenteils über Verwertungsgesellschaften erfolgt.

[974] *Rupp*, MMR 2014, 217 (219).
[975] Erwägungsgrund 38, ABl. EU L 84 vom 20.3.2014, S. 78.
[976] *Rupp*, MMR 2014, 217 (219).
[977] *Rupp*, MMR 2014, 217 (219).
[978] *Stieper*, GRUR 2015, 1145 (1146 a. E.).
[979] Vgl. *Wiebe*, ZUM 2015, 932 (941).

Im audiovisuellen Bereich aber agieren hauptsächlich private Akteure. Eine Regulierung dieser ist nicht in vergleichbarer Weise möglich, wie bei Verwertungsgesellschaften.[980]

3. Beweislastumkehr

Nach Art. 6 Abs. 1 InfoSoc-RL muss dem Handelnden bekannt oder den Umständen nach bekannt sein, dass er eine technische Maßnahme umgeht.[981] Die Beweislast liegt beim Anspruchsteller, also dem Rechtsinhaber.

Als geeignetes Mittel, den Schutz des Rechtsinhabers zu fördern und der „Grenzenlosigkeit“ des Media-Streamings entgegenzuwirken, könnte eine Beweislastumkehr dienen. Anders als die Förderung von Mehrgebietslizenzen erfolgt eine Beweislastumkehr ausschließlich zugunsten des Rechtsinhabers ohne besondere Berücksichtigung von Nutzerinteressen, denn der Einsatz von Geoblocking bleibt weiterhin möglich. Eine Beweislastumkehr in Art. 6 Abs. 1 InfoSoc-RL würde dem Rechtsinhaber die Durchsetzbarkeit seines Anspruches bei Umgehung von Geoblocking sichern. Eine entsprechende Regelung könnte wie folgt aussehen:

> *Die Mitgliedstaaten sehen einen angemessenen Rechtsschutz gegen die Umgehung wirksamer technischer Maßnahmen vor. Bis zum Beweis des Gegenteils wird vermutet, dass der Person, die wirksame technische Maßnahmen umgeht, bekannt ist oder den Umständen nach bekannt sein muss, dass sie dieses Ziel verfolgt.*

Hiermit würde bei Umgehung technischer Maßnahmen grundsätzlich Kenntnis des Handelnden angenommen. Die Person, die technische Maßnah-

[980] Vgl. *Wiebe*, ZUM 2015, 932 (941).
[981] Vgl. BT-Drucks. 15/38 vom 6.11.2002, S. 26; *Dreyer*, in: *Dreyer/Kotthoff/Meckel*, UrhG, § 95a Rn. 30; *Martiny*, MMR 2016, 579 (584); Seite 200.

men umgeht, müsste sich exkulpieren, um einen Anspruch aus §§ 1004 Abs. 1, 823 Abs. 2 S. 1 BGB i. V. m. § 95a UrhG abzuwenden.

Eine solche Beweislastumkehr führt zu einer unangemessenen Benachteiligung des Nutzers. Der Gegenbeweis – keine Kenntnis gehabt zu haben – wird dem Nutzer nie gelingen. Darüber hinaus erfolgt eine Umgehung durch legale Anwendungen. Ihr Einsatz stellt grundsätzlich keinen Eingriff in das Recht des Schutzes technischer Maßnahmen dar. Erst mit Erfüllung des subjektiven Tatbestandes, also der Kenntnis oder das Kennenmüssen davon, dass die Umgehung erfolgt, um den Zugang zu einem geschützten Werk oder Schutzgegenstand oder deren Nutzung zu ermöglichen, liegt ein Eingriff vor. Ansonsten würde eine an sich rechtmäßige Handlungen illegalisiert werden. Eine Beweislastumkehr ist damit bereits in Bezug auf Geoblocking unverhältnismäßig, ohne dass es einer weiteren Betrachtung bedarf.

Darüber hinaus bleibt das Problem bestehen, dass der Rechtsinhaber keine Möglichkeit hat festzustellen, wann und durch wen ein Eingriff in seine Rechte durch Werknutzung unter Umgehung von Geoblocking erfolgt. Den Konflikt zwischen der gesetzlich zulässigen, dinglich wirkenden territorialen Nutzungsrechtsbeschränkung und der tatsächlichen „grenzenlosen“ Verfügbarkeit von Online-Inhalten beim Media-Straming vermag eine Beweislastumkehr folglich nicht zu lösen und ist daher abzulehnen.

4. Risikoverlagerung

Als Alternative zu einer Beweislastumkehr könnte eine Verlagerung des Umgehungsrisikos auf den Streaminganbieter ein geeignetes Mittel zur Stärkung des Schutzes des Rechtsinhabers und zur Lösung des bestehenden Konfliktes sein. Der Streaminganbieter erhält, wenn ein Nutzer sich durch Umgehung von Geoblocking für seinen Dienst registriert, einen weiteren Kunden. Das volle Risiko der Umgehungshandlung trifft damit ausschließlich den Rechtsinhaber. Es erscheint daher angemessen, das

Umgehungsrisiko auf den Streaminganbieter zugunsten des Rechtsinhabers abzuwälzen. In Parallele zur Beweislastumkehr bleiben auch hier die Nutzerinteressen insoweit unberücksichtigt, als Geoblocking weiterhin vollständig möglich ist. Die Umsetzung einer Risikoverlagerung kann auf zweierlei Arten erfolgen:

a) VPN- und Proxy-Verbot

Eine Möglichkeit könnte darin bestehen, den Dienstanbieter zu verpflichten, seinen Kunden den Zugriff auf von ihm öffentlich zugänglich gemachte Werke zu verweigern, wenn er über einen VPN- oder Proxydienst erfolgt.

In technischer Hinsicht ist eine Umsetzung auf zweierlei Arten denkbar. Einerseits kann der Streaminganbieter als Content-Provider eine IP-Adressdatenbank anlegen, in der die IP-Adressen der VPN- und Proxy-Dienste gespeichert werden.[982] Greift ein Nutzer über einen VPN oder Proxy auf den Streamingdienst zu, kann der Dienstanbieter das unter Zuhilfenahme der Datenbank anhand der Absendeadresse erkennen.[983]

Andererseits kann der Streaminganbieter durch einen WebRTC Leak die tatsächliche IP-Adresse des Absenders hinter dem VPN herausfinden. Das WebRTC-Protokoll ist ein Transportprotokoll für Echtzeitapplikationen,

---

[982] Der Streaminganbieter *Netflix* hat Anfang 2016 auf diesem Wege den Zugriff über VPNs und Proxys für seinen Dienst gesperrt, um seine Verhandlungsposition gegenüber den Rechtsinhabern zu stärken. Seitdem kommt bei aktivem Anonymisierungsdienst die Nachricht: *„Streamingfehler: Sie scheinen einen Unblocker oder Proxy zu verwenden. Bitte schalten Sie derartige Dienste aus und versuchen Sie es erneut.“* *Radke*, Netflix verweigert VPN-Zugriff, https://www.heise.de/newsticker/meldung/Netflix-verweigert-VPN-Zugriff-3119653.html - Zugriff am 28.2.2019. Auf selbe Weise hat der amerikanische Streamingdienst HULU bereits 2014 den Zugriff auf seinen Dienst für Nutzer außerhalb der USA unter Verwendung von VPNs gesperrt.

[983] In gleicher Weise funktioniert das Geoblocking durch den Content-Provider, siehe Seite 40 ff.

das auf JavaScript basiert und es Webseiten ermöglicht, die lokale IP-Adresse des Clients aufzufinden, obwohl dieser einen VPN benutzt.[984]

Die zweite Lösung funktioniert nur unter Ausnutzen einer Lücke im Browser. Diese kann jedoch vom Nutzer jederzeit durch Änderung der Browsereinstellungen geschlossen werden.[985]

Die erste Lösung über eine IP-Adressdatenbank führt, wie beim Geoblocking auch, zu einem Wettlauf zwischen VPN- und Proxydienst und den IP-Datenbanken.[986] Eine Zugriffssperre ist in dem Fall nur schwer aufrecht zu erhalten, da sich die IP-Adressen der Anonymisierungsdienste ändern können. Damit sind beide Vorschläge nur bedingt geeignet, effektiv das Umgehungsrisiko von Geoblocking auf den Streaminganbieter abzuwälzen.

Bei einem VPN- und Proxy-Verbot ist darüber hinaus zu beachten, dass sie als legale Anwendungen vornehmlich der anonymen Netzkommunikation dienen. Das Recht auf Anonymität, Schutz personenbezogener Daten und informationeller Selbstbestimmung ist in Art. 8 EU-Grundrechte-Charta und in Art. 2 Abs. 1 i. V. m. Art. 1 Abs. 1 GG verankert, sodass ein gesetzliches Verbot dieser Dienste einen Grundrechtseingriff darstellen könnte.

Als schuldrechtliche Verpflichtung des Streaminganbieters im Vertrag über die Nutzungsrechtseinräumung hingegen ist ein solches Verbot geeignet, das Umgehungsrisiko zu reduzieren.[987] Setzt der Streaminganbieter bereits Geoblocking ein, bedeutet die Ausweitung der IP-Sperren auf Proxy- und VPN-Dienste nur einen geringen Aufwand.[988]

---

984 Vgl. *LG Düsseldorf*, 31.8.2017, 4c O 36/16, BeckRS 2017, 126637 Tz. 10; *Al-Fannah/Li*, Not All Browsers are Created Equal: Comparing Web Browser Fingerprintability, 105 (116).

985 Vgl. bspw. Anleitung: https://www.privacytools.io/#webrtc - Zugriff am 28.2.2019.

986 *Martiny*, MMR 2016, 579 (581).

987 Für Softwareprogramme bestätig *LG Hamburg*, 31.7.2014, 312 O 322/12, CR 2014, 611 (612), m. Anm. *Werner*.

988 Für Softwareprogramme bestätig *LG Hamburg*, 31.7.2014, 312 O 322/12, CR 2014, 611 (612), m. Anm. *Werner*.

b) Bestimmung des Wohnsitzmitgliedstaates

Eine weitere Möglichkeit könnte darin bestehen, den Dienstanbieter unabhängig vom eingesetzten Geoblocking zu verpflichten, ausschließlich nur den Kunden Zugang zu seinem Dienst zu verschaffen, die aus dem Lizenzgebiet stammen. Können sich nur Kunden aus dem Territorium für den Streamingdienst anmelden, für den der Dienstanbieter die Rechte inne hat, wird Geoblocking obsolet.

Die PortabilitätsVO kann diesbezüglich als Beispiel dienen.[989] Durch eine Pflicht zur Bestimmung des Wohnsitzmitgliedstaates (bspw. durch Überprüfung des Personalausweises oder der Zahlungsinformationen) kann ohne entsprechenden Nachweis grundsätzlich nicht mehr auf Streamingdienste zugegriffen werden. In dem Fall spielt es keine Rolle mehr, wo sich der Nutzer geografisch aufhält, denn sein Kundenkonto ist allein an den Wohnsitzmitgliedstaat geknüpft.

Ebenso wie gem. Art. 5 Abs. 1 PortabilitätsVO muss der Streaminganbieter sicherstellen, dass die verwendeten Mittel zur Bestimmung des Wohnsitzmitgliedstaates angemessen, verhältnismäßig und wirksam sind. In Abweichung zu Art. 1 Abs. 1 PortabilitätsVO müsste aber die Pflicht zur Bestimmung des Wohnsitzmitgliedstaates nicht zum Zwecke der Portabilität erfolgen, sondern Voraussetzung für die Werknutzung sein. Inhaltlich könnte eine entsprechende Regelung wie Art. 5 PortabilitätsVO ausgestaltet sein:

> *Bei Abschluss und Verlängerung eines Vertrags über die Bereitstellung eines gegen Zahlung eines Geldbetrags erbrachten Online-Inhaltedienstes überprüft der Anbieter den Wohnsitzmitgliedstaat des Abonnenten, indem er auf höchstens zwei der unten*

[989] Siehe Seite 225.

> *aufgeführten Überprüfungsmittel zurückgreift und sicherstellt, dass die verwendeten Mittel angemessen, verhältnismäßig und wirksam sind: ...*

Dieses Mittel erscheint vor dem Hintergrund der PortabilitätsVO praktikabel. Allerdings stellt es einen weitreichenden Eingriff in die Vertragsfreiheit dar. Das bisherige Vertriebskonzept der Streaminganbieter würde diesem Eingriff zum Opfer fallen. Dieses basiert auf einem kurzen Registrierprozess mit anschließender sofortiger Nutzungsmöglichkeit.[990]

Aus urheberrechtlicher Sicht bedürfte es im Rahmen dieses Lösungsvorschlages zwar keines weiteren Schutzes vor Umgehung von Geoblocking, allerdings überlässt er die Überprüfung des Wohnsitzmitgliedstaates dem Streaminganbieter. Wie bereits im Rahmen der PortabilitätsVO kritisiert, muss der Rechtsinhaber dadurch ein mögliches „Abwandern" seiner Nutzer, hin zu anderen Anbietern außerhalb seines Lizenzgebietes, befürchten, die den Wohnsitzmitgliedstaat ihrer Nutzer nur unzureichend prüfen und ihnen so faktisch den dauerhaften Zugang außerhalb des lizenzierten Territoriums ermöglichen.[991]

5. Ergebnis

Im Ergebnis stellt keine der vorgestellten Optionen ein effektives und zugleich zulässiges Mittel zur Durchsetzung territorialer Rechtesegmentierung beim Media-Streaming dar. Die Frage bleibt bestehen, wie die rechtlich zulässige territoriale Rechtesegmentierung mit der tatsächlichen „grenzenlosen" Verfügbarkeit von Online-Inhalten in Einklang gebracht und ein angemessener Urheberschutz sichergestellt werden kann.

---

990 Vgl. die Webseiten der Anbieter z. B. https://www.netflix.com/de/ oder https://www.deezer.com/de/.

991 *Martiny*, ZUM 2018, 772 (776); Ebenso *Heyde*, ZUM 2017, 712 (719 f.).

IV. Territoriale Nutzungsrechtsbeschränkung in der Kritik

Eine technische Lösung zur wirksamen Beschränkung von Online-Nutzungsrechten existiert nicht. Wie die vorangegangenen Ausführungen gezeigt haben, kann eine solche auch nicht angemessen durch gesetzliche Vorgaben erzwungen werden. Der Schluss liegt also nahe, die Möglichkeit der Nutzungsrechtsbeschränkung mit dinglicher Wirkung auf ein Territorium an sich in Frage zu stellen. Im Folgenden wird daher untersucht, ob eine Einschränkung des Territorialitätsprinzips dahingehend, dass On-Demand-Nutzungsrechte nicht mit dinglicher Wirkung territorial beschränkt werden können, ein geeignetes Mittel zur Lösung des vorliegenden Konfliktes darstellt.

1. Ursprungslandprinzip als Alternative?

Das Territorialitätsprinzip kann durch das sog. Ursprungslandprinzip eingegrenzt werden.[992] Nach dem Ursprungslandprinzip sind nicht die Urheberrechte jedes einzelnen Mitgliedstaates ausschlaggebend, sondern ausschließlich das Recht des Ursprungslandes.[993] Das Territorialitätsprinzip verliert dadurch nicht an Bedeutung, denn Schutzrechte wirken weiterhin territorial begrenzt, entsprechend des jeweiligen nationalen Urheberrechts.[994] Allerdings gilt nur noch das nationale Urheberrecht des Ursprungslandes. Das Ursprungslandprinzip führt damit zu einer Eingrenzung des Territorialitätsprinzips, macht dieses aber nicht obsolet.

---

[992] Siehe Seite 71.

[993] Vgl. Art. 1 Abs. 2 lit. b und Erwägungsgrund 18 der Satellitenrundfunk- und Kabelweiterverbreitungsrichtlinie; sowie *BGH*, 8.3.2012, I ZR 75/10, GRUR 2012, 621 (623) Tz. 23 - OSCAR und *OLG Wien*, 27.4.2016, 5 R 182/15v, ZUM-RD 2017, 301 (302). Vgl. auch Anm. *Stieper* zu *EuGH*, 4.10.2011, C-403/08 und C-429/08, MMR 2011, 817 (826) – FAPL und Murphy; *Brost*, ZUM 2016, 689 (696 f.); *Wiebe*, ZUM 2015, 932 (934 f.); *Dreier*, in: *Dreier/Schulze*, UrhG, § 20a Rn. 7; *Baumann/Hofmann*, ZUM 2011, 890 (892).

[994] *von Albrecht/Mutschler-Siebert/Bosch*, ZUM 2012, 93 (95).

Für den Bereich des Media-Streamings heißt eine Anwendung des Ursprungslandprinzips, dass bei einer öffentlichen Zugänglichmachung i. S. v. § 19a UrhG bzw. Art. 3 der InfoSoc-RL immer das Recht desjenigen Mitgliedstaates betroffen ist, in dem die Handlung der öffentlichen Zugänglichmachung erfolgt. Es kommt dann nicht mehr auf die Urheberrechte der Mitgliedstaaten an, in denen das Werk abrufbar ist. Es erfolgt eine Abkehr von der dinglich beschränkten, territorialen Lizenzierung von Nutzungsrechten beim Media-Streaming.

Die Interessen des Rechtsinhabers müssen dann aber bereits bei der Handlung der Zugänglichmachung ausreichend berücksichtigt und in die Vergütung für die Nutzungsrechtseinräumung einkalkuliert werden.[995] Eine dingliche Beschränkung von Nutzungsrechten auf ein bestimmtes Territorium ist nicht mehr möglich. Lediglich schuldrechtliche Vereinbarungen, die den im Fall FAPL und Murphy entwickelten Grundsätzen entsprechen, können dann noch eine territoriale Segmentierung ermöglichen.

a) Satelliten- und Kabelweiterverbreitungsrichtlinie

Einen vergleichbaren Konflikt zwischen dinglich wirkender territorialer Nutzungsrechtsbeschränkung und „grenzenloser“ Verfügbarkeit von Inhalten hat der europäische Gesetzgeber bereits schon einmal mithilfe des Ursprungslandprinzips gelöst. Die Richtlinie des Rates zur Koordinierung bestimmter urheber- und leistungsschutzrechtlicher Vorschriften, betreffend Satellitenrundfunk und Kabelweiterverbreitung[996], regelt auf sekundärrechtlicher Ebene die urheberrechtliche Einordnung von Satelliten- und Kabelweiterverbreitungen. Gem. Art. 1 Abs. 2 lit. b der Satelliten- und Kabelweiterverbreitungsrichtlinie, findet die öffentliche Wiedergabe über

[995] Vgl. *Wiebe*, ZUM 2015, 932 (935).

[996] RL 93/83/EWG vom 27.9.1993 (Abk. Satelliten- und Kabelweiterverbreitungsrichtlinie).

Satellit *„nur in dem Mitgliedstaat statt, in dem die programmtragenden Signale unter der Kontrolle des Sendeunternehmens und auf dessen Verantwortung in eine ununterbrochene Kommunikationskette eingegeben werden, die zum Satelliten und zurück zur Erde führt.“*

Damit hat sich der europäische Gesetzgeber ausdrücklich für das sog. Sendelandprinzip entschieden.[997] Das Nutzungsrecht der Satellitensendung kann nicht mit dinglicher Wirkung auf einen Mitgliedstaat beschränkt werden.

Die Richtlinie verfolgt als Ziel den Schutz des Urhebers vor Verwertung seiner Werke ohne entsprechende Vergütung und vor Blockierung der Verwertung seiner Werke durch einzelne Inhaber ausschließlicher Rechte in verschiedenen Mitgliedstaaten.[998] Darüber hinaus soll eine Ungleichbehandlung der öffentlichen Wiedergabe über Direkt- und Fernmeldesatelliten verhindert werden.[999]

Trotz der Durchbrechung des Territorialitätsprinzips durch Art. 1 Abs. 2 lit. b der Satelliten- und Kabelweiterverbreitungsrichtlinie, gilt der Grundsatz der Vertragsfreiheit, sodass Einschränkungen der Verwertungsrechte weiterhin möglich sind.[1000] Schutzrechte gelten nach wie vor territorial begrenzt, entsprechend des jeweiligen nationalen Urheberrechts.[1001] Das in der Satelliten- und Kabelweiterverbreitungsrichtlinie geltende Sendelandprinzip stellt eine Ausnahme dar. Nutzungsrechtsbeschränkungen sind im Rahmen des Urhebervertragsrechts des jeweiligen Mitgliedstaates, insb. was Übertragungstechniken oder sprachliche Fassungen anbelangt, weiterhin

---

997 *Neumaier*, ZUM 2011, 36 (39 f.); *Handig*, GRUR Int 2007, 206 (213 f.) m.w.N; *Kirschenhofer*, ZUM 2006, 15 (17); *v. Ungern-Sternberg*, in: *Schwarze*, 109 (122 ff.); *Rumphorst*, GRUR Int 1993, 934; *Rumphorst*, GRUR Int 1992, 910 ff.

998 Vgl. Erwägungsgrund 5 zur Satelliten- und Kabelweiterverbreitungsrichtlinie.

999 Vgl. Erwägungsgrund 6 zur Satelliten- und Kabelweiterverbreitungsrichtlinie.

1000 Vgl. Erwägungsgrund 16 zur Satelliten- und Kabelweiterverbreitungsrichtlinie.

1001 *BGH*, 8.12.2010, 1 StR 213/10, GRUR 2011, 227 (228) Rn. 20 - Italienische Bauhausmöbel. M.w.N. *BVerfG*, 23.1.1990, 1 BvR 306/86, GRUR 1990, 438 (441) - Bob Dylan.

möglich.[1002] Der Rahmen der Richtlinie ist dementsprechend ausdrücklich und angesichts ihres Wortlautes nicht auf andere Fälle der öffentlichen Wiedergabe anwendbar.[1003]

b) Auswirkungen der Satelliten- und Kabelweiterverbreitungsrichtlinie

Bereits Anfang der Neunzigerjahre ist gegen die Satelliten- und Kabelweiterverbreitungsrichtlinie die Befürchtung vorgebracht worden, dass die Einführung des Sendelandprinzips die regionalen Verwertungsmärkte gefährden würde.[1004] Einer Auftragsstudie der Europäischen Kommission aus dem Jahr 2016 zufolge, sind diese anfänglichen Bedenken nicht eingetreten.[1005] Das Ursprungslandprinzip verursacht danach nur wenig Probleme in der praktischen Anwendung.[1006] In rechtlicher Hinsicht seien weder Konflikte darüber aufgetreten, wo ein Kommunikationsakt stattgefunden hat, noch über die Bestimmung von Lizenzgebühren.[1007] Lediglich bei fehlender Kooperation der Sendeunternehmen gestaltet sich in der Praxis die Feststellung des Ortes der Satellitenkommunikation schwierig.[1008] Alles in allem betont die Studie aber, dass das Ziel des Abbaus urheberrechtlicher Schranken und die Stärkung freier grenzüberschreitender Kommunikation durch die Satelliten- und Kabelweiterverbreitungsrichtlinie erreicht wurde.

1002 Vgl. Erwägungsgrund 16 zur Satelliten- und Kabelweiterverbreitungsrichtlinie.

1003 Der deutsche Gesetzgeber hat der Richtlinie mit §§ 20a und b UrhG entsprochen.

1004 Vgl. *Schwarz*, ZUM 2011, 699 (702); *Kreile/Becker*, GRUR Int. 1994, 901 (910); *Castendyk/v. Albrecht*, GRUR Int. 1992, 734 (736 ff.).

1005 Die Studie erfolgte im Rahmen einer öffentliche Konsultation zur Überarbeitung der Satelliten- und Kabelweiterverbreitungsrichtlinie, in der explizit der Frage nach einer Ausweitung des Ursprungslandprinzips nachgegangen wurde. Die öffentliche Konsultation innerhalb der DSM-Strategie bezog sich nicht ausschließlich auf Rundfunkübertragungen, sondern auch auf Online-Inhalte insgesamt. *Howard/ Rampton*; *Stieper*, GRUR 2015, 1145 (1147).

1006 *Howard/Rampton*, S. 5.

1007 *Howard/Rampton*, S. 5.

1008 *Howard/Rampton*, S. 5.

Lizenzen zur Satellitensendung werden allerdings weiterhin auf bestimmte Lizenzgebiete beschränkt.[1009] Dies ist im Rahmen der Richtlinie zwar nicht mehr mit dinglicher Wirkung möglich, wird aber durch schuldrechtliche Vereinbarung in der Praxis weitestgehend durchgesetzt.[1010]

Damit wird deutlich, dass das in der Satelliten- und Kabelweiterverbreitungsrichtlinie festgesetzte Ursprungslandprinzip nicht zu einer Gefährdung der Verwertungsmärkte geführt hat. Schuldrechtlich werden Sendelizenzen weiterhin auf ein Lizenzgebiet beschränkt.[1011]

Da aber kein absoluter Gebietsschutz entstehen und eine Sendelizenz nicht dinglich beschränkt werden kann, hat sich die Lizenzierungspraxis im Bereich der Satellitensendung dahingehend verändert, dass bei der Preisgestaltung der Sendelizenzen das erweiterte Ausstrahlungsgebiet mitberücksichtigt wird.[1012] Gestützt wird das durch Erwägungsgrund 17, wonach bei der Vereinbarung der Vergütung für die erworbenen Rechte allen Aspekten der Sendung wie der tatsächlichen und potentiellen Einschaltquote und der sprachlichen Fassung, Rechnung zu tragen ist.

Bei der angemessenen Vergütung des Urhebers wird daher bereits bei Eingabe programmtragender Signale berücksichtigt, dass das Werk in allen Mitgliedstaaten des Satellitenfootprints empfangbar ist.

[1009] Vgl. *EuGH*, 4.10.2011, C-403/08 und C-429/08, EuZW 2012, 466 m. Anm. *Weck* – FAPL und Murphy; *Wiebe*, ZUM 2015, 932 (935); *Schwarz*, ZUM 2011, 699 (702).

[1010] Das ist rechtlich auch nicht zu beanstanden, sofern kein absoluter Gebietsschutz entsteht, der jede Form von Wettbewerb zwischen den Rundfunkanstalten unterbindet. Vgl. *EuGH*, 4.10.2011, C-403/08 und C-429/08, EuZW 2012, 466 (473) Tz. 142 f. m. Anm. *Weck* – FAPL und Murphy und Seite 175.

[1011] Vgl. *EuGH*, 4.10.2011, C-403/08 und C-429/08, EuZW 2012, 466 m. Anm. *Weck* – FAPL und Murphy; *Wiebe*, ZUM 2015, 932 (935); *Schwarz*, ZUM 2011, 699 (702).

[1012] Vgl. *Dörr*, ZUM 2015, 954 (958).

c) Übertragung des Satellitensendegedankens auf Media-Streaming

Der Satellitensendung und dem Media-Streaming liegt das selbe Problem zugrunde: Der Ausstrahlungsbereich ist grundsätzlich nicht begrenzbar.[1013] Fraglich ist, ob sich der der Satelliten- und Kabelweiterverbreitungsrichtlinie zugrunde liegende Gedanke auch auf das Media-Streaming übertragen lässt.

Im Unterschied zum Media-Streaming ist das Ausstrahlungsgebiet (Footprint) eines Satelliten endlich.[1014] Schaut man sich den Footprint des Satelliten ASTRA 1M, 19.2°E an,[1015] so muss man aber feststellen, dass dieser so groß ist, dass er bis auf das nördlichste Skandinavien, ganz Europa umfasst sowie Teile der Türkei, Russlands und Nordafrikas. Es wird deutlich, dass innerhalb der Europäischen Union Satellitensendungen der europäischen Sendeunternehmen in jedem Mitgliedstaat verfügbar sind. Innereuropäisch besteht damit kein wesentlicher Unterschied zur Verfügbarkeit von Media-Streaming, weshalb die Sachverhalte ähnlich gelagert sind.

Angesichts des vergleichbaren Sachverhalts und des Erfolges der Satelliten- und Kabelweiterverbreitungsrichtlinie erscheint der Gedanke, das Sendelandprinzip auf das Media-Streaming zu übertragen, naheliegend. Dem Urheber stünde dann im Hinblick auf sein Recht zur öffentlichen Zugänglichmachung nicht mehr ein „Bündel“ nationaler Rechte zu, die in ihrem Zusammenspiel Urheberrechtsschutz grenzüberschreitend gewähr-

---

1013 *Wiebe*, ZUM 2015, 932 (935); siehe dazu auch Seite 176.

1014 Es gibt verschiedene Internetseiten, die den Footprint der verschiedenen Rundfunksatelliten kartieren, z. B. https://www.ses.com/our-coverage/satellites/332 - Zugriff am 28.2.2019. Näher zu den technischen Hintergründen der Satellitensendung *Merkel*, ZUM 2002, 674 ff.

1015 Über ASTRA 1M, 19.2°E werden deutsche Sender, z. B. der öffentlich-rechtliche Rundfunk empfangen.

leisten.[1016] Stattdessen würde das Recht des Mitgliedstaates gelten, in dem der Akt der öffentlichen Zugänglichmachung stattfindet. Die Lizenzierungspraxis müsste dahingehend angepasst werden, dass der Zugriff von Nutzern anderer Mitgliedstaaten auf das Werk in den Lizenzpreis einkalkuliert wird.

aa) Rechtspolitische Würdigung

Die Idee, den der Satelliten- und Kabelweiterverbreitungsrichtlinie zugrunde liegenden Gedanken auf Formen der Online-Werkverwertung zu übertragen, ist nicht neu und wird in Wissenschaft und Politik bereits lange diskutiert.[1017] Das sich aus dieser Diskussion ergebende Für und Wider einer Übertragung des Sendelandprinzips auf das Media-Streaming wird im Folgenden dargestellt.

(1) Widersprechende Argumente

In der Lehre und Politik wird sich mit dem Gedanken der Anwendung des Ursprungslandprinzips auf Media-Streaming mit verschiedenen Begrün-

---

1016 *BVerfG*, 23.1.1990, 1 BvR 306/86, GRUR 1990, 438 (441) - Bob Dylan; *BGH*, 24.5.2007, I ZR 42/04, GRUR 2007, 691 - Staatsgeschenk; *BGH*, 7.11.2002, I ZR 175/00, GRUR 2003, 328 (329) - Sender Felsberg; *BGH*, 2.10.1997, I ZR 88/95, MMR 1998, 35 (37) - Spielbankaffaire m. Anm. *Schricker*; *Katzenberger/Metzger*, in: *Schricker/Loewenheim*, UrhG, vor §§ 120 ff. Rn. 109.

1017 Vgl. Europäische Kommission, Commission Staff Working Document, Digital Single Market Strategy for Europe - Analysis and Evidence, COM(2015) 192 final; *Steinrötter*, EWS 2016, 17 ff.; *Stieper*, GRUR 2015, 1145 ff.; *Wiebe*, ZUM 2015, 932 ff.; *Rauer/Kaase*, GRUR-Prax 2015, 364 ff.; *Dörr*, ZUM 2015, 954 ff.; *von Albrecht/Mutschler-Siebert/Bosch*, ZUM 2012, 93 ff.; *Kreile*, ZUM 2012, 177 (185 f.); *Hoeren/Bilek*, CR 2011, 735 (740 f.). Auch in der Presse gerät das Thema immer wieder in den Fokus der Öffentlichkeit: Z. B. *Krempl*, Internet-Tv: EU-Abgeordnete dampfen geplantes Aus für Geoblocking stark ein, http://www.heise.de/-3896923 - Zugriff am 28.2.2019; *Rudl*, Ärgernis Geoblocking: EU-Parlament setzt ersten Schritt zur Abschaffung, https://netzpolitik.org/2017/aergernis-geoblocking-eu-parlament-setzt-ersten-schritt-zur-abschaffung/ - Zugriff am 28.2.2019.

dungen schwer getan und der Geltung des Territorialitätsprinzips Vorrang eingeräumt.[1018]

Nach überwiegender Ansicht gefährdet die Anwendung des Ursprungslandprinzips auf das Media-Streaming die Sicherung einer angemessenen Vergütung der Rechtsinhaber und der kulturellen Vielfalt.[1019] Es wird befürchtet, dass bei Aufgabe territorialer Exklusivrechte die europaweite Auswertung von Werken über das Internet zu Lasten nationaler Vertriebssysteme erfolgt und zu einem Verlust kultureller Besonderheiten in den Mitgliedstaaten führt.[1020]

Kleine und mittelgroße europäische Filme werden häufig in den jeweiligen Mitgliedstaaten durch nationale Verleihunternehmen ausgewertet.[1021] Das hat den Vorteil, dass sie den nationalen Markt kennen und ihre Kostenstruktur eine Auswertung kleinerer und mittlerer Filme auch dann zulässt, wenn nur moderate Erlöse zu erwarten sind.[1022] Im Schrifttum wird daher betont, dass die territoriale Rechtevergabe durch günstigere Lizenzeinräumung die Wettbewerbsfähigkeit kleinerer Verwertungsunternehmen gegenüber den „Majors"[1023] ermöglicht; denn lohnt sich das einheimische

1018 In einer Abstimmung vom 21.11.2017 hat sich der Rechtsausschusses des EU-Parlaments u. a. zur RL (EU) 2002/22/EG mehrheitlich dafür ausgesprochen, das Territorialitätsprinzip weitestgehend beizubehalten, MMR-Aktuell 2018, 401818. Ebenfalls dafür *Schwarz*, ZUM 2011, 699 (702 f. und 706); *Reinbothe*, GRUR Int 2001, 733 (736) sowie *Dreier*, in: *Dreier/Schulze*, UrhG, § 20a Rn. 5 m. w. N. Kritisch *Drexl*, in: *Hein/Limperg/Oetker*, MüKo-BGB Band 12, Teil 8. Internationales Immaterialgüterrecht Rn. 275 und 344; *Stieper*, GRUR 2015, 1145 (1147 f.). A. A. *Kähler*, ZUM 2016, 417 (425 f.) zumindest für den öffentlich rechtlichen Rundfunk.

1019 Vgl. *Martiny*, ZUM 2018, 772 (776); *Brost*, ZUM 2016, 689 (698); *Wiebe*, ZUM 2015, 932 (938); *Stieper*, GRUR 2015, 1145 (1148); *Schwarz*, ZUM 2015, 950 (952 f.); *von Albrecht/Mutschler-Siebert/Bosch*, ZUM 2012, 93 (100).

1020 Vgl. *Stieper*, GRUR 2015, 1145 (1147); *Ohly*, ZUM 2015, 942 (946); *Christmann*, ZUM 2012, 187 (189).

1021 Siehe *Schwarz*, ZUM 2015, 950 (951).

1022 Siehe *Schwarz*, ZUM 2015, 950 (951).

1023 Zum Begriff siehe Fußnote [444].

Film- und Musikgeschäft nicht mehr, können nationale Verwerter vom Markt gedrängt werden, wodurch die Angebotsvielfalt leidet.[1024]

Des Weiteren wird befürchtet, dass nationale Urheber auf einem einheitlichen europäischen Markt von international erfolgreichen Urhebern verdrängt werden oder durch gesteigerte Marktmacht großer Verwertungsgesellschaften in eine schlechtere Verhandlungsposition rücken.[1025] Ein Teil der Lehre[1026] geht deshalb davon aus, dass die territoriale Rechtevergabe insbesondere nationale Urheber schützt. Das Territorialitätsprinzip und die damit verbundene territoriale Rechtesegmentierung verhindere, dass Anbieter auf Länder mit geringeren Schutzstandards ausweichen ("race to the bottom"), wodurch der Urheber eigene Rechte einbüßen würde.[1027]

Als ablehnendes Argument wird außerdem angeführt, dass sich bei europaweiter Verwertung das Preisniveau an kaufkraftstarken Gebieten orientiert, was zum Nachteil der Nutzer aus Ländern mit kleineren Märkten ist, die traditionell mit niedrigeren Lizenzgebühren handeln.[1028]

Darüber hinaus wird vorgebracht, dass Satellitensendungen sprachlich und zeitlich in das Gesamtprogramm eines Senders eingebettet sind, wodurch eine gewisse Schwerfälligkeit der potenziellen Nutzer bestehe, auf fremdsprachige Satellitensendungen zuzugreifen.[1029] Dies könne bei der

---

[1024] *Martiny*, ZUM 2018, 772 (776); Vgl. *Ohly*, ZUM 2015, 942 (946).

[1025] Dies hat bereits eindrucksvoll der Kampf von *Tailor Swift* gegen *Spotify* und *Apple* gezeigt. Seit November 2014 waren ihre Werke nicht mehr über kostenlose, werbefinanzierte Dienste verfügbar. Ihrer Meinung nach führte dieses Vertriebsmodell zur Entwertung der Musik. Schlussendlich gab sie den Kampf auf und stellte ab 2017 ihre Musik auch wieder für kostenlose Dienste zur Verfügung. Siehe *Holland*, Musikstreaming: *Taylor Swift* kehrt zu *Spotify* zurück, https://heise.de/-3739340 - Zugriff am 28.2.2019. Vgl. zudem *Steinrötter*, EWS 2016, 17 (22); *Schwarz*, ZUM 2015, 950 (953); *Wiebe*, ZUM 2015, 932 (940); *Ohly*, ZUM 2015, 942 (946).

[1026] *Steinrötter*, EWS 2016, 17 (22); *Schwarz*, ZUM 2015, 950 (953); *Wiebe*, ZUM 2015, 932 (940); *Ohly*, ZUM 2015, 942 (946).

[1027] Vgl. *Ohly*, ZUM 2015, 942 (945).

[1028] *Stieper*, GRUR 2015, 1145 (1147).

[1029] *Schwarz*, ZUM 2011, 699 (702).

Lizenzierung berücksichtigt und die Lizenzpreise dementsprechend reduziert werden. Media-Streaming ist die Werkverwertung auf nicht-linearem Weg. Die Inhalte seien nicht in ein Gesamtprogramm eingebettet und das Nutzerverhalten ein anderes, sodass kein Komfortunterschied mehr zwischen Angeboten in dem Land des Nutzers und Angeboten in Drittstaaten bestehe.[1030]

(2) Fürsprechende Argumente

Für eine Anwendung des Ursprungslandprinzips wird das Argument der Rechtssicherheit angeführt.[1031] Einerseits muss nämlich bereits bei Nutzungsrechtseinräumung die Möglichkeit der grenzüberschreitenden Verfügbarkeit zugunsten des Rechtsinhabers berücksichtigt werden, sodass es für ihn unschädlich ist, wenn Nutzer von außerhalb des Lizenzgebietes auf das Werk zugreifen.[1032] Andererseits weiß dann auch der Nutzer, welche urheberrechtlichen Nutzungshandlungen er vornehmen darf.[1033]

Darüber hinaus wird von einem Teil des Schrifttums betont, dass bei einer Anknüpfung an das Land des Ursprungs der erhöhte Aufwand zeitlicher und finanzieller Art, der für die Klärung potentieller Rechtsinhaber und für die Abklärung von Rechteketten notwendig ist, entfällt.[1034] Dies fördere eine ungehinderte und freie Verbreitung urheberrechtlich geschützter Werke, was ein Vorteil sowohl für die Rechtsinhaber als auch für die Verwerter und Nutzer ist.[1035]

An anderer Stelle ist einem Teil des Schrifttums zu entnehmen, dass gerade unbekannte Künstler Schwierigkeiten haben, ausländische Verwerter

---

[1030] *Schwarz*, ZUM 2011, 699 (702).
[1031] *Klass*, GRUR Int 2007, 373 (381 f.); *Schack*, MMR 2000, 59 (62 f.).
[1032] Vgl. *Klass*, GRUR Int 2007, 373 (381 f.).
[1033] *Schack*, MMR 2000, 59 (63).
[1034] Vgl. *Klass*, GRUR Int 2007, 373 (382).
[1035] Vgl. *Klass*, GRUR Int 2007, 373 (382).

zur Auswertung ihrer Werke zu finden.[1036] Das Ursprungslandprinzip kann daher für unbekannte nationale Künstler die Chance bieten, über den nationalen Markt hinweg eine Nutzerschaft aufzubauen.[1037]

Daneben wird angeführt, dass sich die im Rahmen der Satelliten- und Kabelweiterverbreitungsrichtlinie geäußerten Befürchtungen vor einem Preiswettkampf zu Lasten der Urheber, der Nutzer und des Angebots nicht bestätigt haben.[1038] Die regionalen Verwertungsmärkte sind noch intakt und eine angemessene Vergütung der Urheber gesichert.[1039]

Als weiteres fürsprechendes Argument wird darauf hingewiesen, dass die aktuellen gesetzgeberischen Bemühungen zeigen, dass der europäische Gesetzgeber den Binnenmarkt stärken und Diskriminierungen aufgrund der Staatsangehörigkeit unterbinden möchte.[1040]

(3) Abwägung

Bei der Abwägung der für- und widersprechenden Argumente der Anwendung des Ursprungslandprinzips auf das Media-Streaming ist zu beachten, dass das Urheberrecht einen angemessenen Interessenausgleich zwischen den Beteiligten schaffen möchte,[1041] wobei den ideellen und materiellen Interessen der Werkschaffenden besondere Berücksichtigung zuzukommen ist.[1042]

Beim Media-Streaming ist das Angebot, wie bei einer Satellitensendung auch, sprachlich und zeitlich in das Gesamtprogramm des Streaminganbieters eingebettet. Die Streamingplattformen sind auf die Sprache, Vorlieben

[1036] Vgl. *Ohly*, ZUM 2015, 942 (946).
[1037] Vgl. *Ohly*, ZUM 2015, 942 (946).
[1038] *Schwarz*, ZUM 2011, 699 (702).
[1039] Vgl. *Schwarz*, ZUM 2011, 699 (702).
[1040] *Spindler*, CR 2016, 73 (76).
[1041] Vgl. z. B. Erwägungsgrund 31 InfoSoc-RL, ABl. EU L 167 vom 22.6.2001, S. 12 und Seite 245.
[1042] Vgl. *Wandtke*, Urheberrecht, Kapitel 1 Rn. 41 und Seite 245.

und Gewohnheiten der Nutzer im Land zugeschnitten. So ist die voreingestellte Sprache der Inhalte und der Benutzeroberfläche in der jeweiligen Landessprache. Eine fremdsprachige Plattform bedeutet daher einen erheblichen Komfortunterschied zu einem muttersprachlichen Anbieter. Anders als bei illegalen oder kostenlosen Angeboten ist der Nutzer bei kostenpflichtigen Angeboten nicht im selben Maß bereit, Komforteinbußen zu akzeptieren. Es besteht also, wie bei der Satellitensendung, eine gewisse Schwerfälligkeit der Nutzer. Auch bei Anwendung des Ursprungslandprinzips auf das Media-Streaming ist daher eine natürliche Segmentierung durch die Sprache zu erwarten und die Befürchtung, dass Streaminganbieter die Verwertungsrechte nur noch für eine Sprachfassung erwerben und damit das muttersprachliche Angebot in den nationalen Märkten, aufgrund der weiten Verbreitung der englischen Sprache in Europa sinkt, unbegründet.

Der Befürchtung, dass nationale Urheber auf einem einheitlichen europäischen Markt durch international erfolgreiche Urheber verdrängt werden oder durch gesteigerte Marktmacht großer Verwertungsgesellschaften in eine schlechtere Verhandlungsposition rücken,[1043] ist entgegenzuhalten, dass gerade international bekannte Künstler von der territorialen Rechtevergabe profitieren, indem ihre Werke in jedem Land einzeln lizenziert werden. Für unbekannte Künstler, die Schwierigkeiten haben ausländische Verwerter zur Auswertung ihrer Werke zu finden,[1044] bietet das Ursprungslandprinzip vielmehr die Chance, über den nationalen Markt hinweg ihre Werke zu verwerten.[1045]

Darüber hinaus sind im Bereich des Media-Streamings, trotz territorialer Segmentierung, aktuell nur wenige kommerzielle Anbieter auf dem Markt.

1043 Vgl. *Steinrötter*, EWS 2016, 17 (22); *Schwarz*, ZUM 2015, 950 (953); *Wiebe*, ZUM 2015, 932 (940); *Ohly*, ZUM 2015, 942 (946).
1044 Vgl. *Ohly*, ZUM 2015, 942 (946).
1045 Vgl. *Ohly*, ZUM 2015, 942 (946).

Diese üben aber einen umso größeren Einfluss aus.[1046] Kleinere nationale Verwerter gibt es nur wenige. Ein einheitlicher europäischer Markt bietet daher gerade kleineren Verwertern die Chance, sich neben den großen (meist amerikanischen) Anbietern durchzusetzen. Sollten diese aufgrund eines einheitlichen europäischen Marktes kein Interesse mehr an der Lizenzierung nationaler Werke haben, wird einem neuen spezialisierten Markt für nationale Werke Vorschub geleistet.

Durch Einführung des Ursprungslandprinzips kann daher eine Marktveränderung erwartet werden, die zu einem gesteigerten Wettbewerb innerhalb Europas führen und das Preisniveau und die Qualität des Angebots positiv beeinflussen kann.

Indes kann sich die wirtschaftliche Situation der Verwerter unmittelbar auf das Angebot auswirken.[1047] Steigen Lizenzpreise durch den Wegfall territorialer Beschränkungen, besteht die Gefahr, dass nationale Film- und Musikproduktionen in den Augen der Verwerter nicht mehr gewinnbringend sind. Dadurch könnte ein Preiswettkampf zu Lasten der Urheber entstehen.[1048] Dem kann aber entgegengehalten werden, dass, wie bei der Rechtevergabe im Rahmen von Satellitensendungen, auch mit Anwendung des Ursprungslandprinzips auf das Media-Streaming vertragliche Beschränkungen möglich bleiben.[1049] Sie sind dann jedoch parallel zur Satellitensendung an den vom *EuGH* im Fall FAPL und Murphy entwickelten

[1046] Vgl. Umfrage zu den beliebtesten Video-on-Demand-Anbietern in Deutschland 2016, erhoben von Goldmedia, abrufbar bei Statista unter https://de.statista.com/statistik/daten/studie/398171/umfrage/beliebteste-video-on-demand-anbieter-in-deutschland/ - Zugriff am 28.2.2019.

[1047] *Ohly*, ZUM 2015, 942 (946).

[1048] Siehe Seite 245.

[1049] Vgl. *EuGH*, 4.10.2011, C-403/08 und C-429/08, EuZW 2012, 466 m. Anm. *Weck* – FAPL und Murphy; *EuGH*, 6.10.1982, C-262/81, BeckEuRS 1982, 97962 - Coditel II; *EuGH*, 18.3.1980, Rs 62/79, GRUR-Int 1980, 602 - Coditel I.

kartellrechtlichen Grenzen zu messen.[1050] Eine Rechtesegmentierung kann aber weiterhin durch vertragliche Vereinbarung erreicht werden, sofern kein absoluter Gebietsschutz entsteht, der jede Form von Wettbewerb zwischen den Anbietern im Bereich dieser Dienste unterbindet.[1051]

(4) Position des Gesetzgebers

Die Meinungen im Schrifttum zur Position des Gesetzgebers im Hinblick auf eine Übertragung des Satellitensendegedankens auf das Media-Streaming sind nicht einheitlich.

Einerseits wird angeführt, dass sich der europäische Gesetzgeber des Spannungsverhältnisses zwischen nationalem Urheberrecht und europäischem Binnenmarktrecht bewusst ist,[1052] bisher aber die Möglichkeit, das Ursprungslandprinzip auf die Onlineverbreitung auszuweiten, abgelehnt hat, um nicht in die Praxis territorialer Rechtesegmentierung einzugreifen und eine angemessene Vergütung der Rechtsinhaber zu sichern.[1053]

Andererseits wird darauf hingewiesen, dass sich der europäische Gesetzgeber in der GeoblockingVO ausdrücklich die Möglichkeit offen gehalten hat, den Regelungsbereich zukünftig auch auf Formen der Online Werkverwertung auszudehnen.[1054] Damit zeige er, dass auch er Handlungsbedarf in diesem Bereich sieht.[1055] Dies wird durch den Vorschlag zur SatKab-

---

1050 Vgl. *EuGH*, 4.10.2011, C-403/08 und C-429/08, EuZW 2012, 466 m. Anm. *Weck* – FAPL und Murphy; *Wiebe*, ZUM 2015, 932 (940); *Ohly*, ZUM 2015, 942 (947 f.).

1051 Vgl. *EuGH*, 4.10.2011, C-403/08 und C-429/08, EuZW 2012, 466 (473) Tz. 142 f. m. Anm. *Weck* – FAPL und Murphy.

1052 Vgl. Art. 17 Nr. 11 RL 2006/123/EG (Dienstleistungs-RL) sowie Art. 9 Abs. 2 und Erwägungsgrund 6 des Verordnungsvorschlags der Geoblockingverordnung vom 25.5.2016, COM(2016) 289 final. Siehe auch *Brost*, ZUM 2016, 689 (697).

1053 Vgl. Art. 4 Abs. 1 lit. b, Art. 9 Abs. 2 und Erwägungsgrund 6 des Verordnungsvorschlags der Geoblockingverordnung vom 25.5.2016, COM(2016) 289 final.

1054 *Spindler*, CR 2016, 73 (76).

1055 A. A. *Brost*, ZUM 2016, 689 (697).

VO weiter bestärkt,[1056] wonach zukünftig das Ursprungslandprinzip auf Online-Angebote der Sendeanstalten ausgeweitet werden soll, die zeitgleich mit oder für einen begrenzten Zeitraum nach ihrer Übertragung zugänglich sind.[1057]

Mit Inkrafttreten der GeoblockingVO[1058] hatte der europäische Gesetzgeber die Möglichkeit, Geoblocking auch für das Media-Streaming zu verbieten und dadurch eine Rechtevergabe im Sinne des Ursprungslandprinzips zu fördern. Er hat sich aber ausdrücklich dagegen entschieden.[1059]

Allerdings soll die GeoblockingVO gem. Art. 1 Abs. 1 *„einen Beitrag zum reibungslosen Funktionieren des Binnenmarkts leisten, indem Diskriminierungen, die direkt oder indirekt auf der Staatsangehörigkeit, dem Wohnsitz oder dem Ort der Niederlassung der Kunden beruhen, verhindert werden."* Auch wenn gem. Art. 4 Abs. 1 lit. b GeoblockingVO ausdrücklich solche Dienstleistungen von der Regelung ausgenommen sind, die in der *„Bereitstellung des Zugangs zu urheberrechtlich geschützten Werken oder sonstigen Schutzgegenständen und deren Nutzung"* bestehen, wird deutlich, dass sich der europäische Gesetzgeber mit Art. 9 Abs. 2 und Erwägungsgrund 6 der Verordnung die Ausweitung des Regelungsbereichs auf entsprechende Dienste offen gehalten hat. Danach kann zwei Jahre nach Inkrafttreten und danach alle fünf Jahre geprüft werden, ob die Verordnung auch für *„elektronisch erbrachte Dienstleistungen gelten sollte, deren Hauptmerkmal die Bereitstellung des Zugangs zu urheberrechtlich geschützten Werken oder sonstigen Schutzgegenständen und deren Nutzung ist, sofern der Anbieter über die erforderlichen Rechte für die betreffenden*

1056 Siehe dazu bereits Seite 237.
1057 *Rauer/ Vonau*, GRUR-Prax 2016, 430 (431).
1058 Vgl. Seite 234.
1059 Vgl. Art. 4 Abs. 1 lit. b, Art. 9 Abs. 2 und Erwägungsgrund 6 des Verordnungsvorschlags der Geoblockingverordnung vom 25.5.2016, COM(2016) 289 final.

Hoheitsgebiete verfügt.“[1060] Das betrifft insbesondere das Media-Streaming und zeigt, dass der europäische Gesetzgeber in diesem Bereich zukünftig Handlungsbedarf sieht.[1061]

Des Weiteren zeigt der Verordnungsvorschlag zur SatKab-VO, dass das Ursprungslandprinzip beim Senderecht funktioniert, sodass eine Ausdehnung dessen auf Online-Angebote der Sendeanstalten, die zeitgleich mit oder für einen begrenzten Zeitraum nach ihrer Übertragung zugänglich sind, erfolgen soll. Das gilt zwar nicht für die On-Demand-Verwertung im Wege der öffentlichen Zugänglichmachung,[1062] zeigt aber, dass der europäische Gesetzgeber die grenzüberschreitende Zugriffsmöglichkeit auf Online-Dienste fördern und den Binnenmarkt stärken möchte.[1063]

Der Wille des europäischen Gesetzgebers steht damit einer Anwendung des Ursprungslandprinzips auf das Media-Streaming nicht entgegen.

(5) Ergebnis

Eine Anwendung des Ursprungslandprinzips auf das Media-Streaming schafft Rechtssicherheit und bietet einen angemessenen Schutz vor Eingriffen in das Urheberrecht durch Nutzung nach Umgehung von Geoblocking. Der „grenzenlosen“ Verfügbarkeit von Online-Inhalten beim Media-Streaming wird bereits bei Berechnung des Lizenzpreises Rechnung getragen. Die Tatsache, dass auch Nutzer anderer Mitgliedstaaten auf das Werk zugreifen können, schlägt sich entsprechend in einer höheren Vergütung des Rechtsinhabers nieder. Das Problem der fehlenden Durchsetzbarkeit des Schutzes vor Umgehung von Geoblocking wird damit obsolet.

1060 Art. 9 Abs. 2 und Erwägungsgrund 6 GeoblockingVO.
1061 A. A. *Brost*, ZUM 2016, 689 (697).
1062 *Schafdecker*, CR 2018, R8; *Grünberger*, ZUM 2017, 324 (326 f.).
1063 Vgl. Erwägungsgrund 2, COM(2016) 594 final, S. 10 f.

Zusammenfassend kann zugunsten einer Anwendung des Ursprungslandprinzips auf das Media-Streaming festgehalten werden:

1. Das Binnenmarktziel wird gefördert.
2. Es schafft Rechtssicherheit für alle Beteiligten.
3. Eine angemessene Vergütung des Urhebers wird gesichert.
4. Der Urheberschutz wird gestärkt und die Gefahr vor Umgehung von Geoblocking gebannt.
5. Nationale Künstler haben die Chance, ihre Werke in anderen Mitgliedstaaten zu verwerten und mit international erfolgreichen Künstlern in Konkurrenz zu treten.
6. Nationale Verwerter können neben internationalen Verwertern bestehen und das Bedürfnis nach kultureller Vielfalt durch Verwertung nationaler Werke stillen.
7. Eine natürliche territoriale Segmentierung findet aufgrund der Sprache statt, sodass die Verwertungsmärkte nicht gefährdet sind.
8. Vertragliche Beschränkungen bleiben im Rahmen der vom *EuGH* im Fall FAPL und Murphy entwickelten Kriterien zulässig.

Unter Berücksichtigung der Interessen aller Beteiligten, des Rechtsinhabers, des Streaminganbieters und des Nutzers, überwiegen im Ergebnis die Argumente für eine Anwendung des Ursprungslandprinzips auf das Media-Streaming.

Wie die Darstellung gezeigt hat, kann ein angemessener Interessenausgleich zwischen den Beteiligten geschaffen werden,[1064] der die ideellen

[1064] Vgl. z. B. Erwägungsgrund 31 InfoSoc-RL, ABl. EU L 167 vom 22.6.2001, S. 12.

und materiellen Interessen der Werkschaffenden im Besonderen berücksichtigt. Das Ursprungslandprinzip ist geeignet, den Konflikt zwischen der gesetzlich zulässigen dinglich wirkenden territorialen Nutzungsrechtsbeschränkung und der tatsächlichen „grenzenlosen“ Verfügbarkeit von Online-Inhalten beim Media-Straming zu lösen. Angesichts der positiven Entwicklung der Satelliten- und Kabelweiterverbreitungsrichtlinie[1065] erstaunt die überwiegend kritische Haltung des Schrifttums zur Übertragung des Sendelandprinzips auf die On-Demand-Werkverwertung.

Zugunsten eines angemessenen Urheberschutzes und der Rechtssicherheit, ist eine Ausnahme vom Territorialitätsprinzip beim Media-Streaming durch das Ursprungslandprinzip anzustreben.

bb) Umsetzung

In Anlehnung an die Satelliten- und Kabelweiterverbreitungsrichtlinie, die SatKab-VO und die GeoblockingVO, könnte eine Umsetzung des Ursprungslandprinzips für das Media-Streaming wie folgt aussehen:

> *Anwendung des „Ursprungslandprinzips“ auf elektronische Dienstleistungen der Bereitstellung des Zugangs zu und der Nutzung von urheberrechtlich geschützten Werken oder sonstigen Schutzgegenständen*

[1065] Vgl. *Dörr*, ZUM 2015, 954 (958).

(1) Die öffentliche Wiedergabe und Zugänglichmachung im Rahmen von Online-Inhaltediensten gilt als in dem Mitgliedstaat stattgefunden, in dem die Bereitstellung des Zugangs zu und die Nutzung von urheberrechtlich geschützten Werken oder sonstigen Schutzgegenständen unter der Kontrolle des Dienstanbieters und auf dessen Verantwortung erfolgt. Dasselbe gilt für die Vervielfältigung, die für die Bereitstellung der Online-Inhaltedienste, den Zugang zu diesen oder deren Nutzung erforderlich ist.

(2) Bei der Festsetzung der Vergütung für die Rechte, für die das in Absatz 1 genannte Ursprungslandprinzip gilt, berücksichtigen die Parteien alle Aspekte der elektronischen Dienstleistung, wie ihre Eigenschaften, das Publikum und die Sprachfassung.

(1) Handlungsort

Fraglich ist, auf welchen Ort für die tatbestandsmäßige Handlung abzustellen ist, also welcher Mitgliedstaat als „Mitgliedstaat der Bereitstellung“ anzusehen ist. Da im Rahmen des Ursprungslandprinzips ausschließlich das Recht des Herkunftslandes Anwendung findet, ist diese Frage von entscheidender Bedeutung. Beim Media-Streaming kommen mehrere Orte als Handlungsort in Betracht, weswegen die obige Formulierung von Absatz 1 des Umsetzungsvorschlages bewusst offen gehalten wurde.

Handlungsort könnte der Ort sein, an dem die tatsächliche Handlung, die für das öffentliche Zugänglichmachen erforderlich ist, stattfindet. Also der Ort, an dem ein Werk zum Abruf über ein Netzwerk bereitgestellt wird. Dies entspricht weitestgehend dem in der Satelliten- und Kabelweiterverbreitungsrichtlinie festgelegten Handlungsort. Danach fände das Recht des Landes Anwendung, in dem die programmtragenden Daten unter der Kontrolle des Anbieters und auf dessen Verantwortung in eine ununterbrochene Kommunikationskette zum Server eingegeben würden. Die Eingabe der programmtragenden Daten muss allerdings nicht von einem bestimmten Standort aus erfolgen, sondern kann von überall auf der Welt geschehen.[1066] Damit birgt diese Alternative die Gefahr einer Delokalisierung der Anbieter in Staaten mit geringem Urheberschutz.[1067]

Dasselbe Risiko besteht, wenn Handlungsort der Ort ist, an dem der Streaminganbieter seine Hauptniederlassung hat. Dies entspräche dem in der SatKab-VO festgelegten Handlungsort. Auch dann besteht die Gefahr einer Delokalisierung der Anbieter in Staaten mit geringem oder zumindest geringerem Urheberschutz.

Alternativ könnte Handlungsort der Ort sein, an dem das Werk als notwendige Vorbereitungshandlung für die öffentliche Zugänglichmachung vervielfältigt wird. Das wäre der Ort, an dem der Server des Anbieters gelegen ist. Oftmals hat aber der Streaminganbieter keine eigenen Server. Stattdessen nutzt er fremde Infrastruktur.[1068] Auch gestaltet sich das Abstellen auf den Serverstandort in P2P-Netzwerken[1069] als schwierig, da jeder Client automatisch auch als Server (Peer) fungiert und die Peers kommunizieren, ohne den konkreten Ausgangsserver zu durchlaufen.[1070] Damit ist der Serverstandort eher willkürlich und kein geeigneter Handlungsort bei Anwendung des Ursprungslandprinzips.[1071]

Da eine Anknüpfung an keine der zuvor genannten Handlungsorte überzeugen kann, kommt als Ort der Handlung letztendlich nur der Adressatenort in Frage. Das ist der Ort, an dem das Streamingangebot geeignet ist,

---

1066 Siehe dazu bereits Seite 71.

1067 Vgl. *Dreier*, in: *Dreier/Schulze*, UrhG, Vorbemerkung vor §§ 120 ff. Rn. 41.

1068 Bspw. nutzt *Netflix* die Server von *Amazon Web Services* für seinen Streamingdienst; vgl. *Amazon Web Services*, AWS-Fallbeispiel: Netflix, https://aws.amazon.com/de/solutions/case-studies/netflix/ - Zugriff am 28.2.2019.

1069 Dazu siehe Seite 33.

1070 *Kurose/Ross*, S. 112; *Sieber*, in: *Hoeren/Sieber/Holznagel*, Teil 1 Technische Grundlagen Rn.20.

1071 Vgl. *Dreier*, in: *Dreier/Schulze*, UrhG, Vorbemerkung vor §§ 120 ff. Rn. 41.

den relevanten Markt zu beeinflussen.[1072] Der Ort der Handlung der öffentlichen Zugänglichmachung bestimmt sich dann danach, in welchem Gebiet Personen gezielt angesprochen werden,[1073] also an wen die Inhalte gerichtet sind.[1074] Das kann sich bspw. aus der sprachlichen Ausgestaltung der Streamingplattform oder durch den angebotenen Inhalt des Streaminganbieters ergeben.

(2) Auswirkung auf die Anwendung von Geoblocking

Bei Übertragung des Satellitensendegedankens auf das Media-Streaming ist eine dinglich wirkende räumliche Beschränkung von Nutzungsrechten nicht möglich, sodass auch die vom *EuGH* entwickelten Grundsätze im Fall FAPL und Murphy zur Anwendung kommen.[1075] Danach sind Verträge, durch die nationale Märkte nach den nationalen Grenzen abgeschottet werden sollen oder durch die die gegenseitige Durchdringung der nationalen Märkte erschwert wird, grundsätzlich als Vereinbarung anzusehen, die eine Beschränkung des Wettbewerbs im Sinne des Art. 101 Abs. 1 AEUV bezwecken.[1076]

Daraus ergeben sich unmittelbare Konsequenzen für die vertragliche Vereinbarung von Geoblocking. Eine schuldrechtliche Vereinbarung zum Geoblocking innerhalb des auch dinglich vom Schutzgegenstand abspaltbaren Rahmens geht nicht über den spezifischen Gegenstand des Urheberrechts hinaus.[1077] Ist eine territoriale Beschränkung mit dinglicher

---

[1072] So für die Entnahme und Weitersendung geschützter Datenbanken *EuGH* 18.10.2012, C-173/11, MMR 2013, 108 (109 f.) - Football Dataco und Sportradar; *Dreier*, in: *Dreier/Schulze*, UrhG, Vorbemerkung vor §§ 120 ff. Rn. 42.

[1073] Vgl. in Anlehnung an das wettbewerbsrecht *EuGH*, 12.7.2011, C-324/09, MMR 2011, 596 (599) Tz. 64 f. m. Anm. *Hoeren* - L'Oréal.

[1074] Vgl. *Dreier*, in: *Dreier/Schulze*, UrhG, Vorbemerkung vor §§ 120 ff. Rn. 42.

[1075] Siehe dazu 179.

[1076] *EuGH*, 4.10.2011, C-403/08 und C-429/08, EuZW 2012, 466 (472) Tz. 139 m. Anm. *Weck* – FAPL und Murphy.

[1077] *Just/Spahr/Peter*, KSzW 2015, 307 (311). Siehe dazu auch Seite 158.

Wirkung möglich, steht folglich auch einer vertraglichen Absicherung dieser Beschränkung nichts im Wege. Wird aber der Satellitensendegedanke auf das Media-Streaming übertragen, stellt eine schuldrechtliche Vereinbarung zum Geoblocking eine verbotene Wettbewerbsbeschränkung i. S. v. Art. 101 Abs. 1 AEUV dar,[1078] wenn sie über den spezifischen Gegenstand des Urheberrechts hinaus geht. Das gilt, sofern dadurch ein absoluter Gebietsschutz entsteht, der jede Form von Wettbewerb zwischen den Streaminganbietern im Bereich dieser Dienste unterbindet und zur Rechtfertigung keine sich aus dem wirtschaftlichen und rechtlichen Kontext ergebene, besonderen Umstände vorgetragen werden können.[1079]

In technischer Hinsicht ist Geoblocking nicht in der Lage, einen absoluten Gebietsschutz herbeizuführen. Eine Verpflichtung zum Einsatz von Geoblockingmaßnahmen ist daher grundsätzlich nicht geeignet, jede Form von Wettbewerb zu unterbinden. Das ist erst dann der Fall, wenn dem Streaminganbieter weitreichendere Pflichten auferlegt werden, die einen absoluten Gebietsschutz herstellen.[1080]

Dementsprechend ist der Einsatz von Geoblocking selbst unter Anwendung des Ursprungslandprinzips möglich.[1081] In der Konsequenz sind die Auswirkungen der Anwendung des Ursprungslandprinzips auf das Media-Streaming, auf die bisherige Lizenzierungspraxis eher gering. Lediglich im Rahmen der Preisgestaltung der Lizenzen ist dann von vornherein

[1078] Vgl. *EuGH*, 4.10.2011, C-403/08 und C-429/08, EuZW 2012, 466 (473) Tz. 142 ff. m. Anm. *Weck* – FAPL und Murphy.

[1079] *EuGH*, 4.10.2011, C-403/08 und C-429/08, EuZW 2012, 466 (473) Tz. 142 ff. m. Anm. *Weck* – FAPL und Murphy.

[1080] Z. B. die Verpflichtung des Streaminganbieters, seinen Nutzern den Zugang zu seinem Dienst zu verwehren, sofern dieser über einen VPN aus dem Ausland erfolgt.

[1081] *Ohly*, ZUM 2015, 942 (947 f.) bejaht prinzipiell die weiterhin bestehende Möglichkeit, Online-Angebot durch technische Mittel auf das Inland zu beschränken, geht jedoch nicht darauf ein, ob sich Geoblocking innerhalb der kartellrechtlichen Grenzen befindet.

die Möglichkeit zu berücksichtigen, dass das Werk grundsätzlich auch in anderen Mitgliedstaaten verfügbar ist.

2. Ergebnis

Für Satellitensendungen hat der Gesetzgeber das Ursprungslandprinzip als Ausnahme vom Territorialitätsprinzip eingeführt. Damit war er im Wesentlichen erfolgreich. Im Rahmen der Satelliten- und Kabelweiterverbreitungsrichtlinie ist eine dingliche Nutzungsrechtsbeschränkung auf ein Territorium nicht mehr möglich. Durch schuldrechtliche Vereinbarung wird eine solche dennoch in der Praxis weitestgehend durchgesetzt mit der Besonderheit, dass das erweiterte Ausstrahlungsgebiet des Satelliten bei der Lizenzeinräumung zugunsten des Urhebers zu berücksichtigen ist.

Das Media-Streaming ist mit der Satellitensendung dahingehend vergleichbar, dass das Empfängergebiet nicht effektiv eingegrenzt werden kann. Trotz rechtspolitisch geäußerter Bedenken sprechen gewichtige Argumente für einen Erfolg bei der Anwendung des Satellitensendegedankens auf das Media-Streaming. Insbesondere die Schaffung von Rechtssicherheit und die Sicherung der angemessenen Vergütung des Urhebers sprechen für eine Anwendung des Ursprungslandprinzips auf die On-Demand-Werkverwertung.

Bei Anwendung des Ursprungslandprinzips ist bereits bei Einräumung des Nutzungsrechts das erweiterte Empfangsgebiet des Media-Streams beim Lizenzpreis zu berücksichtigen, sodass durch Umgehung von Geoblocking nicht in die Urheber- oder verwandten Schutzrechte des Rechtsinhabers eingegriffen wird. Darüber hinaus wird der Binnenmarkt gestärkt. Eine natürliche Segmentierung durch Sprache wird weiterhin stattfinden, sodass eine Einführung des Ursprungslandprinzips die bisherigen Verwertungsmärkte weitestgehend unangetastet lässt. Außerdem bleiben vertragliche Beschränkungen im Rahmen der vom *EuGH* im Fall FAPL und Murphy entwickelten Kriterien zulässig.

Die Abwägung der Interessen der Beteiligten und die rechtspolitische Würdigung der für- und widersprechenden Argumente hat ergeben, dass das Ursprungslandprinzip geeignet ist, den beim Media-Streaming bestehenden Konflikt zwischen der dinglich wirkenden territorialen Nutzungsrechtsbeschränkungen und der faktisch „grenzenlosen“ Verfügbarkeit von Online-Inhalten zu lösen.

Zur Umsetzung der Anwendung des Ursprungslandprinzips auf das Media-Streaming kann sich insbesondere am Vorschlag zur SatKab-VO orientiert werden, wobei die Frage nach dem Handlungsort der Zugänglichmachung zu klären ist. Sinnvoll erscheint eine Anknüpfung an den Ort, an den der Streaminganbieter sein Angebot adressiert.

Die Auswirkungen für Geoblocking sind bei Anwendung des Ursprungslandprinzips geringer Natur. Da allein durch Einsetzen der technischen Maßnahme kein absoluter Gebietsschutz hergestellt wird, steht Geoblocking auch bei Geltung des Ursprungslandprinzips nicht im Widerspruch zu den im Fall FAPL und Murphy entwickelten Kriterien.

V. Zusammenfassung

Obwohl eine dinglich wirkende territoriale Werkverwertung möglich ist, die durch Geoblocking schuldrechtlich abgesichert werden kann, existiert kein effektiver Schutz vor Eingriffen in dieses Recht bei Umgehung. Ein geeignetes Mitteln zur Lösung des Konfliktes zwischen der gesetzlich zulässigen dinglich wirkenden territorialen Nutzungsrechtsbeschränkung und der tatsächlichen „grenzenlosen“ Verfügbarkeit von Online-Inhalten beim Media-Straming unter Berücksichtigung der Interessenlage, gibt es im Rahmen des Territorialitätsprinzips nicht. So ist die Förderung von Mehrgebietslizenzen im Bereich des Media-Streamings zwar grundsätzlich zu begrüßen, im Ergebnis aber kein geeignetes Mittel, um den bestehenden Konflikt zu lösen. Ebenso erschwert eine Risikoverlagerung zulasten des

Streaminganbieters in Form von VPN- und Proxy-Sperren oder einer generellen Überprüfung des Wohnsitzmitgliedstaates zwar das Umgehen von Geoblocking, macht dieses aber nicht unmöglich. Auch eine Beweislastumkehr im Rahmen von § 95a Abs. 1 2. HS UrhG ist kein geeignetes Mittel. Zwar wird der Anspruch des Rechtsinhabers aus §§ 1004 Abs. 1, 823 Abs. 2 S. 1 BGB i. V. m. 95a UrhG durchsetzbar, aber eine Beweislastumkehr benachteiligt den Nutzer unangemessen. Eine generelle Pflicht zur Überprüfung des Wohnsitzmitgliedstaates, in Parallele zur PortabilitätsVO, ist ebenfalls kein geeignetes Mittel, da dadurch maßgeblich in die Vertragsfreiheit der Parteien eingegriffen wird. Der Konflikt zwischen der gesetzlich zulässigen dinglich wirkenden territorialen Nutzungsrechtsbeschränkung und der tatsächlichen „grenzenlosen“ Verfügbarkeit von Online-Inhalten beim Media-Straming besteht fort.

Es ist daher die Praxis der territorialen Rechtevergabe im Rahmen des Media-Streamings an sich in Frage zu stellen. Eine Ausnahme vom Territorialitätsprinzip durch das Ursprungslandprinzip ist grundsätzlich geeignet den bestehenden Konflikt zu lösen. Danach beurteilt sich der Urheberschutz ausschließlich nach dem Recht des Ursprungslandes, sodass eine dingliche Beschränkung des Nutzungsrechts ausgeschlossen ist. Entsprechend ist bereits bei der Handlung der Zugänglichmachung ausreichend zu berücksichtigen, dass das Werk in allen Mitgliedstaaten empfangbar ist. Diesen Weg ist der europäische Gesetzgeber bereits im Rahmen der Satellitensendung erfolgreich gegangen. Wie die Ausführungen gezeigt haben, kann das Sendelandprinzip der Satelliten- und Kabelweiterverbreitungsrichtlinie auf die On-Demand-Werkverwertung übertragen werden. Bezüglich des Ortes an dem die Zugänglichmachung stattfindet, kann an den Ort, an den der Streaminganbieter sein Angebot adressiert, angeknüpft werden. Da durch Geoblocking kein absoluter Gebietsschutz hergestellt wird, bleibt eine Verpflichtung zum Einsatz auf schuldrechtlicher Ebene weiterhin möglich.

Fazit

I. Zusammenfassung und Ergebnisse der Untersuchung

Die vorliegende Arbeit widmete sich im Kern der Fragestellung der technischen und rechtlichen Einordnung des Geoblockings im Kontext von Media-Streaming und territorialer Rechtevergabe. Einerseits wurde zu diesem Zweck das Media-Streaming aus urheberrechtlicher und vertragsrechtlicher Sicht untersucht mit dem Fokus auf die Rechtsbeziehungen zwischen Urheber, Verwerter und Nutzer. Andererseits wurde der Einsatz von Geoblocking und der Schutz vor Umgehung innerhalb dieser Rechtsbeziehungen betrachtet. Dies führte zur Untersuchung der Frage nach einem angemessenen Urheberschutz sowie der Reichweite des Nutzungsrechts der öffentlichen Zugänglichmachung innerhalb der EU.

Der Untersuchung vorangestellt, erfolgte im ersten Kapitel die technische Darstellung des Media-Streamings und Geoblockings. Kapitel zwei stellte die Grundlagen des deutschen, europäischen und internationalen Urheberrechts dar. Im Rahmen dessen erfolgte eine Abgrenzung zwischen Territorialitätsprinzip und Universalitätsprinzip. Entsprechend dem nach herrschender und hier vertretener Auffassung gültigen Territorialitätsprinzip und dem Schutzlandprinzip als dessen sachrechtliche Folge, gelten Schutzrechte territorial beschränkt, entsprechend nationalen Urheberrechts.

Kapitel drei untersuchte die Werkverwertung im Kontext des Media-Streamings. Sie erfolgt durch Vervielfältigung (§ 16 UrhG) und öffentliche Zugänglichmachung (§ 19a UrhG), nicht jedoch durch Verbreitung (§ 17 UrhG) oder Sendung (§ 20 UrhG). Die körperliche Werkverwertung durch Vervielfältigung i. S. v. § 16 UrhG, erfasst nach hier vertretener

A.-L. Wirz, *Media-Streaming und Geoblocking*, Juridicum – Schriften zum Medien-, Informations- und Datenrecht, https://doi.org/10.1007/978-3-658-26083-5_10

Ansicht auch die sukzessive, chronologisch geordnete und flüchtige Vervielfältigung von an sich nicht schutzfähigen Werkteilen. Die Werkverwertung von Film- und Musikwerken erfolgt durch eine Segmentierung der Nutzungsrechte in zeitlicher und geografischer Hinsicht. Eine geografische Segmentierung kann (aktuell) beim Media-Streaming in der Praxis nur durch Geoblocking erreicht werden.

Wie Geoblocking innerhalb der einzelnen Rechtsbeziehungen beim Media-Streaming durchgesetzt wird, ist sodann Gegenstand der Untersuchung in Kapitel vier gewesen. Dabei wurden die jeweiligen Rechtsbeziehungen im Dreiecksverhältnis Rechtsinhaber, Streaminganbieter und Nutzer näher untersucht. Gegenüber anderen Formen der Werkverwertung stellt Media-Streaming eine nach der Verkehrsanschauung hinreichend klar abgrenzbare, wirtschaftlich-technisch eigenständige, konkrete Art und Weise der Nutzung dar, weshalb es als eine eigenständige Nutzungsart innerhalb von § 19a UrhG anzusehen ist. Das gilt hingegen nicht für die mit dem Streamingvorgang einhergehende Vervielfältigung auf dem Anbieterserver, den Abruf des Werkes durch den Nutzer, die sich daran anschließende Werkübertragung und die Vervielfältigung beim Nutzer. Die Nutzungsrechtseinräumung unterliegt grundsätzlich der Vertragsfreiheit und bestimmt sich nach §§ 31 ff. UrhG. Im Rahmen der üblichen territorialen Rechtevergabe bei der Auswertung von audio- und audiovisuellen Werken, wird das Nutzungsrecht auf einen geografischen Raum beschränkt. Dies ist gem. § 31 Abs. 1 UrhG mit dinglicher Wirkung möglich. Einer Verpflichtung zum Einsatz von Geoblocking kommt nach hier vertretener Ansicht aber keine dingliche Wirkung zu, da sie ungeachtet eines dinglich beschränkten Nutzungsrechts, lediglich ein technisches Mittel zur Rechtsicherung darstellt. Sie gilt daher nur zwischen Rechtsinhaber und Streaminganbieter.

Als Bestandteil der Vertragsbeziehungen, spielt Geoblocking beim Media-Streaming eine entscheidende Rolle. Kapitel fünf war daher der Frage nach der rechtlichen Zulässigkeit einer solchen schuldrechtlichen Vereinbarung gewidmet. Es konnte weder ein Konflikt mit der Dienst- oder Warenverkehrsfreiheit, noch mit Wettbewerbs- oder AGB-Recht festgestellt werden. Zur umfassenden Beurteilung der rechtlichen Zulässigkeit von Geoblocking wurde anschließend eine Betrachtung im Lichte der Rechtsprechung des *EuGH* vorgenommen. Die Möglichkeit territorialer Rechteverwertung wurde durch die Coditel-Entscheidung grundsätzlich bestätigt, aber durch die *EuGH*-Entscheidung im Fall FAPL und Murphy wieder eingeschränkt. Vertragliche Beschränkungen, durch die ein absoluter Gebietsschutz entsteht, der jede Form von Wettbewerb unterbindet, ohne dass besondere rechtfertigende Umstände vorliegen, sind danach unzulässig. Grundlage der Entscheidung bildete die Satellitenrundfunk- und Kabelweiterverbreitungsrichtlinie wonach die Verwertungshandlung der Satellitensendung nur in dem Land vorliegt, in dem das Signal zum Satelliten gesendet wird. Ob die Grundsätze des *EuGH* im Fall FAPL und Murphy auf das Geoblocking übertragbar sind, war sodann Gegenstand der Untersuchung. Im Ergebnis wurde eine Übertragbarkeit hier abgelehnt. Beim Media-Streaming existiert eine der Satellitenrundfunk- und Kabelweiterverbreitungsrichtlinie vergleichbare gesetzliche Einschränkung des Territorialitätsprinzips nicht. Eine dingliche Beschränkung des Nutzungsrechts ist möglich und für eine angemessene Vergütung im bisherigen System territorialer Segmentierung von Film- und Musikwerken auch erforderlich. Geoblocking ist als schuldrechtliche Vereinbarung lediglich eine technische Maßnahme zur Absicherung der zulässigen dinglichen Nutzungsrechtsbeschränkung und geht damit gerade nicht über den spezifischen Gegenstand des Urheberrechts hinaus. Die Untersuchung hat damit ergeben, dass der Zulässigkeit einer schuldrechtlichen Vereinbarung keine rechtlichen Bedenken entgegenstehen. Geoblocking ist grundsätzlich vereinbar mit geltendem Recht.

Kapitel sechs widmete sich der Frage nach den Auswirkungen der Umgehung von Geoblocking. Gegen den Streaminganbieter kann der Rechtsinhaber weder nach §§ 1004 Abs. 1, 823 Abs.2 S. 1 BGB i. V. m. § 95a UrhG noch nach §§ 97, 19a UrhG vorgehen. Für einen dementsprechenden Anspruch auf Unterlassung oder Schadensersatz fehlt es bei Umgehung des Nutzers bezüglich § 95a UrhG an der objektiven Voraussetzung der Umgehungshandlung durch den Streaminganbieter und bezüglich § 19a UrhG am Vorliegen einer Öffentlichkeit im Sinne der Vorschrift. Bei Verletzung einer Pflicht aus dem Schuldverhältnis kommen aber vertragsrechtliche Ansprüche im Rahmen der allgemeinen Regelungen des BGB in Betracht. Obwohl eine direkte Anwendbarkeit des § 95a UrhG aufgrund des Wortlauts von § 95a Abs. 2 S. 2 UrhG ausscheidet – der Rechtsinhaber betreibt das Geoblocking nicht selber – steht dem Rechtsinhaber gegen den Nutzer ein Anspruch gem. §§ 1004 Abs. 1, 823 Abs. 2 S. 1 BGB i. V. m. § 95a UrhG analog zu, wenn dieser Geoblocking umgeht. Allerdings scheitert der dem Rechtsinhaber zustehende Anspruch an seiner Durchsetzbarkeit. Ein Anspruch aus §§ 97, 16 UrhG steht ihm darüber hinaus nicht zu, denn die durch legale Streamingangebote entstehende Vervielfältigung beim Nutzer ist regelmäßig von der Schranke des § 53 Abs. 1 S. 1 UrhG, in jedem Fall aber von der Schranke des § 44a Nr. 2 UrhG, geschützt. Nach hier vertretener Ansicht erfasst nämlich § 44a Nr. 2 UrhG gerade auch Vervielfältigungen, die der urheberrechtsfreien Nutzung dienen. Zwischen Streaminganbieter und Nutzer besteht ein Vertragsverhältnis, sodass sich die dem Streaminganbieter zustehenden vertragsrechtlichen Ansprüche aus den schuldrechtlichen Regelungen ergeben. Urheberrechtliche Ansprüche kann der Streaminganbieter hingegen nicht geltend machen. Ein Anspruch aus §§ 1004 Abs. 1, 823 Abs. 2 S. 1 BGB i. V. m. § 95a UrhG scheitert an der Aktivlegitimation des Streaminganbieters, da er nicht Rechtsinhaber i. S. v. § 95a Abs. 1 UrhG ist. Strafrechtliche Konsequenzen ergeben sich bei Umgehung von Geoblocking durch den Nutzer nach hier vertretener Ansicht nicht.

Kapitel sieben widmete sich der Frage, ob die zahlreichen gesetzgeberischen Bestrebungen auf europäischer Ebene im Rahmen der DSM-Strategie der Europäischen Kommission geeignet sind, die beim Media-Streaming und dem Einsatz von Geoblocking bestehenden Rechtsunsicherheiten zu beseitigen und einen angemessenen Schutz des Rechtsinhabers sicherzustellen. Im Ergebnis wurde das verneint. Das Problem der territorialen Rechtevergabe bei gleichzeitiger grenzüberschreitender Online-Verfügbarkeit wurde konsequent von den europarechtlichen Neuerungen zum grenzüberschreitenden Handel im digitalen Raum ausgenommen. Die einzige Ausnahme bildet die PortabilitätsVO, die sich ausdrücklich dem Geoblocking beim Media-Streaming widmet. Schwerpunkt der Verordnung bildet die Portabilität von Online-Inhalten über Landesgrenzen hinweg und damit vor allem der Verbraucherschutz. Zwar regelt die Portabilitätsverordnung eine Ausnahme vom Schutzlandprinzip zugunsten eines abgeschwächten Herkunftslandprinzips, allerdings bleibt die territoriale Rechtevergabe im Übrigen unberührt. Damit kann Geoblocking grundsätzlich auch nach Inkrafttreten der Portabilitätsverordnung zur Sicherung räumlich beschränkter Nutzungsrechte eingesetzt werden. Die PortabilitätsVO verstärkt die bestehenden Rechtsunsicherheiten bei der Werkverwertung durch öffentliches Zugänglichmachen.

Der Rechtsinhaber sieht sich damit nach wie vor dem Problem gegenüber, dass das Urheberrecht eine dinglich wirkende territoriale Werkverwertung ermöglicht, die durch Geoblocking schuldrechtlich abgesichert werden kann, aber kein effektiver Schutz vor Eingriffen in dieses Recht bei Umgehung besteht. Kapitel acht widmete sich daher der Suche nach geeigneten Mitteln zur Lösung des Konfliktes zwischen der gesetzlich zulässigen dinglich wirkenden territorialen Nutzungsrechtsbeschränkung und der tatsächlichen „grenzenlosen“ Verfügbarkeit von Online-Inhalten beim Media-Straming unter Berücksichtigung der Interessen aller Beteiligten, insbesondere der Interessen der Werkschaffenden. Ein geeignetes Mittel konnte vorliegend nicht gefunden werden. Es stellte sich daher die Frage, ob die Praxis der territorialen Rechtevergabe als Ursprung des Konfliktes im Rahmen des Media-Streamings aufrecht erhalten werden kann. Als Alternative kommt eine Ausnahme vom Territorialitätsprinzip durch das Ursprungslandprinzip in Betracht. Ist nur das Recht desjenigen Mitgliedstaates betroffen, in dem die Handlung der öffentlichen Zugänglichmachung erfolgt, ist eine dingliche Beschränkung des Nutzungsrechts ausgeschlossen. Dadurch muss bereits bei der Handlung der Zugänglichmachung ausreichend berücksichtigt werden, dass das Werk in allen Mitgliedstaaten empfangbar ist. Dieser Lösungsweg orientiert sich an der Satellitenrundfunk- und Kabelweiterverbreitungsrichtlinie, wonach Nutzungsrechte an einem Werk bei Satellitensendungen nicht mit dinglicher Wirkung auf einen Mitgliedstaat beschränkt werden können, vertragliche Beschränkungen aber weiterhin möglich sind, solange kein absoluter Gebietsschutz entsteht. Zur Schaffung von Rechtssicherheit und Sicherung einer angemessenen Vergütung des Urhebers sowie zur Stärkung des Binnenmarktes, ist nach hier vertretener Auffassung, aufgrund der grenzüberschreitenden Verfügbarkeit von Media-Streaming-Angeboten, das Sendelandprinzip der Satelliten- und Kabelweiterverbreitungsrichtlinie auf die On-Demand-Werkverwertung übertragbar. Es ist dann bereits bei Einräumung des Nutzungsrechts das erweiterte Empfangsgebiet des Media-Streams beim Lizenzpreis zu berücksichtigen. Das Problem des fehlenden durchsetzbaren Schutzes vor Umgehung von Geoblocking wird damit obsolet. Als Vorlage zur Umsetzung kann das im Vorschlag zur SatKab-VO enthaltene Ursprungslandprinzip dienen. Problematisch ist insoweit lediglich, an welchem Ort die Zugänglichmachung stattfindet. Bevorzugt ist nach hier vertretener Ansicht an den Ort, an den der Streaminganbieter sein Angebot adressiert, anzuknüpfen. Für das Geoblocking hat eine Anwendung des Ursprungslandprinzips geringe Auswirkungen, denn auf schuldrechtlicher Ebene bleibt der Einsatz von Geoblocking weiterhin möglich, da kein absoluter Gebietsschutz hergestellt wird.

II. Abschlussbetrachtung

Die mit dieser Untersuchung vorgenommene urheberrechtliche Einordnung des Media-Streamings hat gezeigt, dass Werke durch Art. 3 InfoSoc-RL bzw. § 19a UrhG dem Grunde nach ausreichend vor unrechtmäßiger öffentlicher Zugänglichmachung geschützt sind. Allerdings stößt der Urheberschutz durch die territoriale Rechtesegmentierung beim Media-Streaming an seine Grenzen. Das Urheberrecht in seiner aktuellen Form ist nicht in der Lage, den Konflikt zwischen dinglich wirkenden territorialen Nutzungsrechtsbeschränkungen und faktisch „grenzenloser" Verfügbarkeit von Online-Inhalten zu lösen. Es besteht hier Reformbedarf.

Wie die vorliegende Untersuchung gezeigt hat, ist trotz vehementer Kritik aus dem Schrifttum, eine Anwendung des Ursprungslandprinzips in Anlehnung an die Satellitenrundfunk- und Kabelweiterverbreitungsrichtlinie auf das Media-Streaming sinnvoll. Das gilt insbesondere zugunsten der Rechtssicherheit und einer angemessenen Vergütung des Urhebers.

Bestärkt durch das europäische Binnenmarktziel und zunehmender Europäisierung ist darüber hinaus ein größtmöglicher Abbau von Hindernissen, die eine grenzüberschreitende Werkverwertung verhindern, anzustreben. Dazu kann die Satellitenrundfunk- und Kabelweiterverbreitungsrichtlinie als erfolgreiches Beispiel vorangehen.

Die DSM-Strategie und die damit verknüpfte verstärkte Förderung des Binnenmarktziels der Europäischen Kommission zeigt, dass auch der europäische Gesetzgeber Handlungsbedarf für den grenzüberschreitenden Handel mit digitalen Gütern sieht. Auf lange Sicht ist daher eine entsprechende Urheberrechtsreform auf Europaebene zu erwarten und auch zu begrüßen.

Literaturverzeichnis

Ahlberg, Hartwig/Götting, Horst-Peter (Hrsg.), Urheberrecht, Beck'scher Online-Kommentar, München 20. Edition - Stand: 20.4.2018 (zitiert: Bearbeiter, in: Ahlberg/Götting).

Ahrens, Hans-Jürgen/McGuire, Mary-Rose, Modellgesetz für geistiges Eigentum, Normtext und Begründung, München 2012.

Aksoy, Asu/Robins, Kevin, Hollywood for the 21st century: global competition for critical mass in image markets, in: Cambridge Journal Of Economics 1992 (Vol. 16, Issue 1), 1–22.

Al-Fannah, Nasser Mohammed/Li, Wanpeng, Not All Browsers are Created Equal: Comparing Web Browser Fingerprintability, in: **Obana, Satoshi/Chida, Koji (Hrsg.):** Advances in information and computer security, Cham 2017, 105–120.

Albrecht, Martin von, Praxis der Rechtevergabe im Online-Bereich, Ein Beitrag aus der Sicht privater Sendeunternehmen, in: ZUM 2011, 706–713.

Albrecht, Martin von/Mutschler-Siebert, Annette/Bosch, Tobias, Die Murphy-Entscheidung und ihre Auswirkungen auf Sport- und Filmlizenzen im Online-Bereich, Die exklusive territoriale Rechtevergabe ist kein Modell der Vergangenheit! in: ZUM 2012, 93–100.

Arlt, Christian, Digital Rights Management-Systeme, Begriff, Funktion und rechtliche Rahmenbedingungen nach den jüngsten Änderungen des UrhG - insbesondere zum Verhältnis der §§ 95a ff. UrhG zum Zugangskontrolldiensteschutzgesetz (ZKDSG), in: GRUR 2004, 548–554.

Arlt, Christian, Ansprüche des Rechteinhabers bei Umgehung seiner technischen Schutzmaßnahmen, in: MMR 2005, 148–155.

A.-L. Wirz, *Media-Streaming und Geoblocking*, Juridicum – Schriften zum Medien-, Informations- und Datenrecht, https://doi.org/10.1007/978-3-658-26083-5

Arlt, Christian, Digital Rights Management Systeme, Der Einsatz technischer Maßnahmen zum Schutz digitaler Inhalte, Dissertation Georg-August-Universität, Göttingen 2006.

Arnold, Bernhard, Das Verbot von Umgehungsmitteln – § 95a UrhG erstmals auf dem Prüfstand beim BGH, in: NJW 2008, 3545–3546.

Arnold, Bernhard/Timmann, Tobias, Ist die Verletzung des § 95a Abs. 3 UrhG durch den Vertrieb von Umgehungsmitteln keine Urheberrechtsverletzung? in: MMR 2008, 286–291.

Auer-Reinsdorff, Astrid/Conrad, Isabell, Handbuch IT- und Datenschutzrecht, 2. Auflage, München 2016.

Ballhaus, Werner/Song, Bin/Stöter, Judith, Video-on-Demand: Der digitale Wandel revolutioniert die Home-Entertainment-Branche, PwC - Media Trend Outlook, Düsseldorf ⟨URL: www.pwc.de/media-trend-outlook⟩ – Zugriff am 28.2.2019.

Bamberger, Heinz Georg/Roth, Herbert/Hau, Wolfgang/Poseck, Roman (Hrsg.), BGB, Beck'scher Online-Kommentar, München 46. Edition - Stand: 1.5.2018 (zitiert: Bearbeiter, in: Bamberger/Roth).

Baumann, Hendrik/Hofmann, Ruben, Gebietssicherungsklauseln in Verträgen zur grenzüberschreitenden Satellitensendung im Spannungsverhältnis zwischen Urheber- und Kartellrecht, Zugleich Anmerkung zu EuGH ZUM 2011, 803, in: ZUM 2011, 890–896.

Baun, Christian, Computernetze kompakt, 3. Auflage, Berlin 2015.

Beljin, Saša, Die Zusammenhänge zwischen dem Vorrang, den Instituten der innerstaatlichen Beachtlichkeit und der Durchführung des Gemeinschaftsrechts, in: EuR 2002, 351–376.

Berauer, Wilfried, Filmstatistisches Jahrbuch 2017, 1. Auflage, Baden-Baden 2017.

Bobo, Frank, You can really do that? - The power of Geolocation technology, in: Clientside News November/Dezember 2010 (6), 6–9.

Boehm, Franziska, Herausforderungen von Cloud Computing-Verträgen: Vertragstypologische Einordnung, Haftung und Eigentum an Daten, in: ZEuP 2016, 358–387.

Bomnüter, Udo/Scheller, Patricia, Filmfinanzierung, Strategien im Ländervergleich: Deutschland, Frankreich, Großbritannien und USA, 2. Auflage, Baden-Baden 2014.

Bormann, Carsten/Ott, Jörg, Konzepte der Internet-Technik, Berlin 2002.

Boytha, György, Zur Entwicklung des Urheberrechts in der Europäischen Union, in: MR-Int. 2008, 53–58.

Breustedt, Hannes, Attacke auf Netflix: Milliarden-Schlacht um die Streaming-Krone, Hannover 2017 ⟨URL: https://heise.de/-3862232⟩ – Zugriff am 28.2.2019.

Brost, stefan, Der lange Schatten von »Murphy« – droht das Ende der Exklusivität nationaler Urheberrechtslizenzen? in: ZUM 2016, 689–699.

Busch, Thomas, Zur urheberrechtlichen Einordnung der Nutzung von Streamingangeboten, in: GRUR 2011, 496–503.

Büscher, Wolfgang/Dittmer, Stefan/Schiwy, Peter (Hrsg.), Gewerblicher Rechtsschutz, Urheberrecht, Medienrecht, Kommentar, Kommentar, 3. Auflage, Köln 2015 (zitiert: Bearbeiter, in: Büscher/Dittmer/Schiwy).

Butscher, Berthold/Moeller, Eckhard/Pusch, Herwart (Hrsg.), Interactive distributed multimedia systems and services, European Workshop IDMS '96, Berlin 1996.

Buyya, Rajkumar/Pathan, Mukaddim/Vakali, Athena, Content Delivery Networks, Band 9, Lecture Notes Electrical Engineering, Berlin 2008.

Calliess, Christian/Ruffert, Matthias (Hrsg.), EUV/AEUV, Das Verfassungsrecht der Europäischen Union mit Europäischer Grundrechtecharta, Kommentar, 5. Auflage, München 2016 (zitiert: Bearbeiter, in: Calliess/Ruffert).

Castendyk, Oliver/Albrecht, Martin v., Der Richtlinienvorschlag der EG-Kommission zum Satellitenfernsehen, Eine Stellungnahme aus der Sicht der Praxis, in: GRUR Int. 1992, 734–739.

Christmann, Sabine, Sonderfragen zur territorialen Rechtevergabe und territorialen Adressierung bei Pay-TV am Beispiel Film und Sport, in: ZUM 2006, 23–32.

Christmann, Sabine, »Murphy«: Zwischen Revolution und Einzelfallentscheidung, in: ZUM 2012, 187–189.

Cisco, Cisco Visual Networking Index: Forecast and Methodology, 2017-2022, San Jose (CA, USA) 2019 ⟨URL: https://www.cisco.com/c/en/us/solutions/collateral/service-provider/visual-networking-index-vni/complete-white-paper-c11-481360.pdf⟩ – Zugriff am 28.2.2019.

Conraths, Timo, Verhältnismäßigkeit technischer Schutzmaßnahmen für Videospiele, Der schmale Grat zwischen Urheber- und Anwenderschutz, in: CR 2018, 170–177.

Dauner-Lieb, Barbara/Langen, Werner (Hrsg.), Schuldrecht, Band 2, Kommentar, 3. Auflage, Baden-Baden 2016 (zitiert: Bearbeiter, in: Dauner-Lieb/Langen).

Davies, Gillian, Urheberrecht in der Informationsgesellschaft: Technische Mechanismen zur Kontrolle privater Vervielfältigung, in: GRUR Int 2001, 915–919.

Degmair, Stephan, Apps - Die schwierige Suche nach dem Vertragspartner, in: K&R 2013, 213–218.

Deibert, Ronald/Palfrey, John/Rohozinski, Rafal/Zittrain, Jonathan (Hrsg.), The Practice and Policy of Global Internet Filtering, Cambridge (MA, USA) 2008.

Dietz, Adolf, Schutz der Kreativen (der Urheber und ausübenden Künstler) durch das Urheberrecht oder Die fünf Säulen des modernen kontinentaleuropäischen Urheberrechts, in: GRUR Int. 2015, 309–319.

Dockins, Kelt, Design Patterns in PHP and Laravel, Berkeley, CA and s.l. 2017.

Dölling, Dieter/Duttge, Gunnar/König, Stefan/Rössner, Dieter/Ambos, Kai/Andrejtschitsch, Jan/Bannenberg, Britta (Hrsg.), Gesamtes Strafrecht, StGB, StPO, Nebengesetze, Handkommentar, 4. Auflage, Baden-Baden 2017 (zitiert: Bearbeiter, in: Dölling/Duttge/König).

Dörr, Renate, Geoblocking und öffentlich-rechtlicher Rundfunk, Die DSM-Strategie oder wie können europäische Inhalte grenzüberschreitend zugänglich gemacht werden? in: ZUM 2015, 954–959.

Dreier, Thomas/Schulze, Gernot (Hrsg.), Urheberrechtsgesetz, Verwertungsgesellschaftenrecht, Kunsturhebergesetz, 6. Auflage, München 2018 (zitiert: Bearbeiter, in: Dreier/Schulze).

Dreyer, Gunda/Kotthoff, Jost/Meckel, Astrid (Hrsg.), Urheberrecht, Urheberrechtsgesetz, Urheberrechtswahrnehmungsgesetz, Kunsturhebergesetz, Kommentar, 3. Auflage, München 2013 (zitiert: Bearbeiter, in: Dreyer/Kothoff/Meckel).

Drobnig, Ulrich, Originärer Erwerb und Übertragung von Immaterialgüterrechten im Kollisionsrecht, in: RabelsZ 1976 (40), 195–208.

Druschel, Johannes, Die Regelung digitaler Inhalte im Gemeinsamen Europäischen Kaufrecht (GEKR), in: GRUR Int 2015, 125–137.

Druschel, Johannes/Lehmann, Michael, "Ein digitaler Binnenmarkt für digitale Güter", in: CR 2016, 244–251.

Duisburg, Hendrik von, Gezielt und preiswert – die Soap im Internet, Werberechtliche Aspekte zu Webisodes, in: ZUM 2011, 141–150.

Eginger, Michael, Die neue Portabilitätsverordnung – Auswirkungen auf die Verbraucherverträge, in: ZUM 2017, 698–712.

Ehle, Kristina/Werner, Jannis, Zum Entwurf einer Portabilitätsverordnung für Online-Inhalte in der EU, Online-Inhalte auf Europareise, in: CR 2016, 376–381.

Enders, Theodor, Digital Rights Management Systeme (DRMS) als besondere Herausforderung an das Urheberrecht, in: ZUM 2004, 593–605.

Engels, Sebastian, Die Vereinbarkeit der territorialen Aufspaltung von Verwertungsrechten mit den europäischen Binnenmarktregeln, Dissertation Humboldt-Universität, Berlin 2016.

Ensthaler, Jürgen, Streaming und Urheberrechtsverletzung, in: NJW 2014, 1553–1558.

Epping, Volker/Hillgruber, Christian (Hrsg.), Grundgesetz, Beck'scher Online-Kommentar, München 37. Edition - Stand: 15.5.2018 (zitiert: Bearbeiter, in: Epping/Hillgruber).

Erdmann, Willi, Urhebervertragsrecht im Meinungsstreit, in: GRUR 2002, 923–931.

Ernst, Hartmut/Schmidt, Jochen/Beneken, Gerd Hinrich, Grundkurs Informatik, Grundlagen und Konzepte für die erfolgreiche IT-Praxis - Eine umfassende, praxisorientierte Einführung, 6. Auflage, Wiesbaden 2016.

Ernst, Stefan, Kopierschutz nach neuem UrhG, Bedeutung und Tragweite des Verbots von Umgehungsmaßnahmen und Hacking-Werkzeugen für die Praxis, in: CR 2004, 39–43.

Ettig, Diana, "Öffentliche Wiedergabe" - das nächste Kapitel, Zugleich Kommentar zu EuGH, Urteil vom 7. 8. 2018 - C-161/17, K&R 2018, 562 ff. (Heft 9), in: K&R 2018, 612–615.

Europäische Kommission, Schaffung eines digitalen Binnenmarkts, Abbau von Schranken, um das Online-Potenzial auszuschöpfen, Luxemburg 2016 ⟨URL: http://ec.europa.eu/newsroom/dae/document.cfm?doc_id=17225⟩ – Zugriff am 28.2.2019.

Europäische Kommission, Strategie für den digitalen Binnenmarkt: Europäische Kommission vereinbart Tätigkeitsbereiche, Brüssel 25.3.2015 ⟨URL: http://europa.eu/rapid/press-release_IP-15-4653_de.htm⟩ – Zugriff am 28.2.2019.

Europäische Kommission, Statement by Vice-President Andrus Ansip at the press conference on the adoption of the Digital Single Market Strategy, Brüssel 28.7.2015 ⟨URL: http://europa.eu/rapid/press-release_SPEECH-15-4926_de.htm⟩ – Zugriff am 28.2.2019.

Eustachi, Wolfgang, Digitale Fernsehtechnik, 1. Auflage, Norderstedt 2014.

Fangerow, Kathleen/Schulz, Daniela, Die Nutzung von Angeboten auf www.kino.to, Eine urheberrechtliche Analyse des Film-Streamings im Internet, in: GRUR 2010, 677–682.

Federrath, Hannes, Geoblocking und die Möglichkeiten der Technik, in: ZUM 2015, 929–932.

Fischer, Walter, Digitale Fernseh- und Hörfunktechnik in Theorie und Praxis, 4. Auflage, München 2016.

Flechsig, Norbert, Grundlagen des Europäischen Urheberrechts, Die Richtlinie zur Harmonisierung des Urheberrechtsschutzes in Europa und die Anforderungen an ihre Umsetzung in deutsches Recht, in: ZUM 2002, 1–21.

Flechsig, Norbert, Wir sind im europäischen Urheberrecht angekommen! in: MMR 2015, 485–486.

Forkel, Hans, Zur dinglichen Wirkung einfacher Lizenzen, in: NJW 1983, 1764–1768.

Fromm, Friedrich Karl/Nordemann, Wilhelm (Hrsg.), Urheberrecht, Kommentar zum Urheberrechtsgesetz, zum Verlagsgesetz und zum Urheberrechtswahrnehmungsgesetz, 12. Auflage, Stuttgart 2018 (zitiert: Bearbeiter, in: Fromm/Nordemann).

Galetzka, Christian/Stamer, Erik, Streaming - aktuelle Entwicklungen in Recht und Praxis - Redtube, kinox.to & Co. in: MMR 2014, 292–298.

Gaster, Jens, Die Erschöpfungsproblematik aus der Sicht des Gemeinschaftsrechts, in: GRUR Int 2000, 571–584.

Gaster, Jens, Das urheberrechtliche Territorialitätsprinzip aus Sicht des Europäischen Gemeinschaftsrechts, in: ZUM 2006, 8–15.

Gerecke, Martin/Crasemann, Frédéric, Geoblocking-Verordnung: Was Händler ab Dezember 2018 beachten müssen, in: GRUR-Prax 2018, 418–420.

Gerlach, Felix-Tessen von, Die urheberrechtliche Bewertung des nichtlinearen Audio-Video Streamings im Internet, Die verschiedenen technischen Verfahren im System und auf dem Prüfstand urheberrechtlicher Verwertungs- und Leistungsschutzrechte, Dissertation Humbold Universität, Berlin 2012.

Gerlach, Tilo, »Making available right« – Böhmische Dörfer? in: ZUM 1999, 278–282.

Gersdorf, Hubertus/Paal, Boris (Hrsg.), Informations- und Medienrecht, Beck'scher Online-Kommentar, München 20. Edition - Stand: 1.5.2018 (zitiert: Bearbeiter, in: Gersdorf/Paal).

Goldsmith, Jack/Sykes, Alan, The Internet and the Dormant Commerce Clause, in: Yale L.J. 110 2001 (5), 785–828.

Götting, Horst-Peter, Urheberrechtliche und vertragsrechtliche Grundlagen, FS Schricker, in: **Beier, Friedrich-Karl (Hrsg.):** Urhebervertragsrecht, Anwalt des Urheberrechts, Festschrift für Gerhard Schricker zum 60. Geburtstag, München 1995, 53–76.

Grabitz, Eberhard/Hilf, Meinhard/Nettesheim, Martin/Athen, Marco (Hrsg.), Das Recht der Europäischen Union, Kommentar, München 65. Ergänzungslieferung - Stand: August 2018 (zitiert: Bearbeiter, in: Grabitz/Hilf/Nettesheim).

Groeben, Hans von der/Schwarze, Jürgen/Hatje, Armin, Europäisches Unionsrecht, Vertrag über die Europäische Union ; Vertrag über die Arbeitsweise der Europäischen Union ; Charta der Grundrechte der Europäischen Union, 7. Auflage, Baden-Baden 2015.

Grünberger, Michael, Bedarf es einer Harmonisierung der Verwertungsrechte und Schranken? in: ZUM 2015, 273–290.

Grünberger, Michael, Die Entwicklung des Urheberrechts im Jahr 2016 – Teil 1, in: ZUM 2017, 324–338.

Grünberger, Michael, Die Entwicklung des Urheberrechts im Jahr 2017 – Teil I, in: ZUM 2018, 271–285.

Grünwald, Andreas/Hackl, Jens, Das Schicksal von Folge- und Ausführungsverträgen mit Kartellanten in der neuesten BGH-Rechtsprechung – ein Systemwechsel? in: NZKart 2017, 508–511.

Grützmacher, Malte, Die juristische Beurteilung von DRM-Maßnahmen und Sperren im Rahmen verschiedener Lizenzmodelle - Teil 1, in: ITRB 2015, 120–123.

Grzeszick, Bernd, Geistiges Eigentum und Art. 14 GG, in: GRUR 2007, 344–354.

Haedicke, Maximilian, Die Umgehung technischer Schutzmaßnahmen durch Dritte als mittelbare Urheberrechtsverletzung, FS Dietz, in: **Ganea, Peter/Dietz, Adolf (Hrsg.):** Urheberrecht gestern - heute - morgen, Festschrift für Adolf Dietz zum 65. Geburtstag, München 2001, 349–364.

Haffner, Marie Charlotte, 3D im Urheberrecht, Eine urheberrechtliche Analyse ausgewählter Verfahren zur Bilderzeugung und -bearbeitung, zur Objektvermessung und - replikation, Dissertation Technische Universität Darmstadt, Darmstadt 2015.

Hahn, Richard, Das Verbotsrecht des Lizenznehmers im Urhebervertragsrecht, Grundlagen, Inhalt, Einräumung und Reichweite, Dissertation, 1. Auflage, Baden-Baden 2007.

Handig, Christian, Urheberrechtliche Aspekte bei der Lizenzierung von Radioprogrammen im Internet, in: GRUR Int 2007, 206–218.

Hannes, Ludyga, YouTube als Täter bei Urheberrechtsverletzungen durch Nutzer, Zugleich Anmerkung zu OLG München ZUM 2016, 447, in: ZUM 2016, 1013–1018.

Hansen, Gerd, Rechtliche Fallstricke trans- bzw. crossmedialer Bewegtbild-Produktionen, Guidelines für die Produzenten medienübergreifend erzählter Inhalte, in: ZUM 2014, 175–186.

Hartlieb, Holger von/Schwarz, Mathias, Handbuch des Film-, Fernseh- und Videorechts, 5. Auflage, München 2011.

Hartmann, Thomas, Weiterverkauf und „Verleih" online vertriebener Inhalte, Zugleich Anmerkung zu EuGH, Urteil vom 3. Juli 2012, Rs. C-128/11 - UsedSoft/Oracle, in: GRUR Int 2012, 980–989.

Hasselblatt, Gordian, Münchener Anwalts-Handbuch gewerblicher Rechtsschutz, 5. Auflage, München 2017.

Heermann, Peter W./Schlingloff, Jochen (Hrsg.), Münchener Kommentar zum Lauterkeitsrecht, Band 1 - Grundlagen des Lauterkeitsrechts, Internationales Wettbewerbs- und Wettbewerbsverfahrensrecht, das Unionsrecht und die UGP-Richtlinie, Vorabentscheidungsverfahren, §§ 1-4 UWG, 2. Auflage, München 2014 (zitiert: Bearbeiter, in: Heermann/Schlingloff, MüKo-UWG).

Heger, Christian, Ausblicke auf das Kino von morgen, in: Media Perspektiven 2011 (12), 608–616 ⟨URL: http://www.ard-werbung.de/fileadmin/user_upload/media-perspektiven/pdf/2011/12-2011_Heger.pdf⟩ – Zugriff am 5.8.2018.

Heidrich, Joerg/Wegener, Christoph, Datenschutzrechtliche Aspekte bei der Weitergabe von IP-Adressen, in: DuD 2010, 172–177.

Hein, Jan von/Limperg, Bettina/Oetker, Hartmut/Rixecker, Roland/Säcker, Franz Jürgen (Hrsg.), Münchener Kommentar zum Bürgerlichen Gesetzbuch, Band 12 - Internationales Privatrecht II, Internationales Wirtschaftsrecht, Einführungsgesetz zum Bürgerlichen Gesetzbuche (Art. 50-253), 7. Auflage, München 2018 (zitiert: Bearbeiter, in: Hein/ Limperg/ Oetker, MüKo-BGB Band 12).

Heine, Robert, Wahrnehmung von Online-Musikrechten durch Verwertungsgesellschaften im Binnenmarkt, Diss., Universität Potsdam, Berlin 2008.

Henssler, Martin/Krüger, Wolfgang (Hrsg.), Münchener Kommentar zum Bürgerlichen Gesetzbuch, Band 4 - Schuldrecht - Besonderer Teil II, 7. Auflage, München 2016 (zitiert: Bearbeiter, in: Henssler/ Krüger, MüKo-BGB Band 4).

Heyde, Johann, Die Portabilitätsverordnung - Auswirkung auf die Lizenzverträge, Vortrag auf dem XXXI. Symposium zum Film- und Medienrecht "Portabilität von Inhalten in Europa - Herausforderung für die Filmwirtschaft" des Instituts für Urheber- und Medienrecht am 30.6.2017 in München, in: ZUM 2017, 712–720.

Hoeren, Thomas, Überlegungen zur urheberrechtlichen Qualifizierung des elektronischen Abrufs, in: CR 1996, 517–521.

Hoeren, Thomas, Entwurf einer EU-Richtlinie zum Urheberrecht in der InformationsgesellschaftÜberlegungen zum Zwischenstand der Diskussion, in: MMR 2000, 515–521.

Hoeren, Thomas, Zoning und Geolocation, Technische Ansätze zu einer Reterritorialisierung des Internet, in: MMR 2007, 3–6.

Hoeren, Thomas/Altemark, Christine, Musikverwertungsgesellschaften und das Urheberrechtswahrnehmungsgesetz am Beispiel der CELAS, in: GRUR 2010, 16–22.

Hoeren, Thomas/Bilek, Julia Ariella, Die territoriale Exklusivitätsvereinbarung bei Fußball-Übertragungen - Ein Modell der Vergangenheit! Zu den Risiken und Nebenwirkungen der EuGH-Urteile vom 4.10.2011 - Rs. C-403/08 und 429/08, in: CR 2011, 735–741.

Hoeren, Thomas/Jakopp, Sebastian, Der Erschöpfungsgrundsatz im digitalen Umfeld, Notwendigkeit eines binnenmarktkonformen Verständnisses, in: MMR 2014, 646–649.

Hoeren, Thomas/Sieber, Ulrich/Holznagel, Bernd, Handbuch Multimedia-Recht, Rechtsfragen des elektronischen Geschäftsverkehrs, München 47. Ergänzungslieferung - Stand: Oktober 2018.

Hoffmann, Jochen, Die Auslegung des Begriffs der "offensichtlich rechtswidrig hergestellten Vorlage" in § 53 Abs. 1 UrhG, in: WRP 2006, 55–61.

Hofmann, Franz, Aktuelle Entwicklungen der Rechtsprechung zum europäischen Urheberrecht, in: EuZW 2018, 517–522.

Hofmann, Franz, Die Systematisierung des Interessenausgleichs im Urheberrecht am Beispiel des Rechts der öffentlichen Wiedergabe, in: ZUM 2018, 641–649.

Holland, Martin, Musik-Streaming: Taylor Swift kehrt zu Spotify zurück, Hannover 2017 ⟨URL: https://heise.de/-3739340⟩ – Zugriff am 28.2.2019.

Holzmüller, Tobias/Lichtenegger, Moritz, Die Premier-League-Entscheidungen des High Court of Justice: Der Anfang vom Ende des Territorialitätsprinzips bei Sportrechten? in: GRUR Int. 2009, 195–201.

Howard, Andrew/Rampton, James, Survey and data gathering to support the evaluation of the Satellite and Cable Directive 93/83/EEC and assessment of its possible extension, Executive Summary; A study prepared for the European Commission by CSES and Ecorys, Brüssel 30.9.2016 ⟨URL: https://ec.europa.eu/digital-single-market/en/news/study-satellite-and-cable-directive⟩ – Zugriff am 5.8.2018.

Hüßtege, Rainer/Mansel, Heinz-Peter/Dauner-Lieb, Barbara (Hrsg.), Rom-Verordnungen, Kommentar, 2. Auflage, Baden-Baden 2015 (zitiert: Bearbeiter, in: Hüßtege/Mansel/Dauner-Lieb).

Immenga, Ulrich/Mestmäcker, Ernst-Joachim (Hrsg.), Wettbewerbsrecht, Kommentar, Band 1, 5. Auflage, München 2012 (zitiert: Bearbeiter, in: Immenga/Mestmäcker).

Jaag, Tobias, Demokratische Legitimation der EU-Außenpolitik nach Lissabon, in: EuR 2012, 309–322.

Jani, Ole, Was sind offensichtlich rechtswidrig hergestellte Vorlagen? – Erste Überlegungen zur Neufassung von § 53 Abs. 1 Satz 1 UrhG, in: ZUM 2003, 842–855.

Jani, Ole, Alles eins? – Das Verhältnis des Rechts der öffentlichen Zugänglichmachung zum Vervielfältigungsrecht, Zugleich Anmerkung zu LG München I ZUM 2009, 788 – myvideo, in: ZUM 2009, 722–730.

Jäschke, Marvin, EU-Verhandlungen: Beendigung des ungerechtfertigten Geoblockings, in: CR 2018, R9.

Jauernig, Othmar (Hrsg.), Bürgerliches Gesetzbuch mit Rom-I-, Rom-II-, Rom-III-VO, EG-UntVO/HUntProt und EuErbVO, Kommentar, 17. Auflage, München 2018 (zitiert: Bearbeiter, in: Jauernig).

Just, Nico/Spahr, Ingo Alexander/Peter, Thomas, Grenzenlos online? Geoblocking im Binnenmarkt - Eine kartellrechtliche Betrachtung, in: KSzW 2015, 307–315.

Kähler, Jan Jelle, Probleme der Praxis beim Rechteerwerb für nonlineare Online-Angebote im öffentlich-rechtlichen Rundfunk, in: ZUM 2016, 417–426.

Kammenhuber, Nils/Fessi, Ali/Carle, Georg, Resilience: Widerstandsfähigkeit des Internets gegen Störungen – Stand der Forschung und Entwicklung, in: Informatik Spektrum 2010 (2, Vol. 33), 131–142.

Kannenberg, Axel, EU-Kommission will Geoblocking im Internet weitgehend abschaffen, Hannover 2015 ⟨URL: https://www.heise.de/newsticker/meldung/EU-Kommission-will-Geoblocking-im-Internet-weitgehend-abschaffen-2584608.html⟩ – Zugriff am 28.2.2019.

Karstens, Eric, Fernsehen digital, Eine Einführung, Wiesbaden 2006.

Katzenberger, Paul, Urheberrechtsfragen der elektronischen Textkommunikation, in: GRUR Int 1983, 895–919.

Katzenberger, Paul, Deutsches Folgerecht und ausländische Kunstauktionen, Zur Anwendbarkeit und zum räumlichen Schutzbereich des § 26 UrhG bei grenzüberschreitenden Veräußerungen von Kunstwerken, in: GRUR Int 1992, 567–588.

Katzenberger, Paul, TRIPS und das Urheberrecht, in: GRUR Int 1995, 447–468.

Kilian, Wolfgang/Heussen, Benno, Computerrechts-Handbuch, Informationstechnologie in der Rechts- und Wirtschaftspraxis, München 34. Ergänzungslieferung, Stand: Mai 2018.

Kirmse, Daniel, Die zivilrechtlichen Rechtsfolgen der Umgehung technischer Schutzmaßnahmen nach § 95a UrhG, Dissertation Universität Leipzig, Leipzig 2009.

Kirn, Stefan/Müller-Hengstenberg, Claus, Überfordert die digitale Welt der Industrie 4.0 die Vertragstypen des BGB? in: NJW 2017, 433–438.

Kirschenhofer, Matthias, Die Verbreitung von Programmen und Territorialitätsprinzip am Beispiel von Film-, Fernseh- und Sportprogrammen – Rechtsfragen im Bereich Sport, in: ZUM 2006, 15–19.

Klass, Nadine, Das Urheberkollisionsrecht der ersten Inhaberschaft, Plädoyer für einen universalen Ansatz, in: GRUR Int 2007, 373–386.

Klett, Alexander/Schlüter, Kathrin, Von dem gut gemeinten, aber nicht immer geglückten Versuch aus Brüssel, das Urheberrecht an das 21. Jahrhundert anzupassen, Der Kommissionsentwurf für eine Richtlinie über das Urheberrecht im digitalen Binnenmarkt, in: WRP 2017, 15–20.

Klickermann, Paul, Urheberschutz bei zentralen Datenspeichern, in: MMR 2007, 7–11.

Kloth, Matthias, Der digitale Zweitmarkt: Aktuelle Entwicklungen zum Weiterverkauf gebrauchter E-Books, Hörbücher und Musikdateien, in: GRUR-Prax 2013, 239–242.

Knies, Bernhard, Redtube.com: Kann denn Streamen Sünde sein? Zur Rechtmäßigkeit privaten Streamens und der Vorlagefrage des OGH in Sachen kino.to/UPC, in: CR 2014, 140–144.

Koch, Frank, Grundlagen des Urheberrechtsschutz im Internet und in Online-Diensten, in: GRUR 1997, 417–430.

Koch, Frank, Der Content bleibt im Netz, Gesicherte Werkverwertung durch Streaming-Verfahren, in: GRUR 2010, 574–578.

Koch, Robert/Golling, Mario/Rodosek, Gabi Dreo, Geolocation and Verification of IP-Addresses with Specific Focus on IPv6, in: **Wang, Guojun/Ray, Indrakshi/Feng, Dengguo/**

Rajarajan, Muttukrishnan (Hrsg.): Cyberspace safety and security, Band 8300, Zhangjiajie (China) 2013, 151–170.

Köhler, Helmut, Das Verhältnis des Wettbewerbsrechts zum Recht des geistigen Eigentums, Zur Notwendigkeit einer Neubestimmung auf Grund der Richtlinie über unlautere Geschäftspraktiken, in: GRUR 2007, 548–554.

König, Michael, Software (Computerprogramme) als Sache und deren Erwerb als Sachkauf, in: NJW 1993, 3121–3124.

Koskenniemi, Martti (Hrsg.), International Law Aspects of the European Union, 1. Auflage, Helsinki 1998.

Kraßer, Rudolf/Ann, Christoph, Patentrecht, Lehrbuch zum deutschen und europäischen Patentrecht und Gebrauchsmusterrecht, 7. Auflage, München 2016.

Kreile, Johannes, Medien ohne Grenzen - Offener Markt: Mögliche Konsequenzen im Bereich Film, in: ZUM 2011, 719–723.

Kreile, Johannes, Ende territorialer Exklusivität – Der EuGH als Totengräber? in: ZUM 2012, 177–187.

Kreile, Reinhold/Becker, Jürgen, Neuordnung des Urheberrechts in der Europäischen Union, in: GRUR Int. 1994, 901–911.

Krempl, Stefan, Internet-TV: EU-Abgeordnete dampfen geplantes Aus für Geoblocking stark ein, Hannover 2017 ⟨URL: http://www.heise.de/-3896923⟩ – Zugriff am 28.2.2019.

Kreutzer, Till, Napster, Gnutella & Co.: Rechtsfragen zu Filesharing-Netzen aus der Sicht des deutschen Urheberrechts de lege lata und de lege ferenda - Teil 1, in: GRUR 2001, 193–204.

Krüger, Stefan/Biehler, Manuel/Apel, Simon, Keine „Used Games" aus dem Netz, Unanwendbarkeit der „UsedSoft"-Entscheidung des EuGH auf Videospiele, in: MMR 2013, 760–765.

Krüger, Wolfgang (Hrsg.), Münchner Kommentar zum Bürgerlichen Gesetzbuch, Band 2, Schuldrecht, Allgemeiner Teil, [§§ 241 - 432], 8. Auflage, München 2019 (zitiert: Bearbeiter, in: Krüger, MüKo-BGB Band 2).

Kurose, James F./Ross, Keith W., Computer networking, A top-down Approach, 6. Auflage, Boston (MS, USA) 2013.

Küveler, Gerd/Schwoch, Dietrich, Informatik für Ingenieure und Naturwissenschaftler, 5. Auflage, Wiesbaden 2007.

Larisch, Dirk, Netzwerktechnik, 2. Auflage, Bonn 2005.

Lehmann, Michael, Digitalisierung, Cloud Computing und Urheberrecht, in: GRUR Int. 2015, 677–680.

Leistner, Matthias/Grisse, Karina, Sperrverfügungen gegen Access-Provider im Rahmen der Störerhaftung (Teil 1), in: GRUR 2015, 19–27.

Leitner, Werner/Rosenau, Henning/Ahlbrecht, Heiko/Burchard, Christoph (Hrsg.), Wirtschafts- und Steuerstrafrecht, Kommentar, 1. Auflage, Baden-Baden 2017 (zitiert: Bearbeiter, in: Leitner/Rosenau/Ahlbrecht).

Leupold, Andreas/Glossner, Silke, Münchener Anwaltshandbuch IT-Recht, 3. Auflage, München 2013.

Lewinski, Silke von, Die diplomatische Konferenz der WIPO 1996 zum Urheberrecht und zu verwandten Schutzrechten, in: GRUR Int 1997, 667–681.

Lindhorst, Hermann, Schutz von und vor technischen Maßnahmen, Dissertation Christian-Albrechts-Universität, Kiel 2002.

Loewenheim, Ulrich, Die Verwertung alter Spielfilme auf DVD - eine noch nicht bekannte Nutzungsart nach § 31 IV UrhG? in: GRUR 2004, 36–41.

Loewenheim, Ulrich, Handbuch des Urheberrechts, 2. Auflage, München 2010 (zitiert: *Loewenheim*, Handbuch des Urheberrechts).

Loewenheim, Ulrich/Meessen, Karl Matthias/Riesenkampff, Alexander/Kersting, Christian/Meyer-Lindemann, Hans Jürgen (Hrsg.), Kartellrecht, Kommentar, 3. Auflage, München 2016 (zitiert: Bearbeiter, in: Loewenheim/Meessen/Riesenkampff).

Lucas, Ina, Zur „Wirksamkeit“ technischer Maßnahmen gemäß § 95a UrhG nach Maßgabe der Richtlinie 2001/29/EG – zugleich eine Darstellung deutscher und finnischer Rechtsprechung, in: GRUR Int. 2017, 114–119.

Lundberg, Jan, EU-Portabilitäts-VO für Online-Inhalte in Kraft, in: CR 2018, R53.

Marktwächter, Online-Befragung zur Nutzung von Streamingdiensten bei vorübergehenden Auslandsaufenthalten in der EU nach Inkrafttreten der PortabilitätsVO, Geoblocking: Weiterhin Probleme beim Streaming im EU-Ausland, Berlin 2018 ⟨URL: https://www.marktwaechter.de/pressemeldung/geoblocking-weiterhin-probleme-beim-streaming-im-eu-ausland⟩ – Zugriff am 28.2.2019.

Marly, Jochen, Rechtsschutz für technische Schutzmechanismen geistiger Leistungen, in: K&R 1999, 106–112.

Marly, Jochen, Der Handel mit so genannter „Gebrauchtsoftware“, in: EuZW 2012, 654–657.

Marly, Jochen, Praxishandbuch Softwarerecht, Rechtsschutz und Vertragsgestaltung, 7. Auflage, München 2018.

Marly, Jochen/Wirz, Anna-Lena, Die Weiterverbreitung digitaler Güter, in: EuZW 2017, 16–19.

Martinek, Michael/Semler, Franz-Jörg/Flohr, Eckhard/Amereller, Florian, Handbuch des Vertriebsrechts, 4. Auflage, München 2016.

Martiny, Miriam, Geoblocking – eine wirksame technische Schutzmaßnahme? Voraussetzungen des §95a UrhG und die Konsequenzen für Nutzer und Rechteinhaber, in: MMR 2016, 579–584.

Martiny, Miriam, Nationale Sperrfristen, territoriale Lizenzen und das Streaming im digitalen Binnenmarkt der EU, in: ZUM 2018, 772–781.

Maunz, Theodor/Dürig, Günter (Hrsg.), Grundgesetz, Kommentar, München 84. Ergänzungslieferung - Stand: August 2018 (zitiert: Bearbeiter, in: Maunz/Dürig).

Mayer, Franz/Ermes, Marina, Rechtsfragen zu den EU-Freihandelsabkommen CETA und TTIP, in: ZRP 2014, 237–240.

Mayer, Hans-Peter, Richtlinie 2001/29/EG zur Harmonisierung bestimmter Aspekte des Urheberrechts und der verwandten Schutzrechte in der Informationsgesellschaft, in: EuZW 2002, 325–329.

McGuire, Mary-Rose, Nutzungsrechte an Computerprogrammen in der Insolvenz, Zugleich eine Stellungnahme zum Gesetzentwurf zur Regelung der Insolvenzfestigkeit von Lizenzen, in: GRUR 2009, 13–22.

Meese, James/Lobato, Ramon (Hrsg.), Geoblocking and global video culture, Band 18, Theory on demand, Amsterdam 2016.

Melichar, Ferdinand, Anmerkung zu OLG München, Urteil vom 29. April 2010 – 29 U 3698/09, in: ZUM 2010, 713–715.

Merkel, Klaus, Einführung in die technischen Hintergründe der Ausstrahlung von Fernsehsendungen über Satellit, in: ZUM 2002, 674–680.

Mestmäcker, Ernst-Joachim/Schweitzer, Heike, Europäisches Wettbewerbsrecht, 3. Auflage, München 2014.

Meyer, Christoph, Die Privatkopie nach Umsetzung des Regierungsentwurfs zur Regelung des Urheberrechts in der Informationsgesellschaft, Verkommt der Begriff "Recht zur Privatkopie" zum bloßen Euphemismus? in: CR 2003, 274–281.

Mitsdörffer, Sven/Gutfleisch, Ulf, „Geo-Sperren" – wenn Videoportale ausländische Nutzer aussperren, Eine urheberrechtliche Betrachtung, in: MMR 2009, 731–735.

Müller, Stefan, Rechtewahrnehmung durch Verwertungsgesellschaften bei der Nutzung von Musikwerken im Internet, in: ZUM 2009, 121–131.

Müller-Hengstenberg, Claus Dieter, Vertragstypologie der Computersoftwareverträge, Eine kritische Auswertung höchstrichterlicher Rechtsprechung zum alten Schuldrecht für die Beurteilung nach neuem Schuldrecht, in: CR 2004, 161–166.

Nazari-Khanachayi, Arian, Access-Provider als urheberrechtliche Schnittstelle im Internet, Europarechtliche Vorgaben im Hinblick auf Zugangserschwerungsverfügungen und Lösungsansätze für das deutsche Recht de lege ferenda, in: GRUR 2015, 115–122.

Neuhaus, Paul Heinrich, Freiheit und Gleichheit im internationalen Immaterialgüterrecht, in: RabelsZ 1976 (40), 191–195.

Neumaier, Sven-Uwe, Die gezielte grenzüberschreitende Satellitensendung – kein Eingriff in das Urheberrecht des Empfangslandes? Zugleich Anmerkung zu Schweizerisches Bundesgericht, Urteil vom 12. Januar 2010 – 4A 203/2009 – Métropole Télévision/Société Suisse de radiodiffusion et télévision, in: ZUM 2011, 36–42.

Obergfell, Eva Inés, Auf der Suche nach der fairen Balance, Ein Lehrstück zur Austarierung der Parteiinteressen im Urhebervertragsrecht, FS Schulze, in: **Dreier, Thomas (Hrsg.):** Anwalt des Urheberrechts, Festschrift für Gernot Schulze zum 70. Geburtstag, München 2017, 275–282.

Obermann, Kristof/Horneffer, Martin, Datennetztechnologien für Next Generation Networks, Ethernet, IP, MPLS und andere, 2. Auflage, Wiesbaden 2013.

Oettinger, Günther, Strategie für einen digitalen europäischen Binnenmarkt, in: K & R 2015 (9), Editorial.

Ohly, Ansgar, Urheberrecht in der digitalen Welt - Brauchen wir neue Regelungen zum Urheberrecht und zu dessen Durchsetzung? in: NJW-Beil. 2014, 47–50.

Ohly, Ansgar, Geoblocking zwischen Wirtschafts-, Kultur-, Verbraucher- und Europapolitik, in: ZUM 2015, 942–950.

Olenhusen, Albrecht Götz von , Der Gesetzentwurf für ein Urhebervertragsrecht, in: ZUM 2000, 736–739.

Pache, Eckhard/Rösch, Franziska, Der Vertrag von Lissabon, in: NVwZ 2008, 473–480.

Pahlow, Louis, Das einfache Nutzungsrecht als schuldrechtliche Lizenz, in: ZUM 2005, 865–874.

Palandt, Otto, Bürgerliches Gesetzbuch mit Nebengesetzen, Kommentar, 78. Auflage, München 2019.

Pech, Sebastian, Vertragstypologische Einordnung von Verträgen über digitale Inhalte, in: **Hennemann, Moritz/Sattler, Andreas (Hrsg.)**: Immaterialgüter und Digitalisierung, Junge Wissenschaft zum Gewerblichen Rechtsschutz, Urheber- und Medienrecht, Baden-Baden 2017, 121–144.

Peifer, Karl-Nikolaus, Please Take Your Personal Belongings with you - Portabilität und Zugang als Paradigmen für Verträge über digitale Güter, Modellhafte Lösungsansätze des Entwurfs einer EU-Portabilitätsverordnung, in: AfP 2017, 8–13.

Peterson, Larry L./Davie, Bruce S., Computernetze, Eine systemorientierte Einführung, Heidelberg 2008.

Petry, Jens, Schutzland oder Ursprungsland – Wer bestimmt den Urheber nach der Revidierten Berner Übereinkunft? in: GRUR 2014, 536–539.

Pfitzmann, Andreas/Köpsell, Stefan/Kriegelstein, Thomas, Sperrverfügungen gegen Access-Provider, Technisches Gutachten, Dresden ⟨URL: https://gluecksspiel.uni-hohenheim.de/fileadmin/einrichtungen/gluecksspiel/Regulierung/20080428_technisches_Gutachten_Sperrvervuegungen.pdf⟩ – Zugriff am 5.8.2018.

Pleister, Christian/Ruttig, Markus, Neues Urheberrecht - neuer Kopierschutz, Anwendungsbereich und Durchsetzbarkeit des § 95a UrhG, in: MMR 2003, 763–767.

Pohle, Jan/Ammann, Thorsten, Software as a Service - auch rechtlich eine Evolution? in: K & R 2009, 625–631.

Poll, Günter, Neue internetbasierte Nutzungsformen, Das Recht der Zugänglichmachung auf Abruf (§ 19a UrhG) und seine Abgrenzung zum Senderecht (§§ 20, 20b UrhG), in: GRUR 2007, 476–483.

Pour Rafsendjani, Mansur, Die europäische Geoblocking-Verordnung und ihre Auswirkung auf Vertriebsverträge, in: ZVertriebsR 2018, 210–217.

Radke, Jeremias, Netflix verweigert VPN-Zugriff, Hannover 2016 ⟨URL: https://www.heise.de/newsticker/meldung/Netflix-verweigert-VPN-Zugriff-3119653.html⟩ – Zugriff am 28.2.2019.

Radmann, Friedrich, Kino.ko – Filmegucken kann Sünde sein, in: ZUM 2010, 387–392.

Ranke, Johannes/Glöckler Moritz, Grenzüberschreitende Portabilität von Online-Inhaltediensten im Binnenmarkt, Auswirkung auf Vereinbarungen von territorialen Lizenzen, in: MMR 2017, 378–382.

Ratjen, Eckhard/Langer, Eva, Die räumliche Aufspaltung von Filmlizenzen am Beispiel der Vergabe der Medienrechte der Deutschen Fußball Liga, Die schuldrechtliche und dingliche Wirkung von territorialen Nutzungsrechtseinräumungen und ihre Vereinbarkeit mit europäischem Recht, in: ZUM 2012, 299–306.

Raue, Benjamin, Kein öffentliches Zugänglichmachen eines urheberrechtlich geschützten Gegenstands durch Vorhalten auf dem eigenen Server? Anmerkung zu GA Sánchez-Bordona, Schlussanträge vom 25.4.2018 – C-161/17 – Cordoba (ZUM 2018, 506), in: ZUM 2018, 517–519.

Rauer, Nils/Ettig, Diana, Europäische Urheberrechtsreform X.0 - Weitere Schritte hin zu einem modernisierten Urheberrecht, in: K & R 2017, 7–13.

Rauer, Nils/Kaase, Lea, „Reda-Bericht“: Ansätze für eine Reform des europäischen Urheberrechts, in: GRUR-Prax 2015, 364–366.

Rauer, Nils/Vonau, Eva, Urheberrechtsreform II: Ein Blick auf die kürzlich veröffentlichten Dokumente, in: GRUR-Prax 2016, 430–432.

Reber, Nikolaus, Das neue Urhebervertragsrecht, Der Gesetzesentwurf zur Stärkung der vertraglichen Stellung von Urhebern und ausübenden Künstlern - die angemessene Beteiligung der Kreativen in den Medien!? in: ZUM 2000, 729–736.

Redeker, Helmut, Wer ist Eigentümer von Goethes Werther? in: NJW 1992, 1739–1740.

Reimer, Dietrich, Schranken der Rechtsübertragung im Urheberrecht, in: GRUR 1962, 619–635.

Reimer, Dietrich, Urheberrechtsfragen der neuen audio-visuellen Medien, in: GRUR Int 1973, 315–324.

Reimers, Ulrich, DVB - Digitale Fernsehtechnik, Datenkompression und Übertragung, 3. Auflage, Berlin 2008.

Reinbacher, Tobias, Zur Strafbarkeit des Streamings und der Umgehung von Geo-IP-Sperren durch private Nutzer, in: HFR 2012, 179–189.

Reinbothe, Jörg, Der Schutz des Urheberrechts und der Leistungsschutzrechte im Abkommensentwurf GATT/TRIPs, in: GRUR Int 1992, 707–715.

Reinbothe, Jörg, Die EG-Richtlinie zum Urheberrecht in der Informationsgesellschaft, in: GRUR Int 2001, 733–745.

Riesenhuber, Karl, Die öffentliche Kabelweitersendung, Eine Untergrenze von 75 Wohneinheiten gibt es nicht, in: ZUM 2012, 433–444.

Riggert, Wolfgang/Märtin, Christian/Lutz, Michael, Rechnernetze, Grundlagen ; Ethernet ; Internet, 5. Auflage, München 2014.

Roos, Philipp, Grenzenloses Streaming? Die Portabilitätsverordnung als Teil der europäischen Urheberrechtsreform, in: MMR 2017, 147–152.

Rothermel, Martin/Schulz, Wolfgang, Die neue Geoblocking-Verordnung – Grundlagen, Fragen und Schnittstellen, in: K&R 2018, 444–449.

Rudl, Tomas, Ärgernis Geoblocking: EU-Parlament setzt ersten Schritt zur Abschaffung, 2017 ⟨URL: https://netzpolitik.org/2017/aergernis-geoblocking-eu-parlament-setzt-ersten-schritt-zur-abschaffung/⟩ – Zugriff am 28.2.2019.

Rudl, Tomas, Türkei baut Google-Alternative mit nationalen Werten, Berlin 2017 ⟨URL: https://netzpolitik.org/2017/tuerkei-baut-google-alternative-mit-nationalen-werten/⟩ – Zugriff am 28.2.2019.

Rumphorst, Werner, Satellitenfernsehen und Urheberrecht, Kritische Anmerkungen zur sogenannten Theorie des intendierten Sendegebietes, in: GRUR Int 1992, 910–912.

Rumphorst, Werner, Erwerb des Satellitensenderechts für ein bestimmtes Territorium? in: GRUR Int 1993, 934–935.

Rupp, Martin, Die Richtlinie über Verwertungsgesellschaften und Mehrgebietslizenzen, Ein europäischer Rahmen für das Recht der kollektiven Wahrnehmung von Urheberrechten, in: MMR 2014, 217–221.

Sack, Rolf, Der Erschöpfungsgrundsatz im deutschen Immaterialgüterrecht, in: GRUR Int 2000, 610–616.

Sack, Rolf, Das internationale Wettbewerbs- und Immaterialgüterrecht nach der EGBGB-Novelle, in: WRP 2000, 269–289.

Safron, Johannes, Die neue Verordnung gegen Geoblocking - Eine verpasste Chance? in: Wbl 2016, 417–426.

Schack, Haimo, Internationale Urheber-, Marken- und Wettbewerbsrechtsverletzungen im InternetInternationales Privatrecht, in: MMR 2000, 59–65.

Schack, Haimo, Neuregelung des Urhebervertragsrechts, Kritische Anmerkungen zum Professorenentwurf, in: ZUM 2001, 453–466.

Schack, Haimo, Rechtsprobleme der Online-Übermittlung, in: GRUR 2007, 639–645.

Schack, Haimo, Urheber- und Urhebervertragsrecht, 8. Auflage, Tübingen 2017.

Schaefer, Martin, Alles oder nichts! Erwiderung auf Jani, Alles eins? – Das Verhältnis des Rechts der öffentlichen Zugänglichmachung zum Vervielfältigungsrecht, ZUM 2009, 722, in: ZUM 2010, 150–155.

Schafdecker, Julia, EU-Parlament: Befürwortung der territorialen Rechtewahrnehmung bei Online-TV- und Radioprogrammen (Entwurf SatCab-Verordnung), in: CR 2018, R8–R9.

Scheuch, Brian, Klage gegen Einordnung von Streamingformaten als Rundfunk, in: ITRB 2018, 150.

Schippan, Martin, § 95 a UrhG - eine Vorschrift (erstmals richtig) auf dem Prüfstand, Zugleich Anmerkung zu LG Frankfurt am Main, Urteil vom 31. Mai 2006, in: ZUM 2006, 853–865.

Schmid, Matthias/Wirth, Thomas/Seifert, Fedor (Hrsg.), Urheberrechtsgesetz, Mit Urheberrechtswahrnehmungsgesetz, Handkommentar, 2. Auflage, Baden-Baden 2009 (zitiert: Bearbeiter, in: Schmid/Wirth/Seifert).

Schmidl, Michael, IT-Recht von A - Z, Accessprovider bis Zwischenspeicherung, 2. Auflage, München 2014.

Schmidt, Ulrich, Professionelle Videotechnik, Analoge und digitale Grundlagen, Filmtechnik, Fernsehtechnik, HDTV,Kameras, Displays, Videorecorder,Produktion und Studiotechnik, 4. Auflage, Berlin 2005.

Schmidt-Kessel, Martin/Grimm, Anna, Unentgeltlich oder entgeltlich? – Der vertragliche Austausch von digitalen Inhalten gegen personenbezogene Daten, in: ZfPW 2017, 84–108.

Schneider, Jochen/Spindler, Gerald, Der Kampf um die gebrauchte Software - Revolution im Urheberrecht? Das Urteil des EuGH vom 3.7.2012 - Rs. C-128/11 - "UsedSoft" Gebrauchtsoftware, in: CR 2012, 489–498.

Scholz, Jochen, Zum Fortbestand abgeleiteter Nutzungsrechte nach Wegfall der Hauptlizenz, Zugleich Anmerkung zu BGH „Reifen Progressiv", in: GRUR 2009, 1107–1112.

Schricker, Gerhard (Hrsg.), Verlagsrecht, Kommentar, 3. Auflage, München 2001.

Schricker, Gerhard/Katzenberger, Paul, Die urheberrechtliche Leerkassettenvergütung, Eine Erwiderung, in: GRUR 1985, 87–111.

Schricker, Gerhard/Loewenheim, Ulrich (Hrsg.), Urheberrecht, Kommentar, 5. Auflage, München 2017 (zitiert: Bearbeiter, in: Schricker/Loewenheim).

Schubert, Claudia (Hrsg.), Münchner Kommentar zum Bürgerlichen Gesetzbuch, Band 1, Allgemeiner Teil, §§ 1 - 240, AllgPersönlR, ProstG, AGG, 8. Auflage, München 2018 (zitiert: Bearbeiter, in: Schubert, MüKo-BGB Band 1).

Schulze, Gernot, Aspekte zu Inhalt und Reichweite von § 19 a UrhG, in: ZUM 2011, 2–13.

Schulze, Gernot, Werkgenuss und Werknutzung in Zeiten des Internets, in: NJW 2014, 721–726.

Schulze, Reiner/Zuleeg, Manfred/Kadelbach, Stefan/Beljin, Saša, Europarecht, Handbuch für die deutsche Rechtspraxis, 3. Auflage, Baden-Baden 2015.

Schwartmann, Rolf, Die verfassungsrechtlichen Grenzen der Urheberrechtsdebatte, in: ZUM 2012, 759–771.

Schwarz, Mathias, Die Vereinbarung angemessener Vergütungen und der Anspruch auf Bestsellervergütungen aus Sicht der Film- und Fernsehbranche, in: ZUM 2010, 107–116.

Schwarz, Mathias, Die Praxis der segmentierten Rechtevergabe im Bereich Film, in: ZUM 2011, 699–706.

Schwarz, Mathias, Geoblocking und Portability aus urheber- und europarechtlicher Sicht, Geoblocking und Portability aus der Sicht der Filmwirtschaft, in: ZUM 2015, 950–954.

Schwarz, Matthias, Urheberrecht und unkörperliche Verbreitung multimedialer Werke, in: GRUR 1996, 836–842.

Schwarze, Jürgen, Rechtsschutz gegen Urheberrechtsverletzungen und Wettbewerbsverstöße in grenzüberschreitenden Medien, Baden-Baden 2000.

Schwarze, Jürgen/Becker, Ulrich/Hatje, Armin/Schoo, Johann (Hrsg.), EU-Kommentar, 4. Auflage, Baden-Baden 2019 (zitiert: Bearbeiter, in: Schwarze/Becker/Hatje).

Sedlmeier, Tobias/Kolk, Daniel, ASP - Eine vertragstypologische Einordnung, in: MMR 2002, 75–80.

Sein, Karin, The draft Geoblocking Regulation and its possible impact on B2C contracts, in: EuCML 2017, 148–157.

Soppe, Martin, Das Urhebervertragsrecht und seine Bedeutung für die Vertragsgestaltung, in: NJW 2018, 729–735.

Specht, Louisa, Auswirkungen einer zunehmenden Technologieneutralität der Verwertungsrechte auf den Einsatz technischer Schutzmaßnahmen, FS Schulze, in: **Dreier, Thomas (Hrsg.):** Anwalt des Urheberrechts, Festschrift für Gernot Schulze zum 70. Geburtstag, München 2017, 413–419.

Spiegel, Johanna, Ich packe meinen Koffer und nehme mit... Meine Online-Inhalte, in: **Taeger, Jürgen (Hrsg.):** Smart World - Smart Law? Weltweite Netze mit regionaler Regulierung, Tagungsband Herbstakademie, DSRITB 2016, Oldenburg 2016, 693–707.

Spieker, Oliver, Bestehen zivilrechtliche Ansprüche bei Umgehung von Kopierschutz und beim Anbieten von Erzeugnissen zu dessen Umgehung? in: GRUR 2004, 475–482.

Spindler, Gerald, Europäisches Urheberrecht in der Informationsgesellschaft, in: GRUR 2002, 105–120.

Spindler, Gerald, Der Vorschlag zur Portabilitäts-VO und die Planungen der EU-Kommission, in: CR 2016, 73–81.

Spindler, Gerald/Schuster, Fabian (Hrsg.), Recht der elektronischen Medien, Kommentar, 3. Auflage, München 2015 (zitiert: Bearbeiter, in: Spindler/Schuster).

Steinrötter, Björn, Freier EU-Binnenmarkt im Internet und urheberrechtliche Grenzen am Beispiel des "Geoblocking", Zugleich Bericht zum gleichlautenden "Forum IT-Recht" des Instituts für Rechtsinformatik der Leibniz Universität Hannover, in: EWS 2016, 17–23.

Stickelbrock, Barbara, Die Zukunft der Privatkopie im digitalen Zeitalter, in: GRUR 2004, 736–743.

Stieper, Malte, Rechtfertigung, Rechtsnatur und Disponibilität der Schranken des Urheberrechts, Habilitation Christian-Albrechts-Universität, Kiel 2009.

Stieper, Malte, Anmerkung zu EuGH, Urteil vom 3. Juli 2012 – C-128/11 – UsedSoft, in: ZUM 2012, 668–670.

Stieper, Malte, Rezeptiver Werkgenuss als rechtmäßige Nutzung, Urheberrechtliche Bewertung des Streaming vor dem Hintergrund des EuGH-Urteils in Sachen FAPL/Murphy, in: MMR 2012, 12–17.

Stieper, Malte, Digital ist besser - Die Bereitstellung digitaler Inhalte als eigenständiger Vertragstypus?, FS Köhler, in: **Alexander, Christian/Bornkamm, Joachim/Buchner, Benedikt/ Fritzsche, Jörg/Lettl, Tobias (Hrsg.):** Festschrift für Helmut Köhler zum 70. Geburtstag, München 2014, 729–743.

Stieper, Malte, Grenzüberschreitender Zugang zu digitalen Inhalten – oder Reform des europäischen Urheberrechts? in: GRUR 2015, 1145–1151.

Stieper, Malte, Von der Verbreitung "unkörperlicher" Vervielfältigungsstücke zum Recht auf Weitergabe in elektronischer Form, FS-Schulze, in: **Dreier, Thomas (Hrsg.):** Anwalt des Urheberrechts, Festschrift für Gernot Schulze zum 70. Geburtstag, München 2017, 107–115.

Stolz, Alexander, Rezipient = Rechtsverletzer ...? (Keine) Urheberrechtsverletzung durch die Nutzung illegaler Streaming-Angebote, in: MMR 2013, 353–358.

Streinz, Rudolf/Kruis, Tobias (Hrsg.), EUV/AEUV, Vertrag über die Europäische Union und Vertrag über die Arbeitsweise der Europäischen Union, Kommentar, 3. Auflage, München 2018 (zitiert: Bearbeiter, in: Streinz/Kruis).

Talab, Rosemary, Napster, distributed peer sharing, and it's chronology: "you say you want a revolution?", in: TechTrends 2002, 3–6.

Tanenbaum, Andrew S./Wetherall, David J./Pieper, Katharina, Computernetzwerke, 5. Auflage, München 2012.

Thier, Jenni, Mit eigenen Serien auf Kundenfang, Video-Streamingdienste im Test, in: FAZ 6.2.2017 ⟨URL: http://www.faz.net/aktuell/finanzen/meine-finanzen/geld-ausgeben/nachrichten/

streamingdienste-netflix-amazon-und-co-im-test-14845220.html⟩ – Zugriff am 28.2.2019.

Trauschel, Carla, Ende territorialer Exklusivität – Der EuGH als Totengräber? Welche Folgen hat der »Karen-Murphy-Case«? Diskussionsbericht zur gleichlautenden Arbeitssitzung des Instituts für Urheber- und Medienrecht am 9. Dezember 2011, in: ZUM 2012, 194–201.

Ullrich, Jan Nicolaus, Urheberrecht und Satellitenrundfunk, Kollisionsrecht und Materielles Recht, Dissertation Universität Potsdam, Potsdam 2009.

Ullrich, Jan Nicolaus, Alles in einem – Die Einräumung eines Nutzungsrechts i. S. d. § 31 Abs. 1 UrhG für einen On-Demand-Dienst im Internet, Zugleich zum Unterschied zwischen Verwertungsrechten, Nutzungsrechten, Nutzungsarten und Nutzungen, in: ZUM 2010, 311–321.

Ulmer-Eilfort, Constanze/Obergfell, Eva Inés, Verlagsrecht, Kommentar, München 2013.

Ungern-Sternberg, Joachim v., Schlichte einseitige Einwilligung und treuwidrig widersprüchliches Verhalten des Urheberberechtigten bei Internetnutzungen, in: GRUR 2009, 369–375.

Ungern-Sternberg, Joachim v., Die Rechtsprechung des Bundesgerichtshofs zum Urheberrecht und zu den verwandten Schutzrechten in den Jahren 2010 und 2011 (Teil II), in: GRUR 2012, 321–331.

Ungern-Sternberg, Joachim v., Urheberrechtlicher Werknutzer, Täter und Störer im Lichte des Unionsrechts, Zugleich Besprechung zu EuGH, Urt. v. 15. 3. 2012 – C-162/10 – Phonographic Performance (Ireland), und Urt. v. 15. 3. 2012 – C-135/10 – SCF, in: GRUR 2012, 576–582.

Ungern-Sternberg, Joachim v., Die Rechtsprechung des EuGH und des BGH zum Urheberrecht und zu den verwandten Schutzrechten im Jahr 2017, in: GRUR 2018, 225–241.

Wagner, Kristina, Streaming aus der Sicht des Endnutzers – noch Graubereich oder bereits tiefschwarz? in: GRUR 2016, 874–882.

Wandtke, Artur-Axel, Urheberrecht, 6. Auflage, Berlin 2017.

Wandtke, Artur-Axel, Urheberrecht in der Reform oder wohin steuert das Urheberrecht? Widersprüche in den Reformen des Urheberrechts, in: MMR 2017, 367–373.

Wandtke, Artur-Axel/Bullinger, Winfried (Hrsg.), Praxiskommentar zum Urheberrecht, 4. Auflage, München 2014 (zitiert: Bearbeiter, in: Wandtke/Bullinger).

Wandtke, Artur-Axel/Gerlach, Felix-Tessen von, Die urheberrechtliche Rechtmäßigkeit der Nutzung von Audio-Video Streaminginhalten im Internet, in: GRUR 2013, 676–683.

Weinraub, Bernard, Average Hollywood Film Now Costs $60 Million, in: The New York Times 5.3.1997 ⟨URL: http://www.nytimes.com/1997/03/05/movies/average-hollywood-film-now-costs-60-million.html⟩ – Zugriff am 28.2.2019.

Weinstein, Stephen, The Multimedia Internet, Summit (NJ, USA) 2005.

Weise, Stefan/Krauß, Hans-Frieder, Beck'sche Online-Formulare Vertrag, München 46. Edition - Stand: 1.9.2018.

Wiebe, Andreas, Geoblocking im Lichte von europäischem Recht und europäischer Rechtsprechung, in: ZUM 2015, 932–941.

Wiechmann, Peter, Video-on-Demand als verlängertes Senderecht oder eigenständige Verwertungsart? Medienrechtliche und urheberrechtliche Aspekte, in: ZUM 2014, 764–772.

Wilkens, Andreas, China verschärft Zensur im Internet, Hannover 2015 ⟨URL: https://heise.de/-2528512⟩ – Zugriff am 28.2.2019.

Wilkens, Andreas, Verbraucher haben weiter Probleme mit grenzenlosem Streaming, Hannover 2018 ⟨URL: https://heise.de/-4243570⟩ – Zugriff am 28.2.2019.

Wirz, Anna-Lena, Haftung des Access-Providers, in: AnwZert ITR 2016 (2), Anm. 2.

Wirz, Anna-Lena, EuGH: Öffentliche Wiedergabe durch Verkauf eines Medienabspielers, in: MMR-Aktuell 2017, 392028.

Zech, Herbert, Lizenzen für die Benutzung von Musik, Film und E-Books in der Cloud, Das Verhältnis von Urheber- und Vertragsrecht bei Verträgen über den Werkkonsum per Cloud-Computing, in: ZUM 2014, 3–10.

Anhang

A.-L. Wirz, *Media-Streaming und Geoblocking*, Juridicum – Schriften zum Medien-, Informations- und Datenrecht, https://doi.org/10.1007/978-3-658-26083-5

MUSIK & MUSIKVIDEO STREAMING ABONNEMENT

GEMA Tarif für die Nutzung von Werken des GEMA-Repertoires im Rahmen von entgeltlichen Streaming-Angeboten (sogenannte „unlimitierte Abonnements")

Tarif VR-OD 8

Nettobeträge zuzüglich gesetzlicher Umsatzsteuer

01.01.2019

I. Anwendungsbereich

Die nachfolgenden Vergütungssätze gelten ausschließlich für die Nutzung von Werken und Rechten des GEMA-Repertoires im Rahmen von Music-on-Demand-Angeboten, wenn und soweit der zu lizenzierende Dienst während eines bestimmten, sich wie-derholenden Zeitraums Audio-Musikwerke und/oder Musikvideos (insbesondere Musikvideoclips, Konzertmitschnitte) des GEMA-Repertoires – zusammen im Folgenden „Musikwerke" – entgeltlich zum Abruf und zur Wiedergabe mittels eines Wieder-gabemediums durch den Endnutzer anbietet, ohne dass der Endnutzer eine dauerhafte Kopie (Download) fertigen kann. Erfasst werden auch solche Dienste, bei denen der Endnutzer neben der Wiedergabe der Musikwerke zusätzlich eine im Nutzungsum-fang beschränkte Kopie (sog. Tethered Download) anfertigen kann, die dem Endnutzer eine Wiedergabe des Musikwerkes ohne dauerhaften Internetzugang ermöglicht. Die Beschränkung der Kopie besteht in der zeitlichen Bindung der Wiedergabemöglich-keit an den Abonnementzeitraum und zusätzlich an einzelne Geräte oder Gerätegruppen.

Endnutzer ist diejenige Person, welche das Music-on-Demand-Angebot entgeltlich zum privaten Gebrauch nutzt.

Ausgenommen vom Anwendungsbereich dieses Tarifs sind insbesondere für den Endnutzer unentgeltliche Streaming-Angebote, Freizeichenuntermalungsmelodien sowie Nutzungen im Rahmen von Business-to-Business (B2B) Geschäftsmodellen.

II. Vergütungen

1. Vergütungspflichtigkeit

Die Vergütungspflicht entsteht:

a. durch die Vervielfältigung von Werken des GEMA-Repertoires in Datenbanken, Dokumentationssystemen oder in Speichern ähnlicher Art (z. B. Serverrechnern),

b. durch das öffentliche Zugänglichmachen von Musikwerken des GEMA-Repertoires,

c. durch das Übermitteln von Musikwerken des GEMA-Repertoires an einen Dritten oder

d. durch den tatsächlichen Abruf eines Musikwerks des GEMA-Repertoires durch den Endnutzer oder

e. durch den Abschluss eines Abonnements, in dessen Rahmen Musikwerke zum Abruf bereitgehalten werden, auch wenn ein korrespondierender Abruf von Musikwerken durch den Endnutzer nicht stattgefunden hat.

Soweit von diesem Tarif erfasste Nutzungshandlungen nach einer gesetzlichen Schrankenregelung (z.B. § 53 UrhG) erlaubnisfrei zulässig sind, wird klargestellt, dass diese Nutzungshandlungen nicht als nach diesem Tarif vergütet gelten, soweit die Voraus-setzungen der gesetzlichen Schrankenregelung erfüllt sind.

2. **Regelvergütung für unlimitierte Abonnements**
Die Regelvergütung beträgt 15 % der Bemessungsgrundlage.

3. **Mindestvergütung für unlimitierte Abonnements im Testzeitraum bis zum 31.12.2019**
Für einen Testzeitraum bis zum 31.12.2019 beträgt die Mindestvergütung für unlimitierte Abonnements zunächst

- bei Single-Platforms bei Multiple-Platforms
- 0,75 € pro Monat und Endkunde sowie 1,25 € pro Monat und Endkunde.

Ein „Single-Platform-Abonnement" in diesem Sinne ist ein Abonnementangebot, in dessen Rahmen den Endkunden gegen Zah-lung einer nutzungsunabhängigen Vergütung die Zugangsmöglichkeit zu Musikwerken dergestalt eingeräumt wird, dass der Endkunde für die Dauer des Abonnements und unter der Voraussetzung der fortgesetzten Zahlung der nutzungsunabhängigen Vergütung die Möglichkeit zum Zugriff auf die von dem zu lizenzierenden Dienst zum Abruf bereitgehaltenen Musikwerke aus-schließlich über weit überwiegend stationär genutzte Endgeräte (z. B. PC, Laptop, Tablet-PC, stationäre Heim- Unterhaltungs-elektronik, z. B. Set-Top-Box, Stand-Alone-Abspielgeräte oder ähnliches) hat und eine Nutzung der Musikwerke ausschließlich im Wege des Streaming möglich ist. Eine Nutzung der Musikwerke durch gleichzeitige Nutzung auf mehr als einem Endgerät muss dabei ausgeschlossen sein.

Ein „Multiple-Platform-Abonnement" in diesem Sinne ist ein Abonnementangebot, das nicht unter die obige Definition des Sin-gle-Platform-Abonnements fällt; d. h. hierunter fallen insbesondere Abonnementangebote, im Rahmen derer dem Endkunden gegen Zahlung einer nutzungsunabhängigen Vergütung die Zugangsmöglichkeit zu Musikwerken dergestalt eingeräumt wird, dass der Endkunde für die Dauer des Abonnements und unter der Voraussetzung der fortgesetzten Zahlung der nutzungsunab-hängigen Vergütung die Möglichkeit zum Zugriff auf die von dem zu lizenzierenden Dienst zum Abruf bereitgehaltenen Musik-werke über weit überwiegend stationär genutzte Endgeräte und/oder weit überwiegend mobil genutzte Endgeräte (z. B. PC, Lap-top oder ähnliches und MP3-Player, Mobilfunkgerät oder ähnliches) hat und/oder eine gleichzeitige Nutzung der Musikwerke, z. B. durch Abspielen oder zeitlich auf die Dauer des Abonnements begrenztes Speichern (sogenannter „Tethered Download"), auf mehr als einem Wiedergabe oder Speichermedium möglich ist.

Diese Bestimmungen gelten zunächst beschränkt bis inklusive Kalenderjahr 2019. Während dieser Testphase wird die GEMA weitere Informationen über die bestehenden Geschäftsmodelle, insbesondere über das Nutzerverhalten, Substituierungseffekte zwischen den angebotenen Diensten und Nutzungsintensität sammeln und auswerten sowie hierauf basierend eine Überarbei-tung bzw. Neugestaltung der Vergütungsbestimmungen vornehmen.

4. **Sonderregelung für zeitlich beschränkte Sonderkonditionen des Dienstes**
Sofern Dienste den Endnutzern die Nutzung eines diesem Tarif unterfallenden Angebots zeitlich beschränkt zu Sonderkonditio-nen anbieten, so kann dies durch eine Anpassung der nach diesem Tarif grundsätzlich geschuldeten Vergütungssätze im Einzel-fall berücksichtigt werden. Für eine solche Anpassung gelten nachstehende Grundsätze:

4.1 Eine Absenkung der relevanten Vergütungssätze setzt die Erhöhung der Vergütungssätze an anderer Stelle voraus, um, ba-
sierend auf der zu erwartenden Entwicklung des Dienstes, insgesamt auf einen wirtschaftlichen Ausgleich hinzuwirken.

4.2 Das Verhältnis zwischen der Nutzungsintensität und der Anzahl der Nutzer des Dienstes zu Sonderkonditionen einerseits
und der Nutzungsintensität und der Anzahl der Nutzer zu regulären Konditionen andererseits, ist angemessen zum Beispiel über im Rahmen von für den Einzelfall festzulegenden Conversion Rates zu berücksichtigen.

4.3 Die durch die im Rahmen der Flexibilisierung gewährten Sonderkonditionen erwarteten Vorteile sind – z.B. durch die Zahlung einer angemessenen Minimumgarantie – abzusichern.

4.4 Der Lizenznehmer verpflichtet sich fortlaufend, aber mindestens quartalsweise, zu umfassender Auskunftserteilung in Bezug auf

- die Funktionsweise des angebotenen Dienstes,
- die Entwicklung des Nutzerverhaltens, insbesondere im Hinblick auf die Entwicklung des Verhältnisses gemäß Ziffer 4.2, und zwar in relativen wie auch in absoluten Zahlen,
- die weiteren Effekte der Sonderkonditionen auf den Dienst.

4.5 Eine Anpassung der Vergütungssätze nach dieser Vorschrift erfolgt für jeweils längstens zwei Jahre und ist dann auf Basis der nach Ziffer 4.4 überlassenen Auskünfte für die Zukunft neu zu bewerten.

4.6 Nach dieser Vorschrift angepasste Vergütungssätze gelten für Folgeverhandlungen als nicht präjudiziell.

4.7 Eine Sonderregelung der Vergütung im Rahmen der oben dargestellten Parameter setzt die vorherige schriftliche Einzelfall-

vereinbarung zwischen den Parteien voraus.

5. Bemessungsgrundlage

Bemessungsgrundlage sind alle kausal auf die Musiknutzung zurückzuführenden Netto-Einnahmen des zu lizenzierenden Diens-tes (Brutto-Einnahmen abzüglich der geltenden Mehrwertsteuer) und daher insbesondere

- der Netto-Endnutzerpreis für den jeweiligen Abruf bzw. das Abonnement, d. h. das jeweils vom Endnutzer gezahlte Entgelt abzüglich der Mehrwertsteuer, sowie
- getrennt finanzierte oder berechnete geldwerte Leistungen und Gegenleistungen, wie z.B. Übermittlungsentgelte, oder Entgelte aus Werbung, Sponsoring, Tausch-, Kompensations- oder Geschenkgeschäften. Dies gilt auch für Auslandsein-nahmen, soweit diese den Betrieb des zu lizenzierenden Dienstes in Deutschland betreffen.

6. Anteilsberechnung

a. Für den Fall, dass der zu lizenzierende Dienst nicht alleine Angebote beinhaltet, die in den Anwendungsbereich des vorlie-genden Tarifs fallen, wird dies bei der Ermittlung der Bemessungsgrundlage gemäß Ziffer 6. entsprechend berücksichtigt. Unbenommen bleibt, dass die auf diese Weise in Abzug gebrachten Einnahmen im Rahmen der gegebenenfalls erforderli-chen Lizenzierung der übrigen, nicht unter diesen Tarif fallenden, Angebote des zu lizenzierenden Dienstes herangezogen werden können.

b. Für den Fall, dass im Rahmen des zu lizenzierenden Dienstes Musikwerke genutzt werden, an denen die GEMA keine oder nur anteilige Rechte innehat, wird dies bei der Berechnung der Vergütung, die nach den vorstehenden Bestimmungen erfolgt, anteilsmäßig berücksichtigt.

7. Mindestbetrag

Unabhängig von den vorstehenden Vergütungssätzen gemäß Ziffer II 2. bis 7. beträgt der Mindestbetrag für die Nutzung von Werken und Rechten des GEMA-Repertoires nach diesem Tarif 240,00 € (netto) pro Jahr, das heißt 20,00 € (netto) pro Monat. Dieser Betrag ist mit der nutzungsbasierten Abrechnung verrechenbar, jedoch nicht rückzahlbar.

III. Allgemeine Bestimmungen

1. **Umfang der Rechtseinräumung**
   a. Die Rechtseinräumung für den Betrieb des zu lizenzierenden Dienstes beschränkt sich auf das Recht gemäß § 16 UrhG, Wer-ke des GEMA-Repertoires zu vervielfältigen, und das Recht aus § 19a UrhG, Werke des GEMA-Repertoires öffentlich zugäng-lich zu machen. Im Rahmen des Betriebs des zu lizenzierenden Dienstes können auf diese Weise, die ordnungsgemäße Lizen-zierung vorausgesetzt,

   - Werke des GEMA-Repertoires in Datenbanken, Dokumentationssystemen oder in Speichern ähnlicher Art (z.B. Server-rechner) eingebracht werden,
   - Werke des GEMA-Repertoires öffentlich zugänglich gemacht werden,
   - Werke des GEMA-Repertoires an den Endnutzer übermittelt werden,
   - Werke des GEMA-Repertoires ohne endgültige Speichermöglichkeit zur einmaligen Wiedergabe des Werkes auf dem Wiedergabemedium des Endnutzers vorübergehend vervielfältigt werden,
   - Werke des GEMA-Repertoires als Tethered Download und somit als eingeschränkte Kopie auf einem Endgerät beim Endnutzer zum privaten Gebrauch abgespeichert werden.

   b. Die eingeräumten Nutzungsrechte sind nicht auf Dritte übertragbar.

   c. Die Rechtseinräumung erstreckt sich nicht auf andere Rechte, insbesondere nicht auf Bearbeitungen sowie das Recht zur Verbindung von Werken des GEMA-Repertoires mit Werken anderer Gattungen, und nicht auf das Angebot von dramatisch-musikalischen Werken, weder vollständig, noch als Querschnitt, noch in größeren Teilen (sogenannte „Große Rechte"), sowie nicht auf graphische Rechte oder Rechte am Noten- oder Textbild.

   d. Das Urheberpersönlichkeitsrecht darf nicht verletzt werden. Änderungen an einem Werk, um dieses im Music-on-Demand-Angebot zu verwenden, insbesondere die Kürzung des Werkes, müssen den möglichen Anforderungen der §§ 14 und 39 UrhG genügen. Soweit die Nutzung der Werke des GEMA-Repertoires unmittelbar oder mittelbar zu Werbezwecken erfolgt, müssen vom Anbieter des zu lizenzierenden Dienstes, soweit urheberpersönlichkeitsrechtliche Belange betroffen sind, die entsprechenden Einwilligungen gesondert eingeholt werden.

2. **Rechtzeitiger Erwerb der Nutzungsberechtigung**
   Die tarifgegenständlichen Rechte gelten nur als eingeräumt, wenn die Einwilligung der GEMA vor der Nutzungsaufnahme, also insbesondere vor der Einbringung von Werken des GEMA-Repertoires in Datenbanken, Dokumentationssystemen oder in Spei-chern ähnlicher Art eingeholt wurde.

3. **Rechte Dritter**
   Rechte Dritter, beispielsweise bei reversgebundenen Werken, bleiben unberührt.

4. **Räumliche Geltung**
   Dieser Tarif gilt für Nutzungshandlungen und entsprechende Angebote, die innerhalb Deutschlands bzw. für den deutschen Markt erfolgen.

5. **Gesamtvertrag**
   Den Mitgliedern von Organisationen, mit denen die GEMA einen Gesamtvertrag für die vorliegenden Vergütungssätze geschlos-sen hat, wird bei Abschluss des hierzu gehörigen Einzelvertrages ein Gesamtvertragsnachlass auf die jeweiligen Vergütungssät-ze eingeräumt.

6. **Zeitliche Geltung**
   Die Vergütungssätze gelten für die Zeit ab dem 01.01.2019. Die Bestimmungen zur Mindestvergütung gelten ausschließlich beschränkt auf den Testzeitraum bis zum 31.12.2019.

ONLINEANBIETER

Allgemeine Informationen

Transparentes Vergütungssystem für den Einsatz von Musikinhalten Online
Wenn Sie sich dazu entschließen, Inhalte mit Musik aus dem GEMA-Repertoire online anzubieten, richtet sich die Vergütung nach den von uns veröffentlichten Tarifen. Diese Tarife gelten für alle Anbieter gleichermaßen.

Anwendungsbereich der Tarife
Welcher Tarif für die Lizenzierung Ihres Online-Angebots verwendet wird, richtet sich nach der konkreten Nutzungs-form, z.B. Musikdownload, werbefinanziertes Streaming, etc.

Lizenzpartner der GEMA
Lizenzpartner der GEMA ist immer der Betreiber der Webseite oder des Webservers, über welche die Musikinhalte öffentlich zugänglich gemacht werden. Das bedeutet:

- Bieten Sie die Musikinhalte auf Ihrer eigenen Webseite oder auf Ihrem Webserver an, sind Sie der Lizenzpartner.
- Lassen Sie die Musikinhalte von einer Plattform, die von Dritten betrieben wird, anbieten, so sieht die GEMA deren Betreiber als Lizenzpartner.

Wie berechnet sich die Vergütung?
Die Vergütung richtet sich nach Anzahl der Abrufe oder Abonnenten und den damit erzielten Einnahmen. Jeder Tarif definiert eine Regelvergütung (auch Prozentvergütung) und eine Mindestvergütung.
Die Regelvergütung ist ein Prozentsatz der Einnahmen, die mit der Musiknutzung erzielt werden und die Mindestver-gütung in der Regel ein Eurocent-Betrag pro Abruf des Musikinhalts oder Abonnenten.

Der jeweils höhere Betrag kommt zur Anwendung, so dass bei Angeboten mit wenig oder keinen Einnahmen, die Vergütung der Urheber für die Nutzung von Musik durch die Mindestvergütung gewährleistet ist.

Bitte beachten Sie, dass wir zur Vergütungsberechnung und Weiterleitung an die Autoren die exakte Meldung der genutzten Werke, welche Werke wurde wie häufig ggf. zu welchem Verkaufspreis genutzt, und Ihrer Einnahmen benötigen.

Weitere gegebenenfalls nötige Rechte
Es kann sein, dass Sie neben der Lizenz der GEMA, mit der Sie die Nutzungsrechte der GEMA Mitglieder (Komponis-ten, Textautoren und Musikverlage) für die Online Nutzung erwerben, noch weitere Rechte für Ihr Vorhaben einholen müssen.

Als Beispiel seien hier nur die Leistungsschutzrechte der ausübenden Künstler genannt.

FSC
www.fsc.org
MIX
Papier | Fördert gute Waldnutzung
FSC® C083411

Kolibri 360 GmbH
Ferdinand-Jühlke-Straße 7
99095 Erfurt, Deutschland
produktsicherheit@kolibri360.de